Sophie Dorothea
von Hannover
(1687–1757)

Die Hohenzollern

| Ferdinand (1730–1813) ∞ Luise von Brandenburg-Schwedt (1738–1820) | weitere Kinder: Wilhelmine, Markgräfin von Bayreuth (1709–1758) Friederike Luise, Markgräfin von Ansbach (1714–1784) Philippine, Charlotte, Sophie, Ulrike, Amalie |

Luise (1770–1836) ∞ Anton Heinrich Fürst von Radziwill (1775–1833)	Louise Ferdinand (1772–1806)	August (1779–1843)
	weitere Kinder:	Friederike (1761–1773) Friedrich (1769–1773) Heinrich (1771–1790) Friedrich (1776)

| ine i«) 837) n I. ederlande 843) | Auguste (1780–1841) ∞ Wilhelm Kurfürst von Hessen-Kassel (1777–1847) | Heinrich (1781–1846) | Wilhelm (1783–1851) ∞ Marie Anne von Hessen-Homburg (1785–1846) |

| 83) on eimar 77) | Alexandrine (1803–1892) ∞ Paul Friedrich von Mecklenburg-Schwerin (1800–1842) | Ferdinand (1804–1806) | Luise (1808–1870) ∞ Prinz Friedrich der Niederlande (1797–1881) | Albrecht (1809–1872) 1. ∞ Marianne der Niederlande (1810–1883) 2. ∞ Gräfin Hohenau (1820–1879) |

Marianna Butenschön
Die Preußin auf dem Zarenthron

Marianna Butenschön

Die Preußin auf dem Zarenthron
Alexandra, Kaiserin von Russland

Mit 32 farbigen Abbildungen auf Tafeln

Piper München Zürich

Mehr über unsere Autoren und Bücher:
www.piper.de

ISBN 978-3-492-05443-0
© Piper Verlag GmbH, München 2011
Satz: Fotosatz Amann, Aichstetten
Druck und Bindung: CPI – Clausen & Bosse, Leck
Printed in Germany

Ihro Kaiserlichen Hoheit Großfürstin Alexandra

Der Frühling grünte zeitig, blühte froh
Narziss und Tulpe, dann die Rose so;
Auch Früchte reiften mit gedrängtem Segen
Der nah- und nähern Sonnenglut entgegen;
Sie zierten wechselnd längst ersehnte Zeit
Und schmeichelten der tiefsten Einsamkeit.
Da stellte sich dem Hocherstaunten dar
Ein hehrer Fürst und Jugend, Paar um Paar,
So gut als lieb, ehrwürdig und erfreulich;
Der innre Sinn bewahret sie getreulich,
In Frühlings-, Sommer-, Herbst- und Wintertagen
Die holden Bilder auf- und abzutragen.
So kann er dann, bei solcher Sterne Schein,
auch wenn er wollte, niemals einsam sein.

Johann Wolfgang von Goethe (1821)

*Zum Porträt Ihrer Kaiserlichen Hoheit Großfürstin
Alexandra Fjodorowna*

Für uns gab die Natur ihr alle Reize,
Für uns ist ihre Seele erblüht und gereift;
Wie ein Genius der Freuden trat sie vor uns;
Und alles Schöne hat sie uns mitgebracht,
Sie ist uns lieb wie Glück und Vertrauen,
Zu Großem wächst ihr Geist und bildet sich aus;
Sie wird ihren schweren Weg würdig gehen
Und Russlands Erwartung bestehen.

Wassilij A. Schukowskij (1817)

Inhalt

	»*Blancheflour*«	9
1	»*Charlotte ist sehr groß, sanft und gut*« Kindheit und Jugend	24
2	»*Von der Vorsehung bestimmt*« Liebe auf den ersten Blick	42
3	»*Ich fühlte mich sehr, sehr glücklich*« Firmung, Verlobung und Trauung	61
4	»*Das Glück verbirgt sich im Anitschkow-Paradies*« Die ersten Jahre in Russland	80
5	Ein »*Genius reiner Schönheit*« »Lalla Rookh«	98
6	»*Ich hatte keinen Vertrauten als meine Frau*« Der Dekabristen-Aufstand	117
7	»*Sie verkörperte das Ideal der russischen Zarin*« Neue Pflichten	138
8	Der »*Zauber der weißen Rose*« Ein Fest in Berlin	156
9	»*Gott schütze den Zaren*« Unruhige Jahre	175
10	»*Die Herrscherin ist noch hübscher geworden*« Ruhige Jahre	195
11	»*Ach, liebe Muffi!*« Reisen, Baupläne, Zäsuren	214

12	*»Ich brauchte nicht viel, um zufrieden zu sein«* »Alltag« bei Hofe und in der Familie	234
13	*»Sieh einmal, liebe Tochter…«* Abschiede	253
14	*»Nichts fehlte für Mama«* Ruhe vor dem Sturm	272
15	*»Wilhelm! Wihelm! wache auf!«* Revolutionen in Europa	291
16	*»Die Kaiserin erhält sich aufrecht«* Krieg und Tod	313
17	*»Ich komme, Niks«* Lebensende	332

Weiße Rosen 351
St. Petersburg, Peterhof, Helsinki, Berlin, Nizza

Anhang
Zeittafel 360
Glossar 364
Anmerkungen 375
Bibliografie 390
Personenregister 400
Bildnachweis 415

»*Blancheflour*«

Charlotte von Preußen, die älteste Tochter der legendären Königin Luise, eine der schönsten und meistgemalten Frauen ihrer Zeit, war dreißig Jahre Kaiserin von Russland. Sie war die Frau Nikolaus' I., die Schwester Friedrich Wilhelms IV. und Wilhelms I., die Großtante Wilhelms II., des letzten deutschen Kaisers, die Urgroßmutter Nikolaus' II., des letzten russischen Zaren, und die Ururgroßmutter Philip Mountbattens, des Herzogs von Edinburgh und britischen Prinzgemahls. Die Lebensgeschichte dieser Frau erinnert an einen Groschenroman und war doch alles andere als unterhaltsam oder trivial. Liebe, Macht und Reichtum haben sie nicht vor Angst, Krankheit und Leid bewahren können. Denn noch nie war etwas so einfach, wie es aussieht, am allerwenigsten das Leben einer Kaiserin von Russland – ein Leben, das man sich heute kaum noch vorstellen kann.

Doch wer war diese Charlotte? Und wie kam sie auf den Zarenthron? So viel wir über Luise wissen, so wenig wissen wir über Charlotte, obwohl die Tochter der »preußischen Madonna« viel mächtiger und einflussreicher war als die Mutter. Deshalb ist die Geschichte ihres Lebens eine Geschichte der Entdeckungen und zugleich ein Abbild der preußisch-russischen Beziehungen der ersten Hälfte des 19. Jahrhunderts, das ahnen lässt, wie unerhört »preußisch« St. Petersburg einmal war und wie »russisch« Berlin.

Die Geschichte kennt nur wenige Fälle, in denen dynastische Ehen aus Liebe geschlossen wurden. Meistens kamen sie aus politischen Gründen zustande, und häufig waren die Folgen für die Betroffenen tragisch. Auch die Ehe der Prinzessin Charlotte und des Großfürsten Nikolaus Pawlowitsch hatte einen politischen Hintergrund. Sie kam erstmals im Januar 1809 während des Besuchs Friedrich Wilhelms III. und Luises bei Alexander I. in St. Petersburg zur Sprache, nachdem ein früherer Versuch der Königin, eine familiäre Verbindung der Häuser Hohenzollern und Romanow herzustellen, beim russischen Hof auf Ablehnung gestoßen war.

Doch anderthalb Jahre nach dem Diktatfrieden von Tilsit hatten sich die politischen Koordinaten zugunsten einer solchen Verbindung verschoben. Preußen, zur Mittelmacht degradiert, und Russland, ebenfalls zu Kompromissen gezwungen, brauchten einander im Kampf gegen Napoleon. Heute lässt sich nicht mehr feststellen, wer die Initiative ergriffen hat. Möglicherweise hat Luise das Thema als Erste angesprochen, vielleicht hat Maria Fjodorowna, die Kaiserinmutter, diese Heirat angeregt. Wir wissen es nicht. Auf jeden Fall haben sich die beiden Damen, die eine Mecklenburgerin und in Hannover geboren, die andere Württembergerin und in Stettin auf die Welt gekommen, das zehnjährige »Lottchen« und den zwölfjährigen »Nikoscha« als künftiges Paar vorgestellt.

Die Ehe zwischen der ältesten Tochter des Königs und dem jüngeren Bruder des Kaisers sollte die freundschaftlichen Beziehungen zwischen den beiden Dynastien und die preußisch-russische Allianz festigen, die sich in den Freiheitskriegen gegen Napoleon auch als Waffenbrüderschaft bewährt hatte. Kein Wunder daher, dass am 4. November 1815 an der Verlobungstafel in der Bildergalerie des Königlichen Schlosses in Berlin als einzige Gäste zwei Generalfeldmarschälle saßen: der alte Gerhard Leberecht von Blücher, einer der Sieger von Waterloo, den die Russen »Marschall Vorwärts« nannten, und Michail B. Barclay de Tolly, der Livländer mit schottischen Wurzeln, der die Große Armee 1812 mit der Taktik der verbrannten Erde tief nach Russland hinein- und damit ins Verderben gelockt hatte. Die Hochzeit fand 1817 in St. Petersburg statt, und das Schicksal meinte es gut mit den Verlobten: Staunend und gerührt erlebten der Hof und die Stadt eine Liebesheirat!

Unter den vielen deutschen Prinzessinnen, die im 18. und

19. Jahrhundert nach Russland geheiratet haben, war Charlotte die einzige Preußin und die einzige Königstochter. Beim Konfessionswechsel erhielt sie den Namen Alexandra Fjodorowna, blieb in den Berliner Zeitungen und in den Tagebüchern und Memoiren ihrer preußischen Zeitgenossen aber stets »unsere Prinzeß Charlotte« und »Kaiserin Charlotte«. Oder »Blancheflour«, wie sie in der Familie gerufen wurde. Denn sie hatte als Heranwachsende für die »holde Blancheflour« geschwärmt, die »für einen Spiegel alles Reizes und aller Anmut gelten durfte«, eine Gestalt aus dem Ritterroman *Der Zauberring* von Friedrich de la Motte Fouqué, der ihr und ihren Brüdern, dem »jungen Charlottenburger Volk«, im Herbst 1812 des Abends vorgelesen worden war. Blancheflour war ein Kind der Romantik und sollte es ihr Leben lang bleiben, die Bilderwelt des Mittelalters hat sie mit nach Russland genommen.

Auch ihre Ehe hatte etwas Romantisches. Fast vierzig Jahre lang belegen Briefe, Tagebucheintragungen, Memoiren, diplomatische Berichte und Reisebeschreibungen, dass sich Alexandra und Nikolaus, die »holde Rose Blancheflour« und ihr Ritter ohne Furcht und Tadel, ihr Leben lang zugetan blieben. Das illustre Familienglück in St. Petersburg war so auffällig und ungewöhnlich, dass es kaum einem Beobachter entging. Selbst große Geister wie Alexander von Humboldt, der 1829 durch Russland und Sibirien reiste, kamen nicht umhin, die »häuslichen Tugenden, die auf dem ersten Thron Europas Platz genommen haben«, hervorzuheben. Und diese Tugenden sind nicht nur beschrieben, sondern auch abgebildet worden: Im Museum Schloss Fasanerie in der Nähe Fuldas ist ein Gemälde der Schottin Christina Robertson zu sehen, auf dem Nikolaus und Alexandra, die einander »Niks« und »Muffi« nannten, im Kabinett der Kaiserin im Winterpalast vor roter Wandbespannung gemütlich beieinandersitzen: Er liest Zeitung, sie strickt! Nie ist ein Kaiserpaar so häuslich dargestellt worden!

Die Liebe der beiden überdauerte manche politische Irritation, manchen Seitensprung seinerseits und manchen Flirt ihrerseits. »Bleib gesund, meine liebe, liebe Muffi, hab deinen

Alten lieb und pass auf dich auf …«, schrieb Nikolaus seiner Frau nach einem langen gemeinsamen Leben 1853 aus Warschau. Der Kosename geht wohl auf »Little Miss Muffet« zurück, die Heldin eines (bis heute) populären Kinderreims, den Nikolaus von Miss Lyon, seiner schottischen Amme, gehört haben mochte.

Dabei kann man sich kein gegensätzlicheres Paar vorstellen: Blancheflour war schwärmerisch und sentimental veranlagt und hatte diesen sanften »Engelsblick«, der im ersten Drittel des 19. Jahrhunderts »in« war. Sie bevorzugte helle Farben, liebte Musik, Poesie und Blumen, besonders weiße Rosen und Kornblumen, las und handarbeitete viel, schrieb lange Briefe in schön geschwungener Schrift, spielte nicht schlecht Klavier und weinte leicht. Sie hatte eine etwas raue Stimme und sprach – wie ihr Vater – manchmal abgehackt. Wie ihre Mutter kannte sie Schiller, Goethe und Jean Paul auswendig, und sie war bibelfest. Wie ihre Mutter tanzte sie leidenschaftlich gerne, und nach dem Urteil der Zeitgenossen war sie eine ausgezeichnete Tänzerin, die über das Parkett schwebte, »wie ein von einem Windhauch getriebenes Wölkchen am Himmel schwimmt«. Außerdem liebte sie das Theater.

Aber sie war auch gerne allein, wenngleich sie Mühe hatte, sich selbst zu beschäftigen. »Mein Leben lang hatte ich diese Neigung zu Melancholie und Träumerei«, schreibt sie in ihren »Erinnerungen«. »Nach den Zerstreuungen des gesellschaftlichen Lebens zog ich mich am liebsten in mich selbst zurück, und dann brauchte ich die Natur genauso wie eine gute Predigt, und mehr als alle Predigten der Welt sprach sie mir von Gott und von seinen wunderbaren Wohltaten für seine Geschöpfe.«

Eine politische Rolle hat Alexandra offiziell nicht gespielt. Ihre wichtigste Aufgabe sah sie in einem glücklichen Familienleben. »Glauben Sie mir, wenn man einmal in Frieden mit sich selbst ist, wenn man einmal einen Entschluss gefasst hat, wird man seinen Weg geradeheraus gehen«, schrieb sie einer jungen Frau, die im Begriff stand zu heiraten. »*Andere* glücklich zu machen ist seit jeher die Berufung der Frau, und das ist eine schöne und große Berufung und das Ziel unserer Existenz auf Erden. Bloß keinen

Egoismus, keine ehrgeizigen Wünsche, keine Trockenheit in der Seele, um Himmels willen!« Das war ihr Credo, ein Leben für Mann und Kinder. »Wenn Mama auch nicht das war, was man eine Frau von Geist nennt, so besaß sie doch die Gabe, Menschen und Dinge sehr fein abzuschätzen, und erstaunlich war ihr Urteil, wenn es in ernsten Fällen eingeholt wurde«, schreibt Königin Olga von Württemberg, ihre zweitälteste Tochter. »Vor allem aber war sie liebende Ehefrau, fügsam und stets zufrieden, die zweite Rolle zu spielen. Ihr Gatte war ihr Lenker und Beschützer, besaß ihr ganzes Vertrauen, und sie hatte nur einen Ehrgeiz, ihn glücklich zu machen.« Mit dieser Haltung konnte Alexandra in Russland, das ein großes Jahrhundert, aber auch ein Jahrhundert der »Weiberherrschaft« hinter sich hatte, nur gewinnen.

Nikolaus Pawlowitsch, der als »Gendarm Europas«, in die Geschichte und als »Nikolaus der Stock« (Lew N. Tolstoj) in die Literaturgeschichte eingegangen ist, war eine der interessantesten Gestalten auf dem Zarenthron, Imperator in allem, was er tat, »a very striking man« (Queen Victoria), jedoch eine widersprüchliche Figur, ein Mann, der Zustimmung und Ablehnung zugleich hervorrief. Die Zeitgenossen schildern ihn als selbstgerecht, streng und pedantisch, als prinzipientreu und rechthaberisch, aber auch als korrekt, freigiebig und großzügig. Der »Oberst auf dem Thron« (Constantin de Grunwald) konnte herrisch und kalt auftreten und im nächsten Augenblick jovial, charmant und herzlich sein, und wenn er wollte, konnte er öffentlich Tränen vergießen. Schon sein kalter, hypnotisierender Blick flößte den Mitmenschen Furcht ein, man widersprach ihm nicht, und das gefiel ihm. Heinrich von Treitschke nannte ihn den »härtesten Selbstherrscher des Jahrhunderts«, Golo Mann den »Despoten aller Despoten«. Aber er war weder boshaft noch bösartig, und »Despot« war er vermutlich nicht von Natur aus, sondern weil er der Überzeugung war, dass Russland nicht anders als »despotisch« regiert werden könne. Mehrfach in seinem Leben hat Nikolaus Pawlowitsch großen persönlichen Mut bewiesen. Er war ein nüchterner Mensch, doch persönliche Freundschaften waren ihm wichtig.

Den Zarenthron hat er nicht unerwartet, aber völlig unvorbereitet bestiegen. Die Mängel seiner Bildung waren ihm bewusst, doch sein hohes Selbstgefühl ließ ihn keinen Augenblick an seiner gottgewollten Herrschermission zweifeln, und vermutlich war er der fleißigste Beamte seines Reiches. Er war ein guter Redner und begabter Schauspieler, hatte ein fotografisches Gedächtnis, blies Trompete und sang gerne in den Palastchören. Ihm verdankt Russland die Neue Ermitage, die er von Leo von Klenze, dem Münchner Hofarchitekten, entwerfen ließ.

Das Urteil des Schriftstellers Wladimir A. Sollogub, Nikolaus sei ein Mann von »eisernem Willen und unbeugsamer Härte« gewesen, »in der Tiefe seiner Seele aber von unerschöpflicher Güte«, und sein heller Verstand habe »alles verstanden und ... alles verziehen«, ist typisch für die Art und Weise, wie die meisten Zeitgenossen den Zaren sahen. Er sah so gut aus, dass fast jedermann dazu neigte, ihn zu idealisieren, was im Übrigen auch für seine Frau galt.

Gleichwohl waren die beiden ein selten gegensätzliches Paar. Während er einen spartanischen Lebenswandel bevorzugte, lebte sie in einem unerhörten Luxus. Ihre Gemächer waren groß, elegant und reich dekoriert, doch sein Kabinett war klein, spärlich und einfach möbliert. Sie besaß allein 500 Armbänder und mehr als 100 einzeln gefasste Solitäre, doch seine Pantoffeln hatten Löcher, und als Bettdecke benutzte er einen alten Uniformmantel. Während sie ungern befahl und häufig erklärte, dass die Worte »befehlen« und »Befehl« ihr nur aus dem Munde des Kaisers verständlich seien, war er ein reiner Befehlsmensch, und wenn er befahl, war er hart und unnachsichtig. Während er vor Wut explodieren und wochenlang schmollen konnte, wurde sie nie laut oder böse, sondern pflegte nur milde lächelnd zu erklären: »Je gronde« (»Ich grolle«). Ähnlich reagierte sie auf seine manchmal unerträgliche Bevormundung: Wenn er verlangte, dass sie sich umzog, weil ihm eines ihrer Kleider missfiel, beschämte sie ihn durch Tränen, gab aber nach, und dann soll er schuldbewusst und verwirrt geguckt haben. Wie ihre Tagebuchaufzeichnungen zeigen, war diese so glückliche Ehe keineswegs immer einfach. Kurzum, es war etwas in dieser Beziehung, das sich der Beschreibung entzieht.

Doch Alexandra und Nikolaus waren nicht nur sehr unterschiedliche Naturen, sie waren auch verwandte Seelen. Beide waren tief religiös, beide hatten eine musische Ader, und beide haben, wie neuere Archivfunde belegen, erstaunlich gut gezeichnet. Beide waren Pflichtmenschen, beide haben eine öffentliche und eine private Rolle gespielt, die sich deutlich voneinander unterschieden, und beide hatten eine fatale, von ihren Vätern ererbte Vorliebe für Militaria: Paraden, Revuen, Manöver und Uniformen. Alexandra hat ihren Mann immer gerne ins Manöver begleitet, und als sie 1826 Chefin des noblen Chevaliers-Gardes-Regiments wurde, zeigte sich, dass sie sich beim Militär auskannte. Sie war eine ausgezeichnete Reiterin.

Alexandras großes Verdienst bestand darin, mäßigend auf die impulsive Natur und das autoritäre Gehabe ihres Mannes eingewirkt zu haben. Auch auf dem Thron wollte sie »nur seine Freundin« sein, und diese Rolle wusste er wohl zu schätzen. Er hat ihr immer vertraut. Ihre bloße Anwesenheit genügte, um ihn freundlich zu stimmen. Sie konnte ihm Dinge sagen, die auszusprechen sich sonst niemand getraut hätte. Man muss sich daher fragen, ob seine Herrschaft mit einer anderen Frau an seiner Seite anders verlaufen wäre. Noch strenger, noch autoritärer?

Die zaristischen Historiker haben dieses Herrscherpaar mehr oder weniger in den Himmel gehoben. Scharfe Kritik an Nikolaus' Herrschaftsstil und Alexandras Lebensweise kam seit den 1840er-Jahren nur von Autoren der jungen russischen Emigration. Dass die sowjetrussischen Historiker an Nikolaus kein gutes Haar gelassen haben, versteht sich beinahe von selbst. Dieser »kleinliche Tyrann« (Jurij Lotman) hatte lange regiert, und sein Sündenregister war auch lang. Hatte er nicht den Dekabristen-Aufstand niedergeschlagen und dessen Anführer hängen lassen? Hatte er Russland nicht zum Polizeistaat gemacht und jeden liberalen Funken im Lande erstickt? Hatte er nicht die Aufstände in Polen und Ungarn niedergeschlagen? War er nicht mitverantwortlich für den Tod Puschkins? Steckte er nicht hinter der Scheinhinrichtung Dostojewskijs? War sein Russland nicht der Hort der monarchischen Reaktion in Europa gewesen, hatte er seine Herrschaft nicht auf so obskure Prinzipien wie Orthodoxie, Autokratie und Volkstum gegründet?

Auch das Image Alexandra Fjodorownas hat sich in der Sowjetzeit verändert. Ursache dafür waren vor allem die *Erinnerungen* der Hofdame Anna F. Tjuttschewa, die 1928/29 erstmalig in Moskau herauskamen, wieder aufgelegt und jahrzehntelang zitiert wurden. Darin erscheint Alexandra als infantile, verwöhnte, leichtsinnige und verantwortungslose Frau, die schuld an der Demoralisierung der russischen Gesellschaft war und sich nicht um das Wohl des Volkes scherte. Anna Tjuttschewa selbst teilte dieses Urteil nicht, zählte Alexandra aber doch zu den Herrscherinnen, die – wie angeblich Marie Antoinette – in der Lage waren, »naiv zu fragen, warum das Volk nicht Brioches isst, wenn es kein Brot hat«.

Außerdem beschrieb sie die »despotische Vergötterung«, mit der Kaiser Nikolaus seine Frau umgab, da er sich als ihr »einziger Herrscher und Gesetzgeber« fühlte. »Für ihn war das ein bezauberndes Vögelchen, das er in einem goldenen, mit kostbaren Steinen verzierten Käfig hielt, das er mit Nektar und Ambrosia fütterte und mit Melodien und Aromen einlullte, dessen Flügel er aber gnadenlos abgeschnitten hätte, wenn es aus den vergoldeten Gittern seines Käfigs hätte ausbrechen wollen. Aber in seinem phantastischen Gefängnis erinnerte sich das Vögelchen nicht einmal mehr an seine Flügelchen«, schrieb die Tjuttschewa. Sein Leben lang habe Nikolaus seine Frau »wie ein verwöhntes Kind« behandelt. Das entsprach dem sowjetischen Frauenbild so wenig, dass Alexandra Fjodorowna bei aller Herzensgüte und Sanftheit allenfalls Mitleid erregte.

Erst mit dem Ende der Sowjetunion änderte sich die Sicht der Dinge. Das »moderne« Russland, ruiniert und enttäuscht von der mehr als 70-jährigen Sowjetherrschaft, machte sich auf die

Suche nach der verlorenen Zeit und entdeckte seine Zaren und Zarinnen wieder. Dabei erwies sich Nikolaus I., dessen 200. Geburtstag im Sommer 1996 bevorstand, als besonders attraktiv. Über keinen anderen Selbstherrscher ist seither so viel publiziert worden wie über ihn. Jüngere Historiker sehen in ihm nun sogar eine tragische Figur, einen »Ritter der Autokratie«, der manche gute Absicht nicht verwirklichen konnte, weil er nur wenige fähige Mitarbeiter hatte und sich auf falsche Freunde stützte. Immerhin hatte er genug Weitsicht, um seinen Sohn Alexander, den Thronfolger, von liberalen Männern erziehen zu lassen und ihn frühzeitig zu den Regierungsgeschäften heranzuziehen. Das war aber auch ein Verdienst seiner Frau.

Und so stellt sich die Frage, ob die Preußin auf dem Zarenthron so »harmlos« war, wie sie wirkte. War sie das schwache, unpolitische Wesen, das »Vögelchen«, als das Anna Tjuttschewa und andere nach ihr sie geschildert haben? Starke Zweifel sind geboten, weil sich neben Nikolaus Pawlowitsch, der nach dem Urteil aller Zeitgenossen ein vorbildlicher Familienvater war, nur eine Frau mit Charakter behaupten konnte. Und das war Alexandra. Sie war eine starke Frau, die immer Haltung bewahrte und, modern gesprochen, ihren anstrengenden Job perfekt erledigte. Viele Indizien deuten darauf hin, dass sie es war, die das Familienleben dominierte, womit die beiden einander eher ergänzt hätten. Sie empfand sich jedenfalls als sein Alter Ego. »Ich habe mein ganzes Leben innigst darum gebetet, dass wir zusammen sterben können«, zitiert Anna Tjuttschewa die Unglückliche in der Todesstunde ihres Mannes, »aber wenn einer den anderen überleben sollte, dann wollte ich lieber diejenige sein, die diesen Kummer erleidet. Was wäre denn ohne mich aus ihm geworden?«

Ebenso wenig war Alexandra das »schlichte« apolitische Wesen, als das Memoirenschreiber und Reisende sie dargestellt haben. Der umfangreiche Briefwechsel mit dem kaiserlichen Gemahl und der Berliner Verwandtschaft, aber auch mit Peter von Meyendorff, dem langjährigen russischen Gesandten in Berlin, zeigt vielmehr, dass sie eine politisch sehr interessierte Frau mit guten historischen Kenntnissen war. Genau genommen weisen schon die »Hohenzollernbriefe« aus den Freiheitskriegen der Jahre 1813/15 den Backfisch Charlotte, die »beste Lottenlott«, als politisch wache Beobachterin aus, die sich bei den Brüdern Friedrich Wilhelm (»Fritz«) und Wilhelm (»Wims«) nach dem genauen Verlauf der entscheidenden Schlachten gegen Napoleon erkundigt und über die Siege der Verbündeten freut. Schon in diesen Jahren fiel dem Vater die »ziemliche Schreibseligkeit der Geschwister« auf.

Später sah Alexandra die diplomatische Korrespondenz des Kaisers und die offiziellen Depeschen oft noch vor dem Außenminister durch, und häufig las Nikolaus sie ihr sogar vor. Aktuelle Neuigkeiten aus Berlin erfuhr sie vor allem durch die Brüder. »Tausend innigen Dank für Deine treuen Briefe, wodurch ich fortlebe unter Euch und in der Familie und in der politischen Lage Preußens«, schrieb sie Wilhelm nach einem Vierteljahrhundert in Russland. Sie blieb auch durch ihre vielen Geschenke in der Familie präsent. So bedankte sich der Vater u. a. für »Kisten mit Porzellan«, »maqnifique Christall Schaalen« und »ungemein sauber ausgemalte Teller mit preußischen Militairs«, eine »ganz allerliebste Dose mit Turquoisen« zum 51. Geburtstag, »niedliche Malachitsachen« zu Weihnachten 1822, die von ihm gewünschte »Winterbekleidung« zu Weihnachten 1832 und »Schreibzeug in Elephanten-Gestalt masquiert« zu Weihnachten 1839. Doch manchmal kam auch Kulinarisches, wie dem Kammerdiener-Journal des Prinzen Carl vom 5. Januar 1856 zu entnehmen ist, nämlich: »1 Kästchen mit frischem Kaviar und 20 Stück Haselhühner«, Gaben für Ihre Königlichen Hoheiten, den Bruder und die Schwägerin.

Die enge familiäre Verbundenheit förderte den politischen Austausch. Somit war Alexandra detailliert über die politische Entwicklung informiert, auch wenn sie die Augen vor der sozialen Realität Russlands verschloss und wenig Gespür für die Strömungen der Zeit zeigte. In den Unruhejahren 1848/49 hat sie es jedenfalls nicht an eindeutig reaktionären Äußerungen ihren Brüdern gegenüber fehlen lassen, und die »Revolutionsbriefe«

aus dem Nachlass Friedrich Wilhelms IV. belegen, dass sie sich sogar massiv im Sinne ihres Gemahls in die preußische Politik eingemischt hat. Kurzum: Auf der politischen Bühne war sie Statistin, hinter den Kulissen einflussreiche Beraterin. »Nie habe ich in meinem ganzen Leben etwas Wichtiges unternommen, ohne vorher ihren Rat und ihren mütterlichen Segen einzuholen«, schrieb Nikolaus I. in seinem Testament.

Die Erlebnisse ihrer frühen Kindheit, vor allem die Demütigung ihrer Eltern und die Flucht nach Ostpreußen, hat sie nie vergessen, ihre Aversion gegen Napoleon, diesen »petit, grand monsieur«, und die Franzosen nie überwunden. Sie sprach täglich Französisch, die Hof- und Salonsprache ihrer Zeit, aber in Frankreich war sie nur einmal, im Alter auf der Durchreise. Umso vertrauter waren ihr von Kindheit an die Russen, die Verbündeten ihres Vaters. Charlotte/Alexandra lebte in einer Zeit, in der Memel, Königsberg und Berlin ein »Hôtel de Russie« hatten, Berlin außerdem noch ein »Hôtel de St.-Pétersbourg«, und die Berliner Blumenfrauen »Alexandersträuße« banden, wenn Alexander I. zu Besuch kam. Dass die Stadt Berlin ihrem Mann am 18. Oktober 1837 als erstem Ausländer und erstem gekrönten Haupt das Bürgerrecht ehrenhalber verliehen hatte, war für sie ganz natürlich, und sicher hat sie gelacht, als ihr Schwager Michael Pawlowitsch, der so gerne Witze machte, prompt meinte, dann könne Nikolaus, sollte er die Kaiserkrone einmal niederlegen, immer noch Schornsteinfeger in Berlin werden, wo er ungeheuer populär war und nie anders als »unser Schwiegersohn« genannt wurde.

Wohl wissend, dass Preußen sein Weiterbestehen als Großmacht allein Alexander I. verdankte, war »Kaiserin Charlotte« bis zu ihrem Tode die wichtigste Stütze der preußischen Politik in St. Petersburg, wo sie stets eine »gute Berlinerin« (Kurd von Schlözer) blieb. Nie waren die Beziehungen zwischen Berlin und St. Petersburg so eng wie zu ihrer Zeit, und es war diese konservative politische Verbindung, die Europas Geschicke in der ersten Hälfte des 19. Jahrhunderts dominierte. Und als die Beziehungen in den 1840er-Jahren abkühlten und sogar Spannungen auftraten, vermittelte die »gute Berlinerin« zwischen Nikolaus und Friedrich Wilhelm IV., dem »Romantiker« auf dem Thron, dessen weiche, unentschlossene Art dem kaiserlichen Schwager absolut nicht gefiel. Die preußischen Gesandten zählten mehr als drei Jahrzehnte zu ihrer engsten Umgebung, und nie sind so viele deutsche Künstler nach Russland gerufen oder mit Aufträgen aus Russland versorgt worden wie zu ihrer Zeit.

So hat sie Caspar David Friedrich, einen ihrer Lieblingsmaler, zwanzig Jahre lang durch Käufe unterstützt und seine Bilder auch noch erworben, als sein Ruhm zu Hause zu verblassen begann. Franz Krüger, der Berliner Porträt- und Militärmaler, hat mit ihrer Hilfe in Russland Karriere gemacht wie kein anderer. Überhaupt war sie eine engagierte Kunstsammlerin. Allein die »Beschreibung der Gemälde, die Ihrer Majestät, der Kaiserin Alexandra Fjodorowna, gehörten«, aus dem Jahre 1856, die im Archiv der Staatlichen Ermitage aufbewahrt wird, umfasst 507 Nummern. Darin sind die vielen Gemälde, die außerhalb des Winterpalastes und der Ermitage-Gebäude in den anderen Palästen hingen, nicht erfasst.

Der wichtigste Ratgeber Alexandras bei Ankäufen in Deutschland war der Dichter Wassilij A. Schukowskij, ihr Russischlehrer, mit dem sie eine lebenslange Freundschaft verband. Schukowskij überlieferte der Nachwelt ein ganz anderes Bild der Kaiserin, nannte sie einen »Genius reiner Schönheit« und eine »liebe Hüterin der Poesie«. Er beriet sie auch bei ihrer Lektüre, sodass Alexandra als belesene Frau gelten muss. Ihre private Bücherei umfasste mehr als 9 000 Bände in deutscher, französischer, italienischer, englischer und russischer Sprache.

Alexander S. Puschkin hat sie in der Urfassung des *Eugen Onegin* als Lalla Rookh verewigt und nach eigener Aussage »geliebt«, während sie nichts ahnend den Elsässer Georges Charles d'Anthès protegierte, einen Abenteurer und Salonlöwen, der Puschkin im Duell töten sollte. Es war der größte Fehler ihres Lebens ...

Andere russische Dichter haben Alexandra Fjodorowna das

eine oder andere ihrer Werke gewidmet. Nur der große Ukrainer Taras H. Schewtschenko, ein scharfer Gegner der Selbstherrschaft, ist in seinem satirischen Poem *Der Traum* (1844) respektlos und gehässig mit ihr umgegangen.

Mit freundlicher Ironie konnte sich erst ein moderner Autor dieser Frau nähern, einer wie Bulat Okudschawa, der Liedermacher und Schriftsteller. In seinem historischen Roman *Die Reise der Dilettanten* (1976) schildert er Alexandra, umgeben von Kindern und Enkeln, einmal ein ganzes Kapitel lang beim Fünfuhrtee. Ihr Ehemann vergöttert sie immer noch und »ließ sie das fast allminütlich spüren, indem selbst noch der launischste Wunsch von ihr mit der verschwenderischen Großmut der Liebe und fast wie mit Zauberhand prompt erfüllt wurde«. Während der Großvater das Gespräch leitet, Geschichten erzählt und mit den Enkeln spielt, gießt sie, die Großmutter, »den nicht zu starken und nicht zu heißen Tee in die Tassen«. In der russischen Literatur gibt es keinen amüsanteren Einblick in das allerhöchste Familienleben im Winterpalast.

Auch in der deutschen Literatur hat Charlotte/Alexandra Spuren hinterlassen: In dem Briefroman *Die Königin von Borneo*, einem »Schwank«, den Friedrich Wilhelm IV. in den Jahren 1816/17 als Kronprinz schrieb, ist die »allertheuerste Charlotte«, die »beste Charlotte« und die »geliebteste Schwester« die Adressatin des Autors. Ihr vertraut der Ich-Erzähler sein »großes Geheimniß« an, ihr schüttet er sein Herz aus, ihr wirft er vor, dass sie ihm nicht glaubt. Mehr noch: Charlotte ist Satischeh-Cara, die Königin von Borneo, für sie hat der geliebte Bruder die Erzählung geschrieben, als Abschiedsgruß.

»Ihro Kaiserlichen Hoheit Großfürstin Alexandra« nannte Goethe seine Hommage, nachdem sie ihn am 3. Juni 1821 in Weimar besucht hatte. In seiner Gegenwart habe sich Alexandra »leicht und ungezwungen« gefühlt, schrieb Schukowskij dem Geheimrat, von dem er im Übrigen annahm, dass er die »natürliche Naivität und die unschuldige Treuherzigkeit eines Kindes« im Charakter »dieser liebwerten Fürstin« erkannt hatte.

Rund sechzig Jahre später kam Theodor Fontane nicht umhin, in seinen *Wanderungen durch die Mark Brandenburg* auch das Blockhaus Nikolskoe und die Peter-Pauls-Kirche zu beschreiben, die ihre Entstehung Alexandra verdanken. Außerdem schuldet Berlin der »Kaiserin Charlotte« die Erinnerung an den »Zauber der Weißen Rose«, das größte höfische Fest seiner Geschichte, »in dem sich alles vereinigte, was Einbildungskraft, Poesie, Kunst und Pracht erfinden konnten, um Ritterspiel, Theater, Tableau, Musik, Deklamation, Quadrillen usw. in und am Neuen Palais in Potsdam zu vereinen« (Karoline von Rochow) – eine phantastische Inszenierung zu ihrem 31. Geburtstag, die noch jahrzehntelang viele Künstler inspiriert hat.

Alexandra war die Erste, der Giacomo Meyerbeer im Juli 1840 in Ems anvertraute, wie seine neue Oper heißen sollte. Der Komponist hatte sich geschworen, niemandem den Titel zu verraten, doch als die Kaiserin von Russland wie viele vor ihr danach fragte, antwortete er, ohne zu zögern: »›Der Prophet‹, Eure Majestät.«

Johann Strauß Sohn und Michail I. Glinka haben ihr Kompositionen gewidmet, die großen Virtuosen der Zeit, allen voran Henriette Sontag, Pauline Viardot, Franz Liszt und Clara Schumann, sind in ihren Privatgemächern aufgetreten, und Hector Berlioz, der seine (in Paris durchgefallene) Symphoniekantate »Fausts Verdammung« im Februar 1847 im Saal der Adelsversammlung in St. Petersburg aufführte, hörte ein »hohes Lob« aus ihrem Munde.

Alexandra Fjodorowna war keine große Kaiserin wie Katharina II., und sie war keine tragische Herrscherin wie die jüngere Alexandra Fjodorowna, die Frau ihres Urenkels Nikolaus II. Sie war eine glückliche Kaiserin. »Was die Kaiserin angeht, so herrscht sie über die Herzen, seit sie nach Russland kam«, hat Nikolaus einmal von seiner Frau gesagt. Also eine »Kaiserin der Herzen«. Die »glänzende Zukunft«, die ihre Mutter im Frühjahr 1809 in Königsberg für sie »ahnte«, hat sie gelebt. Und wenn ihr die politische Rolle, die Luise eher wider Willen doch noch gespielt hat, versagt blieb, so lag das daran, dass Nikolaus I. nicht Friedrich

Wilhelm III. war. Und die Zeiten waren auch andere. Aber sie war Zeugin großer Szenen und manchmal auch Akteurin wichtiger Ereignisse, die Spuren in der europäischen Geschichte hinterlassen haben.

Seit Mitte der 1830er-Jahre war sie schnell gealtert. Elf Schwangerschaften, die umfangreichen Repräsentationspflichten, die gesellschaftlichen Aufgaben und das raue Petersburger Klima, das sie nicht vertrug, hatten sie erschöpft. An die zwanzig Jahre wurde sie nun als »kränkelnd«, »krank« und »sehr bedenklich krank« beschrieben. Und immer als auffallend mager. Seit Beginn der 1840er-Jahre fuhr sie bisweilen monatelang zur Kur ins Ausland und begründete in den 1850er-Jahren den russischen Tourismus an der Côte d'Azur. In der Regel ging es ihr besser, sobald sie das Hofleben hinter sich gelassen hatte und preußische Luft atmen konnte. Obwohl sie schließlich doch in Russland heimisch geworden war, litt sie ihr Leben lang an Heimweh. Und aus Heimweh hat Charlotte von Preußen in Russland den Weihnachtsbaum und den Kindergeburtstag eingeführt.

1
»*Charlotte ist sehr groß, sanft und gut*«
Kindheit und Jugend

Napoleon in Ägypten – Malteser in Russland – Huldigungsreise des neuen preußischen Königspaares – 13. Juli 1798 – Königin Luise über Charlotte – Flucht nach Ostpreußen – Memel – Reise der Eltern nach St. Petersburg – Heimkehr nach Berlin – Tod der Königin – Breslau 1813 – Kaiserin Elisabeth in Berlin
1798–1814

Das Jahr 1798 war eines der stilleren Jahre des ereignisreichen ausgehenden 18. Jahrhunderts. Dennoch wurden auch in diesem Jahr, in dem Charlotte von Preußen geboren wurde, wichtige Weichen für die Zukunft Europas gestellt, das sich immer noch dem Expansionsstreben des revolutionären Frankreich ausgesetzt sah. Am 1. Juli landete General Bonaparte mit 40 000 Mann in Ägypten, nachdem er unterwegs Malta kampflos besetzt hatte, und besiegte drei Wochen später die Mamelucken in der Schlacht bei den Pyramiden. Vier Jahrtausende sahen auf ihn herab. Doch Anfang August vernichtete Admiral Nelson die französische Flotte im Nildelta. Damit war England zur ersten Seemacht der westlichen Hemisphäre aufgestiegen.

Nach der Kapitulation Maltas am 11. Juni hatte Zar Paul I., der seiner Mutter Katharina II. im November 1796 auf den Thron gefolgt war, den Ordensrittern Zuflucht in Russland gewährt und ihnen große Ländereien überlassen. Dafür wurde er am 7. November 1798 zum Hochmeister des Souveränen Malteserordens gekürt. Die Wahl des russisch-orthodoxen Zaren zum Protektor des römisch-katholischen Ordens war neben Napoleons Ägypten-Feldzug eine der politischen Sensationen des Jahres. Ende 1798 braute sich der Zweite Koalitionskrieg gegen Frankreich zusammen, in dem Preußen neutral blieb. Langfristig war das die falsche

Politik, denn gegen Napoleon konnte sich Preußen allein auf Dauer nicht behaupten.

Und sonst? In Königsberg veröffentlichte Kant seine *Anthropologie in pragmatischer Hinsicht*, in Weimar arbeitete Goethe wieder am *Faust*, in Jena schrieb Schiller die Ballade *Die Bürgschaft*, in Dresden schloss Caspar David Friedrich seine Studien ab und malte das »Wrack im Eismeer«, in Wien wurde Haydns »Schöpfung« uraufgeführt, in München erfand Alois Senefelder die Lithografie, in Madrid vollendete Goya die »Caprichos«, und in London veröffentlichte Thomas Robert Malthus seinen *Essay on the Principle of Population,* in dem er als Erster das Problem der Überbevölkerung thematisierte.

Das Geburtsjahr der Prinzessin Charlotte war auch das Geburtsjahr des Dichters August Heinrich Hoffmann von Fallersleben, der 1841 das *Lied der Deutschen* schrieb, des französischen Historikers Jules Michelet, des polnischen Dichterfürsten Adam Mickiewicz und des russischen Komponisten Alexej F. Lwow, des Schöpfers der »Zarenhymne«.* Und es war das Todesjahr Stanislaus II. August Poniatowskis, des letzten Königs von Polen, und Giacomo Casanovas, des schriftstellernden Abenteurers und Frauenschwarms, der in den 1760er-Jahren auch in St. Petersburg gewesen war. Poniatowski starb am 12. Februar 1798 in der russischen Hauptstadt, vier Tage, nachdem Kaiserin Maria Fjodorowna ihr zehntes Kind geboren hatte, einen Sohn, der auf Wunsch des Vaters Michael genannt wurde. Michael Pawlowitsch, das einzige »purpurgeborene« Kind des Paares, hatte drei Brüder und sechs Schwestern. Zeit seines Lebens stand er Nikolaus Pawlowitsch, der 1796 geboren worden war, am nächsten.

Nur wenige Tage, nachdem Napoleon an Bord der »Orient«

---

* Aus Gründen der Verständlichkeit werden alle russischen Namen und Begriffe im Lauftext phonetisch transkribiert, und die Daten folgen dem Gregorianischen Kalender, der erst im Februar 1918 in Russland eingeführt wurde. Davor lebte das Land nach dem Julianischen Kalender, der im 18. Jahrhundert elf Tage und im 19. Jahrhundert zwölf Tage hinter dem Gregorianischen zurück war. Nur in den russischen Quellenangaben bleiben die Daten alten Stils erhalten.

gegangen war, um nach Ägypten zu segeln, war das neue preußische Königspaar zur Huldigungsreise nach Ostpreußen und Schlesien aufgebrochen und landein, landaus begeistert begrüßt worden. »Auf dem ganzen Wege wurden uns auch heute überall die schönsten Blumenkränze in den Wagen geworfen; überhaupt Blumenspenden erfreuten uns allerwärts ohne Ende«, notierte Frau von Voß, die Oberhofmeisterin der Königin, in ihrem Tagebuch.[1] »Auch heute überall unterwegs empfangen von Deputationen, Musik, Fahnen und Blumen im Ueberfluß«, fügte sie am 19. Juni hinzu.[2] Feuerwerke, Bälle und Empfänge, Dejeuners, Diners und Soupers lösten einander ab.

Auf die Schwangerschaft der Königin haben die Veranstalter offenbar keine Rücksicht genommen, obwohl das ganze Land wusste, dass Luise wieder guter Hoffnung war. Drei Wochen vor der Niederkunft machte die Breslauer Kaufmannschaft ihr »eine wundervolle Cassette zum Geschenk; darin lag ein vollständiges, wirklich prachtvolles Kinderzeug, mehrere Stücke einer feenhaft feinen, schönen Leinewand, ein reizendes Wiegenband und ein Kunstwerk von einer Kinderklapper von Silber mit kleinen Medaillen behangen und an einer goldenen Kette befestigt«.[3]

Am 13. Juli 1798, eine Woche nach der Huldigung in Berlin und der Rückkehr nach Charlottenburg, ließ die Königin ihre Oberhofmeisterin »früh um vier Uhr zu sich rufen«. Sie hatte »sehr viel Schmerzen, und das dauerte bis nach sechs Uhr, wo sie glücklich von einer Prinzessin entbunden wurde. Das Kind ist gesund und hübsch, aber die arme Königin war äußerst schwach.«[4] Indes erholte sich Luise schnell. Die Taufe der Neugeborenen fand am 3. August, dem 28. Geburtstag des stolzen Vaters, statt. »Großes Diner an zwei Tafeln. Da die Königin-Mutter das Fieber hatte, so wurde das Kind nicht in der Kirche getauft, sondern in dem Zimmer neben der Galerie. Ich trug es zu ihr, es erhielt die Namen ›Friederike Louise Charlotte Wilhelmine‹«, hielt Frau von Voß fest.[5]

Charlotte war das vierte von zehn Kindern ihrer Eltern, deren erstes Kind, eine Tochter, tot geboren worden war. Der Bruder

Friedrich Wilhelm, den alle Fritz riefen, war 1795, der Bruder Wilhelm, genannt »Wims«, 1797 geboren. Dann kamen noch Friederike (1799–1800), Carl, geb. 1801, Alexandrine, geb. 1803, Ferdinand (1804–1806), Luise, geb. 1808, und Albrecht, geb. 1809, und »Schwester Charlottchen« fühlte sich früh mitverantwortlich für die jüngeren Geschwister, kümmerte sich als Dreijährige schon um »Carlchen«. Die Eltern führten eine glückliche Ehe, ihre Lebensweise war eher bürgerlich, sie duzten sich. Der König, schüchtern, wortkarg und ein wenig linkisch, sprach öffentlich nicht von »Ihrer Majestät«, sondern von »meiner Frau«. Da er von seinem Vater, dem verschwenderischen Friedrich Wilhelm II., einen hoch verschuldeten Staat geerbt hatte, ging es in der Familie knapp zu. Luise musste mit 1 000 Talern im Jahr auskommen. Aber sie liebte Bälle und Zerstreuungen, interessierte sich lebhaft für Mode und Schmuck und gab ständig zu viel Geld aus.

Um die Jahrhundertwende hatten die älteren Kinder einen Gemüsegarten, und manchmal schickten sie ihren Eltern Mohrrüben, Erbsen, Kerbel, Petersilie, Bohnen, Kohl und Salat. »Das sind recht fleißige Kinder! hat Papa gesagt, ich will alles auf ihre Gesundheit essen«, zitiert Luise ihren Mann in einem Brief an Fritz, Wilhelm und Charlottchen, ihr geliebtes »Kleeblättchen«, »und ich sagte, die guten Kinder haben es so gern gegeben, es machte ihnen so viel Freude, es zu schicken, weil sie wußten, Papa und Mama würden sich recht freuen, und das tat ihren kleinen Herzen wohl!«[6]

Über die ersten Lebensjahre Charlottes ist wenig bekannt. Nur gelegentlich kommt sie in den Briefen ihrer Eltern und in den Tagebüchern und Erinnerungen mancher Hofbediensteter vor. Man darf eben nicht vergessen, dass das Interesse der Zeitgenossen eher den königlichen Prinzen als den königlichen Prinzessinnen galt. »Charlotte ist sehr groß, sanft und gut, und ihre Erziehung wird nicht schwer sein«, schrieb Luise ihrem Bruder Georg, dem Erbprinzen von Mecklenburg-Strelitz, über die Vierjährige.[7] Ähnlich drückte sie sich dem Bruder gegenüber ein paar Jahre später noch einmal aus: »Charlotte, rein wie Gold, gut, sanft, lustig …«[8] Sie war ein hübsches Kind und ähnelte ihrer Mutter von Jahr zu Jahr mehr. In einem undatierten Brief der Königin an die Tochter geht es um Geld: »Meine gute Charlotte. Ich sende Dir hierbei einen Taler. Glaube nicht, daß ich damit die reizende, kleine Girlande bezahlen will, die Du mir geschickt hast und die mir so viel Vergnügen macht. Man kann nicht bezahlen, was Liebe uns darbietet, diese Liebe, die Dich diese Girlande winden ließ, und dabei denken: ›sie wird Mama Vergnügen machen, und ich mache Mama so gern Vergnügen‹. Sondern ich sende Dir diesen Taler, damit Du heute das Vergnügen haben kannst, einem Armen zu helfen und dafür zu sorgen, daß ein Familienvater mit Frau und Kind vielleicht einmal eine gute Suppe essen und sich sättigen kann. Ich weiß, daß der Gedanke, andern Gutes zu tun, ein wahrer Genuß für Dein gutes, kleines Herz ist, und ich bin erfreut, ihm indirekt diesen Genuß verschaffen zu können. Deine zärtliche Mutter und Freundin Luise.«[9]

Seit Anfang 1805 hatte die Prinzessin eine Gouvernante. Margarethe von Wildermeth war »eine brave Person, nicht ohne naive Klugheit, aber konfus und zerstreut. Ich glaube, daß sie wohl mehr aufwachsen ließ, als daß sie es verstand zu erziehen«, schrieb die Hofdame Karoline von Rochow, »indessen ist sie bis zu ihrem Lebensende in dem besten und vertrautesten Verhältnis zur Kaiserin geblieben.«[10] Dafür erhielt Frau von Wildermeth später den russischen Katharinenorden. Aber das war vorerst nicht abzusehen, vorerst spielte Charlotte mit Schweizer Puppen und lernte stricken, sticken und tanzen. Mit sechs Jahren konnte sie bis 100 zählen, mit sieben schrieb sie »schon recht hübsch«, wie ihre Mutter fand.[11]

Am 13. Juli 1806 wurde das Mädchen acht Jahre alt. Der Geburtstag wurde in Charlottenburg gefeiert, allerdings ohne die Königin. Denn der König hatte seine Frau, die den Tod des kleinen Ferdinand im Frühjahr nicht verwinden konnte, zur Kur nach Pyrmont geschickt. »Die Jugend trifft Anstalten, um morgen den Geburtstag Charlottens zu feiern«, schrieb er ihr, »Frl. von Wildermeth glaubt, daß ein Teekocher usw. ihr nützlich und angenehm sein würde; ich sagte ihr, sie solle ihn besorgen. Morgen werden auch zum erstenmal die vereinigten Trompeterkorps spielen.«[12]

Zwei Tage später schilderte der König seiner Frau, wie die Feier verlaufen war. »Gestern war natürlich ein richtiger Festtag und ein Tag der allgemeinen Freude für die kleine fröhliche Schar, die sich dem auch bis zur völligen Erschöpfung hingegeben hat. Steiner hatte schon sehr früh am Morgen Orangenbäume aufgestellt, die, mit Girlanden verbunden, einen kleinen ovalen Raum vor den Fenstern Charlottes bildeten, von wo aus man ihren Namenszug auf einer Art kleinem Altar in der Mitte sehen konnte. Da die Kinder ein kleines Lager aufschlagen wollten, um dieses Fest zu feiern, errichtete man ihre Zelte auf dem Rasenplatz um meines herum. Das Gardekorps wurde aufgestellt und die Artillerie in Batterien formiert. Wilhelm und Karl als Towarczys; Alexandrine als Marketenderin, mit einem kleinen Korb auf den Schultern, aufgeschlagenem Strohhut, mit Federn geschmückt, einem braun und rosa Leibchen und dazu gehöriger Schürze, war die spaßigste Erscheinung der Welt. Um 11 Uhr wurde Charlotte gerufen, die Truppen unter Waffen erwiesen die Ehrenbezeugungen und Kanonenschüsse verkündeten ihre Ankunft. Sie war ganz verblüfft über diesen Empfang, den sie anscheinend nicht erwartet hatte. Die Geschenke waren in dem größten Zelt aufgebaut, wo man dann ein kleines Frühstück auftrug, das unglücklicherweise durch einen starken Platzregen unterbrochen wurde. Die Jugend aß dann zusammen zu Mittag in dem Drei-Königszimmer. Die Trompeter, die schon am Morgen im Lager gespielt hatten, machten Musik, die nach dem Mittagessen Gelegenheit zu einer Art kleinem Ball gab. ... Das Wetter war regnerisch, zum mindesten veränderlich, aber nichtsdestoweniger war der Garten belebt, es waren sogar ziemlich viele von der guten Gesellschaft da. Heute regnet es immer noch, es ist zum verzwatzeln.«[13]

Vieles spricht dafür, dass Luise diesen Brief einer neuen Bekannten vorgelesen hat, die ein bisschen erkältet kurz vor ihr eingetroffen war, ihr zunächst nur Gesellschaft geleistet hatte, aber schnell zur Freundin wurde. Es war Großfürstin Maria Pawlowna, die seit 1804 mit dem Erbprinzen von Sachsen-Weimar-Eisenach verheiratet war und im Frühjahr ihren ersten Sohn verloren hatte. Luise hatte ihre ältere Schwester Helene Pawlowna gekannt, die viel zu früh verstorbene Erbprinzessin von Mecklenburg-Schwerin, die im Januar 1801 in Berlin zu Besuch gewesen war und Friedrich Wilhelm so bezaubert hatte. Den ältesten Bruder der Großfürstin, den Zaren Alexander I. Pawlowitsch, der seinem Vater im März 1801 auf den Thron gefolgt war, hatte sie im Juni 1802 in Memel kennengelernt und sich auch ein bisschen in ihn verliebt. Ein bezaubernder Mann! Im Herbst 1805 hatte sie ihn in Berlin empfangen, ihm ihre Kinder vorgestellt und mit ihm und dem König am 4. November um Mitternacht die Gruft Friedrichs des Großen in der Potsdamer Garnisonkirche besucht, wo der »teure Vetter«, überwältigt von seinen Gefühlen, den Sarg geküsst und ihnen die Hand gedrückt hatte.

Es gab also genug Gesprächsstoff. In der Idylle von Pyrmont ist wohl keine der Damen auf die Idee gekommen, dass sie schon im Herbst, nach den verlorenen Schlachten von Jena und Auerstedt am 16. Oktober 1806, ihre Residenzen würden verlassen und vor Napoleon flüchten müssen, die eine nach Schleswig, die andere nach Ostpreußen. In diesen dramatischen Tagen, in denen Preußens Schicksal auf dem Spiel stand, ging Charlottes wohlbehütete Kindheit zu Ende.

Die Königin musste schon am Tag nach Jena und Auerstedt in größter Eile nach Schwerin abreisen, die Kinder wurden in mehreren Wagen über Schwedt, Stettin und Köslin nach Danzig geschickt. Wie wir aus den Aufzeichnungen des Kronprinzen wissen, hat Charlotte sich im Schwedter Schloss tüchtig den Fuß verstaucht. »Meine Schwester Charlotte hatte 2 Puppen aus der Schweiz bekommen, einen Jungen und ein Mädchen. Diese nahm sie sehr in acht, vergaß sich aber wie es schien selbst darüber, denn indem sie die eine Treppe hinunter sprang trat sie fehl und beschädigte sich den einen Fuß sehr stark. Da sie darauf aber nicht achtete wurde die Wunde schlimmer.«[14] Es war schon empfindlich kalt, sodass unterwegs Pelzmützen und Pelzschuhe gekauft werden mussten. Vom Gollenberg in der Nähe von Köslin sahen die Kinder zum ersten Mal in der Ferne die Ostsee. Die Verbindung mit den Eltern war nicht gesichert.

In Danzig wurden die Prinzen im »Lottriehaus« untergebracht, Charlotte bekam »ein kleines Haus dicht neben an, ganz für ihren Gebrauch«, und »lit während unseres ganzen Aufenthalts an ihrem schlimmen Fuß. Sie aß selten oder gar nicht mit uns zusammen«, erinnerte sich Fritz.[15] Sie blieben acht Tage. »Weder unsere Koffer aus Magdeburg, noch die aus Stettin kommen an. Ich habe hier große Mühe und Noth den Haushalt für die Königlichen Kinder einzurichten und eine gute Küche für sie in Gang zu bringen«, notierte Frau von Voß.[16] Am 9. November kam sie mit den Kindern in Königsberg an, wo man sehnlichst auf die verbündeten Russen wartete, denn Napoleon, dieses »Ungeheuer«, war nun in Sanssouci! »Gott wolle nur, daß wir hier bleiben können. In dieser Jahreszeit und bei diesem Wetter wäre es mit den armen kranken Kindern schrecklich, noch weiter zu müssen«, trug sie am 14. November ein.[17] Eine Woche später kam ein Brief von der Königin: »Fahre fort, mein gutes, lernbegieriges Kind zu sein, wie Du es immer gewesen bist«, schrieb Luise ihrer Tochter aus »Osterode in Preußen«, »dann wirst Du mit Deinen Brüdern und Schwestern der Trost Deiner Eltern sein, die gegenwärtig sehr unglücklich sind.«[18]

Mitte Dezember war Frau von Voß sicher, dass die Franzosen, »da die Russen vollkommen unthätig sind«, bis Königsberg kommen würden. Die Stimmung war schlecht. Weihnachten wollte der König »keine Christbescheerung, weder für die Königlichen Kinder noch für sonst Jemand«. Trotzdem teilte die alte Oberhofmeisterin den Geschwistern an Heiligabend Geschenke aus, sie konnte einfach nicht anders.[19] Große Freude kam noch einmal auf, als Prinz Wilhelm an Neujahr zum Fähnrich ernannt wurde und seine erste Uniform erhielt, dazu den Schwarzen Adlerorden. Doch die Franzosen rückten näher, und die Flucht ging weiter.

Am 3. Januar 1807 brachen Fritz, Wims und Lottchen bei starkem Frost nach Memel auf, in die »Königlich Preußische See- und

Handelsstadt« an der Dange. Sie reisten in fünf Wagen, ein Feldjäger ritt voran. Der alte Postweg ins Baltikum führte damals noch über die Kurische Nehrung und das Haff, und man kann sich gut vorstellen, dass die Flucht für die Kinder trotz aller Gefahren doch auch eine Abenteuerfahrt war. »Die Königlichen Kinder sind abgereist, meine armen Ohren ruhen sich ein Bischen aus von dem Spektakel, und nur die beiden kleinsten bleiben bei uns«, hielt Gräfin Voß erleichtert fest.[20] Auch Friedrich Delbrück, dem Erzieher der beiden älteren Prinzen, war die allzu lebhafte Art der drei Großen ein ständiges Ärgernis. Ihre »Toberei« fand er häufig »gar zu groß«, ihr Spiel bisweilen »höchst lärmend und störend« oder »wild«, ihr Betragen »vorlaut«, und manches Kreischen ging ihm »durch Mark und Bein«. Als er nun auch noch Charlotte unterrichten musste, die immer »wie ein Reh« herumsprang, wurde es ihm manchmal zu viel. Doch war er mit der Prinzessin »nicht übel zufrieden«, die Unterhaltungen mit der Achtjährigen waren »sehr interessant«, und mehrfach notierte er: »Im Reiten gut.«[21] Man kann aus diesen Eintragungen schließen, dass Charlotte und ihre Brüder sich genauso benommen haben wie andere Kinder auch, was ganz im Sinne ihrer Mutter war, die eine freie Erziehung befürwortete, Religion aber für das wichtigste Unterrichtsfach hielt. Sie folgte den Ideen des Schweizer Pädagogen Johann Heinrich Pestalozzi.

»Ich habe meine Kinder den heiligen Glauben an Gott, den ihnen die Natur gab, gelehrt«, schrieb Luise später einmal ihrem Vater, »ich habe ihnen gezeigt, wie unser sittliches Gefühl uns eine neue Welt, die Ewigkeit, die Seligkeit, eröffnet; ich habe ihr Leben für die Tugend begeistert. Unbekümmert um die Folgen für sie selbst, für ihr Glück, für ihr Fortkommen, lehre ich sie nur diesen Glauben an Gott, an die Ewigkeit, an sich selbst festhalten. Nein, mein Vater, ich darf nicht fürchten, dass eins von meinen Kindern seine Bestimmung verfehlen wird. Sie können arm, verachtet, verfolgt, verspottet werden, aber nie unglücklich, nie lasterhaft; sie können vielleicht vor Menschen zittern müssen, aber nie vor sich selbst, vor dem Tode oder vor Gott; sie können vielleicht den Glauben an die Freundschaft verlieren – o Gott, behüte sie davor! –, aber nie werden sie aufhören, die Menschen zu lieben und ihnen wohlzutun, weil das ihre Pflicht ist.«[22]

Am 5. Januar folgten Luise und Friedrich Wilhelm der »Bande«, wie die Königin ihre Kinder gelegentlich nannte, in das »raue, ungastliche Memel«. Die kleine Stadt in Preußens Hinterland mit ihren rund 5000 Einwohnern war nun Residenz. Hier lebte das Königspaar wieder im Haus des Großkaufmanns Friedrich Ludwig Consentius (dem späteren Rathaus), in dem Luise im Juni 1802 zum ersten Mal dem Zaren begegnet war, dem »Einzigen«, der seinerseits »ganz begeistert und bezaubert von der Königin« gewesen war.[23] Wie heiter jene Tage gewesen waren, als Friedrich Wilhelm und Alexander ihre lebenslange Freundschaft schlossen, wie wunderschön die hellen Nächte der Sommersonnenwende, als man um Mitternacht noch im Freien sitzen konnte! Alle hatten beim Abschied geweint.

Und nun? Es war eisig kalt, und der Schnee lag so tief, »wie man nie etwas Aehnliches erlebt hat«[24]. Die Prinzen wohnten im Haus des Kaufmanns Argelander, mit dessen ältestem Sohn Friedrich, dem künftigen Astronomen, der Kronprinz sich anfreundete. Charlotte und Alexandrine lebten im Haus des Handelsagenten Lembke, der sehr gut sang.[25] Doch die Kinder sahen sich fast täglich. Häufig ließ Delbrück sie zusammen Französisch üben, und manche Unterrichtssitzung wurde bei Charlotte abgehalten. Man fuhr spazieren, las einander vor, machte Besuche, gab Teegesellschaften, ging ins Stadttheater und in die Kirche. Nach dem Eintreffen des Hofes und des diplomatischen Corps begann ein bescheidenes Gesellschaftsleben, aber militärische Entscheidungen ließen auf sich warten. »Ach, wenn die Russen sich doch endlich schlagen wollten und dem Feinde zu Leibe gehen, aber man hört noch immer nichts von irgend einer Aktion«, klagte Gräfin Voß Ende des Monats.[26]

Am 7./8. Februar kam es bei Preußisch Eylau zur Schlacht, einer der blutigsten des 19. Jahrhunderts. Aber sie ging unentschieden aus, und die Russen zogen sich wieder zurück. Sie hatten besonders hohe Verluste. Unter diesen Umständen konnte der 31. Geburtstag der Königin am 10. März nicht großartig begangen werden, und auch die Geburtstage der älteren Prinzen wurden bescheiden gefeiert. Am 2. April morgens um 11 Uhr traf der Zar wieder in Memel ein. Er blieb nur einen Tag. »Immer derselbe unvergleichlich liebenswürdige Mensch, voller Güte und Herzlichkeit!«[27] Aber die Oberhofmeisterin bemerkte nun auch Schwächen. »Der Kaiser ist wirklich noch ganz derselbe, wie früher: unverändert im Wesen und Ausdruck und in der Herzlichkeit, nur vielleicht ein Bischen mehr artificiell und ein Bischen mehr mit den jungen Damen beschäftigt; aber er ist doch sehr weich und angenehm.«[28] In der Tat war Alexander I. eher oberflächlich und entschlussarm. Wenn es sein musste, konnte er seine Freundschaft mit Friedrich Wilhelm durchaus vergessen, während sich der König als Zauderer erwies.

In einem der Berichte aus Memel ist von Charlotte die Rede. »Nicht gegen tausend Hoffeste in goldenen Uniformen und Sternen möchte ich in meiner Erinnerung jenes einzige Schauspiel vertauschen: eine Königin sitzt am ärmlichen Tische, der, wie sie selbst, ohne allen äußeren Schmuck ist; aber ihre Schönheit, Anmut und Würde leuchten um so heller«, hielt ein russischer Besucher 1807 fest. »Neben ihr sitzt die älteste Prinzessin, wie die Knospe neben der entfalteten Rose, und indem sie mit der Mutter die kleinen Hausgeschäfte teilte, entzückten beide durch liebenswürdige Aufmerksamkeit und ließen in meiner Seele ein lebendiges Bild zurück, das kein späteres Ereignis verlöschen kann.«[29] Aus dieser Beobachtung können wir schließen, dass Charlotte die dramatischen Monate sehr bewusst erlebt hat und ihrer Mutter eine Stütze war. Überhaupt hat Luise die Anwesenheit der Kinder als Trost empfunden. Sie war nun darauf gefasst, weiter nach Riga flüchten zu müssen, beschwerte sich bei Alexander über die schlechte Führung seiner Armee und flehte um Hilfe.[30]

Tatsächlich rückten die Franzosen weiter vor, und am 14. Juni schlug Napoleon die verbündeten Russen und Preußen bei Friedland. Die Franzosen verloren 8000, die Russen und Preußen 20000 Mann. Als auch noch die Nachricht vom Fall Königsbergs am 16. Juni eintraf, war die Katastrophe vollkommen. Sie mündete in den Frieden von Tilsit vom 7./9. Juli 1807, der Preußen territorial und militärisch vorübergehend auf den Status einer Mittelmacht reduzierte.

Der neunte Geburtstag der »Prinzeß Charlotte« war deshalb kein Feiertag. »Man war den ganzen Morgen bei ihr«, notierte Gräfin Voß. »Das Diner wurde im Garten von Argelander eingenommen. Abends fuhren wir nach Tauerlaken, wo der König für die Prinzeß Charlotte und die Kinder einen Thee gab.«[31] Anfang August konnte man gar nicht mehr in die Kirche gehen, »denn beide Kirchen, die lutherische wie die reformirte, sind ganz für die Blessirten und Kranken in Beschlag genommen«[32]. Charlotte dürfte diesen Anblick nie vergessen haben. Im November gab sie zum ersten Mal »eine große Theegesellschaft« und erhielt »viel Lobsprüche über die Art, die honneurs zu machen«[33].

Die Franzosen standen noch bis Ende 1807 in Restpreußen, und erst Mitte Januar 1808 konnte die königliche Familie nach Königsberg zurückkehren. Die Räumung Berlins stand noch in den Sternen, und Napoleon verlangte Kontributionen, die das ausgelaugte Land kaum aufbringen konnte. Die Sparmaßnahmen trafen auch höchste Hofkreise. »Leider werden von Tag zu Tag mehr Einschränkungen im Königlichen Haushalte nothwendig«, klagte Gräfin Voß, »auch ich verzichte auf einen Theil meines Gehaltes; ach, es ist ja nicht anders möglich!«[34] Ob sie mitbekommen hat, dass Charlotte im Sommer mit Wilhelm Stelzen lief?

Im Laufe dieses Jahres kam der Zar zweimal nach Königsberg, um sich mit Friedrich Wilhelm zu besprechen. Sein Treffen mit Napoleon in Erfurt hatte Besorgnis ausgelöst, doch am 21. Oktober notierte Gräfin Voß: »Der Kaiser und meine Herrschaften waren den ganzen Tag zusammen und schrecklich glücklich, sich wieder zu sehen.«[35] Die Kinder waren von jedem Besuch tief beeindruckt. Charlotte musste der elegante, hochgewachsene Mann in seinen schönen Uniformen, der immer auftauchte, wenn es den Eltern besonders schlecht ging, vorkommen wie ein gottgesandter Retter in der Not. Und nun hatte er die Eltern auch noch nach St. Petersburg eingeladen! Am 27. Dezember 1808 fuhren sie los.

Wir dürfen annehmen, dass Luise ihren »Engels« ausführlich von dieser Reise erzählt hat: von der zwölftägigen Schlittenfahrt im Zobel über Memel, Polangen, Mitau, Riga, Dorpat, Narwa und Peterhof, von den Kosaken, die sie begleiteten, und von den 51 Salven, mit denen jede Festung sie begrüßt und verabschiedet hatte, vom Einzug in die Hauptstadt im kaiserlichen Krönungswagen, vom Empfang mit allen militärischen Ehren im Winterpalast, von der Unterbringung nebenan im Schepeljew-Haus, wo für Luise zwölf Zimmer renoviert und glanzvoll ausgestattet worden waren, von der herzlichen Aufnahme durch die kaiserliche Familie, von den Empfängen, Bällen und Diners zu Ehren der Preußen, von den exquisiten Aufführungen im Ermitage-Theater, von den Illuminationen an den Abenden, an denen die Kaiserstadt zu brennen schien, von den teuren Neujahrsgeschenken und den Andenken, vom prunkvollen Fest der Wasserweihe auf der zugefrorenen Newa am 18. Januar, von dem grandiosen Feuerwerk, für das 34 000 Raketen gezündet wurden, und vom Abschied von den Gastgebern am 31. Januar 1809. »Ich empfehle Ihnen unser Schicksal und das Glück meiner Kinder und alles, was mir teuer ist«, hatte Luise dem Kaiser »unter tausend Tränen« beim Einsteigen in den Wagen gerade noch sagen können. »Sie sind unsere Stütze.«[36]

Die mitgereiste Oberhofmeisterin war ebenfalls begeistert: »Nie, nie werde ich dies Petersburg vergessen!«, notierte die 79-Jährige, »wie glücklich wir dort gewesen sind, wie Alles uns mit Güte und Liebe wahrhaft überschüttet hat! – Ja, es war eine schöne, heitere Zeit ...«[37] Und Gräfin Voß wird auch Charlotte und ihren Geschwistern von Russland erzählt haben, das ihnen wie ein Märchenland erschienen sein muss. Während dieses Aufenthalts haben die Königin und die Kaiserinmutter zum ersten Mal über eine Heirat zwischen Charlotte und Nikolaus gesprochen, der gerade Keuchhusten hatte. Er und Michael seien, so fand Luise, »wie hohe Personen erzogen«[38]

Am 10. Februar 1809 langten der König und die Königin wieder in Königsberg an. Sie brachten Geschenke für die Kinder mit: »Schreibzeuge von Porzellan, geschlagene Adlerssterne, gestikte Kragen und Ermelbesatz, Federbüsche, Prßn. Charlotte den Catharinenorden in Brillanten«[39]. Es war ihr erster Orden, für den sie sich umgehend bei der kaiserlichen Ordensmeisterin bedankte: »Eure Kaiserliche Majestät, erlauben Sie mir, Ihnen meinen lebhaftesten Dank für den Orden der Hl. Katharina auszudrücken, den ich aus den Händen von Mama empfangen habe ... Ihre gehorsamste Dienerin Charlotte.«[40]

Politische Ergebnisse hat der kostspielige Besuch in St. Petersburg nicht gebracht, aber das Verhältnis zwischen den beiden Höfen wurde noch enger und herzlicher. Im Mai schrieb Luise ihrem Vater einen Brief, den sie als »politisches Glaubensbekenntnis« bezeichnet hat. Die Authentizität ist umstritten, weil das Original verloren gegangen ist. Doch die Charakterisierung der Kinder entspricht früheren Äußerungen. »*Unsere Kinder sind unsere Schätze*«, formulierte die Königin, »und unsere Augen ruhen voll Zufriedenheit und Hoffnung auf ihnen ... Unsere Tochter *Charlotte* macht mir immer mehr Freude; sie ist zwar verschlossen und in sich gekehrt, verbirgt aber, wie ihr Vater, hinter einer scheinbar kalten Hülle ein warmes, teilnehmendes Herz. Scheinbar gleichgültig geht sie einher, hat aber viel Liebe und Teilnahme. Daher kommt es, daß sie etwas Vornehmes in ihrem Wesen hat. Erhält sie Gott am Leben, so ahne ich für sie eine glänzende Zukunft.«[41]

Dafür gab es vorerst allerdings keinerlei Anzeichen, zumal wegen der Kontributionen nun auch der Verkauf »alles Silberzeugs und fast aller Diamanten« notwendig geworden war.[42] »Meine allerliebste Friederike [Charlotte] wird am 13. Juli elf Jahre alt«, schrieb Luise am 9. Juni 1809 an Salomé von Gélieu, ihre alte Erzieherin. »Sie ist reinen Herzens und hat ein engelhaftes Gemüt. Fräulein von Wildermeth, gebürtig aus Biel, ist eine vorzügliche Person; sie tut ihre Pflicht sanft und energisch, wie es einer Schweizerin würdig ist ...«[43] Wie wir sehen, sind es immer die gleichen Eigenschaften der Tochter, die Luise aufzählt: liebevoll, warmherzig, sanftmütig, mitfühlend, teilnehmend. Anders als ihre Mutter, die sich besser auf Französisch als auf Deutsch ausdrücken konnte, sprach Charlotte richtiges Deutsch. Sie konnte sogar »berlinern«.

Am 4. Oktober 1809 bekam Charlotte noch ein Brüderchen. Normalerweise hätte die Oberhofmeisterin den kleinen Albrecht zur Taufe tragen müssen. Doch am 7. November vermerkte sie in ihrem Tagebuch: »Nach der Tafel führte die Königin die kleine Prinzeß Charlotte zu mir, die mich bat, ihr das Vorrecht abzutreten, bei der morgenden Taufe das Kind zu den Pathen zu tragen. Natürlich sagte ich ja, obgleich es im Grunde nicht richtig ist; mit 11 Jahren, ohne Schleppe, in einem Kinderkleid ist das noch zu früh, aber man muß eben denken, daß wir noch in Königsberg sind, und es nicht so genau mit der Etiquette nehmen!«[44]

Zu Weihnachten 1809 kehrte die königliche Familie, »Papa, Mama und das Siebengestirn« (Charlotte), nach drei Jahren und drei Monaten Abwesenheit nach Berlin zurück. Am 23. Dezember bestieg die Königin mit Charlotte, Carl und Alexandrine in Weißensee den neuen viersitzigen Paradewagen, den die Bürgerschaft der Stadt Berlin ihr geschenkt hatte. Die achtspännige offene Kutsche war mit silbergesticktem lila Samt ausgeschlagen, das Geschirr der Pferde reich mit Silber verziert. Luise trug ein hermelinbesetztes lila Samtkleid, das zur Innenausstattung des Wagens passte. Die Stadt begrüßte die Heimkehrer mit 101 Kanonenschüssen und endlosem Jubel.

Charlotte war früh gereift. Ihren zwölften Geburtstag, den ersten im befreiten Berlin, hat sie sicher mit Ungeduld erwartet. Als die Nachricht von der Erkrankung der Mutter aus Hohenzieritz eintraf, hat sie vermutlich nichts Schlimmes geahnt und ihr noch am 12. Juli einen Brief geschrieben, der die Kranke so stark ergriff, dass ihre Schwester mit dem Vorlesen innehalten musste. Luise hat den Brief nicht mehr zu Ende gehört. Am Sterbebett der Königin waren nur der König und die beiden ältesten Söhne. Charlotte und Carl trafen knapp zwei Stunden nach ihrem Tod ein, von dem sie unterwegs »auf die schrecklichste Weise« erfahren hatten, wie Wilhelm von Humboldt seiner Frau schrieb: »Ein vorüberreitender Bauer hat ihnen die Nachricht in den Wagen geschrien.«[45] Charlotte weinte hemmungslos. Nach dem Zeugnis der Frau von Wildermeth tröstete die alte Prinzessin George von Hessen-Darmstadt ihre Urenkelin mit den Worten: »Deine Mutter würde dir gesagt haben: Sei *tugendhaft*! Ich will dir in dem Namen deiner verklärten Mutter sagen: Sei so tugendhaft, wie sie war! Du hast die Gaben deiner Mutter empfangen, lebe auch in ihrem Geiste und nach dem Vorbilde dieses Engels. Dann wird der Segen deiner Mutter auf dir ruhen (19 July 1810, 9 Uhr).«

Diesen Sätzen hat Charlotte später hinzugefügt: »Den andern Tag um 10 Uhr des Morgens ging der König mit seinen Kindern im Garten, zeigte ihnen den Platz, auf welchem unsere liebe Mutter zum letzten Male am 29 Juny die Luft genossen hatte; hier vergossen wir bittere Thränen. Papa führte uns zu einem Rosenhügel und sagte Charlotten: ›Winde einen Kranz von weissen Rosen um sie auf Mama zu strecken.‹ Die Brüder pflückten emsig weisse Rosen, und ich sass unter einem alten Birnenbaum den Kranz windend. Jeder Bruder nahm einen Strauss und Papa eine Rose mit drei Knospen, welche Alexandrinen, Louise und Albrecht vorstellen sollten. Alsdann brachten wir diese Blumen an Mama.«[46] Die weiße Rose, Symbol des Abschieds von der vergötterten Mutter, wurde Charlottes Lieblingsblume.

Am 31. Juli übertrug der König der Gräfin Voß die Oberaufsicht über die drei Prinzessinnen und den kleinen Albrecht, wenig später erhielt Charlotte eine Hofdame. Weder die eine noch die andere konnte ihr die Mutter ersetzen. Diese Rolle übernahm Marianne, die Frau des Prinzen Wilhelm Bruder, die auf der Flucht nach Ostpreußen ihre beiden Töchter verloren hatte. Die spätere »Tante Minnetrost« war nur dreizehn Jahre älter und mehr Freundin als Tante. Charlotte aber schien nun alt genug, um ihre Mutter zu vertreten. Am ersten Todestag der Königin übernahm sie die Schirmherrschaft über die von ihrem Vater gegründete Luisenstiftung, eine Bildungsanstalt für Erzieherinnen, wie ihre Mutter sie in St. Petersburg besichtigt hatte und gerne auch in Preußen eingerichtet hätte. Da Luise an sich selbst erfahren musste, wie unzulänglich die Ausbildung der Frauen war, und häufig darüber geklagt hatte, wurde die Stiftung ihrem Andenken gewidmet.

Der Kampf gegen Napoleon war freilich noch nicht zu Ende. Im Januar 1813 mussten Charlotte und ihre Geschwister Berlin noch einmal verlassen. Sie gingen nach Breslau, wo die Prinzeß beim Kaufmann und Weinhändler F. W. Friesner in der Albrechtstraße 16 wohnte. Am 17. März erklärte der König Frankreich den Krieg und erließ seinen Aufruf »An mein Volk«. Von Fritz, der beim Heer war, erfuhr Charlotte nun regelmäßig Einzelheiten der vielen Schlachten, die in diesem Jahr gegen die Franzosen geschlagen wurden. Der große Bruder fehlte ihr sehr. In einem der Briefe, die sie vom Vater erhielt, verlangte dieser übrigens, von seinen Kindern »Papa« genannt zu werden, »aber nicht – König, wie ihr manchmal zu meinem Verdruß unter Euch zu sagen pflegt. *Quod bene notandum**.«[47]

Im Oktober brachten die verbündeten Armeen der Preußen, Russen, Österreicher und Schweden dem Korsen in der Völkerschlacht bei Leipzig endlich die entscheidende Niederlage bei. Es war die größte Feldschlacht, die Europa bisher erlebt hatte. Gut zwei Wochen später notierte Gräfin Voß: »Der König kam früh zu mir, blieb über zwei Stunden und sprach mir von all seinen Angelegenheiten, auch von dem Gedanken einer russischen Heirath für Prinzeß Charlottchen. Als er fort war, ließ ich den Hofprediger Sack kommen, der mir sagte: da sie noch nicht eingesegnet sei, so könne sie sich noch für die griechische Kirche** entscheiden und in dieselbe eintreten, wenn sie es wolle.«[48] Der König hätte diesen »Gedanken« nicht erwähnt, wenn er nicht mit Alexander darüber gesprochen hätte. Charlotte aber schrieb Wilhelm dieser Tage ganz unvermittelt, sie habe angefangen, »Rußisch« von »Dictionaires« zu lernen, und könne schon »viele Sätze«[49].

---
* Was wohl zu bemerken ist.
** Gemeint ist die russisch-orthodoxe Kirche.

Etwa zur gleichen Zeit hörte Nikolaus Pawlowitsch in St. Petersburg von seiner Schwester Anna Pawlowna »zufällig«, dass »der Herrscher in Schlesien die Familie des Königs von Preußen gesehen habe, dass dessen älteste Tochter, die Prinzessin Charlotte, ihm gefallen habe und dass er im Sinn habe, dass wir uns irgendwann kennen lernen«[50]. Und dann gratulierte Friedrich Wilhelm, nunmehr auch »König Vater Papa« genannt, seiner Tochter auch schon »zu den Fortschritten im Russischen, хорошо! Очень хорошо!«* [51].

Am 6. Januar 1814 kehrten die Kinder nach Berlin zurück. »Große Freude. Prinzeß Charlotte ist sehr gewachsen, die Andern ein bischen; die Kleinsten sind reizend«, notierte Gräfin Voß, die sich hastig auf hohen Besuch vorbereitete.[52] Denn schon am 22. Januar sollte Kaiserin Elisabeth Alexejewna in Berlin eintreffen. Die Gräfin sorgte streng dafür, dass »Alles in Schleppen« war und auch das Familiendiner entsprechend verlief. »Prinzeß Charlotte sah sehr gut aus und benahm sich vortrefflich...«, schrieb sie zufrieden nieder.[53] Am 24. Januar aber feierte Berlin den Geburtstag der Kaiserin von Russland, einer gebürtigen Prinzessin von Baden, »auf alle Weise«, mit »Gratulationscour, Diner und Oper; die Universität selbst kam in corpore ihr gratuliren und die ganze Stadt illuminirte«[54]. Zufrieden registrierten die Berliner, dass Elisabeth auch Luises Grab besuchte.

Charlotte mochte die Kaiserin. Sie fand sie »göttlich liebenswürdig« und konnte sie, wie sie Fritz »ganz marode von all den Cour-Strapazen« schrieb, »nur mit unserer vielgeliebten Mutter vergleichen«[55]. Aber noch mehr bewunderte sie den Kaiser, den gefeierten »Retter Europas«, der ein so treuer Freund ihres Vaters war. Sie war ihm und seiner Familie für ihre Hilfe und ihre Verbundenheit dankbar. Die Voraussetzungen für die »russische Heirath« waren denkbar gut. Aber Charlotte lernte nun auch noch Italienisch.

---

* Gut! sehr gut!

2
»Von der Vorsehung bestimmt«
Liebe auf den ersten Blick

Nikolaus und Michael – Aufenthalt in Berlin – Begegnung mit Goethe – Einzug der Alliierten in Paris – Bekanntschaft mit Fritz und Wims – Heiratspläne – Zweite Begegnung mit Nikolaus – Antrag auf der Pfaueninsel – Verlobung im Weißen Saal – Religionsunterricht – Nikolaus' Englandreise – Abschied von Berlin   1814–1817

Nikolaus war ganz anders groß geworden als Charlotte. Von einer liebevollen Erziehung konnte bei ihm keine Rede sein und von einem geordneten Familienleben auch nicht. Der Vater, ein unberechenbarer und jähzorniger Mensch, war im März 1801 von einer Gruppe adliger Verschwörer ermordet worden, sodass Nikolaus praktisch vaterlos aufwuchs. Die Mutter war mehr mit ihren Bildungs- und Wohltätigkeitseinrichtungen beschäftigt als mit der Erziehung ihrer jüngeren Kinder, die sie Ammen und Gouvernanten, Lehrern und Generälen überließ. Anders als Alexander und Konstantin, die beiden älteren Söhne, und die Töchter, die alle eine ausgezeichnete und vielseitige Erziehung genossen hatten – schließlich sollten die Großfürstinnen an europäische Fürstenhöfe verheiratet werden –, waren Nikolaus und Michael eher vernachlässigt worden.

Zu ihrem Erzieher war Matthias Graf Lambsdorff, Jahrgang 1745, Generalmajor und Direktor des 1. Kadettenkorps, bestellt worden, ein ehrenwerter Mann, aber kein Pädagoge. Der Kurländer bestrafte besonders Nikolaus häufig mit dem Stock, und der Junge hasste ihn. Auch die Lehrer, die für die beiden Großfürsten engagiert wurden, allesamt anerkannte Wissenschaftler, waren keine Pädagogen. »Im Unterricht sah ich nur Zwang, ich hatte keine Lust zu lernen«, notierte Nikolaus später.[1] Er und Michael langweilten sich, träumten oder trieben Unsinn, und kaum ein Fach fand ihr Interesse.

Beide Großfürsten werden als »unbändig und hochfahrend, keineswegs wissbegierig, wo das Lernen Anstrengung kostete, in ihren Spielen lärmend und heftig« geschildert.[2] Überdies war Nikolaus als Kind ängstlich und zänkisch und galt als unliebenswürdiger Spielkamerad, während Michael lustig und umgänglich war. Beide Großfürsten liebten das Militär, insbesondere Wachtparaden und Exerzierübungen. Um Nikolaus eine Zeit lang von diesem Hobby fernzuhalten, kam Maria Fjodorowna auf die Idee, ihn in Leipzig studieren zu lassen. Doch dann gründete Alexander I. eigens für die Brüder eine Lehranstalt in Zarskoje Selo, in der junge Leute für den höheren Staatsdienst ausgebildet werden sollten – das berühmte Lyzeum, das auch Alexander Puschkin besucht hat. Da aber die Gefahr bestand, dass die Großfürsten dort liberalem Gedankengut ausgesetzt sein könnten, erhielten sie weiterhin Privatunterricht in Gattschina, wo ihre Mutter im Winter residierte. Wie Alexandra später schrieb, hatten ihr Mann und Michael »dieses Schloss Gattschina wegen der langweiligen Winter der Jahre 10, 11, 12, die einzig und allein ihrer Erziehung galten, in schrecklicher Erinnerung«[3].

Kurzum, Nikolaus Pawlowitsch hat nicht viel gelernt, und das sollte ihm später schmerzlich bewusst werden. Er war bereits als Neugeborener zum Obersten der Garde ernannt worden, als Vierjähriger wurde er Chef des Ismailow-Regiments, und nach 1814 hat er die Uniform nicht mehr abgelegt. Schon 1812 wäre er gerne ins Feld gezogen und hätte mitgeholfen, Napoleon aus Russland zu vertreiben, und als Moskau brannte, wettete er mit seiner Schwester Anna, dass am 1. Januar 1813 kein Franzose mehr auf russischem Boden stehen würde. Er gewann die Wette. Doch dem Wunsch der Brüder, am Krieg teilzunehmen, gab Maria Fjodorowna erst Anfang 1814 nach, als die Völkerschlacht bei Leipzig das Schicksal Napoleons entschieden hatte und der Ausgang der letzten Schlachten abzusehen war. Sie ließ die Söhne ziehen, hatte Graf Lambsdorff, der ihnen beigegeben war, jedoch angewiesen, langsam zu reisen.

Charlotte nannte die beiden gleich »Nickel und Michel«. »Mit denen könnt Ihr nun recht viel dolles Zeug angeben«, schrieb sie Wilhelm, der mit der Armee auf dem Vormarsch nach Paris war. »Sie sind ganz von Eurem Alter, aber gewiß entsetzliche serieuse Staabs-Offciere.«[4] Am 5. März trafen die Großfürsten in Berlin ein. Sie reisten inkognito als »Grafen Romanoff« und wohnten bei David M. Alopeus, dem neuen russischen Gesandten am preußischen Hof. Am 6. März machten sie der Gräfin Voß, die sich noch gut an sie erinnerte, ihre Aufwartung. »Sie kamen um 1 Uhr und sind Beide sehr große und sehr schöne Leute geworden und sehr leutselig und artig«, notierte die 84-Jährige.[5]

Zum Diner wurden die Großfürsten bei der Prinzessin Ferdinand erwartet, der Witwe des jüngsten Bruders Friedrichs des Großen, die den König vertrat. Bei dieser Gelegenheit haben Charlotte und Nikolaus sich zum ersten Mal gesehen. »Weißt Du wohl, dass Du Dich neben die *Großen Leute* schämen musst«, schrieb sie Wilhelm. »Wir finden Dich so groß, und die, nein davon hast Du gar keine Idee! Der Nicolas, der 19 Jahr alt, ist größer als der Kaiser, ja, ich glaube wie Papa. Michel, der ein Jahr jünger ist als Du, (denn ich seh Dich nun wie ein 17jähriger Jüngling an,) ist etwas, aber nicht viel kleiner als Nicola. Beide endlich ganz groß, stark, ausgewachsen, wie einer von 20 Jahren … An Tische saß ich neben Nikolas und [wir] amüsierten uns sehr gut zusammen. Er gleicht frappant an die Großfürstin Helene, hat ein griechisches Prophil [!], und ich glaube sogar schon einen Schnurrbarth … Sie sind recht aimable, riechen so nach Juchten, und haben eine recht Rußische Tournüre.«[6]

Um 19 Uhr gingen sie in die Oper, wo sie vom Publikum stürmisch gefeiert wurden, gegen Mitternacht erschienen sie noch einmal bei der Oberhofmeisterin, um sich zu verabschieden, und um 1 Uhr fuhren sie ab. »Sie hatten mir einen Brief der Kaiserin-Mutter gebracht«, notierte Gräfin Voß, »und ich gab ihnen einen Brief an den König mit, um ihm zu sagen, dass mir der Aeltere besonders gut gefallen habe, in Gedanken an unsere Pläne.«⁷ Wir können annehmen, dass Charlotte nun schon von diesen »Plänen« wusste. Da Nikolaus auch davon gehört hatte, muss den beiden in diesen Märztagen des Jahres 1814 klar gewesen sein, dass aus ihnen ein Paar werden sollte. »Hier, in Berlin, hat die Vorsehung das Glück [in der Urschrift: »Schicksal«] meines ganzen Lebens bestimmt«, notierte Nikolaus später, »hier habe ich zum ersten Mal diejenige gesehen, die nach meiner eigenen Wahl und auf den ersten Blick in mir den Wunsch weckte, ihr für das ganze Leben anzugehören.«⁸

Aber erst einmal ging die Reise der beiden Großfürsten weiter nach Weimar. Nikolaus eilte dem Bruder voraus, um Maria Pawlowna als »Kurier« verkleidet zu überraschen. Bei der Schwester lernte er Goethe kennen, der ihn nach seiner Meinung über die *Leiden des jungen Werthers* fragte. Nikolaus hielt Werther für einen »schwachen Charakter«, der nur so tat, als sei er stark. Seiner Meinung nach wäre Lotte mit ihm nicht glücklich geworden. Goethe soll mit der Antwort sehr zufrieden gewesen sein.⁹ Von Weimar reisten »Nickel« und »Michel« über Frankfurt und Stuttgart weiter nach Basel, wo sie die Einnahme von Paris abwarten mussten. »Die Großfürsten haben wohl einen großen Eindruck auf Dich gemacht«, erkundigte sich Wilhelm unterdessen bei seiner Schwester. »Ich bin recht neugierig ihre Bekanntschaft zu machen, welches wohl in diesen Tagen geschehen wird.«¹⁰ Doch er musste sich noch gedulden, denn erst am 31. März 1814 zogen Alexander I. und Friedrich Wilhelm III. in die französische Hauptstadt ein. »Ура! Ура! Парижъ есть нашъ!«*, hatte der König seiner Tochter am Vorabend aus »Pantin, ½ Meile vor Paris« gemeldet.¹¹ Erst Ende April trafen auch die Großfürsten ein, und erst Anfang Mai teilte Wilhelm mit, er habe die beiden endlich kennengelernt. »Sie gefallen mir sehr gut. Die armen sind so unglücklich, den Krieg versäumt zu haben.«¹²

---

* Hurra! Hurra! Paris ist unser!

So war es. Charlotte hat sich dann noch mehrfach nach ihnen erkundigt, aber keine Antwort erhalten. Am 12. Mai gab der König dem Kaiser und seinen Brüdern ein Essen. »Wir sind schon ganz bekannt zusammen«, schrieb Wilhelm.[13] Aber eine Woche später las sie wieder nur: »Die Großfürsten sind desperat zu spät gekommen zu sein.«[14] Einstweilen blieb es also bei der Bekanntschaft, von Freundschaft zwischen den Prinzen und den Großfürsten konnte noch keine Rede sein. Alle vier wurden Zeugen des Pariser Friedens vom 31. Mai 1814, der auf Drängen des Zaren für Frankreich relativ milde ausfiel. Im Interesse des europäischen Gleichgewichts wurde es nur auf seine Grenzen von 1792 reduziert und durfte nicht nur die in ganz Europa geraubten Kunstschätze, sondern sogar die erbeuteten Fahnen behalten. Nikolaus hat sich in Paris besonders für Militäreinrichtungen und Hospitäler, für die École Politechnique und den Invalidendom interessiert.

Auf dem Rückweg haben »Nickel« und »Michel« Berlin nicht mehr berührt. Zu Hause sollten sie den Unterricht wieder aufnehmen, aber nach dieser Reise war ihnen die Lust am Lernen endgültig vergangen. Zudem mussten die nun allmählich heimkehrenden Truppen begrüßt werden, und der Sieg über den »Antichristen« war auch gebührend zu feiern.[15]

Charlotte und ihre jüngeren Geschwister verbrachten diesen Sommer in Sanssouci. Sie sollte dort Eselsmilch trinken, um »kerngesund« zu werden. Gräfin Voß fuhr häufig hin. Sie fand »die Prinzeß Charlotte wirklich allerliebst, körperlich und geistig noch von Neuem zu ihrem Vortheil verändert, was ich ihr auch sagte«[16]. Am 13. Juli war die mittlerweile 85-Jährige »den ganzen Tag über bei den geliebten Königlichen Kindern und kam erst Abends spät nach Berlin zurück«[17]. Die Kränze, die an diesem Tag für das Geburtstagskind gewunden wurden, hingen 1820 noch im Kavalierhaus, als Charlotte zum ersten Mal auf Heimatbesuch war.

Am Morgen des 7. August 1814 hielt der König, von Charlottenburg kommend, Einzug in Berlin. Unter den Linden erwartete ihn die in zwei Reihen angetretene Berliner Garnison, sodass eine einzige große Siegesstraße entstanden war. Charlotte aber stand auf einem hölzernen Podium am Brandenburger Tor, auf dem in der Nacht der aus Paris zurückgekehrte Siegeswagen wieder aufgestellt worden war, und begrüßte den Vater. Es war ein großer Tag. Eine Woche später zogen die Russen ein und wurden vom König festlich bewirtet.»... die Tafeln standen dicht gereiht über den ganzen Lustgarten und die Linden entlang bis an das Brandenburger Thor«, notierte Frau von Voß. Der König selbst ging überall umher,»an jedem Tisch die Leute zu sehen und zu begrüßen«, und beim Galadiner im Weißen Saal des Königlichen Schlosses sangen die russischen Sänger»draußen unter den Fenstern des Saales, weil der König sie so gern hört«. Charlotte hatte – wie alle Prinzessinnen – je einen preußischen und einen russischen General neben sich.[18]

Am 16. September sprach die Oberhofmeisterin mit ihr über »den Wunsch des Königs«, sie mit dem Großfürsten Nikolaus zu vermählen.»Sie sagte nicht nein, nur daß es ihr schwer wäre, sich so weit von ihrem Vater zu trennen; sie weinte dann sehr! Ich wiederholte dies Alles dem König später, der mir dafür sehr dankte.«[19] Kurz zuvor hat Charlotte»am Monument« in Charlottenburg mit Fritz über die Heirat gesprochen und ihm anvertraut, dass Nikolaus ihr gefalle und dass sie»sicherlich« glaube, »mit ihm glücklich sein zu können«[20].

Der Prinzessin wurden nun »fast täglich« durchreisende »Fremde« vorgestellt, und »russische Damen« kamen zu ihr zum Essen.[21] Sie lernte zu repräsentieren. Der Tod der Gräfin Voß am 31. Dezember 1814, der »guten Alten«, wie ihr Vater sie nannte, nahm sie schwer mit. Als der Trauerzug Unter den Linden an ihr und den Geschwistern vorbeizog, ließ sie ihren Tränen in aller Öffentlichkeit freien Lauf. Ansonsten begann das erste Friedensjahr in Europa recht hoffnungsvoll. Zum Bohnenfest meldete sich ein launiger König vom Wiener Kongress:»Dem König Bonius, ich weiß nicht dem wie vielsten, und der Königin Bonia wird es mir erlaubt seyn auch aus der Ferne zu huldigen«, schrieb er der Tochter.»Vielleicht könnte ich als *Ambassadeur extra-*

ordinaire* des neuen Hofes beim Kongreß zu accréditiren seyn. Gott segne Dich!«²²

Der Kongress zur Neuordnung Europas tanzte noch, als die Nachricht von der Flucht Napoleons von der Insel Elba eintraf. Am 1. März landete der Korse bei Cannes, am 19. März flüchtete Ludwig XVIII. aus Paris, und am 25. März erneuerten Russland, Preußen, Österreich und England in Wien das Bündnis von 1814, um noch einmal in den Krieg »contra Nöppel« (Napoleon) zu ziehen. Vier Wochen später brachen auch Nikolaus und Michael wieder auf, diesmal sollten sie gleich ins russische Hauptquartier in Heidelberg reisen. Am Abend des 4. Juni trafen sie in Berlin ein.

Anderntags kam der König aus Potsdam herüber, um die Brüder seines Verbündeten zu begrüßen und zum Diner in Charlottenburg einzuladen. Auch Dienstag erschienen die jungen Russen dort wieder zum Essen, abends gingen sie in die Oper. Die Berliner Zeitungen berichteten ausgiebig. Doch schon am frühen Morgen des 7. Juni zogen die beiden weiter nach Heidelberg, wo der Zar auf seine Armee wartete. Doch der kurze Aufenthalt hatte genügt, um Charlotte und Nikolaus einander entscheidend näherzubringen. »Ich habe eine kleine Rußische Comödie vom Nikolas bekommen; versteh aber natürlich kein Wort, es war nur ein Spaß …«, schrieb sie Fritz.²³ Anderes war wichtiger: Die Welt wartete auf die letzte große Schlacht gegen den Korsen …

Doch auch die Österreicher hatten ihre Ausgangsposition für die Anfang Juli geplante Invasion Frankreichs noch nicht bezogen. Daher beschloss Napoleon, den konzentrischen Angriff aller Verbündeten nicht abzuwarten, sondern in Belgien einen Keil zwischen Engländer und Preußen zu treiben und ihre Heere einzeln zu schlagen. Der Plan misslang, die Schlacht von Belle Alliance bei Waterloo bedeutete das Ende der Hundert Tage. Und das Ende Napoleons. Die Verbündeten zogen erneut in Paris ein. »Gott waltete abermals sichtbar über uns und führte uns hierher: freylich nicht ohne bedeutenden Verlust«, schrieb der König

---
*Außerordentlicher Botschafter.

seiner Tochter,»denn unsere Truppen unter Blücher haben über 20 000 Mann Todte und Bleßirte gehabt, die Vermißten und Gefangenen ungerechnet. Wer hätte dies geglaubt! Wer konnte ahnen, daß in 19 Tagen ein solcher Feldzug geendet seyn würde?«[24] Zum Geburtstag schickte Charlotte dem Vater selbst gestickte Schnupftücher nach Paris.

Diesmal waren »Nickel« und »Michel« beim Einzug in den großen »Sünden-Pfuhl« dabei, und diesmal amüsierten sie sich ausgiebig mit Fritz und Wims, die von ihrer Schwester wiederholt ermahnt wurden, mit den beiden »recht fleißig« Deutsch zu sprechen. Am 13. Juli 1815 gratulierten sie ihr zum ersten Mal zum Geburtstag. »Nicolas lässt Dir sagen, er gäb sich Deinetwegen alle Mühe deutsch zu sprechen«, schrieb Fritz, »aber die Berge würde er niemals lieben; das erste ist recht liebenswürdig, aber welch eine Ungeheuerhaftigkeit von Geschmack verräth das 2te; mich empört's; ich sag's ihm alle Tage. Wer mit deutschem Sinn Deutschland gesehen, der kann, ohne Götzendiener zu seyn, eine Art von Berge-Dienst üben. Wir treiben mit den Großfürsten solche Streiche, dass die Erde bebt. Wenn wir uns nach Sonnen-Untergang sehen, philosophiren wir auch wohl, kannst Du Dir das denken?«[25] Fritz und Wims konnten nur staunen, wie viel Geld die Russen ausgaben, aber sie genossen ihre Gesellschaft.

»Die beiden Großfürsten sind mir ein wahres Labsal hier, wir sehen uns täglich, sie sind so herzlich und gut«, schrieb Fritz seinem Erzieher und Freund Friedrich Ancillon. »Der älteste gefällt mir wohl viel besser und zuerst; was ich jetzt sage, bitte ich Sie *ad notam*[*] zu nehmen: denken Sie sich, er scheint unbändig verliebt, er spricht so oft, so sonderbar gezwungen von Charlotte, daß ich sehe, es ist nicht gezwungen …, wie wohl Fürstenliebe abgerichtet wird, ich glaube mich nicht zu täuschen. Ja, vorgestern, in seinem Garten, als ich mit ihm einen Moment allein war, hat er mir geradezu davon gesprochen, wie er glaubte, daß es nicht möglich sei, sie zu sehen, ohne sie zu lieben etc. etc., viel feuriges und

---

[*] Zur Kenntnis.

schönes …«²⁶ Seine Briefe an Fritz unterzeichnete Nikolaus gelegentlich auch schon mal mit »Nikolaus Posthorn« oder »le long sec«[*]. Er war 1,89 Meter groß und sehr mager.

Doch seine Deutschkenntnisse und seine Abneigung gegen die Berge ließen Charlotte keine Ruhe. Sie kam immer wieder darauf zu sprechen. Nikolaus selbst fand sein Deutsch auch nicht besonders gut und konnte nach eigenem Bekunden in dieser Sprache nur »Dummheiten« sagen. Der Satz »Wir fahren *zu Pferde* ins Theater«, den Wilhelm von ihm hörte, zählte wohl dazu.²⁷ Hingegen war sein Französisch auch nach dem Zeugnis vieler Diplomaten exzellent, sein Russisch sehr gut, obwohl er es nicht orthografisch schreiben konnte, und sein Englisch passabel.²⁸ Aber das Deutsche ließ sich erlernen; dass er die Berge nicht mochte, wog schwerer. Zum »Berg-Dienst« musste Charlotte ihn also bekehren, am besten »gemeinschaftlich« mit Fritz, und so schickte sie für den Anfang Christoph Wilhelm Hufelands Gedicht »Lob der Berge. Kunzendorf Juli 1813«, in dem »die Berge so im wahren schönen, erhabenen Sinn betrachtet werden«. Falls er nicht genug Deutsch verstehe, solle Fritz ihm das Gedicht vorlesen. »… er muß es aber hören und davon durchdrungen werden. Grüß ihn, und danke, und predige; ich denke, wir werden zu Stande kommen und ihn umdrehen! … Gott! Gott! Könnte ich doch an den Rhein. Wenn ich wirklich sollte fortgehen, ohne den Rhein gesehen zu haben, ich tröstete mich nie!«²⁹

»Nicolas scheint entzückt, daß Du seiner gedacht«, antwortete Fritz, »er will, ich soll machen, dass Du Rußisch lernst! Er war heut früh bey mir; er legt sich Dir zu Füßen.«³⁰ Charlotte war glücklich, dass »Fritz Butt« und Nikolaus »so wahrhaft gut« miteinander auskamen.³¹ Hingegen war Wilhelm mehr mit Michael zusammen und berichtete gerne von den vielen Paraden und Revuen. Am 6. September verließen die Großfürsten Paris. »Nicolas lässt Dir 1 000 Schönes und Zärtliches sagen«, schrieb Fritz zum Abschied. »Er schickt Dir Rußische Meß-Musik, die

---

[*] Der lange Trockene.

sehr schön ist; ... Wir streiten uns jetzt häufig, unter 1 000 Küßen wohl zu verstehen; man hat ihm über uns so unglückliche Grundsätze beygebracht, die wirklich nicht viel vom Gesunden, wohl aber viel vom stark Rußischen Menschen-Verstand haben; er liebt uns nur als Preußen, und verachtet und haßt alles Deutsche. Noch hoffe ich, dass Du allertheuerste darüber so denkst wie immer; das ist gewiß ... Bekehre Du den guten lieben Nicolas, dass er auch in dieser Sache mit seinem Herzen fühlen und nicht mit dem Kopf nach Interesse speculiren möge ...«[32]

Der Antrag ließ aber noch auf sich warten. »Was die Antwort auf die Frage wegen der Heirat anbetrifft, so weiß ich nicht viel mehr, als voriges Jahr um diese Zeit ...«, meldete Charlotte dem Bruder Mitte September nach Paris.[33] Das große Problem war der Konfessionswechsel. Alle deutschen Prinzessinnen, die nach Russland heirateten, mussten zur russisch-orthodoxen Kirche übertreten. Das wurde auch von Charlotte erwartet, die noch nicht konfirmiert war, und manche Äußerungen belegen, dass sie sich nur schweren Herzens dazu entschließen konnte: »Wenn Dich diese Zeilen noch in Paris treffen, so bitte ich Dich ernstlich, doch wirklich mit Nikolaus darüber zu sprechen, als Freund von ihm und nicht als ob die Heirat schon soweit entschieden wäre, oder als wenn ich mit Dir darüber spreche. Aber so gut könntest Du mit ihm sprechen, und Du könntest da so viel von der Zukunft Deiner Schwester erfahren ...«, bat sie Fritz und erinnerte an die Mutter. »O, wenn die lebte, dann wäre keine Frage; ein Wort und die Kinder folgten.«[34] Nun werde sie aber dem Vater in allem folgen.

Am 28. September verließen auch die Prinzen Paris. Knapp vier Wochen später empfingen sie ihre neuen Freunde in Berlin. Diesmal wurden die Großfürsten im Corps de Logis Friedrichs des Großen im Königlichen Schloss einquartiert, und ab sofort war Nikolaus bei allen offiziellen und nichtoffiziellen Anlässen und Gelegenheiten der Kavalier Ihrer Königlichen Hoheit. Man ging in die Oper und ins Theater, führte zu Fritz' 20. Geburtstag »lebende Bilder« aus dem »Zauberring« auf, bei denen auch Nikolaus mitwirkte, besuchte Bälle und Empfänge und machte

Ausflüge nach Potsdam und Paretz. Die politische Entscheidung über die Heirat war zwischenzeitlich gefallen. Doch erst am 31. Oktober 1815 machte Nikolaus seiner Auserwählten auf der Pfaueninsel endlich seinen Antrag. Es war der schönste Tag ihres Lebens.

Am 4. November, dem Tag, an dem sich der nächtliche Besuch Luises, Friedrich Wilhelms und Alexanders am Sarge Friedrichs des Großen zum zehnten Mal jährte und das russische Grenadierregiment »König von Preußen« mit seinem Chef in russischer Uniform an der Spitze feierlich in Berlin eingerückt war, gaben Friedrich Wilhelm III. und Alexander I. bei einem Familienessen in der Bildergalerie des Stadtschlosses die Verlobung der Tochter und des Bruders bekannt. Ein historisches Ereignis für Preußen und Russland, ein Ereignis von europäischem Rang mit weitreichenden Folgen. Am gleichen Tag überreichte der König dem Kaiser eine Erklärung der Prinzessin Charlotte über ihre Bereitschaft, in seine Kirche einzutreten und sich nach den Bräuchen derselben zu richten. Die Vermählung sollte 1817 stattfinden, wenn Nikolaus volljährig sein würde.

Am Abend gab der König einen Ball im Opernhaus, zu dem 3000 Einladungen verschickt worden waren. Die Verlobten eröffneten ihn mit einem Walzer, der später an jedem 13. Juli zu Charlottes Geburtstag ertönen sollte. Am nächsten Morgen fuhren sie zum »Monument« in Charlottenburg, am 6. November lud die Stadt Berlin ins Schauspielhaus. Dem folgenden königlich-kaiserlichen Briefwechsel können wir entnehmen, dass die beiden Monarchen ihre Freundschaft gefestigt sahen: Alexander brachte dem König »absolutes Vertrauen« entgegen, und Friedrich Wilhelm beteuerte dem Kaiser, ihm »seine Seele« geöffnet zu haben. Nie sei eine familiäre Verbindung »unter glücklicheren Auspizien« eingegangen worden, versicherten sie einander.[35] »Mein einziger Trost, mein einziges wahres Glück«, schrieb Nikolaus seiner Braut zum Abschied, »denken Sie so oft an mich wie ich an Sie, und lieben Sie, wenn Sie können, denjenigen, der Ihr treuer Freund Nikolaus ist und ein Leben lang bleiben wird.«[36]

Wenn Friedrich Wilhelm aber kurz nach der Verlobung in einem Brief an die Kaiserinmutter behauptete, dass Nikolaus und Charlotte »eine gegenseitige Neigung füreinander empfunden haben, bevor diejenigen, von denen sie abhängen, sie von ihren Absichten in Kenntnis gesetzt haben«, so stimmte das nicht.[37] In ihrem Antwortschreiben erklärte Maria Fjodorowna denn auch nur, für sie habe sich ein Herzenswunsch erfüllt, und »dieser Wunsch entstand im Jahre 9«[38].

Anfang 1816 schickte der Zar den Erzpriester Nikolaj W. Musowskij nach Berlin. Der Geistliche, der im Lyzeum von Zarskoje Selo Religion unterrichtet hatte, sollte die künftige Schwägerin in die Lehren der russisch-orthodoxen Kirche einführen und ihr die ersten Russischstunden geben. Aber die Stunden waren eine wahre Pein, die Charlotte nur Nikolaus zuliebe ertrug. Doch sie gab sich Mühe und wartete sehnsüchtig auf Post aus St. Petersburg. Ihrem Verlobten hatte der Kaiser mittlerweile eine Bildungsreise verordnet. Nikolaus sollte Südrussland und die Krim kennenlernen und anschließend England besuchen, um dessen politisches System zu studieren.

Doch im April wollte Anna Pawlowna, die – ausgestattet mit der sagenhaften Mitgift von einer Million Rubel – im Februar Wilhelm von Oranien-Nassau geheiratet hatte, in die Niederlande umziehen und Berlin passieren. Da bat Friedrich Wilhelm seinen Petersburger Freund, Nikolaus zu gestatten, die Schwester bis Berlin zu begleiten, da er »diesen lieben Prinzen« gerne wiedersehen würde und »meine Tochter dann auf dem Gipfel ihrer Wünsche wäre«[39]. Im selben Brief versicherte der König dem Kaiser, die »Unruhe der Geister« besänftigen zu wollen, die eine »natürliche Folge politischer Agitationen« sei. Damit spielte er auf die Enttäuschung des liberalen Europa über die restaurative Politik der Heiligen Allianz an, die auf Initiative Alexanders im September 1815 in Paris mit dem Ziel gegründet worden war, die monarchische Ordnung aufrechtzuerhalten und freiheitlich-nationale Regungen zu unterdrücken. Russland, Preußen und Österreich waren die Träger dieser Politik.

Wir können davon ausgehen, dass die Verlobten mehr an einem Wiedersehen als an der »Unruhe der Geister« interessiert waren. Doch Nikolaus kam nicht. Sein Bruder hatte ihn inzwischen zum Kanzler der Kaiserlichen Akademie zu Turku, das damals Hauptstadt des Großfürstentums Finnlands war, und zum Chef des Nördlichen Reiterregiments ernannt. Am 21. Mai brach er in den Süden auf. Zum ersten Mal bekam Nikolaus Pawlowitsch eine Ahnung von der Weite und der Eigenart Russlands, die er in St. Petersburg, der glänzenden europäischen Hauptstadt des Reiches, nicht einmal erahnen konnte. Doch er sah nur, was man ihm zeigen wollte, und tiefer gehende Landeskenntnisse hat er wohl nicht erworben. Von der Reise erfuhr Charlotte aus zwei Briefen des Kaisers, der seine »liebe Schwester« im Übrigen bat, die Titulaturen wegzulassen.

Ende September machte Nikolaus sich auf die Reise nach England. Da sein Bruder ihn im Frühjahr nicht hatte fahren lassen, durfte er nun mehr als drei Wochen in Berlin haltmachen. Dort verkehrte er fast nur im Kreis der königlichen Familie in Charlottenburg, und so bildete sich zwischen ihm und Friedrich Wilhelm III. schnell ein inniges Vater-Sohn-Verhältnis heraus. Liebend gern nahm der Gast an Paraden und Manövern teil. Am 25. Oktober, dem Geburtstag Maria Fjodorownas, machte Charlotte an der Seite ihres Bräutigams in Gegenwart ihrer gesamten Familie in der nach orthodoxem Ritus hergerichteten Schlosskapelle zum ersten Mal einen russischen Gottesdienst mit. Nikolaus nannte sie nun Sascha, weil beschlossen war, dass sie nach dem Übertritt Alexandra heißen sollte. Am 28. Oktober 1816 wurde das erste deutsche Dampfschiff allerdings noch auf den Namen »Prinzessin Charlotte von Preußen« getauft.

Natürlich war Nikolaus Pawlowitsch in Berlin wieder von allen Seiten beobachtet und begutachtet worden. Karoline von Rochow, Hofdame der Prinzessin Marianne, beschrieb ihn als schönen, wohlerzogenen jungen Mann, »in dessen Wesen etwas Wohlwollend-Gutmütiges lag; aber er machte noch nicht den Eindruck einer bedeutenden Persönlichkeit, und seinem schönen

Gesicht fehlte der Ausdruck. Man sandte ihn denn auch in Europa umher, um seine Erziehung zu vollenden, doch man sagte allgemein nach seiner Rückkehr: dies habe in ihm wenig Interesse zu erwecken vermocht, er habe stets nach Rußland zurückgedrängt; ein Beweis, wie erst Leben und Schicksal den Geist und Charakter entwickeln können.«[40] Richtig wohl fühlte sich Nikolaus außerhalb Russlands nur in Berlin. Ende Oktober reiste er weiter nach London.

Der Aufenthalt in Großbritannien dauerte fünf Monate. Das politische System hat den 20-Jährigen in keiner Weise beeindruckt, wohl aber der Wohlstand der Städte und die hohe Alltagskultur des Landes. Bei einem Ausflug nach Schottland Mitte Dezember stellte ihm der Bürgermeister von Edinburgh den Dichter und debütierenden Romanautor Walter Scott vor, der ihm die Krone vorhersagte. »Zum Glück sind Dichter keine Orakel«, lautete Nikolaus' Antwort.[41] Auf der Rückreise kaufte er in Glasgow Hörner für sein Regiment. In London ging er einmal im Park an einer Bank vorbei, auf der ein gut aussehender Mann saß. Es war Lord Byron, der sofort aufstand, sich vor dem Großfürsten verbeugte und davonhumpelte. Nikolaus hat Byrons Klumpfuß nie vergessen und diese Geschichte später in einem Petersburger Salon erzählt.[42]

Bei einem Essen in Claremont House, wo Prinzessin Charlotte Auguste, die Thronanwärterin, und ihr Mann, Prinz Leopold von Coburg (der spätere erste König der Belgier), residierten, wurde ihm auch Leopolds Leibarzt vorgestellt, dem wir eine der frühesten Charakteristiken des Großfürsten aus nichtrussischer Feder verdanken. »Nun ging's zu Tisch und der Großfürst saß zwischen der Prinzessin und der Herzogin von York, mir gerade gegenüber, so daß ich ihn recht beobachten konnte«, notierte Dr. Christian Friedrich von Stockmar. »Er ist ein außerordentlich schöner verführerischer Junge; größer als Leopold, ohne mager zu sein, gewachsen wie eine Tanne. Das Gesicht jugendlich wie er, äußerst regelmäßig, eine schöne freie Stirn, schön gebogene Augenbrauen, eine äußerst schöne Nase, schöner kleiner Mund

und fein gezeichnetes Kinn. Er trägt einen jungen Schnurr- und Knebelbart, die Uniform der Jäger zu Pferde, ganz einfacher grüner Rock mit Roth, silberne Oberstenepaulettes, einen kleinen verblichenen Stern, eine weiße Kuppel und einen stählernen Säbel mit ledernem Portepee. Sein Betragen ist lebhaft, ohne alle Verlegenheit und Steifheit und doch sehr anständig. Er spricht sehr viel und vortrefflich französisch, dabei begleitet er seine Worte mit nicht üblen Gesten. Wenn auch nicht alles, was er sagte, durchaus gescheidt war, so war doch wenigstens alles höchst angenehm, und er scheint entschiedenes Talent für das Courmachen zu haben. Wenn er im Gespräch etwas besonders herausheben will, so zieht er die Achseln in die Höhe und wirft die Augen etwas affectirt gen Himmel. In allem zeigt er viel Zutrauen zu sich selbst, doch scheinbar ohne Prätension.« Vielen Beobachtern fiel Nikolaus' ausgeprägtes Interesse an Uniformen auf.

Den englischen Damen küsste der Großfürst die Hand, was ihnen »höchst sonderbar, aber entschieden wünschenswert vorkam«. Eine gewisse Mrs. Campbell, die später viel zitiert wurde, war Stockmar zufolge von dem jungen Russen hingerissen: »What an amiable creature! he is devilish handsome; he will be the handsomest man in Europe.« Außerdem kam Stockmar noch zu Ohren, dass, »als es ans Niederlegen gegangen, für den Großfürsten von seinen Leuten im Stall ein lederner Sack mit Heu gefüllt worden sei, worauf er immer schlafe. Unsere Engländer erklärten dies für affectirt.« Nikolaus sollte diese Angewohnheit sein Leben lang beibehalten. Sehr früh hat Stockmar aber noch eine wichtige Beobachtung gemacht. Ihm war »das schauspielernde Talent des nachherigen Kaisers Nikolaus« aufgefallen, »das sich bei diesem später immer mehr entwickelte«[43].

Der Großfürst hielt sich noch in England auf, als am 29. Januar 1817 in Berlin der Heiratsvertrag unterschrieben wurde. Auf der Rückreise verbrachte er noch einmal zwei Wochen am preußischen Königshof. Nun verlieh Friedrich Wilhelm III. dem künftigen Schwiegersohn das 4. (später das 6.) Brandenburgische Kürassierregiment, das Nikolaus ihm am 24. April bei einer großen Parade Unter den Linden auch gleich vorführte. Die preußischen Offiziere waren tief beeindruckt von den militärischen Kenntnissen des 20-Jährigen. Im Übrigen gehörte seine ganze Zeit der Verlobten.

Die 18-jährige Charlotte war nun Mittelpunkt eines Kreises junger Leute, »aus dem ihr viele Huldigungen dargebracht wurden ...«, notierte Frau von Rochow. »Ohne eigentlich schön zu sein, konnte sie doch mit Recht den Anspruch darauf erheben, denn es lag so etwas besonders Ausgezeichnetes in ihrer Haltung, in ihrem Auftreten, dass man dadurch den Mangel an jugendlicher Frische bei ihr übersah und den Eindruck behielt, dass sie für eine hohe Stellung geboren sei. In ihrem Wesen vereinigten sich verschiedene Eigenthümlichkeiten. Sie besaß ein nicht geringes Erbteil ihrer Familie in dem großen Sinn und Geschmack für den Berlin-Potsdamer Witz, *sens commun** und Sprache, ... Prinzeß Charlotte bewahrte ihn bis in die spätesten Jahre und hierin mag sich mancher Aufschluß über ihren Geschmack in der Auswahl ihres Umganges finden.«[44]

Wie ihre Hofdamen trug die Prinzeß nur weiße Percalekleider und schminkte sich nicht. Die Baumwollgewänder gaben Karoline von Rochow zufolge einen Begriff »von unserer damaligen Einfachheit«. Tatsächlich war der preußische Hof nicht reich. Charlotte besaß keinen Schmuck. In ihrem Kreis war das Gefühlsleben wichtiger, sodass »Herzensgeschichten aller Art Eingang in diesen jugendlichen Kreis fanden, wobei Rang und Stand nicht eben beachtet wurden und vielleicht vieles überwunden werden mußte, ehe man sich wieder in das Geschick hineinfinden konnte, das einem jeden rücksichtslos beschieden war; namentlich mochte diese Zeit wohl einen großen Theil an den unsäglichen Tränen haben, mit denen Prinzeß Charlotte ihrem späteren großen Geschick als Kaiserin von Russland entgegenging, ungeachtet sie einem schönen, ihr ganz ergebenen Gemahl folgte. Selbst bis in weite Kreise dehnte sich diese Richtung aus, der weder Hofdamen,

---

* Gesunder Menschenverstand.

noch Adjutanten, noch selbst Gouvernanten, sogar alternde, nicht entgingen, was zu vielen eigentümlichen Szenen Anlaß gab, die nicht immer in den Ernst der Erziehung passten.«[45]

Eigentümlich, aber ganz dem Geist der Zeit entsprechend, war auch der Treueschwur der beiden am Grabmal der Königin Luise in Charlottenburg. Am 1. Mai reiste Nikolaus wieder ab, und Friedrich Wilhelm III. gab ihm einen Brief für den Kaiser mit. Darin beglückwünschte er Alexander einmal mehr zu seinem Bruder, diesem »liebenswerten und ausgezeichneten Prinzen«, und sich selbst zu dem neuen Verwandten, der ihm während seines letzten Aufenthalts in Berlin noch lieber geworden sei. »Mit heiterer Sicherheit übertrage ich ihm die Sorge für das Glück meiner Tochter«, schrieb der König dem Zaren. »Sie lieben sich, und ich hoffe, daß der eine durch den anderen glücklich sein wird.« In Alexander aber würde Charlotte, so hoffte er, »einen zweiten Vater« finden.[46] Der König konnte sich nur schwer von seiner Lieblingstochter trennen, auch wenn er sie in guten Händen wusste. Sie erinnerte ihn allzu sehr an Luise. In seinem Antwortschreiben schlug Alexander Termine vor: Nikolaus' Geburtstag am 7. Juli für die orthodoxe Verlobung und Charlottes Geburtstag am 13. Juli für die Trauung. Friedrich Wilhelm war einverstanden. Auch die Geschwister konnten sich nicht trennen, und so besuchten sie alle zusammen noch einmal die Pfaueninsel, Charlottenburg, Potsdam und Paretz.

Am 9. Juni war Große Abschiedscour. Überall wurden »heiße Tränen« geweint. »Es blieb kein Auge trocken, am wenigsten das ihre; doch war die Fassung zu bewundern, mit der diese junge Fürstin sich zu halten und ihre Cour von Anfang bis zu Ende sehr würdig durchzuführen wusste«, erinnerte sich Elise von Bernstorff, die Frau des langjährigen preußischen Außenministers, Jahre später.[47] Am 11. Juni brachte die Garde der Prinzeß ein Abschiedsständchen. Sie aber besuchte die Familie des Bildhauers Christian Daniel Rauch, der im Dienste ihrer Mutter gestanden und die ruhende Luise auf dem Sarkophag in Charlottenburg geschaffen hatte. »Am 11ten dieses Monats hatten wir Besuch von der Prinzessin Charlotte, welcher sehr angenehm für uns war«, schrieb Agnes Rauch ihrem Vater, »aber sie war die ganze Zeit welche sie hier war sehr traurig und hörte garnicht auf zu weinen … Du wirst [sie] nun wohl auch nicht so bald zu sehen bekommen und ich kann mich mit Dir trösten; auch hat sie zu Mamsel Lehmann gesagt, daß sie uns aus Petersburg etwas schicken wollte, worauf ich mich ganz erstaunt freue.«[48]

Auch Karoline von Rochow beschrieb den Trennungsschmerz jener Tage: »Die Heirat und Entfernung der Prinzeß Charlotte war eine Begebenheit, die mit der allgemeinsten Teilnahme beleitet wurde. Ihr selbst fiel die Trennung ungemein schwer, und die älteste Tochter der idealen, verehrten Königin in jenes unwirtliche, kalte und halbzivilisierte Land ziehen zu sehen, machte fast den Eindruck einer Verbannung. Man hatte keinen sehr gemütlichen Begriff von den dortigen Familienverhältnissen, man kannte nur den herrschsüchtigen Charakter der Kaiserin-Mutter, die es liebte, ihre Familie soviel wie möglich in Abhängigkeit zu erhalten, ihr Mißverhältnis zur regierenden Kaiserin, den eigentümlichen Charakter des Großfürsten Konstantin, der so leicht berufen sein konnte, auch noch ihr Vorherrscher zu werden, wogegen sie nur in der Freundschaft des Kaisers Alexander ihre Stütze zu finden vermochte, da ihr Gemahl, noch unentwickelt und abhängig, damals nicht viel gewähren konnte; in einem Lande, wo man noch obenein mit der bekannten Verderbtheit der höheren Stände, namentlich der Petersburger Gesellschaft zu kämpfen hatte.«[49]

Das war eine realistische Schilderung der Verhältnisse am Petersburger Hof, die manche tatsächlich um Charlottes Glück bangen ließen. Überdies wurde dem König übel genommen, dass er keine Skrupel gehabt hatte, seine Tochter »eine andere Religion als die ihrer Väter annehmen« zu lassen, und das »um einer Heirat willen!«[50]. In der Tat war der Konfessionswechsel eine Einbahnstraße. Denn Alexanders Schwestern, die Großfürstinnen Helene, Maria und Katharina, die mit deutschen Fürsten verheiratet worden waren, mussten ihren Glauben nicht wechseln und konnten sogar ihre Beichtväter mitbringen. Warum sollte eine preußische Prinzessin also die andere Konfession annehmen?

Am 12. Juni reiste Charlotte ab. »Möge die göttliche Vorsehung diesen Bund segnen«, schrieb der König dem Kaiser am Abreisetag der Tochter eigenhändig und bat noch einmal um Alexanders Protektion und Wohlwollen.[51] Prinz Wilhelm sollte sie begleiten. Alexander hatte ihm versichert, er werde »wie ein Bruder mit offen Armen« empfangen werden.[52] Auf dieser Reise wurde die Grundlage für die Russlandpolitik des späteren preußischen Königs und ersten deutschen Kaisers gelegt.

3
»Ich fühlte mich sehr, sehr glücklich«
Firmung, Verlobung und Trauung

Brautfahrt nach Osten – Spurensuche in Memel – Grenzübergang – Maria Fjodorowna – Pawlowsk – Einzug in die Hauptstadt – Firmung – Verlobung nach orthodoxem Ritus – Weiße Nächte – St. Petersburg – Der Winterpalast – Trauung in der Großen Kirche – Die kaiserliche Familie – Peterhof – Freundschaft mit Alexander I. 1817

Die Berliner Zeitungen haben Verlauf und Äußerlichkeiten dieser Reise genau beschrieben, und den »Erinnerungen« der Kaiserin über die ersten drei Jahre in Russland, die sie in den späten 1850er-Jahren verfasst hat, können wir ebenfalls Einzelheiten der Fahrt ins neue Vaterland entnehmen. Charlotte reiste mit kleiner Suite, denn die Reise wurde auf Anordnung des Königs »mit allem Umstande, aber mit der Sparsamkeit, welche die Zeit erforderte, in's Werk gesetzt«.[1] Sie war glücklich, dass Wilhelm, »der eben zwanzig geworden war und gerade aufgehört hatte zu wachsen«, sie begleiten durfte.[2] In seinem Gefolge befanden sich mehrere Militärs, die später noch mehrfach mit ihm nach Russland reisen sollten, darunter General Oldwig von Natzmer, sein militärischer Mentor, der auch ein bisschen rekognoszieren sollte. Von den anderen Personen blieb nur Johann Samuel Chambeau, ihr ehemaliger Französischlehrer, als Privatsekretär bei ihr in Russland, Frau von Wildermeth, ihre ehemalige Erzieherin, kehrte schon bald nach Berlin zurück.

Der König, die königliche Familie und der Hof begleiteten die Braut bis zum ersten Nachtlager in Freienwalde, dessen Tore mit Blumen und Laub geschmückt waren. Der Zug der Braut bestand einschließlich Gepäck aus zwölf Wagen. Charlottes Gefährt war mit acht Pferden bespannt, die überall bekränzt wurden. Die Reise ging über Stargard, Köslin, Danzig und Königsberg nach Memel. »Das ganze Land hat sie mit einem Enthusiasmus und einer herzlichen Freude empfangen, von dem ich selten etwas Aehnliches gesehen habe«, schrieb General von Natzmer seinem Freund, dem Prinzen Wilhelm Bruder, aus dem blumengeschmückten Königsberg. »Eine Reise von 250 Meilen, wo man nichts als diese Akklamationen sieht, kann einen freuen, aber endlich auch tödten. Vor der Reise in Rußland habe ich die größte Angst.«[3] Die Angst war unbegründet, wie sich herausstellen sollte. Am 20. Juni fuhren sie weiter, und natürlich hat Charlotte nicht vergessen, Carl noch zum bevorstehenden 16. Geburtstag zu gratulieren. »Die Hitze unerträglich auf der Nährung«, notierte Natzmer. »In Rositten war ein Diner arrangirt von der Regierung. – Um 7 Uhr in Memel angekommen. Zu Wasser bis bei Consentius, wo die Prinzeß wohnte, gefahren. Schöne Ehrenpforten, geputzte Kähne und ein ewiges Hurrah!«[4]

Charlotte war traurig und glücklich zugleich. Aus der Korrespondenz mit dem Kaiser wusste sie, dass Nikolaus sie an der Grenze abholen und den »Quartiermeister« geben würde. Doch dann stand er bereits in Memel vor ihr und suchte mit ihr und Wilhelm noch einmal all die Stätten auf, die sie aus dem Jahre 1807 in Erinnerung hatte, Argelanders Haus, wo die Brüder gewohnt hatten, die Kirche, das Theater, den Leuchtturm. Und vielleicht hat sie Nikolaus erzählt, dass sie damals ganze fünf Taler Kleidergeld pro Jahr bekam, dass die königliche Tafel nicht anders gedeckt war als die der Bürger von Memel und dass ihre Eltern fürchten mussten, der Feind komme auch noch hierher.

Den Spaziergang in Memel erwähnt weder Alexandra in ihren »Erinnerungen« noch Nikolaus in seinen »Aufzeichnungen«. Dass er stattgefunden hat, wissen wir aus ihrer Korrespondenz mit Fritz, und bemerkenswert ist er insofern, als Nikolaus' Besuch in Memel die erste Überraschung war, die er ihr bereitete. Er sollte sie ihr Leben lang überraschen. In Tauerlaken verließ er die Braut, sie aber fuhr »mit Wilhelm über den Leuchtthurm zu hause, wo wir ohne Licht um ½ 10 Uhr soupierten, bloß wir 6 Reisegefährten.

Da wars mir schrecklich, ich musste recht weinen über den Gedanken, daß von nun an immer so viele fremde Gesichter um mich sein werden.«[5] Doch sie war sicher, dass Nikolaus' Gegenwart ihr den Grenzübergang erleichtern würde.

Am nächsten Morgen ritt er ihr in der glänzenden Uniform der Brandenburger Kürassiere bis Nimmersatt, dem preußischen Grenzdorf, entgegen. Dort waren eine Kompanie des 1. Preußischen Regiments und ein Zug Dragoner zur Verabschiedung der Prinzessin angetreten. »Meine Freunde«, rief Nikolaus Pawlowitsch den Preußen zu, »erinnert euch, dass ich zur Hälfte euer Landsmann bin und genau wie ihr der Armee eures Königs angehöre.«[6] Die Soldaten ließen ihn hochleben. Gegen 9 Uhr hielt die Kutsche der Prinzessin zwanzig Meter vor der Kompanie. Nikolaus half ihr aus dem Wagen. Charlotte trug ein rotes Merinokleid und einen weißen Federhut mit Schleier. Auch ihr erwiesen die Soldaten die militärischen Ehren. Dann schritten die beiden zusammen mit Wilhelm unter Hurrarufen langsam die Ehrenformation ab und gingen auf die Grenze zu, gefolgt von ihren Suiten, der Dienerschaft und einer großen Menschenmenge aus Memel.

Kurz vor dem Schlagbaum beschleunigte der Großfürst seine Schritte, eilte seiner Braut voraus und begrüßte sie auf der anderen Seite mit gezogenem Degen, worauf Wilhelm sie an der Hand über die Grenze geradewegs in Nikolaus' Arme führte. »Endlich sind Sie bei uns, liebe Charlotte!«, flüsterte er ihr ins Ohr und fügte laut hinzu, damit alle es hören konnten: »Herzlich willkommen in Russland, Eure Königliche Hoheit!«[7] Darauf folgten Freudenrufe der russischen Begrüßungskompanie. Den Offizieren aber stellte Nikolaus Pawlowitsch seine Braut mit den Worten vor: »Das ist keine Fremde, meine Herren, das ist die Tochter unseres treuesten Verbündeten und besten Freundes unseres Herrschers.«[8]

Eine preußisch-russische Eskorte, Husaren, Kosaken und Dragoner, begleitete das Paar bis Polangen, dem Grenzort im Gouvernement Kurland, wo der Prinzessin ihr neuer Hofstaat vorgestellt wurde. Am Abend des 22. Juni meldete Nikolaus dem künftigen Schwiegervater aus Tadeken, einem Krongut zwei Dutzend Kilometer östlich der Hafenstadt Libau, die Ankunft seiner Braut auf russischem Territorium. Er schrieb eigenhändig, also ohne Hilfe eines Sekretärs, in französischer Sprache. Der Bräutigam war überglücklich. Es habe keine Grenze mehr gegeben, ganz Memel sei nach Polangen gekommen, und die Freundschaft und Vertrautheit an diesem Morgen seien vollkommen gewesen, schrieb er. Charlotte habe »diesen grausamen Augenblick« mit »dieser Festigkeit und dieser Vernunft« ertragen, die sie immer zeige. Er habe sie nur veranlasst, sich in Oberbartau ein wenig von der Hitze auszuruhen.

Dann bat er um Entschuldigung dafür, dass Charlotte seinem Brief entgegen der Etikette noch ein paar Worte hinzufügen wollte. »Jetzt bin ich wieder beruhigt«, schrieb sie dem »lieben Papa« auf Deutsch, »aber Gott weiß, daß mir es schwer wurde, mein liebes Preußen heute zu verlassen und den letzten preußischen Soldaten zu begrüßen.« Die beiden unterschrieben mit »Charlotte« und »Votre devoué fils Nicolas«*[9]. Nur Fritz erfuhr, was sie wirklich empfunden hatte. »Durch Preußengeschrei entlassen, durch Russen empfangen. Es war ein Moment, wo sich alle Sinnen verdrehten, wo ich nicht wußte, wo mir die Kräfte herkommen, zu stehen und nicht umzufallen«, vertraute sie dem Bruder an.[10]

Die Reise ging über Mitau, die Hauptstadt Kurlands, und die alten Hansestädte Riga und Dorpat weiter nach Nordosten, folgte also der gleichen Route, die acht Jahre zuvor die Eltern gefahren waren. Doch während die Mutter die Kälte beklagt hatte, fand die Tochter die Hitze dieser Junitage »unerträglich« und die Straßen »unmöglich«, doch bei der Vorstellung, dass ihre Eltern, die gerne Bier tranken, jeden Abend Petersburger Bier serviert bekamen, musste sie lächeln. General von Natzmer aber wunderte sich, dass Nikolaus die Eskorte auf jeder Station vor Wilhelm exerzieren ließ. »Es ist nicht zu glauben«, notierte er, »mit welchen Sachen sich dieser Herr den ganzen Tag beschäftigt.«[11] Auf der alten Post-

---

* Ihr ergebener Sohn Nikolaus.

station am Ufer des Peipussees bekam Charlotte bei der Vorstellung, dass sie am nächsten Tag vor der Kaiserinwitwe stehen würde, einen Weinkrampf. Doch bis Narva, der estländisch-russischen Grenzstadt, hatte sie sich wieder gefasst und besichtigte gerne die damals berühmten Wasserfälle.

Am Abend des 30. Juni schloss ihre künftige Schwiegermutter sie in Kaskowo, einer der letzten Poststationen vor St. Petersburg, herzlich in die Arme. Maria Fjodorowna war der Braut zusammen mit dem Kaiserpaar und ihrem jüngsten Sohn Michael entgegengefahren. Sie erwies sich als so zärtlich und lieb, »dass sie sofort mein Herz eroberte«. Charlotte fand sie »sehr viel jünger, schlanker und besser erhalten, als ich bei fast sechzigjährigen Frauen zu sehen gewohnt war«.[12] Maria Fjodorowna war 57 Jahre alt, und stattlich war sie immer gewesen.

Tags darauf setzte Charlotte ihre Reise bei herrlichstem Wetter, allerdings »mit einem unbeschreiblichen Gefühl«, fort. Doch an den Kosaken, die sie begleiteten, hatte sie ein »wahrhaft kindliches Vergnügen«. Es ging über Gattschina und Zarskoje Selo nach Pawlowsk, dem Witwensitz der Kaiserinmutter. Pawlowsk war ihr Lebenswerk. Im Laufe von dreißig Jahren hatte sie aus dem Stück Wildnis von 600 Hektar Größe, das Katharina II. ihrem Sohn Paul im Jahre 1777 zur Geburt Alexanders, ihres ersten Enkels, geschenkt hatte, eine der schönsten Park- und Gartenanlagen Russlands gemacht. Eines der Petersburger »Paradiese«. Maria Fjodorowna war eine Landschaftsgärtnerin von Rang.

Die gebürtige Prinzessin Sophia Dorothea von Württemberg hatte 1776 auf Empfehlung des Alten Fritz den russischen Thronfolger Paul Petrowitsch geheiratet. Sie war seine zweite Frau, und die Ehe war nicht schlecht gewesen. Aber mit ihrer herrischen Schwiegermutter, die ihr Alexander und Konstantin, die beiden ältesten Söhne, weggenommen hatte, um sie selbst zu erziehen, hatte Maria Fjodorowna sich nicht gut verstanden. Und nachdem die Ehen dieser Söhne schon nicht glücklich geworden waren, wollte sie es dem dritten Sohn und der dritten Schwiegertochter leichter machen. Vielleicht war es auch die Erinnerung an

Königin Luise, die sie die Braut ihres Lieblingssohnes viel herzlicher aufnehmen ließ, als sie selbst seinerzeit aufgenommen worden war. Von ihren sechs Töchtern lebten 1817 nur noch Maria, Katharina und Anna, sodass Charlotte auch an Tochter statt willkommen war.

Alle Beteiligten erinnerten sich noch lange daran, mit welchem Schwung und mit welcher Leichtigkeit die Prinzessin in Pawlowsk aus der Kutsche gesprungen und vor der Kaiserinwitwe auf die Knie gestürzt war. Auch Kaiserin Elisabeth Alexejewna, der Charlotte sich in die Arme warf, rührte sie mit ihrer aufrichtig freudigen Begrüßung. Der ganze Hof schien im Eigenen Gärtchen der Kaiserinmutter versammelt zu sein, aber Charlotte erinnerte sich später nur an die blühenden Rosen, vor allem aber an die weißen, die »meinen Blick erfreuten und mich gleichsam Willkommen hießen«. Dann wurde sie in ihre Räume geführt, die Maria Fjodorowna neu eingerichtet hatte.

Auf dem eleganten Bett im Schlafzimmer lag eine rosa Matratze, und zu beiden Seiten standen Körbe mit Bettwäsche für den Tag und für die Nacht. Maria Fjodorowna hatte nicht nur in Erfahrung gebracht, dass Charlotte eine Schwäche für schöne Kleider hatte und sich gerne amüsierte. Sie kannte auch die Lieblingsfarbe, das Lieblingsparfüm und die Lieblingsblumen der 19-Jährigen und natürlich ihre Vorliebe für weiße Rosen und Kornblumen. Für das weiße, mit Kornblumen bestickte Kleid, das im Zimmer bereitlag, war in Berlin im Voraus heimlich Maß genommen worden. An den Wänden standen kleine Schränke, in denen alle möglichen Kleidungsstücke und Schmuck lagen. Ein kleines Kabinett war mit rosa Atlasseide ausgeschlagen. »Ach, ich habe immer von einem rosa Kabinett geträumt!«, entfuhr es Charlotte, als sie den Raum betrat.

Noch am gleichen Tag gab der Zar seiner künftigen Schwägerin zu Ehren ein Abendessen, zu dem die Spitzen der Petersburger Gesellschaft geladen waren. Da die Gepäckwagen mit ihrer bescheidenen Aussteuer noch nicht eingetroffen waren, musste Charlotte in geschlossenem Kleid zum Diner erscheinen. Doch sie fand sich in ihrem weißen Seidenkleid mit Schleifen und dem kleinen weißen Hut aus Krepp mit Marabufedern sehr schick, und tatsächlich war sie nach der letzten Pariser Mode gekleidet. Noch mehr Sicherheit gab ihr ein unerwartetes Wiedersehen auf dem Weg in die Kirche. In einer Fensternische der Skulpturengalerie, aus der ausgesuchtes Publikum sie neugierig musterte, erblickte sie plötzlich ihre alte Freundin Cäcilie W. Frederiks, geb. Gräfin Gurowska, diese liebe Cécile, die mit ihr am Berliner Hof erzogen worden war. Als die königliche Familie 1806 gezwungen war, Berlin zu verlassen, hatten die Mädchen sich ewige Freundschaft geschworen. Bereits 1814 hatte Cécile einen russischen Offizier geheiratet, der Nikolaus' Adjutant geworden war. Nun fielen sich die beiden gegen jegliche Etikette in die Arme und weinten vor Freude. Charlotte war dem Kaiser, der die Baronin Frederiks hatte einladen lassen, obwohl sie eigentlich nicht »hoffähig« war, dankbar für diese unerwartete Aufmerksamkeit. Die Freundinnen haben sich nie mehr getrennt, und auch ihre Kinder sollten zusammen aufwachsen.[13]

Charlotte hatte den Eindruck, dass die Gesellschaft ein bisschen enttäuscht von ihr war, weil man sie nicht so hübsch fand, wie man erwartet hatte. Aber sie war sicher, dass ihre Art, sich zu geben, gefallen hatte. Schon bei diesem ersten Erscheinen in der Skulpturengalerie von Pawlowsk wurde sie »Vögelchen« genannt, und den Eindruck von Zartheit und Zerbrechlichkeit sollte sie ihr Leben lang hervorrufen. Unter den Kavalieren, die ihr der Kaiser vorstellte, sah sie viele bekannte Gesichter aus den Kriegsjahren 1813/14 in Schlesien und in Berlin. Die Damen, die ihr die Kaiserinmutter vorstellte, waren ihr unbekannt, einige schienen Mitleid mit ihr zu haben. Man speiste im Großen Thronsaal. »Das war eine harte Prüfung«, berichtete Nikolaus tags darauf dem König, »aber sie hat sich ihrer mit einer Grazie entledigt, die alle bezaubert hat.« Er hätte nie gedacht, dass »alles so gut läuft«[14].

Der feierliche Einzug in die Hauptstadt erfolgte, wie geplant, am 2. Juli um 17 Uhr nachmittags durch das Moskauer Tor. Charlotte saß mit den beiden Kaiserinnen in einem offenen vergoldeten Landauer. Sie freute sich über den Anblick der linker Hand längs der Straßen aufmarschierten Garderegimenter, des Preobraschensker, Semjonow- und Ismailow-Regiments, die sie schon im Sommer 1813 während des Waffenstillstands in Schlesien bewundert hatte. Doch beim Anblick der Chevaliers gardes, die bei der Admiralität standen, entfuhr ihr ein Freudenschrei, weil die Reiter sie an die Berliner Gardes du Corps erinnerten. Er habe in Petersburg noch nie eine solche Menschenmenge gesehen, berichtete Nikolaus Pawlowitsch am Abend dem König von Preußen.[15]

Im Winterpalast musste Charlotte zunächst die Große Kirche (heute: Ermitage-Saal 271) aufsuchen und erstmalig das Kreuz küssen, dann vom Balkon aus einem Truppendefilee auf dem Schlossplatz zusehen. Danach wurde sie »dem Volk gezeigt«, und nun erst durfte sie in ihre Räume, die neu möbliert und mit wunderbaren Stoffen drapiert worden waren. Sie hielt sich großartig. »Die Prinzessin ist genauso, wie ich sie mir vorgestellt habe, genauso, wie ich sie mir für das Glück meines Sohnes und mein eigenes gewünscht habe«, schrieb Maria Fjodorowna ihrerseits dem König. »Ihre Seele antwortet der unsrigen, und ihre ganze Seinsart hat eine Anziehungskraft, einen Charme für mich, der sie mir von Augenblick zu Augenblick lieber macht. Könnte ich Ihnen doch, mein lieber Bruder, genauso lebhaft, wie ich es fühle, das *ganze, ganze* Ausmaß meiner Genugtuung, meiner Zufriedenheit zum Ausdruck bringen.«[16] Am 3. Juli meldete auch der Kaiser seinem Freund in Berlin die »glückliche Ankunft seiner geliebten Tochter in unserer Mitte« und versicherte ihn seiner »unverbrüchlichen Zuneigung«. Die angestrebte Vereinigung werde, so Gott wolle, »alle unsere Hoffnungen erfüllen«[17]. Am gleichen Tag nahm General von Natzmer am Großen Diner bei der Kaiserinmutter teil: »Musik während der Tafel; fast nichts als preußische Märsche gespielt.«[18]

Derweil hatte Charlotte vom Tag ihrer Ankunft an nur geweint, sobald sie allein war. »Der Konfessionswechsel fiel mir so schwer und drückte mir das Herz zusammen.« Nikolaj W. Musowskij, der Geistliche, der sie noch in Berlin in den Grundlagen der Orthodoxie unterwiesen und ihr auch ein bisschen Russisch beigebracht hatte, sollte sie nun auf die Firmung vorbereiten und hielt sich ständig in ihrem Vorzimmer auf, um ihr in jeder freien Minute beim Auswendiglernen des Glaubensbekenntnisses zu helfen. »Er war ein vortrefflicher Mann, sprach aber bei weitem nicht genug Deutsch. Das war nicht der Mann, der meiner verwirrten Seele Frieden geben und sie in einem solchen Augenblick beruhigen konnte. Aber ich fand im Gebet das, was allein Ruhe geben kann. Ich las wunderbare, erbauliche Bücher, dachte nicht an das Irdische und war überglücklich, zum ersten Mal das Abendmahl empfangen zu dürfen!«

Charlottes Firmung (»Myronsalbung«) durch den Metropoliten Amwrosij von Nowgorod und St. Petersburg, der zu diesem Zeitpunkt der höchste Hierarch der russisch-orthodoxen Kirche war, fand am Sonntag, dem 6. Juli, um 11 Uhr in der Großen Palastkirche statt. Der Kaiser persönlich hatte die Prinzessin in die Kirche geleitet. Ganz in Weiß gekleidet, mit offenem Haar, ohne Schmuck, nur mit einem kleinen Kreuz am Hals empfing sie das Sakrament, durch das sie in die russisch-orthodoxe Kirche aufgenommen wurde. Die Salbung erfolgte, indem Amwrosij einen Pinsel in ein Gefäß mit Myronöl tauchte und damit Kreuze auf Charlottes Stirn, Augen, Nase, Lippen, Ohren, Brust, Hände und Füße malte. Dann legte sie das Glaubensbekenntnis »mit Ach und Krach« in russischer Sprache ab. Dabei hatte sie das Gefühl, »wie ein Opferlamm« auszusehen. »… diesen Eindruck machte ich jedenfalls auf unser gesamtes preußisches Gefolge, das voller Mitgefühl und mit Tränen in den Augen auf die Teilnahme der armen Prinzessin Charlotte an einer kirchlichen Zeremonie schaute, die in den Augen der Protestanten natürlich seltsam aussah.« Nach dem Abendmahl fühlte sie sich jedoch mit sich selbst versöhnt und weinte nicht mehr. Die Zeremonie dauerte knapp anderthalb Stunden.[18] Aber sie brauchte lange, um sich an das endlose Stehen während der russischen Gottesdienste zu gewöhnen, und fiel in späteren Jahren noch oft in Ohnmacht.

Durch die Myronsalbung war aus der protestantischen Prinzessin Charlotte die orthodoxe (rechtgläubige) Prinzessin Alexandra Fjodorowna geworden. Der neue Vorname war zu Ehren des Zaren gewählt, der Vatersname von Friedrich (»Fjodor«) Wilhelm abgeleitet worden. Tags darauf, an Nikolaus' 21. Geburtstag, fand die kirchliche Verlobung statt, die in der Ostkirche genauso unauflöslich ist wie die Ehe. »Ich legte zum ersten Mal einen rosa Sarafan und Brillanten an und puderte mich ein bißchen, was mir sehr gut stand.« In Berlin war Schminken nicht üblich gewesen. Die Zeremonie begann um 12 Uhr und dauerte 1 Stunde und 15 Minuten. Danach ließ der Kaiser ein Manifest veröffentlichen, in dem er seinen »treuen Untertanen« die Verlobung bekannt gab und befahl, die »Durchlauchtigste Prinzessin« nunmehr »Großfürstin Alexandra Fjodorowna mit dem Titel Kaiserliche Hoheit zu nennen«[20]. Um 14.30 Uhr folgte im Großen Marmorsaal ein Essen für 364 Personen, das bis 15.35 Uhr dauerte, danach wurde im Ballsaal Kaffee getrunken.[21]

Zum Verlobungsball am Abend erschienen die Herren in Paradeuniform, die Damen in »nationalen Kostümen«. Er endete bereits um 20.35 Uhr, woraufhin sich der Kaiser nach Zarskoje Selo begab. Von hier aus meldete der »gute Bruder, Freund und treue Verbündete Alexander« dem König in Berlin, die Verlobung sei vollzogen, fügte seinem offiziellen Schreiben aber noch ein privates hinzu: Seine Schwägerin habe die »Zustimmung aller gefunden«, seine Mutter sei entzückt von ihr, sie habe alle Herzen erobert und sich ihrer religiösen Pflichten perfekt entledigt, und alles, was sie tue, sei »von charmanter Grazie«[22]. Tags darauf war große Gratulationscour, und Alexandra musste sich zum ersten Mal von mehreren Tausend Menschen die Hand küssen lassen. Am 10. Juli unterzeichnete sie in guter Laune die Resignationsakte für Preußen.[23]

An den Abenden ließ sich die Braut durch die Straßen der Hauptstadt fahren. Die weißen Nächte kamen ihr »ungewöhnlich«, aber »angenehm« vor. Sonderlich beeindruckt war sie jedoch nicht von dieser Stadt, die so viel jünger war als Berlin,

Königsberg oder Memel und immer noch etwas provisorisch wirkte, aber in Europa den Ruf einer Wunderstadt hatte, weil sie keine gewachsene, sondern eine geplante Stadt war, »Russlands Fenster nach Europa«. Peter der Große hatte sie 1703 im sumpfigen Delta der Newa gegründet und 1712 zur Hauptstadt seines Reiches erhoben. Damals wollte niemand in dieser Gegend am Rande der Ökumene leben, und Peter musste seine neue Hauptstadt zwangsbesiedeln. Das Klima war ungesund, Mücken und Ratten, Brände und Überschwemmungen waren eine Plage. Eigentlich hatte erst Katharina II. der Stadt in Europa Geltung verschafft, erst zu ihrer Zeit war die Newa in Granit gefasst worden. Aber »so schön, so ungeheuer« wie ihre Mutter, die von St. Petersburg nur geschwärmt hatte, oder gar »majestätisch« konnte Alexandra die Stadt nicht finden.

Ein paar Monate später wird sie Fritz schreiben, Petersburg komme ihr vor wie eine Kaserne, »und das lächerlichste ist, daß wenn man ein schönes Gebäude mit Säulen findet und fragt, welches Palais es ist, so bekommt man zu erfahren, daß es eben die Kaserne von der Ismailowschen Garde ist«. Selbst die viel bewunderte Kasaner Kathedrale, die dem Petersdom in Rom nachempfunden und erst 1811 fertig geworden war, hatte ihr »gar keinen Eindruck gemacht, von einem christlichen Tempel fordere ich mehr als von einem griechisch heidnischen«[24]. Nikolaus aber sah gerade in diesem Bau ein architektonisches Ideal. Der Straßenverkehr war auch nicht mit dem Verkehr in Berlin zu vergleichen, der riesige Platz vor dem Winterpalast war meistens menschenleer.

Um 1820 hatte St. Petersburg etwa 230 000 Einwohner. Die meisten waren Soldaten, Offiziere und Beamte, und so lebten viel mehr Männer als Frauen in der Stadt. Bei ihren Spazierfahrten mag Alexandra in der Millionenstraße beim Winterpalast, hinter der Kasaner Kathedrale und auf der Wassilij-Insel viel Deutsch gehört haben, denn seit den Berufungsmanifesten Katharinas II. waren Deutsche verstärkt nach Russland geströmt. In der Hauptstadt bildeten sie die größte nationale Minderheit, mit eigenen

Kirchen, eigenem Theater und eigener Zeitung, der *St. Petersburger Zeitung*. Dass viele Universitätsprofessoren, Diplomaten, Generäle, hohe Beamte und auch mancher Minister im Dienste des Zaren Deutsche waren, wusste Alexandra bereits. Hingegen dürfte sie vom geistigen Leben der Hauptstadt bei ihrer Ankunft kaum etwas gewusst haben. Es spielte sich in den literarischen Gesellschaften und Salons ab. Die berühmten Werke des »Petersburger Textes« der russischen Literatur, der *Eherne Reiter, Newskij Prospekt*, die *Weißen Nächte* u. a. waren noch nicht geschrieben – Puschkin hatte gerade das Lyzeum in Zarskoje Selo beendet, Gogol war acht Jahre alt und Dostojewskij noch nicht geboren.

Das Konservatorium und die Philharmonie gab es noch nicht, neben dem Ermitage-Theater, das zum Hof gehörte, existierten nur drei kleine öffentliche Theater. Viele Gebäude, deren St. Petersburg sich heute rühmt, entstanden erst Jahre später, mehrere von ihnen während der Regierungszeit Nikolaus' I. Aber das war im Juli 1817 nicht abzusehen. Das politische Leben spielte sich außer bei Hofe in den Geheimgesellschaften ab, die in diesen Jahren entstanden. Deren Mitglieder, überwiegend Gardeoffiziere, hatten an den Frankreichfeldzügen teilgenommen und waren mit revolutionär-demokratischen Ideen heimgekehrt. Nun träumten sie davon, die Autokratie zu beschränken und die Leibeigenschaft abzuschaffen. Davon dürfte Alexandra nicht einmal etwas geahnt haben.

Einstweilen geriet sie nur in Entzücken, wenn sie aus den Fenstern der Kaiserin im Winterpalast auf die Newa sah und vor sich die Peter-und-Paul-Festung auf der Haseninsel erblickte, den Ort, an dem die Stadt 1703 ihren Anfang genommen hatte. Linker Hand sah sie die Spitze oder »Strelka« der Wassilij-Insel mit den Rostra-Säulen, den Handelshafen, die gerade eröffnete Börse, die Kunstkammer, die Akademie der Wissenschaften. Aus den Fenstern des Westflügels fiel ihr Blick auf die Admiralität, dahinter wusste sie die Reiterstatue Peters des Großen, der zum Sprung nach Westen ansetzt, ein Werk des Franzosen Étienne-Maurice Falconet. Wenn sie den Winterpalast in ihrer Kutsche durch das

Große Tor verließ und auf den Schlossplatz hinausfuhr, sah sie auf eine Reihe von Häusern, die zum Abriss bestimmt waren. An ihrer Stelle sollte Carlo Rossi, der Petersburger Italiener, ein Gebäude für den Generalstab errichten.

Aus den Fenstern des Ostflügels erblickte Alexandra die Ermitage, das berühmte Museum der großen Katharina, von dem ganz Europa redete, und sicher hat sie die Diners genossen, die ihr zu Ehren im Hängenden Garten der Kleinen Ermitage und in den angrenzenden Galerien gegeben wurden. In Berlin wurde damals ja ebenfalls unter den Bildern großer Meister gespeist. Und vielleicht ist Alexandra durch die Raffael-Loggien auch ins Schepeljew-Haus gegangen und hat sich die Räume angesehen, in denen ihre Eltern im Januar 1809 gewohnt hatten.

Im Übrigen kam ihr der Winterpalast wie ein Labyrinth vor. Mehrere Tausend Menschen lebten in dem riesigen Gebäude, das Elisabeth, die Tochter Peters I., »nur zum allrussischen Ruhm« hatte errichten lassen, Staats- und Hofdamen, Kammerherren, Kammerjunker und Lakaien, Offiziere, Sekretäre und Schreiber, Handwerker, Köche und Bäcker, Wäscherinnen und Näherinnen, kurz: eine ganze Kleinstadtbevölkerung, die für die Bedienung der kaiserlichen Familie, das Funktionieren des Hofes und natürlich auch für sich selbst sorgte. Niemand wusste genau, wie viele Menschen im Palast lebten.

Die Inneren Gemächer und die offiziellen Räume und Säle nahmen nur einen Teil des Palastes ein. Die Große Kirche lag nicht weit vom Georg-Saal (heute: Ermitage-Saal 198). Mit ihrem barocken Interieur, ihren goldenen Stuckverzierungen und ihren für russische Sakralbauten so untypischen Engeln und Putti glich sie eher einem Prunksaal als einem Gotteshaus. »Ich gebe zu, alles war neu für mich, und ich fühlte mich so neu an all diesen unbekannten Orten, dass meine Gedanken davon mehr absorbiert wurden als meine Augen. All das war verwirrend für mich«, heißt es in den »Erinnerungen«.

Am Vorabend der Trauung hatte Nikolaus seine Braut mit erlesenen Geschenken, Perlen und Brillanten, überhäuft. »All das hat mich amüsiert, weil ich in Berlin keinen einzigen Brillanten getragen und mein Vater uns dort in seltener Einfachheit erzogen hatte.« Zum Aufwachen am 13. Juli brachte die »gute Wildermeth« ihr einen Strauß schönster weißer Rosen. Alexandra wurde zum Teil in ihrem Zimmer angekleidet, zum Teil im Brillantensaal neben dem Schlafzimmer der Kaiserinmutter, wo die Reichsinsignien und der Kronschatz aufbewahrt wurden. Mehrere Staatsdamen setzten ihr die kleine Krone auf, legten ihr »eine Unmenge großer Kronjuwelen« an, unter deren Gewicht sie kaum atmen konnte, und hängten ihr schließlich noch einen hermelingefütterten, himbeerfarbenen Samtmantel um, dessen Schleppe von vier Kammerherren getragen werden musste. Sie selbst hatte sich nur eine weiße Rose aus Frau von Wildermeths Strauß am Gürtel befestigt. Das Ankleiden dauerte eine Stunde.[25]

In der Kirche war es stickig heiß, die Gäste standen dicht gedrängt. Elisabeth und Alexander waren die Brauteltern, Wilhelm und Michael Pawlowitsch hielten die Hochzeitskronen über Schwester und Bruder, Pawel W. Krinizkij, der Beichtvater des Kaisers, vollzog die Trauung, und der Metropolit sprach das Dankgebet. Dann gaben die Festungskanonen 101 Schüsse ab. Die Zeremonie dauerte 1 Stunde und 10 Minuten.[26] »Ich fühlte mich sehr, sehr glücklich, als unsere Hände sich endlich vereinten; voller Vertrauen legte ich mein Leben in die Hände meines Nikolaus, und er hat diese Hoffnung nie enttäuscht!« Auch Nikolaus war ergriffen. »Ich wage, es Ihnen zu wiederholen, Sire: mein ganzer Wunsch, mein alleiniger, mein einziger Wunsch ist es, mich des Engels würdig zu erweisen, dem ich angehöre, und das Glück seiner Existenz zu sichern, ich habe es am Altar geschworen und ich werde immer dafür arbeiten«, schrieb er abends dem König und nannte ihn zum ersten Mal »mon cher Papa«[*27]. Selten hatte Nikolaus seine Braut »so schön« gesehen wie an diesem Morgen.

Auch die Hochzeitsgesellschaft war entzückt von der Großfürstin. »Die kostbaren Eigenschaften meiner Schwägerin und

---

* Mein lieber Papa.

der Liebreiz ihrer Person rufen eine allgemeine Sensation hervor, die ihr garantiert, genauso geliebt zu werden, wie sie es verdient«, schrieb Alexander dem Brautvater. Diese teure Verbindung sei mitten im Felde beschlossen worden und lege nun »letzte Hand an das Werk der unauflöslichen Allianz Preußens und Russlands, indem sie unsere beiden Familien zu einer einzigen vereint«[28].

Nach dem Hochzeitsball im Georg-Saal, der auch Großer Thronsaal genannt wurde, geleitete der Hof die Jungvermählten in einer langen Wagenkolonne zum Anitschkow-Palast am Newskij Prospekt, der damals nach Berliner Vorbild noch von Linden gesäumt war. Alexandra und Nikolaus saßen mit der Kaiserinmutter und Prinz Wilhelm in einer achtspännigen Paradekutsche, die von einer Schwadron Chevaliers gardes eskortiert wurde.[29] Im Anitschkow-Palast begrüßten Alexander und Elisabeth das junge Paar oben an der Paradetreppe mit Brot und Salz. Dann wurde Alexandra umgekleidet. »… man zog mir ein Morgenkleid aus Brüsseler Spitzen mit rosa Unterkleid an; wir aßen im Familienkreis zu Abend, zusammen mit einigen sehr alten Höflingen … und mit unseren preußischen Damen.« Das Souper begann um 21.40 Uhr und war um 23 Uhr zu Ende.

Gleich am nächsten Morgen kam die Kaiserinmutter zu Besuch, und der Kaiser brachte »großartige Geschenke«. Alexandra und Nikolaus freuten sich »wie die Kinder«, dass sie nun zum ersten Mal allein ausfahren konnten. »Die Hochzeitsfeierlichkeiten, verschiedene Bälle, die Baise-Mains, all das verging für mich wie im Traum, von dem ich erst in Pawlowsk erwachte, unendlich glücklich darüber, dass ich endlich auf dem Lande war.« Am 15. Juli ernannte der Zar seinen Bruder zum Generalinspektor des Ingenieurkorps und zum Kommandeur des Pionierbataillons der Garde. Das entsprach dem Wunsch und der technischen Begabung des Großfürsten, der mit Sicherheit einen ausgezeichneten Ingenieur abgegeben hätte. Sein Hobby war der Festungsbau.

Die kaiserliche Familie hatte der jungen Frau ein Bild der Eintracht vermittelt. Tatsächlich waren die innerfamiliären Beziehungen kompliziert, und Alexandra hat sie sicher erst mit der

Zeit durchschaut. Die Kaiserinmutter spielte das liebevolle Familienoberhaupt, aber sie führte ein strenges Regiment und kontrollierte jeden Schritt ihrer erwachsenen Kinder. Maria Fjodorowna hatte nie glauben können, dass Alexander damals, im März 1801, nicht wusste, dass Paul I. getötet werden sollte. Sie hat ihrem Sohn nie verziehen, dass er die Mörder seines Vaters nicht bestraft hat. Die Ehe des Kaisers, dessen Töchter im Kindesalter gestorben waren, war seit mehr als fünfzehn Jahren nur noch Formsache, und nur mühsam wahrten er und seine Frau in der Öffentlichkeit den Schein. Elisabeth hasste den in der Familie herrschenden Geist, ihren Schwager Nikolaus hielt sie für falsch und unaufrichtig, und mit ihrer Schwiegermutter geriet sie immer wieder aneinander.

Konstantin Pawlowitsch, der Zarewitsch[*], war nach kurzer Ehe schon 1801 von seiner Frau, einer gebürtigen Prinzessin von Sachsen-Coburg, verlassen worden, weil sie seine Grobheiten nicht mehr ertragen konnte. Er war Generalinspekteur der Kavallerie und Chef der Militärlehranstalten, residierte jedoch seit 1815 in Warschau – ein tapferer Soldat und bei der Garde relativ beliebt, aber rüde und unbeherrscht. Alexandra fand ihn hässlich. Michael Pawlowitsch, der immer so lustige Geschichten erzählte, war noch am einfachsten zu nehmen. Er war ebenfalls 19 Jahre alt, noch nicht verheiratet und gewiss keine Geistesleuchte. Alle wussten, dass er seinen Bücherschrank, den man nicht gerade eine Bibliothek nennen konnte, nach der letzten Prüfung mit einem großen Nagel zugehauen hatte. Zur Hochzeit angereist waren auch die drei Großfürstinnen, die kluge Maria Pawlowna aus Weimar, die ehrgeizige Katharina Pawlowna, die lieber Kaiserin von Österreich als Königin von Württemberg geworden wäre, aus Stuttgart und die fröhliche Anna Pawlowna aus Brüssel. Sie lebten ihr eigenes Leben, wurden in Gegenwart ihrer Mutter aber wieder zu Töchtern und

---

[*] Volkstümliche bzw. Kurzform von »Cäsarewitsch«, vergleichbar mit den Titeln »Dauphin« und »Prince of Wales«.

wagten nicht, sich zu rühren. Alexandra fand ihr Benehmen geziert und geschraubt.

»Übrigens sind die gekrönten Häupter von einer solchen Güte und einer so wohltuenden Freundlichkeit gegen mich«, schrieb sie ihrem Bruder Fritz kurz nach der Trauung, »das wird Dir jeder sagen können, der hier mit war, keiner aber besser als ich selbst, die es täglich empfinde. Die Kaiserin-Mutter wird Dir entsetzlich gut gefallen, sie kann so lustig sein, daß Du dann gewiß von vorne und von hinten ausschlagen würdest. Sie ist gleich selig, wenn sie mich lustig sieht, hat sich schon auf die Erde gesetzt, aus Plaisier. Als das Николас [Nikolas] sah, hat er sich im völligen Sinn des Wortes gewälzt. Er hat nie so seine Mutter gesehen. Sie behauptet aber auch, dass ich sie ganz belebe, wie ein heiterer Frühlingsmorgen. Wir sprechen in der Familie meist deutsch, nur mit dem Kaiser und Michel nicht. Konstantin der spricht immer darauf los, und beide Kaiserinnen auch immer. Unter meinen Leuten spricht die größere Hälfte deutsch.«[30]

Alexandra hat tatsächlich frischen Wind an den steifen Petersburger Hof gebracht. Sie war offen, unbefangen und natürlich, vielleicht ein bisschen zu laut, manchmal impulsiv und unaufmerksam älteren Höflingen gegenüber, die sie langweilig fand, aber all das war sie auf eine ungekünstelte Art. Sie konnte auch gar nicht anders, als den äußeren Schein allgemeiner Harmonie für die Wirklichkeit zu nehmen. Das war unter den gegebenen Umständen das Beste, was sie tun konnte. So wurde sie Maria Fjodorownas Liebling. Amüsiert nahm die Kaiserinmutter sogar hin, dass die Schwiegertochter heimlich Kirschen pflückte, was sie ihren Töchtern nie verziehen hätte.

Die Freude darüber, in Pawlowsk endlich »auf dem Lande zu sein«, hielt indes nicht lange an. Zwar lebte Alexandra auch hier ein Leben, das sie gewohnt war, sorgte sich um ihre Toilette, speiste in Gesellschaft, ging spazieren, machte Konversation und nahm gern an den Bällen teil, auf denen Nikolaus sich langweilte, kurzum: sie gab sich Mühe, der Etikette zu genügen, aber sie war nie mit ihrem Mann allein. »Manche klagten darüber, doch hin und wieder fühlten auch wir den Wunsch, allein zu sein, d. h. unsere eigene Ecke zu haben«, bekennt sie in ihren »Erinnerungen«. Anfangs musste sie Maria Fjodorowna sogar um Erlaubnis fragen, wenn sie die Kaiserin im benachbarten Zarskoje Selo besuchen wollte. Später fuhr sie hin, ohne zu fragen. Alexandra und Nikolaus waren am glücklichsten, wenn sie in ihren Räumen im linken Flügel des Palastes allein waren. Ihr Mann habe, so fand die junge Frau, für seine 21 Jahre ein viel zu ernstes Gesicht.

Zum großen Volksfest am 3. August ging der Hof nach Peterhof, das ihr vom ersten Augenblick an viel besser gefiel als St. Petersburg, Pawlowsk und Zarskoje Selo. Sie stieß einen Freudenschrei aus, als sie den Park mit den Fontänen und das Meer erblickte, und absolvierte gern das vorgesehene Programm: Namenstag der Kaiserinmutter, Feuerwerk in Oranienbaum, Begleitung des Kaisers zur Flottenbesichtigung nach Kronstadt, Revuen und Manöver. Sie ging oder fuhr spazieren, und abends ritt sie mit ihrem Mann aus. »Nach Deinem Brief hängt bei Euch der Himmel voller Geigen, nun Gott sey gedankt, daß dem so ist«, schrieb ihr der Vater. »Die Nachrichten, die ich von allen Seiten und von ganz unpartheischen Personen über den Beifall erhalte, der Dir zu Theil geworden ist, machten mir unaussprechliche Freude. Dich, liebe Charlotte, hoffe ich, wird er nicht hochmüthig machen, sondern nur dazu dienen, Dich aufzumuntern, diese gute Meinung auf alle Weise durch ein verständiges und bescheidenes Benehmen zu rechtfertigen.«[31]

Der erste Sommer in Russland ist ihr auch deshalb in Erinnerung geblieben, weil sich bald einiges ändern sollte: »Die zahlreiche Gesellschaft, in der die Damen sich mehr durch ihren Schmuck als durch ihr Aussehen auszeichneten und die Kavaliere eher zugeknöpft als liebenswürdig waren, war doch lustig. Die Anwesenheit des Kaisers Alexander, der Charme, den er allem zu geben wusste, was er auch unternahm, elektrisierte den ganzen Hof. Einige Jahre später schlug das alles ins Gegenteil um, woran ich mich mit Wehmut erinnere …« Alexander wurde immer misstrauischer, zumal er schwerhörig war, und regierte zunehmend lustlos. Er verlor allmählich den Nimbus des strahlenden Helden. Dennoch entwickelte sich eine tiefe Freundschaft zwischen ihm und seiner jungen Schwägerin, die mit den Jahren immer inniger wurde und Alexandra das Eingewöhnen am Zarenhofe erleichterte.

4
»*Das Glück verbirgt sich im Anitschkow-Paradies*«
Die ersten Jahre in Russland

Fahrt nach Moskau – W. A. Schukowskij – Charakteristik der Großfürstin – Der erste Weihnachtsbaum im Kreml – Geburt des Thronfolgers – Friedrich Wilhelm III. in Moskau – Rückkehr nach St. Petersburg – Der Anitschkow-Palast – Unsichere Thronfolge – Kritik an Nikolaus – Geburt Marias – Eine Totgeburt – Walter Scott   *1817–1820*

Schon Ende August merkte Alexandra, dass sie schwanger war. Sie war während der Messe in Ohnmacht gefallen, obwohl sie sich sehr bemüht hatte, das lange Stehen durchzuhalten. Die Nachricht freute alle. »Man erzählt, dass an der Stelle, an der ich umgefallen bin, verwelkte Rosenblätter gefunden wurden, wahrscheinlich aus meinem Strauß, und das kam unseren Damen sehr poetisch vor«, schreibt Alexandra.[1]

Den Winter wollte der Hof in Moskau verbringen, um die alte Hauptstadt, die 1812 beim Einzug der Franzosen mit dem Ziel in Brand gesetzt worden war, Napoleon zum Rückzug zu zwingen, moralisch zu unterstützen. Man brach am 30. September auf. Aus Rücksicht auf den »Zustand« der Großfürstin wurde langsam und vorsichtig gefahren, und so dauerte die Reise zwölf Tage. Wilhelm durfte seine Schwester begleiten. Alexandra ging es gut. Wie sie später schrieb, haben sie unterwegs viel Unsinn getrieben, sie, ihr Bruder und ihr Mann.

Sie reisten über Nowgorod, die ehemalige Stadtrepublik am Ilmensee, in der die Hanse einst einen Hof unterhalten hatte. Dann folgte eine trostlose Gegend. Kurz vor dem Ort Krestzy an der Cholowa versperrten plötzlich mehrere Hundert Bauern mit ihren Frauen und Kindern den Weg, warfen sich vor Nikolaus auf die Knie, weinten und baten um Gnade. Es ging um eine der

Militärsiedlungen, die in dieser Gegend eingerichtet werden sollte. Mit der Zwangsansiedlung ganzer Truppenteile wollte Alexander I. einerseits erreichen, dass die Soldaten, die damals noch 25 Jahre dienen mussten, die Bodenhaftung nicht verloren. Andererseits sollten große Teile der Armee sich selbst ernähren, indem sie neben dem Drill auch Ackerbau betrieben. Gleichzeitig sollten die vielen Invaliden der Kriege gegen Napoleon in den Siedlungen ein Auskommen finden. Die Idee hatte etwas für sich, aber da selbst gute Ideen in Russland häufig schlecht ausgeführt werden, regte sich überall Protest. General von Natzmer, der das Vorhaben »Kolonisirung der Armee« nannte, hatte gleich nach Berlin gemeldet, »daß beinah Alles dagegen ist«[2]. Auch die Bauern von Krestzy waren dagegen und beschwerten sich bitter über ein Grenadierregiment, das in ihren Dörfern einquartiert worden war. Die Soldaten hätten ihnen alles Essbare weggenommen und sie aus ihren Häusern gejagt.

Nikolaus ließ ungerührt weiterfahren. Kurz darauf hielten die Bauern auch den Wagenzug der Kaiserinmutter an und baten sie ebenfalls um Schutz und Gnade. Doch die Kolonisierung der Armee ging weiter, die Militärsiedlungen wurden eingeführt und sehr bald zu einer der verhasstesten Einrichtungen des Zarenreiches. Fast vierzig Jahre später erwähnt Alexandra die Szene in ihren »Erinnerungen« mit nur einem Satz: »Auf dem Weg tauchten hier und da Bewohner einiger Dörfer vor uns auf, die auf den Knien flehten, dass ihr Schicksal nicht geändert werde.« Vermutlich hat sie sich ihr Leben lang weder den Wehrdienst noch die Leibeigenschaft praktisch vorstellen können, zumal Letztere in Preußen 1807 aufgehoben worden war und die preußische Armee sich infolge der Heeresreformen schon fast in ein Volksheer verwandelt hatte.

In der Ersten Residenzstadt lebte das großfürstliche Paar im Palais des Metropoliten von Moskau und Kolomenskoje, das auf dem Gelände des Tschudow-Klosters im Kreml gleich neben der Kirche des hl. Alexej lag und deshalb Tschudow-Palais hieß.[3] Wilhelm und seine Begleiter bekamen Zellen im Kloster. »Das

Quartier schlecht«, notierte Natzmer.[4] Doch als Alexandra bei einem Blick aus dem Fenster zum ersten Mal das großartige Panorama Moskaus vor sich sah, das ihr zu Füßen zu liegen schien, bekam sie Herzklopfen. »... ich verstand Russland, und ich war stolz darauf, ihm zu gehören!« Dass sie Russland verstand, muss bezweifelt werden, dass Moskau ihr viel besser gefiel als St. Petersburg, ist glaubhaft. Aber die Erste Residenzstadt hatte sich noch längst nicht von der französischen Besatzung und dem großen Brand erholt. In allen Straßen, selbst in der Twerskaja, waren noch schwarze Mauergerippe, verrußte Hausruinen und eingezäunte leere Flächen zu sehen. Doch der Anblick rief nicht nur Trauer hervor, sondern auch Stolz, weil es die Flammen waren, die Napoleon, den Antichristen, vertrieben hatten. Moskau hatte sich geopfert und den unbesiegbaren Korsen besiegt! Überall wurde gebaut, gestrichen und geputzt, und schließlich überstrahlte der Glanz des Hofes die Spuren der Verwüstung. Der Krieg gegen die Franzosen hieß nun »Vaterländischer Krieg«.

Zehntausende Menschen strömten am Morgen nach der Ankunft der kaiserlichen Familie in den Kreml, um den Kaiser zu sehen. Die Menge wartete schweigend, bis sich Alexander um 10 Uhr zusammen mit der Kaiserin und der Kaiserinmutter auf der Roten Treppe am Facettenpalast zeigte und sich nach altem Brauch nach drei Seiten vor dem Volk verbeugte. Er war nun der »Zar-Engel«. Als sich die Majestäten in die Uspenskij-Kathedrale begaben, ertönten Rufe wie: »Es lebe der Herrscher! Es lebe unser Vater! Unsere schöne Sonne! Unsere Lieben!«[5] Alexandra war zu Tränen gerührt. Sie nahm zum ersten Mal am offiziellen Zug in die Uspenskij-Kathedrale teil, wo sie sich 18-mal bis auf die Erde vor den Ikonen und Heiligenschreinen verneigen musste. Die Kniefälle ermüdeten sie so stark, dass sie einige Tage liegen musste, weil sie ihre Beine nicht bewegen konnte.

Beim Familienessen hatte Pjotr M. Daragan, der Erste Kammerpage, Dienst: »Wenn ich hinter dem Stuhl der Großfürstin stand, konnte ich mich nicht nur am Anblick des Kaisers erfreuen, sondern auch jedes seiner Worte verstehen, sogar wenn er nur mit der Großfürstin sprach. Sie erinnerte ihn an ihre Mutter, die hinreißende Luise, die preußische Königin, *der er bis zu ihrem Tod ergeben war.* Vielleicht war es diese Erinnerung, die seine ritterliche, zärtliche und innige Haltung der Großfürstin gegenüber noch verstärkte.«[6]

Am 21. Oktober 1817 wurde Ihrer Kaiserlichen Hoheit ihr neuer Russischlehrer vorgestellt. Es war Wassilij A. Schukowskij, ein damals schon bekannter Dichter und Übersetzer, der Vorleser der Kaiserinmutter gewesen war. Nun bezog auch Wassilij Andrejewitsch eine Zelle im Tschudow-Kloster. Am 2. November fand die erste Stunde statt. Unterrichtssprache war Deutsch, das Schukowskij perfekt beherrschte. Doch er war »ein viel zu poetischer Mensch, um ein guter Lehrer zu sein«. Tatsächlich war vom ersten Tag an im Unterricht mehr von Poesie als von Grammatik die Rede, die beiden fingen an, die Gespräche zu genießen, und so wurde aus dem Lehrer schnell ein Freund. Er erzählte ihr von Russland, das sie nie richtig kennenlernen sollte, sie erzählte ihm von Deutschland, das später seine zweite Heimat wurde. Schon Ende des Jahres machten sie Notizen für eine Luisen-Biografie.

Vor allem aber trug sie ihm Gedichte vor, die er ins Russische übersetzte, und es sieht ganz so aus, als hätten die beiden den zweisprachigen Gedichtband erfunden. Jedenfalls gaben sie im April/Mai 1818 ein halbes Dutzend Broschüren unter dem Titel »Dlja nemnogich. Für wenige« heraus, die natürlich nicht für den Verkauf bestimmt waren. Die Auflage lag bei 75 bis 100 Exemplaren.[7] So kamen Schiller, Goethe, Uhland und Hebel in Schukowskijs Übersetzung nach Russland, und Puschkin zufolge war er ein »Übersetzergenie«[8]. Kein Wunder also, dass der Russischunterricht auf der Strecke blieb, zumal die Stunde, die täglich stattfinden sollte, oft ausfiel, weil die Schülerin keine Zeit hatte und manchmal auch keine Lust, ihre Hausaufgaben zu machen und die Fabeln auswendig zu lernen, die er ihr aufgab.[9] Nach eigener Aussage hatte Alexandra »noch viele Jahre nicht den Mut, in dieser Sprache vollständige Sätze herauszubringen«[10]. Tatsächlich hat sie das Russische nie richtig erlernt. Schukowskij aber war von jeder

Begegnung mit seiner Schülerin entzückt. »Eine bis zur Kindlichkeit offene Seele: ein trefflicher Verstand, aber noch nicht durch Erfahrung in Schrecken versetzt«, schrieb er gleich am Anfang ihrer Beziehung über sie, als »bezauberndes Wesen, immer gleich gutherzig« sah er sie noch mehr als zwanzig Jahre später.[11] Mit anderen Worten, es handelte sich um eine »amitié amoureuse«, die ein Leben lang halten sollte. Sie war seine »reine Seele«, er war »ihr Poet«. Dennoch ist dieser Mann nie ein Höfling geworden, und seine Rolle als Mittler zwischen der literarischen Welt und dem Hof kann gar nicht hoch genug bewertet werden.

Am 24. Oktober war es fünf Jahre her, dass Napoleon Moskau fluchtartig verlassen hatte. Aus diesem Anlass legte der Kaiser auf den Sperlingsbergen den Grundstein für die Erlöserkathedrale, die dann jedoch an der Moskwa gebaut wurde.[12] Niks und Wims waren dabei, Alexandra nicht. Am Reformationstag wäre sie gerne in Berlin gewesen, wie sie Fritz in einem langen Brief schrieb. Darin kam sie auch auf die Kirche zu sprechen, der sie nun angehörte, und auf das Interesse ihres Mannes am Protestantismus. »Nikolas findet auch immer ein eigenes Wohlgefallen in unseren Kirchen, hat er mir unter vier Augen einmal gestanden, und mit mehr wahrer Andacht und Aufmerksamkeit als bei seinen Messen. Ein ganz eigener Hang zieht ihn zum evangelischen Gottesdienst hin, das hat er mir ganz aufrichtig gesagt, was er hier nicht laut sagen darf. Ach die Wahrheit, diese Messen mit den ewig selben Formeln, den wiederholten Gebeten, können nicht das Gemüt mit erhebenden und frommen Gefühlen erfüllen, wenn nicht die Kirchen durch ihr Alter und ihre Bilder auf unsere Einbildungskraft wirken, und das fehlt auch ganz in den Petersburger Kirchen, die gar keinen Eindruck machen. Hier ist es anders. Die wahrhaft alten griechischen Kirchen haben sehr etwas eigenes und Erhabenes Mystisches, durch ihre Bauart sowohl von außen als von innen.«[13]

Die Kremlkathedralen mit ihren goldenen Zwiebeltürmen hatten ihre Wirkung auf die junge Frau also nicht verfehlt. Im Übrigen schwärmte sie von der alten Hauptstadt: »Ach warum Du nicht mein herrliches Moskau sehen kannst, wie ich das liebe trotz dem Gerede aller Petersburger, die die neue Stadt immer fürchterlich vorziehen. Die Kaiserin Mutter ist ganz meiner Meinung, was mich wohl wunderte, von Elisabeth wars zu vermuten. Sie setzt hinzu, hier sehe man doch, daß man sich in einer Residenz befinde, was man in den Kasernen von Petersburg ganz vergesse.«[14]

Wilhelm reiste am 27. Dezember um Mitternacht wieder ab. Natürlich war Alexandra traurig. »... das war eine furchtbare Minute! Aber nachdem ich sie überlebt hatte, schloss ich mich meinem Nikolaus noch enger an, ich fühlte, dass ich nur in ihm Stütze und Halt in meiner neuen Heimat habe, und seine Zärtlichkeit entschädigte mich für all das, was ich verloren hatte.« Sie lasen zusammen und genossen »dieses friedliche Leben in den letzten Monaten vor meiner Entbindung«. Auch Wilhelm war der Abschied schwergefallen. Die Zeit, die er in Russland verbracht hatte, werde immer »die schönste und wichtigste Zeit« seines Lebens sein, schrieb er dem Kaiser auf der Rückfahrt aus Smolensk.[15] In Berlin erfuhr er, dass ihm das Infanterieregiment Kaluga verliehen worden war, das sich 1814 bei Bar-sur-Aube ein Gefecht mit Napoleons zurückgehenden Truppen geliefert hatte. Wilhelm war auch dabei gewesen und hatte vom Vater das Eiserne Kreuz und vom Kaiser den St.-Georg-Orden erhalten.

Seine ferne Schwester aber hatte Weihnachten 1817 im Kreml zum ersten Mal einen Tannenbaum, eine »Jolka«, aufstellen und schmücken lassen, ein Brauch, der in Russland nicht bekannt war und schnell übernommen wurde.[16] Ihre erste Schwangerschaft verlief weiterhin gut, sogar glücklich, während Nikolaus seinen Dienst als Generalinspektor des Ingenieurkorps antrat. In seinem ersten Befehl kündigte er an, dass er Fleiß und Eifer belohnen, aber selbst die geringste Unterlassung niemals und unter keinen Umständen verzeihen und mit der vollen Strenge des Gesetzes bestrafen werde.

Am 20. Februar 1818 wurde vor der Basilius-Kathedrale auf dem Roten Platz das Bronzedenkmal für Minin und Poscharskij eingeweiht, den Bauern und den Fürsten, die 200 Jahre zuvor die Polen aus Russland vertrieben hatten. Die Daten 1612 und

1812, Vertreibung der Polen und Vertreibung der Franzosen, waren für das historische Gedächtnis Russlands gleich wichtig geworden. Alexandra sah sich den feierlichen Akt zusammen mit Schwiegermutter und Schwägerin von der Paradekutsche des Hofes aus an. Die Garde stand in Kolonnen, ein Militärorchester spielte »God save the King«. Anfang März reiste der Zar zur Eröffnung des ersten polnischen Reichstags (Sejm) nach Warschau. Das neue Königreich Polen war auf sein Drängen hin auf dem Wiener Kongress geschaffen worden, und Alexander hatte ihm eine Verfassung gewährt. Endlich hatten die Polen wieder einen eigenen Staat, wenn auch einen eng mit Russland verbundenen. Aber seither war der Selbstherrscher zugleich konstitutioneller Monarch. Ein Unding. Die Rede, die Alexander Pawlowitsch in Warschau hielt, erzeugte »nicht wenig Lärm«, wie sich Alexandra später erinnerte, und rief »trügerische Hoffnungen« hervor, die sich nicht erfüllen sollten.

Sie selbst interessierte sich »herzlich wenig« für »diese politischen Fragen«, sondern gab sich voll und ganz der Erwartung hin, bald »Mutter zu werden«. Zum Glück kam das gesellschaftliche Leben während der siebenwöchigen Fastenzeit zum Erliegen. »Wir fuhren sehr wenig aus, bei Hofe gab es nicht eine einzige Abendgesellschaft, aber häufig wurden Diners gegeben. Sonntags aßen wir meistens in Kleidern mit Schleppen bei Maman und erschienen am Abend im gleichen Kleid wieder bei ihr, um zu plaudern und Macao zu spielen.« Alexandra langweilte sich schrecklich. Und wenn sie die steifen Abende im Kreml mit den ausgelassenen, fröhlichen Abenden in Berlin verglich, konnte sie ihr Heimweh kaum verbergen. Schließlich bestand die Gesellschaft der Schwiegermutter aus »alten, halbblinden Senatoren, Würdenträgern aus der Zeit der Kaiserin Katharina, die schon zwanzig oder dreißig Jahre im Ruhestand waren«. Wahrlich kein Vergnügen für die junge Frau!

Am 29. April 1818, Ostersonntag um 11 Uhr, brachte Alexandra ihr erstes Kind zur Welt. »Niks küsste mich und weinte, und zusammen dankten wir Gott, ohne zu wissen, ob er uns einen Sohn oder eine Tochter geschenkt hatte, aber dann kam Maman herein und sagte: ›Es ist ein Sohn.‹ Unser Glück verdoppelte sich, aber ich erinnere mich, dass ich etwas Bedeutendes und Trauriges bei dem Gedanken fühlte, dass dieses kleine Wesen einmal Kaiser sein würde!« Das »kleine Wesen« war ein »dicker und schöner Junge, der Alexander genannt wurde«, wie der stolze Vater dem preußischen Großvater sofort eigenhändig nach Berlin meldete. Seine liebe ausgezeichnete Sascha habe »gegen 2 Uhr morgens angefangen zu leiden; aber die Schmerzen sind erst gegen 6 Uhr stark geworden, sie hat alles mit bewunderungswürdigem Mut und Hingabe ertragen; *sie hat nicht einen einzigen Schrei ausgestoßen!* Ihre Stimmung ist bestens und ihr Appetit vollkommen.« Dem Brief lag ein Zettel der jungen Mutter bei: »Ich bin immer sehr wohl, sehr glücklich, und Gott dankbar für seinen Beistand. Mein kleiner Junge ist allerliebst, die ganze Familie bittet um Ihren Segen. Ich umarme alle Geschwister. Ihre gehorsame Tochter.«[17]

Moskau begrüßte Alexander Nikolajewitsch, den künftigen Zar-Befreier, mit 201 Salutschüssen, und auf dem Roten Platz stauten sich Equipagen, Kutschen und Droschken, die in den Kreml drängten. Zehn Tage später reagierte Berlin nicht weniger freudig. »Gestern Abend war Musik aller Garde und Grenadier Regimenter: vor dem Palais«, schrieb der König der jungen Mutter. »Ich habe in Deinem Namen gedankt und gesagt, ich würde es schreiben, was ich denn hiermit thue. Schone Dich ja, ich bitte Dich recht sehr darum, ein ruhiges Verhalten ist hauptsächlich in Deiner Lage von nöthen.«[18] Friedrich Wilhelm III. war auch glücklich.

»Einer der schönsten Tage«, notierte Schukowskij in seinem Tagebuch. »Geburt des Großfürsten. Ein wunderbarer Morgen. Fröhliche, klare, lebhafte Gefühle ohne Zusatz. Aufrichtige Freude. Ende der Unruhe. Züge echter Majestät im Charakter der Mutter: Das ist ein großes Glück. Je mehr Gründe es gibt, Zuneigung für sie zu empfinden, desto mehr Reize hat das Leben. Ich würde mir wünschen, in ihr alles zu finden. Und das wird geschehen. Sie findet sich in ihrer Stellung zurecht, erkennt ihre Pflichten, und diese Pflichten werden ihre Seele vervollkommnen; ihre Seele ist fähig, sich zu vervollkommnen.«[19] Kein Zweifel, es war Schukowskij, der das Wesen der künftigen Kaiserin am besten verstanden und Empfindungen in ihr ausgelöst hat, die Nikolaus fremd waren.

Und natürlich wurde er zum ersten Sänger des neuen Romanow. In einer »Botschaft« an die »Gebieterin Großfürstin Alexandra Fjodorowna zur Geburt des Gr. Für. Alexander Nikolajewisch« besang er als Hofpoet, der er nun war, den Kleinen und wünschte ihm, den »heiligsten aller Ränge, den eines *Menschen*«, nicht zu vergessen und zum Wohl aller zu leben.[20] Der Kaiser erfuhr in Bessarabien von der Geburt des Neffen und ernannte ihn umgehend zum Chef des Husarenregiments der Garde, während der König ihm sogleich den »Schwarzen Adler« verlieh. Getauft wurde der Junge am Sonntag, dem 11. Mai, in der Kirche des Hl. Alexej, in der einst Peter der Große getauft worden war. Taufpaten waren die Kaiserinmutter, der Kaiser und der König, doch nur Maria Fjodorowna stand strahlend neben dem Taufbecken. Wieder gaben die Kremlkanonen 201 Salutschüsse ab, die Glocken »der 40 x 40 Kirchen« der Ersten Residenzstadt läuteten, und auf den Straßen Moskaus herrschte Volksfeststimmung. Sascha war ein »reizendes Kindchen, weiß, rund, mit großen dunkelblauen Augen; er lächelte schon nach sechs Wochen«.

Endlich trafen auch Friedrich Wilhelm III. und der Kronprinz in Moskau ein. Besonders Fritz war gespannt auf die »Wunder« der beiden Hauptstädte und der russischen Verwaltung.[21] Am 16. Juni hielten sie feierlich Einzug. Entlang der gesamten Twerskaja standen Truppen Spalier, und Alexandra beobachtete hingerissen, wie der glänzende Zug die gezähnten Kremlmauern hinunterritt. »Ich geriet in eine Art glückseliger Ekstase, mein Herz bebte vor Freude, und ich wusste nicht, wie ich Gott genug danken konnte.«

Am 19. Juni erschien Alexandra erstmalig wieder in der Öffentlichkeit. Sie nahm an einem Ball des Moskauer Generalgouverneurs teil, den die Kaiserinmutter mit dem König eröffnete. »Als glückliche Mutter sah sie noch schöner, fröhlicher und hinreißender aus«, fand der Erste Kammerpage Daragan.[22] Spazierfahrten,

Bälle und Illuminationen folgten so schnell aufeinander, dass die Damen sich kaum umziehen konnten. Am 24. Juni reiste der Kaiser ab, um den Einzug seines alten Bundesgenossen in St. Petersburg vorzubereiten. Danach machten sich Nikolaus und Alexandra in Begleitung des Königs und des Kronprinzen auf den Heimweg. Maria Fjodorowna folgte ihnen. Schon am 1. Juli war der ganze Hof in Zarskoje Selo wieder versammelt und vergnügte sich bei Droschkenfahrten, Diners und Soupers in den Pavillons, in der Ermitage des Katharinenpalastes und auf der Insel im Park.

Drei Tage später war feierlicher Einzug in St. Petersburg. Er glich dem vorjährigen Einzug, und Alexandra glaubte zu träumen. »Erst als wir beim Anitschkow vorbeifuhren und ich in einem der Fenster den kleinen Sascha auf den Armen seiner Amme erblickte, kam die Gegenwart auf das Angenehmste zurück, und meine Augen füllten sich mit Tränen. Als ich bei der Kasaner Kathedrale aus der Equipage stieg, bot mir der Kaiser seinen Arm, und als er meine Rührung sah, sagte er mir ins Ohr. ›Dieser seelischen Erregungen darf man sich nicht schämen, sie sind dem Herrn angenehm.‹«

Der König blieb noch fast zwei Wochen, der Kronprinz einen ganzen Monat. Wieder lösten sich Bälle und Empfänge, Paraden und Revuen ab, während Maria Fjodorowna sich darin gefiel, den Berliner Gästen ihre Bildungs- und Sozialeinrichtungen umständlich und gründlich zu zeigen. Von einer der Paraden kam Nikolaus mit Fieber zurück, tags darauf zeigte sich, dass er die Masern hatte. Alexandra pflegte ihn.

In diesem Jahr wurde das große Volksfest in Peterhof, das normalerweise am 3. August, dem Namenstag der Kaiserinwitwe, stattfand, schon am 13. Juli gefeiert, weil der König nach Berlin zurückmusste.* Friedrich Wilhelm war entzückt von der ganzen Aufnahme und zufrieden, dass der Kaiser dem Kronprinzen das 3. Pernau'sche Grenadierregiment, natürlich »eines der tapfers-

---

* Nach Maria Fjodorownas Tod wurde das Fest auf den 1./13. Juli verlegt, den Geburts- und Hochzeitstag Alexandras, s. Kap. 12.

ten seiner Armee«, verliehen hatte. Schon im Herbst würde er Alexander auf dem Aachener Kongress wiedersehen, auf dem Frankreich erneut in den Kreis der Großmächte aufgenommen und Maßnahmen gegen die revolutionär-demokratischen Bewegungen in Europa verabredet werden sollten.

Die Russlandreise des Königs und seiner beiden ältesten Söhne, denen alsbald Carl und Albrecht folgten, begründete eine Tradition, die in Berlin nicht uneingeschränkt positiv gesehen wurde, weil bedenkliche Folgen nicht auf sich warten ließen. »Rußland bildete gewissermaßen die erste Lebensschule, in die sie nach beendeter Erziehung gesendet wurden«, schreibt Karoline von Rochow, »und so pflegte man jedesmal etwas davon zurückzubringen, namentlich für das Militär, dem man die dortige große materielle Tüchtigkeit und strenge Disziplin zum Vorbild setzte. Ein gründliches Uniformwesen, große Regelrechtigkeit der Bewegungen waren von früher Zeit des Königs Lieblingsbeschäftigung gewesen, und so konnte es nicht fehlen, daß die Muster, die ihm dort darin vor Augen traten, einen besonderen Eindruck auf ihn machten. Es sollte also vieles hier nachgeahmt werden: knappe und sehr saubere Kleidung, tausend kleine Uniformveränderungen bis zur Spielerei kamen daher; das Exerzier- und Paradewesen trat bedeutend in den Vordergrund.«[23]

So geschah mit der Zeit das Gegenteil von dem, was der König gewünscht hatte: »... es entwickelte sich eine Abneigung gegen Rußland und russisches Wesen bis zum Vergessen der Dienste, die sie uns doch unleugbar geleistet, und des Dankes, den man ihnen dafür schuldete, während sein und der beiden aufeinanderfolgenden Kaiser Bestreben auf die innigste Vereinigung beider Länder gerichtet war.«[24] Dabei versteht sich von selbst, dass derlei Unbehagen weder in den Kabinettsbriefen noch in den »eigenhändigen« Episteln der königlich-kaiserlichen Korrespondenz zum Ausdruck kam.

Kaum war der König abgereist, bekam auch Alexandra die Masern. Der kleine Sascha wurde ins Taurische Palais gebracht und dort von seiner Großmutter betreut. Nach dem Geburtstag des Königs am 3. August, der in St. Petersburg nun ebenfalls offiziell gefeiert wurde, reiste auch Fritz ab, beeindruckt von den »Wundern«, die er gesehen hatte. Die Hauptstadt leerte sich. Die beiden Kaiserinnen folgten dem Kaiser nach Deutschland, Michael Pawlowitsch ließ sich widerwillig auf eine Bildungsreise nach Italien schicken, und Nikolaus und Alexandra blieben bis zum Jahresende die einzigen Mitglieder der kaiserlichen Familie in St. Petersburg. Endlich konnten sie sich im Anitschkow-Palast einleben, den der Kaiser ihnen zur Hochzeit geschenkt hatte. Er hatte seinen Namen von der Anitschkow-Brücke, die ihrerseits nach ihrem Erbauer, dem Militäringenieur Michail O. Anitschkow, hieß und die erste Brücke über die Fontanka war. Den Palast, denn alle nur den »Anitschkow« nannten, hatte Elisabeth Petrowna in der Mitte des 18. Jahrhunderts für Graf Alexej G. Rasumowskij, ihren heimlichen Ehemann, bauen lassen.

Mit dem Einzug des Großfürstenpaares begann hier ein geradezu bürgerliches Familienleben, wie Alexandra es aus Berlin kannte. »Wenn man mich fragt, wo sich das wahre Glück verbirgt, dann antworte ich: im Anitschkow-Paradies«, schrieb Nikolaus später. Allerdings war der großfürstliche Hof finanziell sehr viel besser ausgestattet als der königliche Hof in Berlin. Das geht auch aus den »Aufzeichnungen« der Königin Olga von Württemberg hervor, die in Erinnerung behalten hat, wie die Zimmer ihrer Eltern um 1820 ausgesehen haben:

»Das Schlafzimmer war mit Utrechter Samt in himmelblauer Farbe ausgeschlagen, die Möbel im Empirestil und vergoldet. Das Toilettenzimmer weiß ohne Teppich, mit Stuckatur an Wenden und Decke. Ein riesiger Spiegel auf Sockeln von Lapislazuli nahm eine ganze Wand ein. Er stammte noch aus der Zeit der Kaiserin Katharina. Vor dem Kamin der Toilettentisch. Ein breites Sopha stand über der in den Fußboden versenkten Badewanne, sonst nur einige Mahagonischränke und an den Wänden Ölgemälde, Mitglieder der preußischen Familie darstellend. Das Kabinett war grün tapeziert, die Decke stellte einen gestirnten Himmel mit zwölf Frauengestalten dar, Symbole für die zwölf Monate des Jahres. Ein doppelter Schreibtisch, mit dem Spitznamen ›zweischläfrig‹, ein Fauteuil, am Kamin ein zweiter Fauteuil für Papa und ein Paravent, bemalt mit Szenen aus der Ilias. An den Fenstern Gitter, von Efeu umrankt. Ein riesiger Ofen, fast wie ein Sarkophag geformt, erhob sich mehrmals aufgetürmt und ganz bedeckt mit Vasen aus Alabaster, Lampen und Statuetten ... Dann noch ein Klavier, Etageren, voll mit bemalten Tassen (das geschätzteste Geschenk jener Zeit), mit kleinen antiken Vasen, etruskischen Gegenständen und anderem. Schöne alte und moderne Bilder hingen an den Wänden.[25] Das Boudoir war winzig klein, bot gerade Raum für ein Sopha, für einen Schreibtisch, der mit Alben bedeckt war; das war alles. Hierher begab sich Mama für Stunden der Sammlung vor der heiligen Kommunion, hier führten die Eltern ihre intimen Gespräche, und hier, vor der schönen Büste der Königin Luise (von Rauch), wurden wir gesegnet. Am 10. März, dem Geburtstag ihrer Mutter, schmückte Mama die Büste mit einem Kranz frischer Blumen ... Dann ist da noch die Bibliothek zu erwähnen mit einfachen Schränken, gefüttert mit grauem Taft.«

Auch Nikolaus' Räume kennen wir aus den »Aufzeichnungen«: »Papas Toilettenzimmer, so klein, daß kaum drei Menschen sich darin bewegen konnten, die Wände mit militärischen Zeichnungen und englischen Karikaturen behängt. Papas Bibliothek war ebenso eingerichtet wie die von Mama, nur daß über den Schränken die Portraits von Generalen hingen, mit denen er zusammen gedient hatte. Und schließlich Papas Kabinett, ein heller heiterer Raum mit vier Fenstern, zwei mit Aussicht auf den großen Platz, zwei auf den Hof hinausgehend. Drei Tische standen darin, einer für die Arbeit mit den Ministern, ein anderer für die eigenen Arbeiten, der dritte war mit Plänen und Modellen militärischer Gegenstände bedeckt. Niedere Schränke standen entlang den Wänden, gefüllt mit Dokumenten des Familienarchivs, Memoiren, Geheimpapieren.«[26]

Verliebt, wie sie war, scheint Alexandra sich in den ersten Jahren in Russland nur für ihren Niks, für Bälle, Empfänge und Paraden, Kleider, Frisuren und Schmuck interessiert zu haben. Mehrfach hebt sie in ihren »Erinnerungen« hervor, dass sie sich »sehr wenig für Politik interessierte«. An die strenge Hofetikette gewöhnte sie sich nur langsam, und vieles musste sie lernen. Einmal heißt es in den »Erinnerungen«, sie und Nikolaus hätten den Hof *gehasst*. Doch die Tatsache, dass sie schon in Berlin hatte repräsentieren müssen, half ihr bei den neuen Aufgaben.

Aus dem Sommer 1818 datiert die wohl früheste Beurteilung Alexandras und ihrer Position bei Hofe durch einen ausländischen Diplomaten. Die Großfürstin sei trotz »ihrer persönlichen Anmuth und Liebenswürdigkeit noch nicht populär geworden, woran wohl ihre deutliche Abneigung gegen die griechische Religion die meiste Schuld trägt«, meldete ein Vertreter des Wiener Hofes nach Hause. Doch der Beobachter zweifelte nicht daran, »dass die Großfürstin, wenn sie Besonnenheit und Verstand genug besitzt, um hier einheimisch zu werden, ohne ihre vaterländischen Principien, ihre Anhänglichkeit an ihre Religion und an Deutschland deshalb aufzugeben, und dabei des Großfürsten Leidenschaft für sie nicht abnimmt, bestimmt ist, eine grosse Rolle auf diesem Throne zu spielen ...«[27].

Anmutig und liebenswürdig: Von Anfang an hoben die Zeitgenossen hervor, dass Alexandra Fjodorowna für jeden stets das richtige Wort fand und jedermann für sich einzunehmen wusste. Sie selbst sah das anders: »Mir, die ich ohne jegliche Ansprüche und ohne jeden Ehrgeiz war, hatte das Schicksal bestimmt, mein Leben lang von mißtrauischen und empfindlichen Menschen umgeben zu sein«, schrieb sie gegen Ende ihres Lebens. »Ich, die ich nur Gutes tun wollte und nur wünschte, anderen Gefälligkeiten zu erweisen, hatte oft das Unglück zu enttäuschen und Menschen zu kränken, derer ich sicher gewesen war; ich musste lange leben, um Menschenkenntnis zu erwerben – eine so nützliche Wissenschaft und normalerweise doch die Frucht sehr vieler Fehler und sehr vieler verlorener Illusionen.« Sie hatte es nicht leicht ...

Am 15. Oktober 1818 eröffnete das Großfürstenpaar im Weißen Saal des Anitschkow die Ballsaison. Zum ersten Mal trat Alexandra als Hausherrin und Gastgeberin auf, und der Ball war ein großer Erfolg. Sie wurde so gelobt, dass sie den Wunsch empfand, die »Gesellschaft« nun häufiger einzuladen. »Wenn man jung und schön ist, wenn man selbst den Tanz liebt, ist es nicht schwer, allen ohne besondere Anstrengungen zu gefallen.« Die Tanzabende im Anitschkow, zu denen montags etwa hundert Personen eingeladen wurden, sollten zur Tradition werden und auch in die Literatur eingehen. Alexandra unterschrieb jede Einladung persönlich und ließ Gardeoffiziere herbeibefehlen, wenn es an Tänzern fehlte. Es kam aber auch vor, dass Nikolaus abends einfach Volkslieder sang und sie ihn am Klavier begleitete.

Anfang Dezember kehrte der Kaiser aus Aachen zurück, kam nun »ziemlich oft morgens« vorbei und führte »höchst interessante politische Gespräche« mit den beiden, über die Alexandra aber keine Einzelheiten mitteilt. Aus den »Erinnerungen« ist nur ersichtlich, dass sie die Heilige Allianz, die 1815 in Paris zur Aufrechterhaltung der monarchischen Ordnung in Europa gegründet worden war, für »einen schönen und idealen Gedanken« hielt.

Das Jahr 1819 begann mit einem Schicksalsschlag, den niemand erwartet hatte. Im Alter von nur 31 Jahren war die Königin von Württemberg, die »schöne und brillante Katharina«, wie Alexandra sie nannte, überraschend gestorben. Der Hof legte Trauer an, und so verging der Winter für die junge Frau »langweilig und schwer«. Während sie mit Cécile Frederiks meistens zu Hause blieb, spielte Nikolaus mit einigen Offizieren à la guerre oder ritt mit seinem Bruder Michael in die Manege. So vertrieb man sich die Zeit. Doch die Geburt eines Sohnes hatte Nikolaus' Stellung in der kaiserlichen Familie von Grund auf geändert. Nach dem Thronfolgegesetz Pauls I. von 1797 durften nur der älteste Sohn bzw. dessen Sohn oder der nächstälteste Sohn dem regierenden Kaiser auf den Thron folgen. Alexander hatte keinen Sohn. Konstantin Pawlowitsch, der Zarewitsch, hatte bereits mehrfach erklärt, dass er nicht Kaiser werden wolle. Die Thronfolge war also eine unsichere Angelegenheit, und Alexander war sich dessen bewusst.

Im Juli 1819 fanden in Krasnoje Selo Manöver der 2. Brigade

der 1. Gardedivision unter Nikolaus' Kommando statt. Obwohl im siebenten Monat schwanger, war Alexandra »ihrem Großfürsten« gefolgt und hatte sich für drei Wochen in einem Holzhäuschen einquartiert. Sie liebte »dieses Militärleben« und saß gerne bei ihrem Mann im Zelt. Am 25. Juli schaute der Kaiser vorbei. Man aß, trank und plauderte, bis Alexander beim Tee plötzlich Ton und Thema wechselte. Da er keine Kinder habe, sehe er in seinem Bruder seinen Ersatzmann, und Nikolaus werde ihm noch zu seinen Lebzeiten nachfolgen, erklärte er den beiden. »Wir saßen wie zwei Statuen, mit weit aufgerissenen Augen, unfähig, ein Wort herauszubringen«, schreibt Alexandra. »Der Herrscher fuhr fort: ›Scheinbar seid ihr erstaunt, aber ihr sollt wissen, dass mein Bruder Konstantin, der sich nie um den Thron gekümmert hat, nunmehr endgültig beschlossen hat, ihm förmlich zu entsagen und seine Rechte seinem Bruder Nikolaus und dessen Nachkommen zu übertragen. Was mich selbst angeht, so habe ich beschlossen, mich meiner Pflichten zu entledigen und mich von der Welt zurückzuziehen. Europa braucht mehr denn je junge, energische und starke Souveräne, aber ich bin schon nicht mehr derjenige, der ich war, und halte es für meine Pflicht, mich rechtzeitig zurückzuziehen. Ich glaube, dass der preußische König das gleiche tun und Fritz an seine Stelle setzen wird.‹«

Als der Kaiser sah, welchen Schock seine Worte ausgelöst hatten, habe er versucht, den Bruder und die Schwägerin zu trösten: All das werde ja nicht sofort geschehen, und bis es so weit sei, würden noch einige Jahre vergehen. Dennoch fühlten die beiden sich »wie vom Blitz getroffen«, und die Zukunft kam ihnen plötzlich »düster und unzugänglich für das Glück vor. Das war eine denkwürdige Minute in unserem Leben.«

Doch wenn Alexandra fast vierzig Jahre später betont, ihr sei nie »etwas Ähnliches in den Kopf gekommen, nicht einmal im Schlaf«, so hatte sie wohl vergessen, dass 1819 längst vieles auf Nikolaus als Thronfolger hindeutete. Ganz Europa hielt ihn bereits dafür, und er selbst hielt sich auch dafür. Hatte er nicht schon als Kind beim Spiel mit den Schwestern immer die Rolle des Kaisers übernommen? Und hatte er nicht bereits Anfang 1816, als der künftige Schwager Fritz ihm mitteilte, er werde nunmehr an den Sitzungen des preußischen Ministerrats teilnehmen, bedauernd geantwortet: »Ich wollte, daß man mit mir dasselbe täte, das würde mir ungemein meinen Eintritt in die Geschäfte erleichtern, indem es mich allmählich daran gewöhnt.«[28] Auch Wilhelm nahm an den Sitzungen teil und war dadurch ebenso gut informiert wie der Kronprinz.

Zudem war Konstantins Scheidung im Sommer 1819 bereits beschlossene Sache, seine Absicht, Joanna Grudzińska, eine polnische Gräfin, zu heiraten, war bekannt, und natürlich wusste Nikolaus, was das für ihn bedeutete. Schockierend können daher nur Alexanders Abdankungspläne gewesen sein. Umso rätselhafter bleibt, dass Nikolaus auch nach der Unterredung in Krasnoje Selo nicht zu den Regierungsgeschäften hinzugezogen wurde, sondern seinen Dienst als Generalinspektor des Ingenieurkorps und Brigadegeneral fortsetzte. Davon verstand er etwas, darin ging er auf. Die Hauptingenieurschule, die im März 1820 im Michael-Schloss eröffnet wurde, war sein Werk, und bald wurde der mächtige Bau an der Fontanka, in dem sein Vater ermordet worden war, nur noch Ingenieurschloss genannt.

Doch bei seinen Untergebenen war Nikolaus Pawlowitsch wegen seiner Pedanterie nicht beliebt, nach Aussagen mancher Zeitgenossen sogar verhasst. Mehrfach musste er von seinem Vorgesetzten in seinem Drilleifer gebremst werden. »Großfürst Nikolaus befahl abends sogar ein Kommando von 40 alten Gefreiten in den Palast«, notierte einer seiner Kritiker, »dort wurden Kerzen, Lüster und Lampen angezündet, und seine Hoheit geruhte, Gewehrgriffe und Marschieren auf dem glatt gebohnerten Parket üben zu lassen. Nicht nur einmal geschah es, dass sich die Großfürstin Alexandra Fjodorowna, damals noch in der Blüte ihrer Jahre, ihrem Gemahl zuliebe auf der rechten Flanke an die Seite eines solchen 1,90-Meter-Schnurrbart-Grenadiers stellte und mitmarschierte, indem sie sich auf die Zehenspitzen erhob.«[29]

Am 18. August 1819 brachte Alexandra in Pawlowsk ihre erste Tochter zu Welt. Nikolaus war sichtlich enttäuscht, obwohl Maria (»Mary«) seine Lieblingstochter werden sollte. Der Kaiser persönlich ließ den Großvater in Berlin wissen, dass es seiner Schwägerin »besser als je zuvor« gehe, dass das Kind »charmant« sei und auch der kleine Husar »prächtig gedeihe«[30]. Seinerseits dankte der König Gott, dass die Tochter sich nun »eines Männleins und eines Fräuleins zu erfreuen« habe.[31] Schon wenige Wochen nach der Geburt war Alexandra erneut schwanger. Umso mehr freute sie sich auf den Besuch ihres Bruders Carl, dem sie ihren »Bengel« und ihre »Mamsell« vorstellen wollte.[32] Und natürlich auch gleich das Neugeborene. Doch am 22. Juli 1820 hatte sie eine Totgeburt. Zum Glück konnte Carl länger bleiben. Er tröstete die Schwester und meldete laufend nach Berlin, wie es ihr ging. Sascha und Mary aber nannte er »ganz allerliebste Pudels«[33].

Während der Rekonvaleszenz im Konstantin-Palast in Strelna las Nikolaus seiner Frau die neuen Romane von Walter Scott vor, *Ivanhoe* und *Die Braut von Lammermoor*, die gerade Furore machten. Sie aber war depressiv. Die Ärzte empfahlen einen Heimatbesuch. Mit dem Satz »Ich hatte in zwei Jahren drei Kinder bekommen« enden ihre »Erinnerungen«.

5
Ein »Genius reiner Schönheit«
»Lalla Rookh«

Jubelempfang in Berlin – »Knalltoilette« im Theater – »Lalla Rookh« – Schukowskij bei C. D. Friedrich – Am Rhein – Fürstin Łowicz – Kritik der Kaiserin Elisabeth – Konstantins Thronverzicht – Geburt Olgas – Manifest Alexanders I. – Alexander S. Puschkin – Elisa Radziwill – Geburt Adinis – Tod Alexanders I. *1820–1825*

Es war ihre erste Reise mit dem Schiff. Sascha und Mary hatten sie der Obhut ihrer Großmutter überlassen, und Maria Fjodorowna war glücklich. Alexandra und Nikolaus verließen Kronstadt, von wo damals die Schiffe nach Europa abgingen, am 30. September und kamen am 13. Oktober – nach einem Kurzaufenthalt in Doberan – rechtzeitig zum 25. Geburtstag des Kronprinzen in Berlin an. »Die Liebe und der Jubel des Volkes hatten sie von der Grenze bis nach Berlin geleitet; wo sie sich zeigte, ertönte er von Neuem«, notierte Elise von Bernstorff, die Frau des preußischen Außenministers. »Man huldigte der heimkehrenden Königstochter und mit ihr zugleich dem geliebten Königlichen Vater und dem schönen Vorbilde von väterlicher und kindlicher Liebe, das Beide gaben. Die ganze Stadt feierte ein Fest des Wiedersehens, und die Aufregung der Freude legte sich lange nicht.«[1]

Schon am 19. Oktober empfing Nikolaus Pawlowitsch das diplomatische Corps, eine ungewöhnliche Handlung, die eigentlich nur einem Souverän zukam und insofern den künftigen Kaiser von Russland bezeichnete. Denn in Berlin wusste man, dass Konstantin Pawlowitsch geschieden worden war und im Mai in Warschau seine polnische Gräfin geheiratet hatte, und man wusste sehr wohl, was das bedeutete: Nikolaus und Alexandra waren dem Thron noch näher gerückt. Aber nun wollten die beiden erst einmal Berlin genießen. Eine unbeschwerte Zeit für die stets heimwehkranke Alexandra begann. Sie war nun wieder Charlotte und lebte sofort auf. Schon den ersten Brief an die Kaiserinmutter unterzeichnete sie als »fröhliches und glückliches Kind«, während Nikolaus den König »den zärtlichsten aller Väter« nannte.[2] Es fiel allgemein auf, wie verliebt die beiden waren.

Hatte man Charlotte im Sommer 1817 mit einigem Befremden »in jenes Barbarenland« ziehen sehen, so konnte man nun beobachten, dass sie »mit dem Ausdruck des innigsten Glückes, an Körper und Geist aufs Herrlichste ausgebildet« zurückgekehrt war. Sie erzählte von der Liebe, die ihr am russischen Hof entgegengebracht wurde, und was sie erzählte, trug »das Gepräge der Aufrichtigkeit«. Gräfin Bernstorff fährt fort: »Ihr ganzes Wesen hatte eine Reife erhalten, die wahrlich nicht von der verschrieenen Barbarei ihres neuen Vaterlandes zeugte. Ihres Gemahls erhabene Gestalt, sein edler Ausdruck mußten für ihn einnehmen. Wahrheit, Geradheit und Festigkeit schienen den Grundton seines ganzen Wesens anzustimmen. Der strenge Ernst seiner regelmäßig schönen Züge löste sich jederzeit in Freundlichkeit auf, wenn er in seiner Alexandra Nähe kam. Die Umgebungen dieses Fürstenpaares wußten nicht genug das schöne Verhältniß, welches zwischen ihnen bestand, nicht genug seine Vortrefflichkeit zu rühmen.«[3]

Wie anders das Leben am Berliner Hof doch war, wie viel freier und entspannter als in der »sogenannten großen Welt« von St. Petersburg, die Charlotte »weiß Gott unerträglich« fand![4] Kaum hatte sie sich eingerichtet, erhielt der Kronprinz auch schon eine Einladung mit folgender Bitte: »Mein lieber Fritz, nur nicht im blanken Rock, denn wir wollen recht lustig sein, wir sind zwar ziemlich viel gute Leit, aber meistens nur junge und dolle! Auf Wiedersehen. Bringe auch etwas zum Spielen, zum Ausputzen mit, … Deine treue Ariadne.«[5] Ereignisreiche Monate sind auch der Gräfin Bernstorff in Erinnerung geblieben:

»Die Königliche Familie war in diesem Winter durch die Gegenwart der damals schon ungewöhnlich beweglichen Großfürstin in ein abwechselungsreicheres Leben als bisher hineingekommen«, notierte sie. »Der König gab seiner Tochter zu Ehren öfters Feste, und diese ließ sich von den Privatleuten, mit deren Stellung es sich vertrug, auch gern fetiren. ... Es herrschte wirklich ein feiner, hübscher Ton in der damaligen Berliner großen Welt und eine Heiterkeit, wie ich sie später oft vermißt habe. Diese Heiterkeit theilte sich vom Hofe aus der Gesellschaft mit. Wo die Großfürstin in ihrer Glorie von Lieblichkeit und Anmuth mit dem Gefolge ihrer Brüder, dieser noch übermüthigen, jugendlichen Prinzen, voller Scherze und witzigen Possen erschien, da brachte sie Fröhlichkeit mit.«[6] Und viele Berliner, »die sich sonst dieser Gewohnheit nicht rühmen konnten«, gingen nur ihretwegen ins Theater und starrten aus dem Parterre hinauf in die königliche Loge, um die Schönheit der Prinzessin zu bewundern. »Die klassischen Züge hatten ihre Schärfe durch mehr gewonnene Fülle verloren, und die Gestalt war einzig schön. Ein scharlachrother, ganz mit Juwelen bedeckter Anzug hob diese Schönheit, und die Großfürstin ließ gegen uns scherzend ein Wort halber Entschuldigung fallen über ihre, wie sie es nannte, Knalltoilette.«[7]

In der Suite der Großfürstin befand sich auch Wassilij A. Schukowskij, der im Hôtel St.-Pétersbourg abgestiegen war. Es war seine erste Auslandsreise, und als Charlottes Lehrer wurde auch er von der königlichen Familie auf das Herzlichste aufgenommen und reihum eingeladen. Die Hohenzollern fand er »einfach, freundlich und glücklich«, aber »unsere Großfürstin ist die netteste von allen. In ihrer Seele ist alles Schöne an seinem Platz.«[8] Auch in Berlin hielt Wassilij Andrejewitsch jede Begegnung mit ihr in seinem Tagebuch fest, und vermutlich hat er bedauert, dass der Russischunterricht nun noch häufiger ausfiel, obwohl er seine Schülerin fast täglich sah. Aber natürlich hatte Charlotte wenig Lust, sich in Berlin mit seinen russischen Grammatiktafeln zu befassen, zumal alle Welt Französisch sprach. Mitte November zeigte sie ihm die Königliche Kunstkammer und die historischen Gemächer im Schloss. Im Kabinett des Kronprinzen hingen zwei Bilder von Caspar David Friedrich, die bei Schukowskij »Kirche«

und »Meeresufer« heißen, also »Abtei im Eichwald« und »Der Mönch am Meer«.⁹ Beide Bilder hatte der König 1810 auf Fritz' Bitten gekauft. Abends ging Schukowskij in der Regel ins Theater und erlebte am 8. Dezember die Premiere der »Jungfrau von Orleans«, mit deren Übersetzung er im September 1819 begonnen hatte. Er beendete sie Anfang April 1821 in Berlin. Es war die erste romantische Tragödie in Versen in russischer Sprache, und die Übersetzung gilt als eine der größten Leistungen Schukowskijs.

Am Abend des 25. Januar kam er endlich dazu, »Lalla Rookh. An Oriental Romance« (1817) des irischen Dichters Thomas Moore zu lesen, eine damals populäre und in der Folgezeit mehrfach übersetzte Versdichtung, die nach langer Vorbereitung zu Ehren der russischen Gäste in zwölf »lebenden Bildern« dargestellt werden sollte. Nach einer Generalprobe im engsten Familienkreis in den Gemächern Friedrichs I. fand am 27. Januar im Weißen Saal die berühmte »Lalla Růkh«-Darstellung mit Alexandra und Nikolaus in den Hauptrollen statt. Sie tanzte und spielte »Tulpenwange«, die schöne Inderin, er gab Aliris, den bucharischen Fürsten und Dichter, der sie mit Romanzen unterhielt. Das Arrangement stammte von Wilhelm Hensel, die Dekorationen von Karl Friedrich Schinkel, die Musik von Gaspare Spontini, dem neuen Generalmusikdirektor. Alle Prinzen und Prinzessinnen und der gesamte Hof machten mit. Der Festzug bestand aus 186 Personen, und 3 000 Gäste sahen zu. Ein »unvergleichliches Fest«, wie Schukowskij notierte.¹⁰

Am 13. Februar schrieb er seine eigene »Lalla Rookh«, ein Gedicht, in dem Alexandra als »Genius reiner Schönheit« erscheint, »der uns nur manchmal aus himmlischer Höhe besucht«¹¹. Das Gedicht wurde schnell in den literarischen Zirkeln und Salons Russlands bekannt, obwohl es erst 1828 gedruckt erschien, und alle wussten, wer die Adressatin war. So wurde »Lalla Rookh« der poetische Deckname der Großfürstin und späteren Kaiserin. In Berlin ging es aber noch länger um »Lalla Rookh«, zumal Schukowskij ein paar Wochen lang eine (nicht erhaltene) handschriftliche Zeitschrift unter diesem Titel herausgab, zu der auch Alexandra beitrug. Außerdem kam Wilhelm Hensel mehrfach ins Schloss, um die Großfürstin zu malen. Er schuf insgesamt zwölf Aquarelle der Inszenierungen, die später als Radierungen sehr gefragt waren.

Nikolaus war Ende Januar 1821 wieder nach Russland zurückgekehrt. Die Reise stand womöglich in Zusammenhang mit der Meuterei des Semjonow-Regiments der Garde, das sich im Oktober 1820 gegen Misshandlungen aufgelehnt hatte, auf andere Regimenter verteilt wurde und neu gebildet werden sollte. Aber ohne seine Frau fühlte er sich in St. Petersburg nicht wohl, sprach ohne Unterlass von ihr, und selbst das Spiel mit Sascha und Mary, den beiden »kleinen Kohlköpfen«, sei ihm nicht genug gewesen, ließ Maria Fjodorowna den königlichen Großvater wissen.[12] Es zog Nikolaus wieder nach Berlin. Am 30. März, dem Jahrestag der Kapitulation der Franzosen 1814 in Paris, nahm er mit seinen Kürassieren an einer Parade zur Einweihung des Viktoria-Denkmals auf dem Tempelhofer Berg (heute: Kreuzberg) teil. Zwölf Genien waren darauf zu sehen, die an die zwölf Schlachten gegen Napoleon erinnern sollten, und der weibliche Genius, dieser Friedensengel, der für die Schlacht von Belle Alliance bei Waterloo stand, trug Charlottes Züge! Sie war 22 Jahre alt und zierte bereits ein Denkmal. Nikolaus war stolz auf seine Frau.

In Schukowskijs Tagebuch kommt er nur selten vor, umso mehr erfahren wir über sie und die Stätten ihrer Kindheit. »Morgens habe ich mich an Fichtes ›Bestimmung des Menschen‹ gemacht«, notierte der Dichter am 16. April in Potsdam. »Aber vor allem ging ich zur Großfürstin. Ich habe einige Zeit auf sie gewartet: sehr hübsche Räume, hergerichtet mit großem Geschmack aus karelischer Birke und Esche mit etruskischen Verschönerungen; ... Wir gingen zur Frühmesse ... und zur Abendmesse. Sie auf den Knien zu sehen, bedeutet, Frömmigkeit zu fühlen: Sie tut nichts für den Anschein. Stattdessen rühren ihre einfachen Bewegungen immer ... Das ist die Stimme einer reinen, frommen Seele.«[13]

Charlotte aber war traurig, dass ihr verehrter Lehrer Sanssouci ohne sie besichtigt hatte. Später sah er sich noch das Kavalierhaus an. »Dort ist ein runder Marmorsaal, in dem die ganze Familie sich während ihrer Anwesenheit im Sommer in Potsdam versammelte; es gibt dort zwei Räume, in denen die Großfürstin gelebt hat; von dort führt ein Weg direkt in den Garten. Über ihrem Bett hängen noch zwei Kränze; und in ihrem Kabinett ein Kranz mit ihrem Monogramm unter ihrer Zeichnung von Kunzendorf. Ein trauter abgeschiedener Ort, der durch seine anziehende Einfachheit ihrer reinen Seele ähnelt.... Der Ort, an dem eine schöne Seele gelebt hat, ist heilig.«[14]

Zwei Tage später war Wassilij Andrejewitsch wieder in Sanssouci, um sich den »trauten Ort« noch einmal anzusehen. »Als ich der Großfürstin während des Abendgottesdienstes das Gebetbuch zurückgab, sah ich in ihren Händen eine ganz andere Art Gebetbuch: die Briefe ihrer Mutter! Welch' wunderbarer, rührender Gedanke, die Erinnerung an die Mutter in ein Gebet, in eine Reinigung der Seele, in Buße zu verwandeln! Und was findet sich in diesem Buche?! Ihre Gedanken und Gefühle, die in den schwersten Minuten ihres Lebens ihre Seele erfüllt und getröstet haben. Das ist echte, reine Frömmigkeit!... Sie ist meine Religion. Es gibt keine größere Freude, als mit reinem Herzen die Schönheit der reinen Seele zu fühlen.«[15] Wiederum ein paar Tage später notierte er: »Man darf sich zu ihr nicht hingezogen fühlen, wenn man keine Liebe zum reinen Schönen empfindet. Und von dieser Reinheit darf man sich nicht entfernen, ohne dass man sich schuldig vor ihr fühlt.«[16]

Ende Mai reisten Alexandra und Nikolaus nach Ems ab, machten aber Station in Weimar, wo sie Schillers Witwe und Tochter kennenlernten und natürlich auch Goethe besuchten, dessen Aufmerksamkeit gerade dem Druck von *Wilhelm Meisters Wanderjahren* galt. Für Nikolaus war es die zweite Begegnung, für Alexandra die erste. »Der Großherzog, die Erbgroßherzogin. Großfürst Nikolaus und seine Gemahlin. Der Erbgroßherzog kam zuletzt. Blieben bis halb zwey Uhr«, notierte der Geheimrat in seinem Tagebuch.[17] Schukowskij aber hatte sich auf seine erste große Deutschlandreise gemacht und erreichte am 31. Mai Dresden.[18] In den folgenden Tagen begann seine langjährige Freundschaft mit Caspar David Friedrich.

Alexandra kannte den Maler von seinen Ausstellungen in der Berliner Akademie und hatte ihrem Mann vermutlich schon im Dezember 1820, als er auf dem Weg nach Troppau in Dresden Station machte, geraten, Friedrich in seinem Atelier zu besuchen und etwas zu kaufen. Jedenfalls erwarb Nikolaus zwei Gemälde: »Auf dem Segler« (1818/19), bei dessen Betrachtung er auch sich selbst und seine Frau auf dem Boot wähnen mochte, und »Schwestern auf dem Söller am Hafen / Nächtlicher Hafen« (um 1820), in denen er seine Schwestern Maria und Anna erblicken konnte, wenn er wollte. Später hielt Schukowskij die Kaiserin und dann auch ihre Kinder ständig an, Bilder von Friedrich zu kaufen. In der Regel beschrieb er Alexandra ein Bild so eindringlich, dass sie seinem Rat folgte und es kaufte. »Ich fand bei ihm einige angefangene Bilder – eines von ihnen würden Sie sicherlich gerne besitzen«, schrieb er ihr schon am 5. Juli 1821. »Es könnte als Ergänzung zu dem dienen, das Sie schon haben: eine Mondnacht. Der Himmel war stürmisch, aber der Sturm ist vorüber, und alle Wolken haben sich am fernen Horizont versammelt und lassen den halben Himmel bereits vollkommen frei; der Mond steht über den dunklen Wolkenmassen, und deren Ränder sind durch seinen Glanz erleuchtet; ... dieses Bild ist eben angefangen; aber die Zeichnung ist herrlich – einfach und ausdrucksvoll! Das Bild ist zweimal so groß wie das Ihre; ich fragte nach dem Preise: 100 Tscherwonzen.«[19] Das war nicht teuer.

Bei dem Bild handelte es sich natürlich um den »Mondaufgang am Meer« (1821); es ging 1823 nach St. Petersburg. Danach gelangten fast zwanzig Jahre lang unzählige Friedrich-Werke in den Besitz der Zarenfamilie, von denen der vermutlich größere Teil verschollen ist. Auch Schukowskij selbst besaß eine stattliche Sammlung von mindestens acht Gemälden und 50 Zeichnungen, die ebenfalls verschollen sind. Die Aufträge und Ankäufe aus Russland wurden für den Maler mit den Jahren immer wichtiger, weil er in Deutschland nach 1830 kaum noch gefragt war. Man darf also sagen, dass der russische Hof, d. h. Alexandra Fjodorowna, Friedrichs Überleben praktisch gesichert hat.[20]

Mehrere Briefe Schukowskijs an die Großfürstin, in denen er die Sächsische Schweiz, die »Sixtinische Madonna« in der Dresdner Galerie und die Schweizer Alpen beschreibt, wurden bereits 1824/25 als »ästhetische Manifeste der russischen Romantik« veröffentlicht, sodass Alexandra Fjodorowna schon sehr bald in die russische Literaturgeschichte eingegangen ist.[21] Später in Weimar wurde der Dichter nicht nur von Großfürstin Maria Pawlowna, der Erbprinzessin, empfangen, die er lange kannte. Am 29. Oktober besuchte er auch Goethe kurz, und natürlich sprachen die beiden Herren über den großfürstlichen Besuch vom Frühsommer, der Goethe stark beeindruckt haben muss. »Möge ich Ihrem Andenken immer frisch bleiben«, schrieb er jedenfalls dem Herrn von Joukoffsky, »so wie ich wünsche, gelegentlich der Gunst und Gnade einer vortrefflichen Fürstin empfohlen zu seyn, deren liebenswürdiges Bild täglich mir vor Augen steht und mir die herrlichsten Geistesgaben, begleitet von himmlischer Güte und Sanftmuth, vergegenwärtigt und so den segenreichsten Einfluß auf mich ausübt.«[22]

Auch Alexandra und Nikolaus hatten auf ihrer Reise durch die deutschen Kleinstaaten allerhand erlebt. In Ems, Großherzogtum Hessen und bei Rhein, waren die Bernstorffs zu den russischen Herrschaften gestoßen, hatten »die schönsten Partien zu Esel mit ihnen« gemacht und »den hohen Gönnern sogar eine kleine Festlichkeit in ihrem Garten« gegeben. »Sie bewohnten das damals noch vereinzelt stehende Hügensche Gartenhaus, hinter welchem sich Rebengelände, Bogengänge und Terrassen den Berg hinanziehen, von dem man eine schöne Aussicht hat.«[23] Endlich hatten sie eine Fahrt auf dem Rhein gemacht, und natürlich wollte Nikolaus die neue preußische Feste Ehrenbreitstein bei Koblenz besichtigen. Wilhelm begleitete ihn. An beiden Rheinufern drängte sich das Volk, bis zur Festung war ein Bataillon des 28. Infanterieregiments aufgezogen, und später meldeten selbst die *St. Petersburger Nachrichten*, die neue Straße, die von der Anlegestelle wegführte und aus Anlass des hohen Besuchs eingeweiht wurde, sei nach Charlotte benannt worden.[24] Eine Steintafel am »Turm Ungenannt« erinnert bis heute daran, dass Nikolaus und Wilhelm am 29. Juni 1821 mit Kelle und Mörtel eine Steinschicht im Kreuzverband des Turmes gemauert haben.[25] Anschließend reisten Nikolaus und Alexandra noch nach Köln und Aachen. Es waren wunderbare Wochen!

Nach einem neuerlichen Aufenthalt in Potsdam endete der Besuch des großfürstlichen Paares in Preußen am 1. September 1821. Der König war untröstlich, seine Älteste fehlte ihm. Aber Alexandra hatte sich gut erholt und freute sich auf Warschau. Dort wurde sie von ihren Schwägern Konstantin und Michael herzlich empfangen und lernte endlich Joanna (»Jeanette«) Grudzińska kennen, eine sanftmütige, bescheidene Frau, die das »Pénible ihrer Verhältnisse« fühlte und davon auch ganz offen sprach. »Konstantin sieht selig aus über seine kleine Frau, die ihn auch bestimmt liebt, denn sonst wäre es nicht zum Aushalten, das sagte sie auch«, schrieb sie Fritz aus Łazienki, dem Privatsitz ihres Schwagers. »Ich begreife es im Ganzen nicht wie sie das aushalten wird, ich glaube, sie geht zu Grunde früh oder spät, denn sie ist gar zu feinfühlend und besonders der Gedanke *daß die Kaiserin Mutter nie diese Heirath zugegeben* was man ihr verborgen hatte, soll sie ganz unglücklich machen ...«[26]

Alexandra schloss Jeanette, die der Kaiser zur Fürstin Łowicz erhoben hatte, gleich ins Herz. »Konstantin ist so heiter, so natürlich ausgelassen (wie ich ihn selten sah), weil er seine Brüder hier hat und seinen Engel von Frau. Mich liebt er auch sehr, nennt mich Canaille und da muß man in Gnaden stehen. Es ist ein seltsames Gemisch von Rohheit und Herzlichkeit, von Barschheit und von Güte in diesem Menschen ...«[27] Ob zwischen den Brüdern von der Thronfolge die Rede war? Wir wissen es nicht. Auf jeden Fall musste der Verzicht des Älteren noch in aller Form schriftlich fixiert und öffentlich gemacht werden. Das war die Aufgabe des Kaisers, der zum Jahreswechsel ein Familientreffen in St. Petersburg ansetzte.

Am 22. September 1821 trafen Alexandra und Nikolaus nach fast einjähriger Abwesenheit wieder in Petersburg ein. Nach Ansicht des Kaisers war seine Schwägerin noch schöner geworden, nach Ansicht der Kaiserin aber nicht reifer. In einem in französischer Sprache geschriebenen Brief an ihre Mutter, die Markgräfin von Baden, äußert Elisabeth sich unerwartet kritisch über die Schwägerin, nachdem sie schon früher ihre »schlechte Erziehung« und ihre Unbekümmertheit beklagt hatte: »Sie (Alexandrine) hat viel bessere Manieren, wenn sie ohne ihren Mann auftritt, und das bestärkt mich immer mehr in meiner Meinung, dass sie, wenn sie in eine andere Familie eingetreten wäre, etwas ganz anderes hätte werden können, aber da sie, *ein rohes Kind* [deutsch im Text] und ein altes Kind, weil sie 19 Jahre alt war, in einen Kreis eingetreten ist, wo sie einen falschen, hochmütigen und gewöhnlichen Mann fand, der sie in diesem Sinn formte, eine Schwiegermutter (ohne von den anderen zu sprechen), die ihre erste Dienerin war, den Kaiser, der auch nicht den Ton angeschlagen hat, den er hätte anschlagen müssen, muss man sich da noch wundern, dass diese junge Person ohne Bildung den Ton und die Manieren angenommen hat, die sie sich zu eigen gemacht hat?«[28]

In einem späteren Brief spricht Elisabeth sogar den Wunsch aus, »daß Alexandra nicht vor zurückgelegtem 40. Lebensjahr zu dem höchsten Range gelangen möchte, damit sie in der eminent bevorzugten Stellung einer Kaiserin nichts Schädliches unternehme und mit dem Alter gelernt habe, sich zu beherrschen«[29]. Der Wunsch sollte nicht in Erfüllung gehen, die folgenden Ereignisse haben den Reifeprozess der Großfürstin jedoch nachhaltig beschleunigt.

Zum Jahreswechsel 1821/22 waren mit Ausnahme Anna Pawlownas, der Kronprinzessin der Niederlande, alle Geschwister des Kaisers in Petersburg erschienen. Thema des Familiengesprächs, an dem Alexandra und Nikolaus offenbar nicht teilgenommen haben, waren die Thronfolge und die Form, in der Konstantins Verzicht erfolgen sollte. Man einigte sich auf ein Gesuch des Großfürsten an den Kaiser. »Da ich in mir weder

Fähigkeiten noch Kräfte und Mut genug fühle, um einst, wann es auch sei, zu dem Range erhoben zu werden, auf den ich zufolge meiner Geburt ein Recht habe«, schrieb Konstantin, »so wage ich Ew. Kaiserl. Majestät zu bitten, dieses Recht auf den zu übertragen, dem es nach mir gehört und so zugleich für immer die unerschütterliche Stellung unseres Reichs zu festigen.«[30]

Zwei Wochen später entband Alexander I. den Bruder förmlich vom Recht auf die Thronfolge, und eigentlich müssen alle Beteiligten erleichtert gewesen sein, weil keiner von ihnen Konstantin für geeignet hielt, das Reich zu regieren. Und es spricht für ihn, dass er selbst das auch so sah. Damit war die Frage des Thronverzichts in der Familie geregelt, und es besteht kein Zweifel, dass Nikolaus sowohl von den Gesprächen als auch von den beiden Briefen wusste. Es fehlte aber noch eine Reichsakte als offizielle Bestätigung.

Ansonsten ließ sich das Jahr 1822 in Alexandras Leben ruhig an. Nikolaus war seit dem Herbst wieder bei der Garde in Wilna. Nach der Meuterei des Semjonow-Regiments, eines der beiden Eliteregimenter, die Peter der Große gegründet hatte, durfte sie eine Weile nicht nach Petersburg zurückkehren. Das kaiserliche Misstrauen der Garde gegenüber hatte Gründe: Im 18. Jahrhundert hatte sie drei Kaiserinnen auf den Thron gebracht, und sie besaß die militärische Macht in St. Petersburg. Ihre Offiziere hatten während der Kriege gegen Napoleon in Westeuropa ein anderes Leben kennengelernt und angefangen, von einem modernen, konstitutionellen Russland zu träumen. Erst nach einer Parade im Mai, mit der Alexander zufrieden war, durfte die Garde zurückmarschieren. Alexandra hatte Nikolaus vermisst, zumal sie wieder schwanger war und im September entbinden sollte.

Zu ihrem 24. Geburtstag kam vom Vater neben den üblichen Wünschen denn auch sehr diskret einer, der »auf dem September Bezug hat«. Friedrich Wilhelm schickte eine »große Porzellan-Vase mit dem Zuge aus Lalla Rookh«, und da der König die »Virtuosität« seines Schwiegersohns auf der Trompete kannte, fügte er eine in Berlin verfertigte silberne Trompete bei, »die wie man sagt bisher die einzige in ihrer Art seyn soll, die nach dem Urteil der Kenner in dieser Vollkommenheit in Silber angefertigt worden ist«[*]. Den 13. Juli 1822 hatte die königliche Familie mit »schmetterndem Tusch« und einem »wohlgeordneten Feuerwerk *en miniature*« auf der Pfaueninsel gefeiert.[31]

Am 12. September 1822 brachte Alexandra im Anitschkow die Tochter Olga (»Olly«) zur Welt. »Das ist das schönste Geschenk, das sie mir zu meinem Namenstag machen konnte«, schrieb der Kaiser dem König und ließ ihn auch wissen, dass die Geburt »nur drei Stunden« gedauert hatte. Der Brief kam aus Wien, wo Alexander auf dem Weg zum Kongress von Verona haltgemacht hatte. Bei der Rückkehr sagte er den glücklichen Eltern, die ihn mit dem Kind auf dem Arm begrüßten: »Wenn je einer von euch den andern im Stich ließe, wäre es nicht zu verzeihen. Glaubt mir, es gibt nur ein wahres Glück. Hütet es mit heiliger Kraft.«[32]

Aber Alexandra hatte schon wieder Heimweh. Das geht aus allen Briefen an den Vater und die Brüder, vor allem aber an Fritz, den »Butt«, hervor. Sie las häufig »in ihr grünes Buch«, d. h. im Tagebuch, sie las wieder und wieder die alten Briefe aus Berlin, und der Anblick eines »Heimatlichen« bewegte sie immer »ganz wunderbar«. Ihr war gleich »Potsdamsch« zumute, wenn Besuch aus Berlin da war. Gerne wäre sie auch 1823 wieder nach Berlin gereist, doch sie war erneut schwanger. Das Kind sollte Ende des Jahres kommen.[33]

»Es ist mir heute so wie ein Bedürfniss mich mit Dir zu unterhalten, lieber herzensgeliebter Fritz«, schrieb sie dem Bruder am 13. Todestag der Mutter, »gewiß dachtest Du meiner in der Gruft. Sieh wie schön das ist, wir sind einer vom anderen überzeugt, daß wir gleiches denken und Gebete zum Himmel senden, für den Vater, für Brüder und Schwestern.« Sie hoffte, dass »doch wenigstens unser Wilhelm künftiges Jahr mit erfüllten Hoffnungen begehen« möchte und »am Grabe danken für himmlischen Segen«. Gemeint war Wilhelms langjährige Liebe zu Elisa Radziwill, die in

---

[*] Nach anderen Angaben spielte Nikolaus Horn, später auch Kornett.

Berlin als nicht ebenbürtig galt, weil ihre Familie zwar zum polnischen, nicht aber zum deutschen Hochadel zählte. »Daß man nichts vermag durch heiße Wünsche. Ach wenn das wäre, wie glücklich würdest Du und Wilhelm sein.« Alexandra unterschrieb wie immer mit »Charlotte« und hängte noch ein Postskriptum an: »Fritz, o schreib mir einen so lieben Brief. Wenn ich Dir doch unsere vielen Kinder zeigen könnte. Sach [Sascha] klettert eben rein und raus zum Fenster. Meine liebe Olga würdest Du auffressen, es ist ein herrliches Stück Fleisch.«[34]

Aus Gründen, die wir nicht kennen, befasste sich Alexander erst im Sommer 1823 wieder mit der Frage der Nachfolge, indem er den Moskauer Erzbischof Filaret bat, ein Manifest zu entwerfen, das Konstantins Abdankung und Nikolaus' Nachfolge bestätigte. Am 28. August 1823, mehr als anderthalb Jahre nach dem Briefwechsel in dieser Sache, unterzeichnete der Kaiser das Manifest, und Filaret hinterlegte es in einem versiegelten Umschlag in der Lade des Altarraums der Uspenskij-Kathedrale. Auf dem Umschlag hatte Alexander eigenhändig vermerkt, dass dieser bis zur Rückforderung durch ihn selbst bzw. im Falle seines Ablebens vom Erzbischof und Moskauer Generalgouverneur zu öffnen sei, und zwar »*ehe zu irgendeiner anderen Handlung geschritten wird*«. Der Staatsrat, der Regierende Senat und der Heilige Synod in St. Petersburg erhielten versiegelte Kopien mit ähnlicher Weisung: bis zur Rückforderung durch den Kaiser bzw. im Falle seines Ablebens in außerordentlicher Sitzung zu öffnen, »*ehe zu einer anderen Handlung geschritten wird*«. Wäre das Manifest veröffentlicht bzw. Alexanders Weisung im Dezember 1825 befolgt worden, hätte Nikolaus' Herrschaft vermutlich einen anderen Anfang und einen anderen Verlauf genommen.

Festzuhalten bleibt, dass das Manifest nicht veröffentlicht, Nikolaus aber mündlich von seiner Existenz in Kenntnis gesetzt wurde. Über die Frage, warum Alexander I. so verfahren ist, können wir nur spekulieren. Wollte er sich letzte Entscheidungen offenhalten? Oder wollte er Nikolaus lieber nicht neben sich an Statur gewinnen lassen? Verließ er sich in seinem Gottvertrauen darauf, dass schon alles gut gehen werde? Jedenfalls unterrichtete Alexander außer der Kaiserinmutter und Nikolaus nur noch Wilhelm von Preußen und Wilhelm von Oranien-Nassau und verpflichtete beide Schwäger zu Stillschweigen.

Wilhelm von Preußen, der Ende September an den Manövern in Brest-Litowsk teilgenommen hatte, war am 11. Oktober in Gattschina eingetroffen. Nach dem Gespräch mit Alexander konnte er annehmen, dass die Nachfolge geregelt war. Charlotte würde also Kaiserin werden. Haben die Geschwister darüber gesprochen? Bei ihrem engen Verhältnis zueinander ist das sehr wahrscheinlich, aber es gibt keine schriftlichen Hinweise, nicht einmal Andeutungen. Wilhelm reiste am 19. November wieder ab, weil er zur Hochzeit des Kronprinzen mit Elisabeth Ludovica von Bayern am 29. November wieder in Berlin sein musste. Dort hat er den König informiert. Nikolaus wurde jedoch auch jetzt noch nicht zu den Regierungsgeschäften hinzugezogen.

Alexandra aber wurde gerade in diesen Tagen erstmals von Puschkin erwähnt, allerdings im Zusammenhang mit ihrem Lehrer, der keine Zeit mehr hatte, mit dem jungen Kollegen zu korrespondieren. »Schukowskij sündigt: warum bin ich schlechter als Charlotte, dass er mir drei Jahre lang keine Zeile schreibt?«, beschwerte sich Puschkin aus Odessa bei einem Freund in St. Petersburg und teilte mit, er habe mit der Arbeit an *Eugen Onegin* begonnen, einem Roman in Versen. Zwei Cantos seien fertig.[35] Puschkin war nun schon ein bekannter Dichter und der Abgott der romantischen Jugend, im Mai 1820 jedoch wegen mehrerer Spottgedichte auf Persönlichkeiten des öffentlichen Lebens in den Süden verbannt worden. Die Arbeit an *Eugen Onegin* sollte zehn Jahre dauern. In der Urfassung schwebt Lalla Rookh »gleich einer geflügelten Lilie« in einen Saal, und das »zarische Haupt« glänzt über der Menge (8. Cantos, 16. Strophe). Aber davon wussten nur der Autor und seine Freunde, die fanden, Puschkin habe die Kaiserin »vollendet« dargestellt.[36] Zehn Jahre später sollte Puschkin »Lalla Rookh«, der sich sein Freund Schukowskij ergeben hatte, kennenlernen und sich auch ein wenig in sie verlieben …

Das Jahr 1824 begann mit einer Hochzeit im Winterpalast und endete mit einer Naturkatastrophe. Im Februar heiratete Michael Pawlowitsch, der die Deutschen nicht mochte, demonstrativ widerwillig die 17-jährige Sophia Charlotte von Württemberg, die beim Konfessionswechsel den Namen Jelena Pawlowna erhielt. Sie war in Paris groß geworden, hatte eine ausgezeichnete Erziehung genossen und war vielseitig interessiert, mithin das Gegenteil ihres Mannes. Nikolaus hat sie einmal die »Wissenschaftlerin der Familie« genannt. Ende der 1850er-Jahre sollte sie sich um die Leibeigenenbefreiung verdient machen. Alexandra hat sich anscheinend nicht besonders gut mit dieser Schwägerin verstanden, die ihr intellektuell überlegen war.

Im Frühjahr konnte sie endlich wieder an eine Reise nach Berlin denken. »Im August bin ich bei Euch«, schrieb sie Fritz Anfang Juni. »Oh, Ihr Geliebten meines Herzens, Oh du unbekannte geliebte Schwester (Elise), Ihr alle, die Ihr mich ein wenig lieb habt, Du liebes Berlin, ich soll Euch wiedersehen. Solches Glück verleiht mir der Himmel und mein guter herrlicher Nicolas.«[37] Tatsächlich fieberte sie der Begegnung mit Kronprinzessin Elisabeth entgegen. Aber da war noch eine andere Elisa, die voller Ungeduld auf sie wartete: Elisa Radziwill, Wilhelms große Liebe. »Blancheflour hat schon zweimal an Mama geschrieben, seitdem ihre Seereise entschieden ist. Sie fühlt sich wie neugeboren seit der Hoffnung, ihre geliebte Heimat betreten zu dürfen«, schrieb Elisa einer Freundin. Sie war sicher, dass Charlotte helfen würde, endlich eine Entscheidung in ihrer seit Jahren ungeklärten Herzensangelegenheit herbeizuführen.[38]

Doch zunächst einmal erwies sich die Seereise auf einem Kriegsschiff mit 84 Kanonen an Bord als Abenteuerfahrt. Ein furchtbarer Sturm machte alle seekrank, besonders aber Alexandra, die drei Tage nicht aufstehen konnte. Dann musste das Schiff eine Zeit lang weit vor Rostock ankern, weil man keine gute Karte der mecklenburgischen Küste hatte und die Lotsen zunächst nicht erschienen. Erst nach einem nicht ungefährlichen Manöver konnte das Schiff am 19. August in den Hafen einlaufen. In

Warnemünde wartete die gesamte königliche Familie »rappelig vor Freude«, wie Friedrich Wilhelm vorab geschrieben hatte, auf die Reisenden, die am Königsmanöver des V. und VI. Korps bei Leuthen und Liegnitz teilnehmen wollten.[39]

Dem Manöver ging Anfang September ein großes Familientreffen in Fischbach voraus, an dem auch die Radziwills teilnahmen. Blancheflour und Elisa waren wie Schwestern, und auch der König verbarg seine Sympathie für die Prinzessin nicht. Er war erleichtert, als ihm die Idee mit der Adoption vorgetragen wurde: Alexander I. sollte Elisa Radziwill in seiner Eigenschaft als Herzog von Holstein adoptieren und dadurch die Ebenbürtigkeit herstellen. Bei der Durchführung des Plans sollte Nikolaus helfen. Doch erst einmal wurde er am 23. September in Berlin mit einer Parade geehrt, die als historisch gelten kann, weil Franz Krüger sie auf seinem bekannten Gemälde »Parade auf dem Opernplatz« (1824–1830) verewigt hat. Nikolaus reitet voran, links schaut Charlotte aus einem Fenster des Prinzessinnenpalais. Nach der Parade hatte der König endlich Zeit, sich um das Adoptionsprojekt zu kümmern, und verfasste ein Schreiben an Alexander I., in dem er den Kaiser in aller Form bat, Prinzessin Elisa Radziwill zu adoptieren und hierdurch ihre Ehe mit Prinz Wilhelm zu ermöglichen.

Anfang November eilte Nikolaus mit dem vom 20. Oktober datierten Brief nach St. Petersburg. Alle waren auf die Antwort gespannt. Doch kaum war Nikolaus abgereist, erschütterte ein Skandal den Berliner Hof. Am 9. November heiratete der König in der Schlosskapelle von Charlottenburg unerwartet die Gräfin Harrach, die katholisch und dreißig Jahre jünger war als er. Nach der Hochzeit erhob er sie zur Fürstin Liegnitz. Der Hof war entsetzt, aber niemand wagte, den König zu kritisieren. Im Andenken an ihre Mutter fühlte sich auch Charlotte äußerst verletzt, fand sich aber mit der Lage ab, nachdem sie festgestellt hatte, dass »die Fürstin Liegnitz nicht die geringste Veränderung in den Lauf des täglichen Lebens eingeführt hat«[40]. Nikolaus seinerseits schrieb dem Kaiser, die Fürstin sei »gut (bonne personne), sehr einfach, bescheiden, aber ganz unbedeutend«, und ihr Hauptverdienst sei, »daß sie niemanden stört«[41]. Er konnte seine Frau, die er nun auch schon mal »meine Alte« nannte, davon überzeugen, dass sie an das Glück ihres Vaters zu denken hatte. Und der König war glücklich. Später ließ er seine Tochter immer mit den Worten »Erlaucht legt sich zu Füßen« von der Stiefmutter grüßen.[42]

Was die Zukunft Wilhelms und Elisas anging, so war Nikolaus mit einem negativen Bescheid des Kaisers zurückgekehrt. Alexander, der noch Ende 1822 mit »Herzlichkeit und Theilname« über den »Plan einer Vermählung« mit Wilhelm gesprochen hatte, sah sich nun doch außerstande, eine nicht ebenbürtige Ehe zu legitimieren.[43] Denn er konnte unmöglich für Wilhelm und Elisa tun, was er für Konstantin und Joanna auch nicht hatte tun können. Andererseits wollte nun auch Maria Pawlowna in Weimar ihre Töchter Marie und Auguste verheiraten, und es sieht ganz so aus, als habe der russische Hof seit Ende 1824 eine Ehe zwischen Wilhelm und Auguste in Erwägung gezogen, zumal die Spatzen von den Dächern pfiffen, dass Prinz Carl unsterblich in Marie verliebt war.

Während diese heute überhaupt nicht mehr nachvollziehbaren »Probleme« die Gemüter erregten, ereilte St. Petersburg die größte Überschwemmung seiner Geschichte. Am 19. November war der Wasserspiegel der Newa auf 4,10 Meter über Normal gestiegen, und mehr als 500 Menschen waren in den eiskalten Fluten ertrunken. Nikolaus hatte die Folgen der Katastrophe kurz nach seiner Ankunft erlebt, war aber zu Weihnachten 1824 wieder in Berlin eingetroffen, um seine schwangere Frau abzuholen. Doch es regnete endlos, und der Zustand der preußischen, polnischen und kurländischen Straßen war so schlecht, dass die beiden die Abreise immer wieder verschieben mussten. Nikolaus reiste erst Ende Januar ab, Alexandra folgte ihm Anfang Februar. Die Kinder erwarteten sie ungeduldig. Zum siebten Geburtstag bekam Sascha von seinem Onkel, dem Kaiser, ein Schwert und einen Säbel. Die Mutter fand ihn »viel zu sensibel für einen Jungen«, hoffte aber, dass sich diese Sensibilität mit zunehmendem Alter geben werde, und wollte sie »weder stimulieren noch ersticken«[44].

Am 24. Juni 1825 brachte Alexandra in Zarskoje Selo noch eine Tochter zur Welt, die nach ihr genannt, aber »Adini« gerufen wurde und ihr in Gestalt und Wesen am ähnlichsten werden sollte. In der allgemeinen Freude merkte niemand, dass sich dunkle Wolken über Russland zusammenbrauten. Alexander Pawlowitsch, der alle Reformpläne aufgegeben hatte, war zunehmend in Mystizismus verfallen und kränkelte. In der Armee griff eine Verschwörung um sich, deren Symptome Nikolaus, seit Anfang März endlich Divisionskommandeur, zwar in der eigenen Einheit beobachten konnte, die er aber nicht einzuordnen wusste. Auch liberale Kreise der Gesellschaft wünschten einen Politikwechsel, denn Misswirtschaft, Korruption und Willkür, die ewigen Übel Russlands, hatten ein unerträgliches Ausmaß angenommen. Doch Alexander war müde, seine Frau schwer krank. Nach der Geburt Adinis sprach er auch im Familienkreis in Zarskoje offen von Abdankung.[45]

Am 12. September reiste der Kaiser nach Taganrog am Asowschen Meer ab, Elisabeth Alexejewna folgte ihm zwei Tage später. Die Ärzte hatten der Kaiserin dringend zu einem längeren Aufenthalt im Süden geraten, andernfalls werde sie den Winter nicht überleben. Die beiden hatten sich versöhnt und nach langer Entfremdung wieder zueinander gefunden. Vergeblich hatte Fürst Alexander N. Golyzin, der Leiter des Postdepartements, dem Zaren noch einmal dringend empfohlen, die geheimen Dokumente zu veröffentlichen und Nikolaus offiziell von ihrem Inhalt zu unterrichten. Die Verwaltung des Reichs hatte Alexander dem Ministerkomitee übergeben, wie er es seit zwanzig Jahren zu tun pflegte. Der Briefwechsel zwischen dem Kaiserpaar und den Verwandten wurde jedoch fortgesetzt. »Unserer kleinen Familie geht es gut«, schrieb Alexandra dem Schwager am Jahrestag der furchtbaren Überschwemmung. »Die Jüngste nimmt allmählich ein menschliches Antlitz an und amüsiert mich sehr, weil sie die kleinste ist; es ist lustig, immer ein kleines Kind im Haushalt zu haben, aber ich gestehe Ihnen, dass ich mich gerne ein paar Jahre erholen würde.«[46]

Der Brief kam in Taganrog an, als der Kaiser bereits krank zu Bett lag und nicht mehr antworten konnte. Er hatte sich bei einer Fahrt auf die Krim ein Fieber zugezogen. Alexander I., den sie in der Familie gerne »unseren Engel« nannten, starb am 1. Dezember 1825 in den Armen seiner Frau; bis heute ranken sich Legenden um seinen Tod. Die Nachricht traf am späten Vormittag des 9. Dezember in St. Petersburg ein. Maria Fjodorowna erfuhr während einer Messe in der Kleinen Palastkirche vom Tod ihres ältesten Sohnes und fiel in Ohnmacht. Sie wurde in ihre Gemächer getragen, wo Alexandra sich um sie kümmerte, während Nikolaus seinem Bruder Konstantin ohne Verzug laut schluchzend den Eid schwor. Es war eine Show, aber der 29-Jährige wusste, was er tat. Nach ihm schworen die Palastwache und der Hof, dann Staatsrat, Regierender Senat und Behörden. Die Truppen in der Hauptstadt hatten den Eid auf »Kaiser Konstantin« überraschend schon vor den staatlichen Instanzen abgelegt, was absolut nicht üblich war. In den nächsten Tagen folgte ganz Russland einem entsprechenden Ukas des Senats. So begann ein Interregnum, das zwei Wochen später mit einem Aufstand endete.

6
»Ich hatte keinen Vertrauten als meine Frau«
Der Dekabristen-Aufstand

Nikolaus' Eid auf Konstantin – »Großmutstreit« mit Konstantin – Verschwörung in Garde und Armee – Auf dem Senatsplatz – Alexandras Tagebuchaufzeichnungen – Verhöre – Wilhelm in St. Petersburg – Anhaltende Unsicherheit – Beisetzung Alexanders I. – Tod Elisabeths – Gründung der Dritten Abteilung – Hinrichtungen   1825–1826

Über den Dekabristen-Aufstand sind Bibliotheken geschrieben worden. Seit fast 200 Jahren untersuchen die Historiker die Ursachen und den Ablauf des Dramas vom 14./26. Dezember 1825, und beinahe ebenso lange kommen sie zu unterschiedlichen Ergebnissen, je nachdem, aus welcher Perspektive sie schreiben. Entsprechend fällt ihr Urteil über die Dekabristen* aus. Unter Nikolaus I. waren sie Verbrecher und Verräter, unter seinen Nachfolgern Verirrte und Verfemte, unter der Sowjetmacht Helden und Märtyrer, die den Bolschewiki den Weg bereitet hätten. Die zeitgenössischen Historiker sehen in den Dekabristen das, was sie waren: Idealisten und Träumer, die ihre Pläne dilettantisch durchführten und kläglich scheiterten. Denn Russland war nicht reif für einen Wandel. Die Masse der leibeigenen Bauernbevölkerung vertraute nur »Väterchen Zar«, Begriffe wie »konstitutionelle Monarchie« oder gar »Republik« waren ihr vollkommen fremd, und die »liberalen« Kreise der Gesellschaft wussten auch nicht genau, was sie wollten.

In der Fülle der Literatur über die Dekabristen ist von den tapferen Frauen die Rede, die um ihre Männer, Söhne und Brüder bangten und den Verurteilten nach Sibirien folgten. Alexandra

---
* Dekabristen = »Dezembermänner«, von russisch: dekabr = Dezember.

kommt in dieser Literatur nicht vor. Und doch muss man sich fragen, was die 27-Jährige, die so widerwillig Kaiserin geworden war, in jenen dunklen, kalten Dezembertagen, als in Berlin Weihnachten war, im Winterpalast durchgemacht hat. Jede Minute hatte sie das Schicksal Ludwigs XVI. und Marie Antoinettes vor Augen, jede Minute war ihr bewusst, dass Nikolaus' Großvater 1762 ermordet worden und dass sein Vater 1801 auch keines natürlichen Todes gestorben war.

Die Vorgeschichte des Aufstands ist die Geschichte des verzögerten Thronwechsels, den bereits manche Zeitgenossen Nikolaus angelastet haben, darunter sein Bruder Michael und seine Schwägerin Elisabeth. Denn es war die »zarenlose« Zeit seit dem 9. Dezember, die den Verschwörern die Möglichkeit zum Losschlagen bot. Doch warum hat Nikolaus, wohl wissend, dass der verstorbene Kaiser nicht Konstantin, sondern ihn zum Nachfolger bestimmt hatte, und wohl wissend, dass darüber eine Reichsakte vorlag, dieses Dokument nicht *sofort* geöffnet, wie von Alexander I. angeordnet, sondern zehn Minuten nach Erhalt der Todesnachricht auf »Kaiser Konstantin« geschworen und alle militärischen und zivilen Instanzen veranlasst, ihm darin sofort zu folgen? Warum hat er diese Haltung auch nach Einsicht in das Dokument beibehalten? Und wozu diente der folgende »Großmutstreit« mit Konstantin, ein im Sinne des Manifestes völlig überflüssiger Briefwechsel? Glaubte Nikolaus im Grunde doch an das »Naturrecht« des Älteren? Oder wollte er einfach Zeit gewinnen?

Tatsächlich hat Graf Michail A. Miloradowitsch, der populäre Militärgouverneur von St. Petersburg, einer der Helden von 1812, Nikolaus gezwungen, seinem Bruder umgehend den Eid zu leisten.[1] Warum? Zunächst einmal stand Miloradowitsch fest auf dem Boden des Thronfolgegesetzes Pauls I. von 1797 und konnte gar nicht anders, als in Konstantin den neuen Kaiser zu sehen. Außerdem waren er und Konstantin alte Kameraden. Sie hatten manche Schlacht zusammen geschlagen, und der Großfürst war – bei all seiner Unbeherrschtheit und Rohheit – ein fähiger Heerführer. Nikolaus aber gehörte einer anderen Generation an, er hatte nie Pulver gerochen, und er war kein Mann für ein offenes Wort. Kurzum, diesen rachsüchtigen, arroganten jungen Mann wollte Miloradowitsch auf keinen Fall auf dem Thron sehen, und hinter ihm stand die Garde, die immer alles entschied. Die Hauptstadt wartete ohnehin auf Konstantin. Zwar kursierten Gerüchte über einen Thronverzicht, aber da das Manifest Alexanders I. nicht veröffentlicht worden war, *musste* jedermann davon ausgehen, dass der Zarewitsch nach zwölfjähriger Abwesenheit aus Warschau herbeieilen werde, um die Nachfolge anzutreten.

Auch die Verschwörer setzten anscheinend auf ihn, weil sie sich der (unbegründeten) Hoffnung hingaben, er könne zu konstitutionellen Reformen und zur Aufhebung der Leibeigenschaft überredet werden. In Erwartung Konstantins hat Miloradowitsch die Verschwörer, die er fast alle kannte und nicht sonderlich ernst nahm, sogar mehrere Tage gewähren lassen, ohne etwas gegen sie zu unternehmen.[2]

Die Haltung des Militärgouverneurs, Konstantins relative Beliebtheit bei der Garde und die allgemeine Erwartung waren die Gründe dafür, dass Nikolaus seinem Bruder huldigte. Durch sein scheinbar großmütiges Verhalten Konstantin gegenüber gewann er Zeit, so mochte er kalkuliert haben, und wenn der Bruder doch nach St. Petersburg käme und noch einmal öffentlich seinen Verzicht erklärte, wären alle Zweifel an seinem Anspruch beseitigt, und niemand könnte ihn, Nikolaus, einen Usurpator nennen. Doch Konstantin dachte nicht daran, seine Meinung zu ändern, sondern schickte umgehend den gerade bei ihm weilenden Michael mit zwei Schreiben nach St. Petersburg, in denen er seinen Verzicht Maria Fjodorowna und Nikolaus gegenüber wiederholte und Nikolaus als Kaiser anerkannte. Weitere Schreiben gleichen Inhalts folgten.

Natürlich zeigte das Ganze einmal mehr, wie instabil die Autokratie als politisches System war. Wieder hing das Schicksal des Landes von einer kleinen Gruppe ab, von der kaiserlichen Familie und ein paar Militärs. Weder der Staatsrat noch das Ministerkomitee noch der Regierende Senat spielten eine Rolle, und der gesamte Staatsapparat war lahmgelegt. Und genau das war ein Zustand, den liberale Kreise der russischen Gesellschaft unerträglich fanden.

Am frühen Morgen des 24. Dezember erfuhr Nikolaus von einer weitverzweigten Verschwörung in der Garde und in der Armee. Er war fassungslos. Die Existenz von Geheimgesellschaften war allgemein bekannt, aber Alexander hatte lange nichts gegen sie unternommen, weil sie die Ideale seiner Jugend vertraten. Erst im August 1822 hatte er sie verbieten lassen, doch sie existierten unter neuem Namen weiter, als Nördliche Gesellschaft in Petersburg und als Südliche Gesellschaft in Kiew. Jetzt planten sie also einen Umsturz! Nikolaus musste handeln und trat die Nachfolge endlich an. Tagsüber traf er sich mit mehreren Regimentskommandeuren und einflussreichen Persönlichkeiten, abends erhielt er noch eine weitere Warnung vor der bevorstehenden Rebellion.

Nun ist vollkommen klar, daß Alexandra der »Linie« ihres Mannes folgte. Nikolaus war nun einmal ihr Ritter ohne Furcht und Tadel. In den Tagen des Interregnums hat sie ein nach dem Julianischen Kalender datiertes »Petit journal depuis le 27 Nov. jusqu'au 12 Déc. 1825«* geschrieben, in dem sie in französischer Sprache auf Briefpapier mit Trauerrand nur die Fakten schildert. Heute lässt sich nicht mehr feststellen, warum sie das »kleine Tagebuch« verfasst hat. Möglicherweise war es für eine spätere Veröffentlichung bestimmt. Immerhin zeigen die dürren Eintragungen, dass Michael Pawlowitsch die Haltung seines Bruders Nikolaus keineswegs billigte und dass Maria Fjodorowna keine eindeutige Rolle gespielt hat.

Doch hat Alexandra in diesen dramatischen Tagen auch ihr »großes« Tagebuch auf Deutsch weitergeführt, das sie am 19. Juli 1813 – kurz vor der entscheidenden Auseinandersetzung mit Na-

---

* Kleines Tagebuch, 27. Nov. bis 12. Dez. 1825 (9. bis 24. Dez. neuen Stils).

poleon – unter der Devise »Glaube, Liebe, Hoffnung« auf Schloss Kunzendorf in Schlesien begonnen hatte.*

In beiden Tagebüchern verschweigt Alexandra, dass Nikolaus auf Miloradowitschs Weisung gehandelt hatte. Vielleicht wusste sie aber auch nichts davon. Überdies lässt sich aus mehreren Formulierungen (im Folgenden kursiv gedruckt) schließen, dass sie und ihr Mann genau wussten, dass Konstantin die Krone nicht annehmen würde. Der von der offiziösen zaristischen Geschichtsschreibung jahrzehntelang propagierte und als historisch einmalig dargestellte »Großmutstreit« zwischen den beiden »edlen Brüdern« war eine Fiktion, die Nikolaus politisch nützte. Er hat zeit seines Lebens daran festgehalten, und Alexandra hat sie der Berliner Verwandtschaft »verkauft«, die das »edelmüthige Benehmen Nikolaus'« ihrerseits scheinbar akzeptierte.[3] Verdiente er nicht schon dafür Anerkennung? Hatten sie nicht beide ihr stilles Familienglück für das Wohl des Vaterlandes geopfert? Im »großen« Tagebuch, das dem Kalender alten und neuen Stils folgt, heißt es:

27. November (über den »Edelmut« ihres Mannes)
»Oh, wie würdig Männer in solchen Augenblicken des Mitgefühls sind. Und er ganz besonders. Und wie edelmütig er sich benommen hat, wie sich alle über ihn gewundert haben. Er befahl, Konstantin den Eid zu schwören ungeachtet dessen, dass im Staatsrat das Testament des Herrschers geöffnet wurde, in dem sich ein Papier befand, dem zufolge Konstantin seine Thronfolgerechte förmlich seinem Bruder Nikolaus übergeben hat. ... er wies diese Ehre von sich und diese Last, *die in ein paar Tagen doch auf ihn fallen wird.*«[44]

29. November (über die Haltung Maria Fjodorownas)
»Die liebe Kaiserinmutter war für meinen Nikolaus eine große

---

* Das große Tagebuch (1813–1855) besteht aus sechs großen Lederalben und zählt etwa 2000 Seiten. Es liegt im Staatsarchiv der Russländischen Föderation (GARF) in Moskau.

Stütze. ... Als sie hörte, wie er gehandelt hatte, und erfuhr, was ihn geleitet hatte, hielt sie es für ihre Pflicht, Nikolaus zu unterstützen, und nahm es auf sich, mit den Mitgliedern des Staatsrates zu sprechen ... Nikolaus' Handlungen riefen einhellige Zustimmung und Begeisterung hervor, und ich, die ich sein zweites Ich bin, die ich ihn so gut kenne, finde, dass er nicht anders handeln konnte, ... und natürlich wäre der von uns gegangene Engel mit ihm zufrieden gewesen. Schauen wir nur, ob Konstantin das alles anzuerkennen wünscht. Wie verwirrend alles ist! Das arme Russland scheint wie geschlagen, wie vom Blitz getroffen, wie bedeckt mit einem Trauerflor. Überall herrscht unheilvolle Stille und Erstarrung; alle warten auf das, was die nächsten Tage bringen müssen.«

3./15. Dezember (über die Geheimnistuerei)
»All das gibt nur eine Vorstellung davon, was Nikolaus früher oder später bevorsteht, aber all das ist ein großes Geheimnis. Nur wir fünf – unsere Familie sowie Miloradowitsch und Golizyn – kennen es – sonst kein Wort zu niemandem! Aber an den Gesichtern können wir ablesen, wie vorsichtig alle sind, wie die Ankunft Michaels die allgemeine Neugier weckte, in welchem angespannten Zustand der ganze Hof war ... Welch entscheidende Tage! *Ich werde schon ganz traurig bei dem Gedanken, dass wir nicht mehr in unserem Haus leben werden, wo ich mein liebes Kabinett werde verlassen müssen, und dass unser schönes bürgerliches Leben zu Ende gehen wird.* Wir waren so eng miteinander verbunden, wir haben stets all unseren Gram, unser Leid und unsere Sorgen miteinander geteilt. Ach, dieser Kummer, dieser Schmerz im Herzen – er hört nicht auf, und auch die Unruhe hört nicht auf, das Warten auf diese unausweichliche Zukunft....

Irgendwie möchte ich mich dieses wunderbaren, vorbildlichen Menschen würdig erweisen und ihm gegenüber alle Pflichten erfüllen, die sich mir auferlegen werden, seiner Frau! *Mein Los ist doch wunderbar. Ich werde auch auf dem Thron nur seine Freundin sein. Und darin liegt für mich alles!*«

6./18. Dezember, 2 Uhr (über Michaels Kritik an Nikolaus)
»Was für ein stürmischer Morgen das gestern war! Wir waren zu Viert bei der Kaiserinmutter. Michael hat so falsche Gedanken über Nikolaus' edelmütige Haltung, die er revolutionär nennt, geäußert! ... Seitdem ist er noch ruhiger, und mit Demut erwartet er den Sturm. Das Schlimmste wäre ein starker Zorn Konstantins. Aber je länger diese Lage dauert, desto gefährlicher wird sie. Die Gesellschaft ist überrascht, dass Kaiser Konstantin nicht persönlich kommt. Diese lange Ungewissheit ist beunruhigend – die Anwesenheit Konstantins ist einfach notwendig: Ohne ihn kann nichts auf würdige Art und Weise geregelt werden. ... Jetzt ist es 7 Uhr; wir sind von zu Hause zurückgekehrt, wo wir eine halbe Stunde in meinem geliebten Kabinett auf dem alten Diwan geschlafen haben ...«

10./22. Dezember, 11 Uhr abends (über Konstantins Schelte)
»Am Montag, dem 7. Dezember, um 8 abends traf ein Kurier aus Warschau vom 3. Dezember mit einem Brief an die Kaiserinmutter und einer Kopie an Lopuchin [den Vorsitzenden des Staatsrates und des Ministerkomitees] ein, der eine donnernde direkte Beschuldigung des Staatsrates enthielt, gegen den Willen des Imperators verstoßen zu haben, und in einem derartigen Ton geschrieben ist, dass Konstantin selbst in einem dummen Licht erscheint. Konstantin besteht auf seiner Entscheidung und sieht sich gar nicht als Herrscher, dem das ganze Land den Eid geschworen hat ...«

12./24. Dezember, halb fünf, Samstag (über die Entscheidung)
»Mein Herz zieht sich schmerzhaft zusammen. Oh, mein Gott, gib mir Kraft! Wir armen Menschen, wir geben uns so leicht einer Aufregung hin, jetzt aber müssen wir mehr aushalten als gewöhnlich. Oh, diese Tage! Der Tag, an dem er [Alexander] vor 48 Jahren geboren wurde, unser Unvergesslicher! Der Tag, der dank seiner Gegenwart ein Feiertag war! Der heutige Abend – der glücklichste Abend der Kinderjahre – kann jetzt entscheidend werden.«

Eine halbe Stunde später
»Also, zum ersten Mal schreibe ich in diesem Tagebuch als Kaiserin. Mein Nikolaus kam zurück und fiel vor mir auf die Knie, um mich als Erster als Kaiserin zu grüßen. Konstantin will kein Manifest erlassen und bleibt bei seiner alten Entscheidung, sodass Nikolaus ein Manifest erlassen muss.«

Die nächste Eintragung datiert vom 27. Dezember, als die Ordnung bereits wiederhergestellt war. An diesem Tag schrieb Alexandra recht ausführlich auf, was am 25. und 26. geschehen war. Am 25. Dezember ging es vor allem um das Manifest über die Thronbesteigung, das nicht Nikolaus, sondern der Reformer Michail M. Speranskij, einst der fähigste Minister Alexanders I., abgefasst hatte und das Nikolaus dem Staatsrat in der Nacht im Winterpalast vorlas. Es sollte am 26. Dezember veröffentlicht werden. Alexandra erwartete ihren Mann in der Ermitage, in der sie vorübergehend wohnten:

»Als er zurückkam, umarmte ich ihn schon als meinen wahren Herrscher. Man beglückwünschte uns; ich aber sagte die ganze Zeit, dass man uns eher bemitleiden müsse; man nannte uns auch schon ›Eure Majestät‹. ... Ich muss hier auch noch aufschreiben, wie wir am 13. [25. Dez.] am Tage zu uns nach Hause [in den Anitschkow] fuhren, und wie in der Nacht, als ich allein blieb und in meinem kleinen Kabinett weinte, Nikolaus zu mir hereinkam, auf die Knie fiel, zu Gott betete und mich beschwor, ihm zu versprechen, mutig alles auszuhalten, was noch geschehen kann.

›Wir wissen nicht, was uns erwartet. Versprich mir, Mut zu zeigen, und wenn wir sterben müssen, ehrenhaft zu sterben.‹

Ich sagte ihm:

›Mein lieber Freund, welch dunkle Gedanken? Aber ich verspreche es dir.‹ Ich fiel auch auf die Knie und bat den Himmel, mir Kraft zu geben, und neben der Büste meiner verstorbenen Mutter dachte ich an sie und an den geliebten Kaiser Alexander. Wir legten uns sehr spät hin ...«

Es ist eher unwahrscheinlich, dass die beiden in dieser kurzen Nacht noch geschlafen haben. Denn bereits um 7 Uhr morgens, also am 14./26. Dezember, empfing Nikolaus Pawlowitsch in der Paradeuniform des Ismailow-Regiments die ihm ergebenen Generäle und Regimentskommandeure im Winterpalast, las ihnen sein Manifest vor und forderte sie auf, ihre Soldaten umschwören zu lassen. Sie entfernten sich. Dann schwor der Senat den Eid, etwas später der Staatsrat. Danach füllte sich der Palast allmählich mit sämtlichen hoffähigen Personen der Stadt, die um 14 Uhr an einem Dankgottesdienst teilnehmen wollten. Deshalb war der Schlossplatz gegen Mittag voller Equipagen und Schlitten, und Zehntausende Schaulustige waren gekommen. Alles war ruhig.

Doch zwischen 11 und 12 Uhr erfuhr Nikolaus, dass 700 Soldaten des Moskauer Regiments der Garde auf dem Weg zum Senatsplatz waren, nachdem sie mehrere Offiziere verprügelt und verletzt hatten. Darauf befahl er das 1. Bataillon des Preobraschensker Regiments aus der Kaserne am Wintergraben zu sich und begab sich, während ein Pferd für ihn gesattelt wurde, in Begleitung einiger weniger Palastwachen auf den Schlossplatz, um den Neugierigen sein (noch nicht gedrucktes) Manifest vorzulesen und die neue Lage zu erklären. Der Auftritt endete mit Hurrarufen. Nie zuvor hatte ein Romanow sein Volk auf diese Art von seiner Thronbesteigung in Kenntnis gesetzt. Eine kinoreife Szene!

Unterdessen beendete Alexandra im Anitschkow nichtsahnend ihre Toilette. Plötzlich trat die Kaiserinmutter ein und rief: »Meine Liebe, es läuft alles nicht so, wie es laufen sollte; es sieht schlecht aus, Unruhen, ein Aufstand!« Alexandra ließ alles stehen und liegen und eilte mit Maria Fjodorowna in deren Räume im Südwestflügel des Winterpalastes, wo die Damen und Herren des Hofes längst alle Fenster besetzt hatten, um besser beobachten zu können, was sich nun abspielte. Da es den Alexander-Garten noch nicht gab, war die Sicht frei. Nikolaus aber war aufgesessen und ritt mit einigem Abstand vor dem Bataillon langsam an der Admiralität vorbei in Richtung Senatsplatz. Die Lage war gefährlich, zumal er nicht wusste, ob noch andere Regimenter gegen ihn waren. Da er auch für seine Familie um Leib und Leben fürchten musste, hatte er die Kinder noch schnell in den Winterpalast bringen lassen, weil dessen Eingänge besser geschützt werden konnten. Dass Alexandra ihn von dort aus beobachtete, hat er erst später erfahren:

»Aus dem kleinen Kabinett der Kaiserin sahen wir, dass der Platz bis zum Senat voller Menschen war. Der Herrscher befand sich an der Spitze des Preobraschenskyer Regiments, und bald schloss sich ihm die Garde zu Pferde an; aber wir wussten nichts, man sagte uns nur, dass das Moskauer Regiment gemeutert hat.«

In der Tat waren mehrere Kompanien der »Moskauer« und der Leibgrenadiere auf den Senatsplatz marschiert, um das Senatsgebäude zu besetzen und den Senat zur Veröffentlichung eines Manifestes zu zwingen. Sie hatten beim Denkmal Peters des Großen zwei Karrees gebildet und riefen »Hurra, Konstantin!«. Manche ließen auch »Konstituzija« hochleben, in der Meinung, so heiße Konstantins Frau. Was weiter geschehen sollte, wussten sie nicht. Alexandra zufolge waren sie »mehr oder weniger betrunken«.

Am frühen Nachmittag hatten loyale Regimenter die »Moskauer« und die Grenadiere umzingelt – Graf Miloradowitsch hatte sich in der Haltung der Garde geirrt. Doch die Meuterer weigerten sich aufzugeben, und mittlerweile waren sie 3000 Mann stark. Schüsse fielen. Einer traf den Grafen tödlich, und als Nikolaus auf dem Senatsplatz ankam, flogen auch ihm Kugeln um die Ohren:

»Wir sahen aus der Ferne alle diese Bewegungen, wussten, dass dort geschossen wird, dass das wertvollste Leben in Gefahr ist. Wir waren wie in Agonie. Ich hatte nicht genug Kraft, um mich zu beherrschen. Gott gab sie mir, weil ich ihn in meiner Not anrief. ... Wir schickten jede Minute Eilboten hin, aber sie blieben alle dort und kamen nicht zurück ...«

Die Lage blieb brenzlig. Selbst als es gegen 15 Uhr anfing zu dunkeln und die Gefahr wuchs, dass die Meuterer in der Nacht die Stadt besetzten, konnte Nikolaus sich nicht entschließen, Artillerie einzusetzen. Sicherheitshalber ließ er nun Wagen bereitstellen, in denen Alexandra und Maria Fjodorowna mit den Kindern im Notfall nach Zarskoje Selo gebracht werden konnten[5]:

»Alle Augenzeugen dieser Ereignisse fanden, dass der Herrscher zu geduldig war, dass er auf Kanonen zurückgreifen müsste. Aber ich habe so gut verstanden, was im Herzen meines Nikolaus vor sich ging. Alle wunderten sich über seine Ruhe und seine Kaltblütigkeit, seine Milde. Aber man wollte, dass er schneller zur entscheidenden Tat schritt.«

Stattdessen unternahm Nikolaus noch einen letzten Versuch einzulenken, indem er Serafim rufen ließ, den Metropoliten von Nowgorod und St. Petersburg. Doch auch Serafim konnte die Aufständischen nicht davon überzeugen, dass nach dem Willen Alexanders I. und des Großfürsten Konstantin nun Nikolaus herrschen sollte. Sie schwangen drohend ihre Säbel, sodass er sich zurückziehen musste. Der Pöbel sei auch aufseiten der Aufständischen gewesen, notierte Alexandra. In der Tat säumten Tausende Neugierige den Platz, und einige versorgten die Meuterer mit Wodka – gegen den Hunger und die Kälte.

Schließlich führte Michael Pawlowitsch Artillerie herbei und setzte Kartätschen ein. Als Alexandra in der Dunkelheit das Mündungsfeuer sah und das Krachen hörte, hob sie die Hände zum Himmel und fiel auf die Knie. Ob ihr bewusst war, dass sie weinte? Der kleine Sascha war bei ihr. Das Schießen dauerte nicht länger als eine Viertelstunde. Dann herrschte Stille, eine tödliche Stille, in der sie reglos auf dem Boden lag. Sie kam erst wieder zu sich, als ein Adjutant des Kaisers meldete, die Feinde seien auseinandergelaufen und geflüchtet, einige seien getötet worden. Tatsächlich lagen mehrere Hundert Tote und Verwundete, Soldaten und Zivilisten, auf dem Platz:

»Ach, russisches Blut wurde doch von Russen vergossen! Der Herrscher scheint sich dem Palast zu nähern. Wir sahen aus dem Fenster Menschen, unter denen er sich wahrscheinlich zu Pferde befindet. Bald ritt er in den Palasthof und kam die kleine Treppe herauf – wir warfen uns ihm entgegen. Oh, Gott, als ich hörte, wie er unten Befehle erteilte, beim Ton seiner Stimme, fing mein Herz an zu klopfen! Als ich in seinen Armen lag, fing ich an zu weinen, zum ersten Mal an diesem Tag. Ich sah in ihm irgendwie einen ganz neuen Menschen.... Als er merkte, dass Sascha weinte, sagt er ihm, dass er sich schämen solle, und ging mit ihm in den Hof. Dort befand sich das Pionierbataillon. Der Herrscher zeigte ihnen Sascha und sagte:

›Ich brauche euren Schutz nicht, aber ich vertraue ihn eurem Schutz an!‹

Bei diesen Worten umarmten die alten Soldaten den Kleinen und schrieen ›Hurra!‹ Nikolaus setzte sich wieder aufs Pferd und ordnete an, wie die Truppen zum Schutz des Palastes aufgestellt werden sollten.«

Nach seiner Rückkehr konnte endlich der Gottesdienst stattfinden. Es war 19 Uhr. Alexandra war noch im Morgenkleid, doch die Höflinge wichen zurück, »um mir, der geretteten Kaiserin, den Weg freizumachen«. Bald traf auch Michael Pawlowitsch ein, der die loyalen Teile des Moskauer Regiments auf Nikolaus eingeschworen und endlich auch selbst den Eid geleistet hatte.[6]

»Das war ein schöner Augenblick. Wie ich in diesem Augenblick bedauert habe, dass ich kein Mann bin. Auch Nikolaus kam zurück. Um das Wesentliche zu sagen: er sah nicht müde aus, im Gegenteil, er sah besonders edelmütig aus, sein Gesicht strahlte, es zeigte eine Spur von Demut, aber auch das Bewusstsein der eigenen Würde. Hand in Hand mit ihm ging ich endlich in den Saal, der voller festlich gekleideter Menschen war. Alle verneigten sich bewegt beim Anblick des jungen Herrschers, der sein Leben einer so großen Gefahr ausgesetzt hatte. ... Wir gingen in die Kirche ... Sascha war auch in der Kirche, zum ersten Mal mit einem Ordensband. So kehrten wir zu uns zurück. In Nikolaus' Augen standen Tränen.

Gott, was für ein Tag. Als Gedenktag wird er uns das ganze Leben in Erinnerung bleiben! Ich hatte überhaupt keine Kraft mehr, konnte nicht essen und nicht schlafen; erst sehr spät, nachdem Nikolaus mich beruhigt hatte, als er sagte, alles sei ruhig, legte ich mich hin und schlief, von den Kindern umgeben, die diese Nacht auch wie im Biwak verbracht hatten. Dreimal kam Nikolaus in dieser Nacht, um mir mitzuteilen, dass man einen Festgenommenen nach dem anderen vorführt, und was jetzt bekannt wird ...

Am nächsten Morgen erwachte ich mit einem ganz anderen Gefühl, mit einem neuen Gefühl sah ich auf meinen Nikolaus, wie er die Reihen der Soldaten entlang schritt und ihnen für ihren treuen Dienst dankte; ... Innerlich wird der Schrecken dieses Tages noch lange nicht vergehen: Mir kommt der 14. Dezember wie ein Tag der göttlichen Vorsehung vor, weil dieser offene Aufruhr die Möglichkeit gibt, schneller und genauer die Teilnehmer und das Ausmaß der Verschwörung festzustellen.«

Die Verhöre begannen schon in der Nacht, und mehrere Verschwörer wurden im Großen Italienischen Saal der Alten Ermitage »bei dem Ofen zur Theaterseite hin« vom Kaiser persönlich verhört, woraufhin seine Kritiker ihm vorwarfen, er habe die Ermitage in eine Polizeiwache verwandelt.[7] Auch für die Kinder war die Nacht unruhig verlaufen. Wie Olga Nikolajewna sich erinnerte, blieben Mary und sie ohne Mahlzeit und mussten »bei Mama auf Stühlen« schlafen. Und sie erinnerte sich an »die bestürzten Gesichter der Menschen, die feierlich gekleidet die Korridore füllten, an Großmama, deren Wangen stark gerötet waren«, und an »Papa«, der kurz hereinkam und mit Mama sprach, »bleich und mit heiserer Stimme«. Rund um sich hörte Olga raunen: »Ein Kaiser ist hervorgetreten, der des Thrones würdig ist.«[8]

In der Tat hatte Nikolaus das Blatt allein durch seinen persönlichen Mut und sein majestätisches Auftreten zu seinen Gunsten gewendet. Darüber waren sich alle Beobachter einig, und allen war klar, dass er sein Leben riskiert hatte. Selbst seine Gegner akzeptierten ihn nun. Er hatte den Thron behauptet und entsprach plötzlich seinem hohen Amt. Alexandra fühlte als Erste die Veränderung, die mit ihm vorgegangen war:

Samstag, 19./31. Dezember
»Jetzt sehe ich Nikolaus so selten. Ein neues Leben hat begonnen. Und wie grausam es begonnen hat. Als ich Nikolaus am 14. Dezember auf der Kleinen Treppe umarmte, fühlte ich, dass er als ein ganz anderer Mensch zu mir zurückgekommen ist. Als er am nächsten Morgen ging, war ich so stolz auf ihn, er kommt mir so erhöht vor. Und dennoch weine ich darüber, dass er schon nicht mehr der frühere Nikolaus ist. Aber weg mit diesen Gedanken! Einmal sagte ich zu ihm:

›Jetzt stehe ich in deinem Herzen an zweiter Stelle, weil Russland nun den ersten Platz einnimmt.‹

Er antwortete:

›O nein, du irrst, weil wir, du und ich, ein Ganzes sind, deshalb kann sich nichts ändern.‹

Wie wunderbar das ist. Kann man nach solchen Worten nicht glücklich sein, glücklich ohne Ende!«

Aber auch Alexandra hatte sich fabelhaft gehalten, obwohl der Tag der Thronbesteigung ihres Mannes der schlimmste Tag ihres Lebens war. Die Augenzeugen, die sie am 14./26. Dezember beobachtet hatten, waren voll des Lobes. Wassilij A. Schukowskij war seit 10 Uhr morgens im Winterpalast. Seine Schülerin hatte seine Erwartungen an diesem »Jahrhunderttag« nicht enttäuscht. »Ich kenne sie nun acht Jahre und habe ihr kindlich-glückliches und ruhiges häusliches Leben beobachtet. Ich sagte mir: Sie ist für das private Glück geboren. ... Doch ich habe auch immer gedacht: Sie ist reizend in ihrem Glück, aber die Minute, in der ihre Seele sich in all ihrer Schönheit zeigt, wird eine Minute der Prüfungen sein. Diese Minute ist gekommen … Sie war erstaunlich ruhig, still und majestätisch, wie der Glaube an Gott.«[9] Der Historiker Nikolaj M. Karamsin, der den ganzen Tag bei der kaiserlichen Familie verbracht hatte, sagte am Abend zu Schukowskij: »Was Ihre junge Kaiserin angeht, so kenne ich sie jetzt. Das ist eine bewunderungswürdige Frau.«[10] Sie hatte Todesängste ausgestanden, doch Nerven gezeigt. Der Preis war hoch: Alexandra behielt zeit ihres Lebens ein nervöses Zucken zurück, das sich verstärkte, wenn sie aufgeregt war.

Neujahr empfing das neue Kaiserpaar zum ersten Mal das diplomatische Corps. Bisher sei er nur Soldat gewesen, nun müsse er lernen zu herrschen, erklärte Nikolaus den Diplomaten, nachdem er ihnen seine Sicht der Dinge vorgetragen hatte. Er lernte schnell. Doch das Unglück war geschehen: Seine Herrschaft hatte mit Verrat und Blutvergießen begonnen, und nun traute er niemandem mehr. Die Liste mit den Namen der 570 Verschwörer verwahrte er bis zu seinem Tod in Reichweite.[11]

Am 2. Januar 1826 traf die Nachricht, Nikolaus habe die Krone angenommen und werde sich huldigen lassen, in Berlin ein. Der Kurier war am 26. Dezember vormittags aus der russischen Residenz abgegangen. Die Nachricht wurde mit großem Jubel aufgenommen.[12] Nur der König, »Posttäglich« von seiner Tochter über den »ungefähren Zustand der Dinge« informiert und im Zweifel, ob er Wilhelm losschicken sollte oder nicht, ließ sich nicht hinreißen und wartete auf den nächsten Kurier, der am 3. Januar morgens ankam und die Freude dämpfte. Zwei Tage später schrieb Friedrich Wilhelm seiner Tochter, nun sei die »große Frage« also entschieden und der »große entscheidende Tag« gekommen, »der Dich, mein geliebtes Kind, zur Seite des theuren Николай I. [Nikolaus I.] auf den mächtigen Kaiserthron aller Reußen setzt! … Gott gebe, daß wir keine andern als wünschenswerthe Nachrichten von Euch erhalten mögen. Lebe wohl, gute, liebe Charlotte; denn diesen Namen behältst Du doch nun einmal in unserm Familienzirkel. Wenn auch von Himmelsbewohnern Segen zu erwarten ist, so wird der herzlichste beste

Muttersegen Dir gewiß zu Theil. F. W.«[13] Am 6. Januar fuhr Wilhelm los.

Aber die Unruhe blieb. Mitte des Monats bedankte sich der König bei seinem »geliebten Kind« in St. Petersburg noch einmal »innig« für alle Nachrichten, »die Du mir über alles unausgesetzt giebst«. Und da er mitterweile mehrere Augenzeugen empfangen hatte, fuhr er fort: »... wahrlich: es schaudert einen immer von Neuem, wenn man so etwas zu hören hat, und wie sehr müßen wir nicht der Vorsehung danken, daß sie noch alles so gelenkt und dem Kaiser die Kraft verliehen hat, um sich in der kritischsten aller Lagen so zu zeigen, wie er sich gezeigt hat; alles ist über ihn enthusiasmirt!«[14]

Wilhelm blieb drei Monate in St. Petersburg, und in dieser Zeit haben er und seine Begleiter so manches erfahren, was nicht in die Öffentlichkeit gedrungen ist.

So zitiert Leopold von Gerlach, der Adjutant des Prinzen, den Kaiser nach einem auf Deutsch geführten Gespräch mit den Worten: »Ich war 4 Tage vorher unterrichtet von der ganzen Sache, ich wusste, dass etwas gegen mein und meiner Familie Leben im Werke war, meine Lage war schrecklich, ich hatte keinen Vertrauten als meine Frau.«[15] Etwas Großartigeres, Schöneres, Liebevolleres konnte Nikolaus über seine Frau nicht sagen. In diesem Vertrauen und in dieser Vertrautheit lag das Geheimnis ihrer Beziehung, und es sieht ganz so aus, als habe Alexandra in wenigen Tagen jene Reife erlangt, die ihr bisher gefehlt hatte. Das spürte sie auch selbst. »Gewiß ist es eine ernste Zeit, in der wir leben; man muß früh reifen und früh lernen, wie nichtig alle menschliche Größe ist«, schrieb sie Marie von Clausewitz, der Oberhofmeisterin ihrer »Tante Minnetrost« und Frau des Heeresreformers, im Januar 1826. »Das hat ganz bestimmt sein Gutes, und so muß man das Schwere annehmen, was uns die Vorsehung schickt. Sonderbar muß es Ihnen aber vorkommen, wenn Sie an die kleine Prinzeß Charlotte von anno 1813 denken, sie sich nun als Kaiserin vorzustellen. Das größte Gut auf Erden habe ich doch, die Liebe des besten Mannes, und was er ist, hat jetzt die Welt gesehen; was wäre aber das Aeußere nur, wenn der innere Werth fehlte. Ueber die edlen Brüder auf Rußlands Thron werden Sie sich auch gefreut haben, da Ihre Seele so würdig ist, alles Große und Schöne zu empfinden und anzuerkennen. … bleiben Sie immer die alte Marie für Ihre Charlotte.«[16]

Unterdessen bekamen die Preußen zu spüren, dass die Unsicherheit anhielt. Gerlach erfuhr, dass noch längst nicht alle »malfaiteurs« (Übeltäter) in der Festung säßen und dass einige von ihnen sogar im Vorzimmer des Kaisers anzutreffen seien. Angeblich zogen die Soldaten Konstantin dem Kaiser immer noch vor. »Wir können dem armen Nikolai Paulowitch wenig nützen«, notierte Gerlach, »doch, wenn ich den Kummer auf seinem ehrlichen Gesicht bemerke, so erscheint es mir lieblos, daß ich mich so sehr von hier fortsehne, wo er von einem Heere von Sorgen umlagert ist. Ein großer Trost für ihn ist seine Gemahlin, sein gutes Gewissen und Gott im Himmel.«[17] Des Weiteren fiel Gerlach ein reger Fremdenhass auf, der sich nach seinem Empfinden auch gegen die »Deutschfürstliche Kaiserfamilie« richtete, die in Russland »in ihren Grundsätzen, Gesinnungen, Neigungen und selbst in ihrem Aussehen« fremd geblieben sei.[18] Überhaupt habe die Verschwörung wohl auch den Zweck gehabt, »an die Stelle der jetzigen, die Fremden begünstigenden Herrschaft im Lande, wieder ein echt Russisches Regiment zu setzen«[19]. Doch in Nikolaus' Augen hatte sich der russische Adel im Dezember kompromittiert, und so berief er noch mehr Ausländer, vor allem Deutsche, auf leitende Posten, die ihm treu dienten, aber unbeliebt und sogar verhasst waren.[20]

Am 24. Februar lud Charlotte ihren Bruder und seine Begleitung zum Frühstück in den Anitschkow, obwohl die kaiserliche Familie inzwischen in den Winterpalast gezogen war: »Sie zeigte uns die ganze Wohnung und sprach mit sehnsüchtiger Rückerinnerung von der Zeit, wo sie hier gewohnt hatten«, notierte Gerlach; »ihren Gemahl nannte sie immer, wenn sie von ihm sprach, den Großfürsten. Der Großfürst Alexander und die beiden Großfürstinnen Marie und Olga, alle drei ausgezeichnet hübsche Kinder spielten so lustig und munter, daß es eine Freude war, ihnen zuzusehen.«[21] Der Kaiser sei noch immer unwohl, doch sein Befinden bessere sich.

Mitte März traf die Trauerprozession mit dem Leichnam Alexanders I. ein. Sie war zwei Monate unterwegs gewesen. Alexander wurde am 25. März in der Peter-und-Paul-Kathedrale, der Grabkirche der Romanows, beigesetzt. Für Alexandra war es die erste Beisetzung eines Familienmitglieds und der erste öffentliche Auftritt nach dem 26. Dezember. Wider Erwarten stand sie die langen Zeremonien durch, doch es fiel auf, dass sie in diesen Augenblicken großer Emotion plötzlich zitterte ...

Nun erst konnten die Vorbereitungen für die Krönung beginnen, die im Juni in Moskau stattfinden sollte. Am 3. Mai wurde das Krönungsmanifest veröffentlicht, und Europa begann sich auf das Ereignis zu freuen. Der König von Preußen teilte seiner Tochter mit, dass er Carl schicken werde. »Ganz dull vor Seeligkeit über Papas Annonce, dass Du wirklich nach Moskau kommst, schreibe ich Dir, bester liebster Carl«, ließ sie daraufhin den Bruder wissen. »Ich annoncierte es meinen Lieben, die sehr jubelten. – Dir hatte es am Ende Papa noch gar nicht annociert, als er es mir am 1. Mai annoncierte. Wie oft dasselbe Wort vorkommt, welch ein Styl!«[22] Doch dann kam eine neue Todesnachricht, die eine Verschiebung der Feierlichkeiten erforderte: Elisabeth, die Kaiserinwitwe, war auf dem Rückweg aus Taganrog am 16. Mai in Bjelewo, Gouvernement Tula, gestorben. Carl, schon auf dem Weg nach Moskau, kehrte in Warschau um, brach aber schnell wieder auf, um an den Beisetzungsfeierlichkeiten in St. Petersburg teilzunehmen, und Alexandra war glücklich, »doch in all der Trauer Zeit nun einen Bruder als Trost zu haben«[23]. Elisabeth wurde am 3. Juli neben ihrem Mann beigesetzt, und Alexandra hielt das Begräbnis nach einer Ohnmacht nur mühsam durch.

Zwei Wochen später, die Familie war bereits nach Zarskoje Selo übersiedelt, musste sie noch eine Prüfung bestehen:

Sonntag, 12./24. Juli, nachts
»Heute ist der Vorabend der entsetzlichen Hinrichtungen. 5 Schuldige werden gehängt, die übrigen degradiert und nach Sibirien geschickt.

Ich bin so aufgeregt! Gott sieht das. Soll er! – Die Hauptstadt und solche Hinrichtungen, das ist doppelt gefährlich. Ein Glück, dass ich hier geblieben bin, aber ich möchte wissen, wie alles weiter geht. Möge Gotte das geheiligte Leben meines Nikolaus schützen! Ich wünschte, diese beiden schrecklichen Tage wären schon vorbei ... Das ist so schwer. ... O, wenn jemand wüsste, wie Nikolaus geschwankt hat! Ich bete für die Rettung der Seelen derjenigen, die gehängt werden.

1. Pestel, 2 Sergej Murawjow, 3 Bestuschew-Rjumin, 4. Rylejew, 5. Kachowskij.«

Montag, 13./25. Juli
»Was für eine Nacht das war! Die ganze Zeit sind mir die Toten erschienen ... die Schuldigen haben sich feige und würdelos benommen, die Soldaten haben Ruhe und Ordnung bewahrt. Diejenigen, die nicht dem Strang unterlagen, wurden herausgeführt und degradiert; ihre Uniformen wurden ihnen heruntergerissen und ins Feuer geworfen, ihre Waffen über ihren Köpfen zerbrochen; das muss für Männer genauso schrecklich sein wie der Tod selbst. Dann wurden die übrigen fünf gebracht und gehängt, dabei sind drei von ihnen heruntergefallen. Das ist furchtbar, das erfüllt mit Schauder. ... Mein armer Nikolaus hat soviel gelitten in diesen Tagen! Zum Glück musste er selbst das Todesurteil nicht unterzeichnen.

Ich danke Gotte dafür, dass dieser Tag vorbei ist, und ich bitte ihn um Schutz für morgen. Auf dem Senatsplatz, wo der Aufstand am 14. [26. Dez.] stattfand, soll ein Gottesdienst abgehalten werden. Noch ein 14.! Ich wünschte, er wäre schon vorbei, und wir wären schon auf dem Weg nach Moskau! ... Die Frauen der Verbannten haben die Absicht, ihren Männern nach Nertschinsk zu folgen. Oh, an ihrer Stelle würde ich auch so handeln.«

Das war ihr zuzutrauen, aber Alexandra war nicht an ihrer Stelle. Dass die »Schuldigen« gefasst unter den Galgen getreten waren, hat sie wohl nicht erfahren. Dass in drei Fällen der Strick riss, weil er zu dünn war, hätte in anderen Ländern ihre Begnadigung zur Folge gehabt. Doch Nikolaus, der 31 der insgesamt 36 zum Tode Verurteilten zu »ewiger Katorga« in Sibirien begnadigt hatte, wollte ihren Tod. Das Höchste Strafgericht, das binnen fünf Wochen insgesamt 121 Angeklagte abgeurteilt hatte, ohne sie anzuhören und ohne ihnen eine Möglichkeit zur Verteidigung zu geben (Anwälte hatten sie nicht), war auch nicht so unabhängig, wie Alexandra glaubte. Nikolaus handelte ausschließlich nach persönlichem Ermessen. Hätte er gewusst, dass Kondratij F. Rylejew, einer der Gehenkten, ein begabter Dichter war, sagte er später einmal, dann hätte er ihn begnadigt, da Russland so arm an Talenten sei.[24]

Der Dankgottesdienst zur Rettung des Vaterlandes vor dem Untergang fand in einer provisorischen Kirche statt (die Isaak-Kathedrale war noch in Bau). Danach schritt der Metropolit mit der Geistlichkeit der Kasaner Kathedrale die Front der angetretenen Garderegimenter ab, besprengte sie mit geweihtem Wasser und segnete sie. Die Soldaten knieten nieder. Nikolaus folgte zu Pferd, Alexandra in einer Equipage. Es war das erste Mal in der Geschichte, dass ein Hochverratsprozess mit einer grandiosen religiösen Zeremonie endete. Sie hat ihre Wirkung auf die riesige Menschenmenge, die gekommen war, um dem neuen Kaiser zuzujubeln, nicht verfehlt. Seit Peter dem Großen diente die Kirche der Macht, mit ihrer Hilfe hatte die Selbstherrschaft triumphiert.

Nun kam noch eine Stütze dazu, von deren Einrichtung in diesen Tagen kaum jemand etwas mitbekam. Anfang Juli hatte die Eigene Kanzlei Seiner Kaiserlichen Majestät eine III. Abteilung erhalten, der die Funktionen einer politischen Polizei übertragen und ein Gendarmenkorps als ausführendes Organ beigegeben wurde. Denn die Verhöre der Dekabristen hatten Nikolaus gezeigt, dass er Missstände und Stimmungen in seinem

Reiche nicht kannte, folglich auch nicht kontrollieren konnte. Chef der III. Abteilung und der Gendarmerie wurde General Alexander von Benckendorff, ein enger Freund des Kaisers, der das Land nun mit einem dichten Netz von Spionen und Zuträgern überzog. Die III. Abteilung, die alsbald in alle öffentlichen und privaten Lebensbereiche einzudringen suchte, wurde eine der berüchtigtsten Institutionen des nikolaitischen Russland.

Doch davon ahnte an diesem 26. Juli 1826 niemand etwas. Abends gab Fürst Wiktor P. Kotschubej in seinem Palais, Fontanka 16, einen Ball.[25] Die Creme der Petersburger Gesellschaft war geladen. Auf dem Weg zur Fontanka waren einige der Gäste einem Konvoi Verurteilter in eisernen Ketten begegnet, die aus der Peter-und-Paul-Festung auf Holzkarren nach Sibirien transportiert wurden, darunter so mancher Verwandter, Freund und Kamerad. Die Herrschaften wandten den Blick ab und vergaßen beim Tanz schnell, wem sie begegnet waren.[25] Unter den Verurteilten, die schon am Vortag in die Bergwerke von Nertschinsk abgegangen waren, befand sich auch Fürst Sergej G. Wolkonskij, ein Sohn der Staatsdame Alexandra N. Wolkonskaja, die Prinzessin Charlotte im Juni 1817 an der Grenze in Polangen abgeholt und die kleine Olga im September 1822 zur Taufe ins Taurische Palais gebracht hatte. Die Fürstin versah ihren Dienst bei Maria Fjodorowna, als sei nichts geschehen. Sie hat nicht um Gnade für ihren Sohn gebeten, ihn auch nicht in der Festung besucht. Wir können annehmen, dass Alexandra von all dem tief betroffen war.

Am 28. Juli um 8 Uhr morgens brach das neue Kaiserpaar nach Moskau auf.

7
»Sie verkörperte das Ideal der russischen Zarin«
Neue Pflichten

Einzug in Moskau – Krönung in der Uspenskij-Kathedrale – Carl von Preußen über seine Schwester – Alexander Puschkin im Kreml – Chefin der Chevaliers gardes – Schukowskij als Pädagoge – Geburt Konstantins – Krieg mit der Türkei – Reise nach Odessa – Tod Maria Fjodorownas – Übernahme neuer Pflichten 1826–1828

Die Krönung des neuen Kaiserpaares war *das* politische Ereignis des Jahres 1826, und sie war auch schon ein Medienereignis. Denn nicht nur hochrangige offizielle Delegationen aus aller Welt fanden sich aus diesem Anlass in Moskau ein, sondern auch Journalisten, Maler und Zeichner, deren Werke später europaweit angeboten wurden. So annoncierte die *Staats und Gelehrte Zeitung Hamburg* am 3. März 1827 »folgendes Prachtwerk« in französischer Sprache: »Collection de 12 dessins, représentant les principales cérémonies du Couronnement de leurs Majéstés l'Empereur Nicolas I et l'Impératrice Alexandra«*. Gezeichnet in Moskau und lithografiert von den besten Pariser Künstlern. Wer wollte, konnte sich also eine der großen Szenen in die gute Stube hängen und noch lange als Zuschauer fühlen.

Die Krönung sollte am 3. September in der Uspenskij-Kathedrale, der ältesten und größten Kremlkirche, stattfinden. Doch das Kaiserpaar war schon am 2. August im Peter-Palast drei Werst vor den Toren Moskaus eingetroffen und hatte sich dort von der Reise erholt. Vier Tage später erfolgte der feierliche Einzug. Neun Jahre nach dem ersten Besuch des jung verheirateten Paares und

---

* Sammlung von zwölf Zeichnungen, welche die wichtigsten Zeremonien der Krönung Ihrer Majestäten, des Kaisers Nikolaus I. und der Kaiserin Alexandra, darstellen.

vierzehn Jahre nach dem großen Brand war die Erste Residenzstadt nicht wiederzuerkennen. Die 14 000 Holzhäuser, die 1812 abgebrannt waren, hatte man zum größeren Teil als Steinhäuser wieder aufgebaut, die Alleen waren neu bepflanzt, und zur Krönung hatte die Stadt sich noch ganz besonders herausgeputzt. Die Häuser waren mit Fahnen, Blumen und Monogrammen geschmückt, die »40 x 40 Kirchen« frisch getüncht und die Straßen blitzsauber gefegt.

Vom Peter-Palast bis zum Kreml standen 50 000 Mann, Gardisten und Soldaten, in zwei Reihen Spalier. Zehntausende Zuschauer säumten, festlich gekleidet, die Straßen und drängten sich auf den Plätzen. Für einen Fensterplatz in der Twerskaja wurden 50 Rubel gezahlt, die Plätze auf den voll besetzten Dächern waren etwas billiger. Alle wollten das junge Kaiserpaar sehen. »Die Kaiserin Alexandra Fjodorowna stand damals in der vollen Blüte ihrer Schönheit«, erinnerte sich der Schriftsteller Wladimir A. Sollogub, der den Einzug als 13-Jähriger erlebte, »sie verkörperte sozusagen das Ideal der russischen Zarin, indem sie in sich die Majestät der Haltung mit unendlicher Freundlichkeit und Güte vereinte. Über die äußere Erscheinung des Herrschers selbst habe ich nichts zu verbreiten, sie wurde in ganze Russland zur Legende: Er kam dem Volk vor wie ein Recke aus dem Märchen ... «[1]

Kanonenschüsse, Glockengeläut, Trommelschlag und Musik begleiteten den kaiserlichen Zug, und je näher er dem Kreml kam, desto lauter und fröhlicher wurde das Volk. Nikolaus, begleitet von seinem Bruder Michael und seinem Schwager Carl von Preußen, ritt voran. Alexandra folgte mit der Kaiserinmutter und dem Thronfolger in einer achtspännigen goldenen Kutsche. Ihre Anmut und ihre Würde bezauberten jedermann.[2] Doch sie war aufgeregt. Würde sie die körperliche Belastung aushalten, würden ihre Russischkenntnisse ausreichen? In Moskau wurde viel mehr Russisch gesprochen als in St. Petersburg, und Schukowskij hatte ihr, bevor er Mitte Mai über Kopenhagen und Hamburg zur Kur nach Ems abgereist war, noch schnell eine Sammlung wichtiger Sätze vorbereitet, die ihr helfen sollten, in Moskau auf Russisch Konversation zu machen, mit der Geistlichkeit, mit dem Adel und mit der Kaufmannschaft. »Sie können sie leicht durch andere, allgemeinere Sätze ergänzen«, hatte er ihr noch am Tag vor seiner Abreise geschrieben.[3]

Im Frühjahr hatte der Kaiser ihn auf ihr Betreiben hin zum Erzieher des Großfürsten-Thronfolgers ernannt, weil er Sascha während der Abwesenheit der Eltern 1824/25 so erfolgreich unterrichtet hatte. Aber dann hatten die Ärzte ihm diese Kur und eine längere Erholung verordnet, und so brauchte er den Prozess gegen die Dekabristen nicht in St. Petersburg zu erleben. Über seine Ernennung war Wassilij Andrejewitsch keineswegs erfreut gewesen, weil er sich der Aufgabe nicht gewachsen fühlte. Denn bisher hatte er ihr mehr schlecht als recht Russisch beigebracht, und nun sollte er, der keine Kinder hatte, den Thronfolger erziehen! Das Unbehagen war in jedem seiner Briefe zu spüren. Das musste sie ihm noch ausreden. Der Mentor ihres Sohnes sollte doch vor allem ein *guter* Mensch sein, kein Machiavelli, kein Metternich und kein Talleyrand, sondern ein guter, gebildeter, ehrlicher Mensch, der dem Jungen moralische Maßstäbe setzte und schöne Eigenschaften in ihm weckte! Schade, dass er bei diesem so wichtigen Ereignis fehlte und nichts darüber schreiben konnte …

Sie wohnten wieder im schlichten, kleinen Tschudow-Palais, in dem sie schon 1817/18 gewohnt hatten. Aber im Kreml, der damals jedermann offen stand, wurde es Alexandra bald zu laut, und so zogen sie vorübergehend nach Neskutschnoje (»Nicht langweilig«), einem Sommersitz vor den Toren Moskaus. »Dort atmete man Landluft, dort konnte man in Freiheit durch den Garten schweifen, ohne der Neugier der Menschen ausgesetzt zu sein, ihren wohlgemeinten, doch betäubenden Hurrarufen.«[4]

Derweil fanden in Moskau endlose Revuen und militärische Übungen statt, die den Zweck hatten, die Truppen zu beschäftigen – Nikolaus traute ihnen noch nicht und ließ sich permanent über die Stimmung berichten. Er war auch unzufrieden, weil Konstantin sich weigerte, zur Krönung nach Moskau zu kommen, was immer noch missverstanden werden konnte. Am

14. August tauchte der Zarewitsch aber doch noch auf. Seine Frau, die Fürstin Łowicz, hatte ihn dazu überredet, und das war gut so. Nun konnte das ganze Land sehen, dass zwischen den Brüdern keine Feindschaft bestand.[5]

Die Krönung war ein außerordentlich prunkvolles Ereignis, das viele Zeitgenossen beschrieben haben. »Die Zeremonie, von einer, ich möchte sagen, afrikanischen Sonne beleuchtet, bot einen unbeschreiblich herrlichen Anblick dar«, meldete Prinz Philipp von Hessen-Homburg, der den Kaiser von Österreich vertrat, nach Wien.[6] »Ich habe in meinem Leben nichts Schöneres gesehen … Nie stand ein Fest in größerem Glanz, nie schien eines erhabener«, notierte Marschall Marmont, Herzog von Ragusa, der Sondergesandte des Königs von Frankreich. Der Marschall spürte wohl, dass er sich an einem Ort befand, der für die Russen ein nationales Heiligtum war.[7] Tatsächlich überstrahlten die goldenen Zwiebeldächer der Kremlkirchen selbst die erhabene Gotik der Kathedrale von Reims, in der die Könige von Frankreich gekrönt wurden.

Rot drapierte Holztribünen verbanden den Facettenpalast mit den drei Kathedralen, die das Herrscherpaar zeremoniell besuchen musste, und machten den Kathedralenplatz praktisch zum Amphitheater. Und während Gardesoldaten auf den Platz marschierten, füllten etwa 6000 Zuschauer die Ränge, Damen in ausgesuchten edelsteingeschmückten Toiletten, hohe Beamte und Diplomaten in glänzenden Uniformen und Vertreter kaukasischer Völker und sibirischer Völkerschaften in exotischen Volkstrachten. Es war ein grandioses Schauspiel. »Die Kaiserin-Mutter begab sich zuerst en cortège zur Kirche und nahm ihren Thron ein«, berichtet Prinz Philipp. Dann erschienen Nikolaus und Alexandra auf der Roten Treppe und begaben sich ihrerseits mit ihrem Gefolge in die Uspenskij-Kathedrale. Alexandra, in weißem Gazekleid und ohne Schmuck, hielt den Thronfolger an der Hand. »Das zarische Kind sah allem mit seinem klaren gutherzigen Blick zu. Von allen Seiten trafen es Blicke der Liebe und Rührung«, behielt die Schriftstellerin Tatjana P. Passek in Erinnerung.[8]

In der Kathedrale wurden Nikolaus und Alexandra von den

wichtigsten Würdenträgern des Reiches und dem diplomatischen Corps erwartet. Sie nahmen auf den erhöhten Thronen unter dem großen goldverzierten Baldachin Platz. Und während draußen vollkommene Stille einkehrte, vollzog Metropolit Serafim von Nowgorod und St. Petersburg, assistiert vom Kiewer Metropoliten Jewgenij und vom Moskauer Erzbischof Filaret, bei dem Alexander I. einst sein Manifest hinterlegt hatte, die Krönung.

Zunächst wurde Nikolaus der Krönungsmantel umgelegt, dann reichte Serafim ihm die mitraförmige Große Krone, die Katharina II. hatte anfertigen lassen. Nikolaus setzte sie sich selbst auf. Dann ergriff er Zepter und Reichsapfel, legte beide Insignien aber sogleich wieder nieder, nahm die Krone ab, berührte mit ihr leicht die Stirn seiner vor ihm knienden Frau und setzte ihr eine andere, eigens für sie bestimmte kleine Krone auf. Gleichzeitig wurde auch ihr der Purpurmantel umgelegt. Dann küsste der Kaiser sie, und Alexandra nahm wieder auf ihrem Thron Platz, der eine persische Arbeit war und von 1 500 Rubinen schimmerte. Und nun geschah etwas, was das Krönungsritual nicht vorsah. Plötzlich erhob sich die Kaiserinmutter, winkte ihren Enkel herbei, nahm ihn an die Hand, stellte ihn zwischen Kaiser und Kaiserin und verbeugte sich vor ihnen. Darauf knieten die drei nieder und baten um ihren Segen. Maria Fjodorowna aber segnete nicht nur Nikolaus, Alexandra und Sascha, sondern auch die Großfürsten Konstantin und Michael, und demonstrierte damit ihrerseits, dass in ihrer Familie Eintracht herrschte.[9] Der Vorgang war, so fand der Prinz von Hessen-Homburg, »von unbeschreiblicher Wirkung auf Einheimische und Fremde«.

Vor allem aber fanden die Ausländer erstaunlich, dass nun erst die Salbung erfolgte. In Westeuropa wurden die Monarchen zuerst gesalbt und dann gekrönt, in Moskau war auch das anders. Nikolaus empfing die Myronsalbung im Allerheiligsten auf Stirn, Augenlider, Nasenlöcher, Ohren, Lippen, äußere und innere Handflächen, Alexandra vor den Türen des Altarraums nur auf die Stirn. Das war der Augenblick, in dem Kanonendonner, Glockengeläut und Trommelwirbel den draußen Wartenden anzeigten, dass die Krönung vollzogen war. Als die Gekrönten aus der Kathedrale traten, intonierte ein Orchester »God save the king«, das im allgemeinen Freudenlärm wohl niemand gehört haben dürfte.[10] Der Jubel dauerte, bis das Kaiserpaar wieder auf der Roten Treppe ankam. Hier verneigte sich Nikolaus I., immer noch im Purpurmantel und die Krone auf dem Haupt, dreimal vor seinem Volk. So wollte es die Tradition. In diesem Augenblick kannte die Begeisterung der Menschen auf dem Kathedralenplatz keine Grenzen mehr. Nicht enden wollende Hurrarufe ertönten noch lauter, noch mehr Hüte flogen in die Luft, Unbekannte umarmten einander, und viele weinten vor Freude und Rührung.

Als Sohn eines Oberzeremonienmeisters konnte Wolodja Sollogub das Geschehen von einer Tribüne aus beobachten. Der Dreizehnjährige klatschte, sprang und hüpfte vor Freude so übermütig, dass er schließlich vom Gerüst stürzte. Noch ein halbes Jahrhundert später sah Sollogub das frisch gekrönte Kaiserpaar genau vor sich: »... die Kaiserin – jung, schön, erhaben, mit der glänzenden Krone auf den dunklen Haaren, gekleidet in kostbare weiße Gewänder, Hand in Hand mit dem Kaiser, den zu beschreiben ich mich in dieser Minute nicht traue. Nur Jupiter in der Vorstellung der Alten, wie er mit Donner und Blitz in der Rechten vom Olymp herabfährt, konnte in diesem Augenblick mit ihm verglichen werden.«[11]

Die schönste Schilderung aus der »unermesslichen Stadt« hat aber wohl Carl von Preußen überliefert: »1 Uhr mittags – Die Krönung ist vorbei!!!«, schrieb er dem König: »Charlotte hat die ganze unbeschreiblich herrliche Feierlichkeit auf das allerbeste ertragen; sie hatte bei aller Würde, die man sich nur denken kann, einen so lieblichen, demütigen Blick, als ob sie sagen wollte – glaubt nicht, dass mich die Krone stolz macht!!!! ... Die von Diamanten strotzende Krone machte einen herrlichen Effect auf das von der Sonne verbrannte Gesicht des Kaisers. Als ich Charlotte unter dem Baldachin sah, fiel sie mir als Lala Rukh ein, wiewohl sie hier auf keinem Palatin sass! Als Nikolaus die Krone vom Haupte nahm, und sie Charlotte – auf einen Augenblick – aufsetzte, kann ich nicht leugnen, dass mir die hellen Tränen aus den Augen flossen – und dabei die göttlichste Musik, oder besser gesagt, Gesang! Die herrliche alte Kathedrale von Edelsteinen, Gold und Silber strotzend – dies alles machte einen nie zu löschenden großen Eindruck. – Was mich tief rührte, war der Enthusiasmus, mit dem das liebe Moskauer Volk die Majestäten, nach der Krönung, noch mit der Krone auf dem Haupt empfing, als sie sich ihm wohlwollend von einem Balkon des Kremls zuwandten!!! Ich habe dergleichen noch nie! nie! erlebt, die über 100 000 Menschen brachen mit einmal in ein 5 Minuten langes Hurrah! aus.«[12]

Gegen Abend fand im Facettenpalast, einem Gebäude aus dem 15. Jahrhundert, ein Festmahl statt, zu dem nur die höchsten weltlichen und geistlichen Würdenträger des Reiches und die ausländischen Botschafter geladen waren. Aber auch die kaiserlichen Kinder Sascha, Mary und Olly waren dabei und sahen »die Majestäten auf den Thronen sitzen, von hohen Würdenträgern bedient, die anderen Tischgenossen alle stehend, die Mitglieder des Diplomatischen Corps, wie sie, das Sektglas in der Hand, ihren Gruß darbrachten und rückwärtsschreitend sich wieder entfernten«. Um sich herum nahmen die Kinder »morgenländische Gewänder, fremdartige Frauen, Tatarinnen, Zirkassierinnen, Frauen aus der Kirgisischen Steppe« wahr. »Der Orient, noch wenig bekannt, seine Menschen und Bräuche wie aus einem Wunderland stammend, lockten die Neugier der Fremden und woben um die Zarenstadt mit ihren goldenen Kuppeln und geschweiften Türmen einen leuchtend bunten Schein.«[13] In seltenem Kontrast dazu führte ein Orchester die Lieblingsstücke der Kaiserin auf, darunter die Ouvertüre des »Freischütz«.[14]

Als das Mahl zu Ende ging, war die alte Krönungsstadt illuminiert. Ein phantastisches Bild, das viele an 1812 erinnerte. Doch diesmal waren es Freudenfeuer, die brannten und ganz Moskau in einen Rausch versetzten – Feuerkränze, Kronen, Namenszüge und Fontänen. Am schönsten aber sah der hell erleuchtete Kreml aus, auf dessen Türmen auch Feuer angezündet worden waren, die eine magische Wirkung entfalteten.

Am Elisabethtag nahm Alexandra dann ihre erste Parade ab. Denn der Kaiser hatte ihr noch in St. Petersburg das Chevaliersgardes-Regiment verliehen, dem nur Adlige angehörten. Auch mehrere Dekabristen waren Chevaliers gardes gewesen. Nun defilierte Nikolaus an ihrer Spitze an ihr vorbei. Dazu erklang ein Marsch aus der populären Oper »Die weiße Dame« von François A. Boieldieu, der zum Regimentsmarsch wurde. Die Melodie passte zur neuen Chefin, die sich freute, dass ihr schönes Regiment eine eigene Kapelle hatte. Hat Alexandra gewusst, dass der Kaiser in diesen Tagen noch einen außergewöhnlichen Besucher erwartete?

Am frühen Nachmittag des 20. September hielt eine Kutsche, der man ansah, dass sie mehrere Tage unterwegs gewesen war, vor dem Tschudow-Palais. Der Feldjäger, der die Kutsche begleitet hatte, lieferte den Insassen in seinen staubigen Kleidern umgehend in der Kanzlei des Kaisers ab. Es war Alexander Puschkin. Nikolaus hatte ihn herbefohlen, um ihn persönlich kennenzulernen, diesen drahtigen kleinen Mann mit den negroiden Zügen, der mit seinen Gedichten auch weiterhin so viel Unruhe gestiftet hatte, dass er das weltoffene Odessa im Sommer 1824 mit dem abgeschiedenen Michajlowskoje im Gouvernement Pskow tauschen musste, wo er unter ständiger Polizeiaufsicht stand. Das historische Gespräch zwischen Zar und Dichter dauerte zwei Stunden, keiner von beiden hat Aufzeichnungen hinterlassen. Am Ende versprach Puschkin, nicht mehr gegen die »allgemein anerkannte Ordnung« anzuschreiben, und Nikolaus hob die Verbannung auf. Doch der 14./26. Dezember 1825 stand zwischen ihnen.

Freimütig hatte Puschkin bekannt, dass er sich bei seinen Freunden auf dem Senatsplatz befunden hätte, wäre er an diesem Tag in St. Petersburg gewesen, und dem Kaiser hatte diese Offenheit imponiert. Natürlich war der Empfang im Kreml nicht nur ein Gnadenerweis, sondern ein geschickter Schachzug, der die von der Hinrichtung der Dekabristen traumatisierte Gesellschaft in einem positiven Sinn beeinflussen sollte. Und Nikolaus selbst sorgte dafür, dass sich die Nachricht von Puschkins Rückkehr umgehend herumsprach, indem er am Abend auf dem Ball des Marschalls Marmont verkündete, er habe »heute lange mit dem klügsten Menschen Russlands geredet«, nämlich mit Puschkin.[15]

Wir können annehmen, dass Alexandra von dieser Begegnung wusste, zumal sich auch Schukowskij monatelang für den Freund eingesetzt hatte. Über Puschkins Werdegang wurde sie in den kommenden Jahren vor allem durch die Hofdame Alexandra O. Smirnowa-Rosset informiert, eine Freundin des Dichters, die einen literarischen Salon führte und eine Art Mittlerrolle zwischen dem Hof und den Petersburger Literaten spielte. Von ihr erfuhr Alexandra immer sofort, was er gerade schrieb, konnte seine Werke lesen oder sich vortragen lassen, und gelegentlich vermerkte sie in ihrem Tagebuch, dass sie Puschkin lese. Manche Gedichte lernte sie später sogar auswendig.[16] Natürlich wusste sie, dass Nikolaus in seinem Fall den Zensor spielte und dass Smirnowa-Rosset ihm die neuen Sachen überbrachte.

Dem Ball des Herzogs von Ragusa folgte noch fast drei Wochen lang ein Fest dem anderen: ein Kostümball des Hofes im Bolschoj Theater, Bälle des Adels und der Kaufmannschaft für den Herrscher und schließlich Einladungen der Diplomaten und Sondergesandten. Natürlich fand Marschall Marmont, dass sein sehr gut besuchtes Fest im Kurakin-Palais den größten Erfolg hatte, wogegen das Fest des Duke of Devonshire »mittelmäßig« gewesen sei und schlecht besucht.[17] Ob das so war, wissen wir nicht, aber wegen Puschkin ist der Franzose mit seinem Ball in die russische Literaturgeschichte eingegangen und nicht der Engländer. Ende des Monats schloss sich ein reich ausgestattetes Volksfest mit Weinfontänen und gebratenen Hammeln auf dem Jungfrauenfeld an, das nach Augenzeugenberichten in ein allgemeines Sauf- und Fressgelage sowie Massendiebstahl ausartete, kaum dass die kaiserliche Familie und ihre Gäste gegangen waren.[18] Am 5. Oktober endeten die Feierlichkeiten mit einem großartigen Feuerwerk.

Mitte des Monats kam Post von Schukowskij aus Dresden. Zu Tränen gerührt bedankte sich Wassilij Andrejewitsch für den »entzückenden Brief«, in dem die Kaiserin ihm die Krönung beschrieben hatte.» Welch irreparabler Verlust für mich, dass ich diese so melancholisch schönen Tage Ihrer Krönung nicht gesehen habe! Wie ich es bedauere, nicht Zeuge dieser Zuneigung gewesen zu sein, die das gute Volk von Moskau Ihrem Sohn, seinem Adoptivkind, entgegengebracht hat!«[19] Aber er befürchtete auch, dass die großartigen Szenen einen negativen Einfluss auf den kleinen Großfürsten gehabt haben könnten. »Diese Art Eindrücke sind in einem so jungen Alter entscheidend für den Rest des Lebens. Als Zeuge dieser öffentlichen Ehrungen, der an einigen dieser Szenen beinahe als Darsteller teilnahm, hätte Er sehr leicht einige frühreife Ideen von Größe aufnehmen können, die, vor der Zeit gekommen, der Entwicklung von rein menschlichen Eigenschaften schaden können, welche allein die menschliche Würde ausmachen und intakt bleiben müssen. Seine Erziehung muss ihn auf die Höhe Seiner Größe heben, aber das geschieht nur, wenn Er versteht, dass diese Größe, wenn sie nicht illusorisch sein soll, nicht als Privileg, sondern als Pflicht angesehen werden muss, als heilige Religion, als schöne Sklaverei, die den Menschen wie Prometheus an einen hohen Felsen schmiedet, von wo aus er den Himmel aus der Nähe sehen kann, aber wo es auch einen rächenden Geier gibt, der denjenigen zerreißt, der er es wagt, sich an den himmlischen Rechten zu vergreifen. Verzeihen Sie, Madame, dieses ein wenig poetische Bild: meine Feder reißt mich fort.«[20]

So war es häufig mit ihm: Es riss ihn fort. Immerhin fand er die Vorstellung beruhigend, dass der Thronfolger »auch die einfache Liebe des Volkes gesehen hat. Das wird in Seiner wahrhaft sensiblen Seele eine tiefe Spur hinterlassen haben; diesen Eindruck darf man nicht erlöschen lassen.«[21] Im gleichen Schreiben bedankte sich Wassilij Andrejewitsch für die Erlaubnis, den Winter in Deutschland verbringen zu dürfen, und schilderte der Kaiserin, wie er Geschichtstafeln für den Unterricht zusammenstellte. Aber er fühlte sich nicht wohl in seiner Haut. »Diese Unerfahrenheit ist ein wahres Übel, gegen das unbedingt ein Mittel gesucht werden muss, und vielleicht werde ich es mit der Zeit vorschlagen.«[22] Anscheinend hat er das Mittel nicht gefunden, denn noch ein halbes

Jahrhundert später erinnerte sich Olga Nikolajewna an seine abstrakten Fragen, die keines der Kinder beantworten konnte. »Shukowskij las Auszüge von dem, was er über Erziehung niederschrieb, Mama vor, die nach solchen langen Lektüren ihn auf den Kopf zu fragte: ›Was wollen Sie im Grunde?‹ Nun war es an ihm, zu schweigen. Ich lasse ihm gerne die Schönheit einer reinen Seele, die Einbildungskraft eines Dichters, menschenfreundliche Neigungen und einen rührenden Glauben. Aber er verstand nichts von Kindern.« Dank der guten Qualitäten der anderen Lehrer hätten Schukowskijs »rhapsodische Versuche« jedoch keinen Schaden angerichtet.[23]

Im April wollte er noch nach Paris fahren, um dort Bücher zu kaufen. Da die Petersburger Buchhandlungen »ziemlich schlecht sortiert« und »dreimal so teuer« wie in Deutschland waren, hatte er bereits allerlei Unterrichtsmaterial in Dresden erstanden, wollte aber in Paris noch viel preiswerter als in Deutschland einkaufen. »Deshalb werden wir für dieselbe Summe, die wir für Käufe in Petersburg ausgeben würden, hier das Doppelte und Besseres haben. Man muss nur eine recht beträchtliche Summe anweisen, mindestens 2000 R[ubel], das würde reichen, um uns für mindestens zehn Jahre zufrieden zu stellen.«[24] Schließlich müssten die benötigten Materialien jederzeit greifbar sein. »Ich flehe Eure Majestät an, in dieser Hinsicht meine Dolmetscherin vor Seiner Kaiserlichen Majestät sein zu wollen … Ich glaube nicht, dass die Summe, die ich angegeben habe, zu hoch ist: wir werden langfristig mehr ausgeben, und wir werden nie alles haben, was wir brauchen, und oft werden wir in der Klemme sitzen. Ich wiederhole es: alles auf einmal zu haben, wird unsere Arbeit äußerst erleichtern, und wir werden viel Zeit sparen.«[25]

Der Briefwechsel verrät beinahe familiäre Nähe: So spricht ein besorgter Lehrer mit einer sparsamen Mutter. Dem nicht genug, bat Schukowskij die Kaiserin auch noch, sich um die Dienstwohnung zu kümmern, die er beziehen sollte, und dafür zu sorgen, dass ein »treuer Heizer« seine »paar Reichtümer« bis zum Einzug in Verwahrung nahm.[26]

Ferner enthielt der Brief eine weitere Bildbeschreibung aus dem Atelier Caspar David Friedrichs, den Schukowskij von Zeit zu Zeit sah, eine unschätzbare Quelle für Kunsthistoriker und Freunde des Malers, die wir ohne die Adressatin wohl nicht besäßen: »Er hat gerade eine große Landschaft begonnen, die bezaubernd sein wird, wenn die Ausführung der Idee entspricht. Eine großes eisernes Tor, das auf einen Friedhof führt, ist geöffnet. Man sieht in der Nähe dieses Tores, an einen seiner Pfeiler gelehnt und von einem Schatten verdeckt, einen Mann und eine Frau. Das sind zwei Eheleute, die gerade ihr Kind begraben haben und in der Nacht nach dem Grab sehen, das man im Inneren des Friedhofs erkennt; das ist nur ein kleiner Grashügel, in dessen Nähe man noch die Schaufel sieht. Nicht weit von diesem Grab findet man ein anders, das von einer Urne überragt wird; die Asche der Ahnen des Kindes ruht dort. Der Friedhof ist von Tannen bestanden; es ist Nacht, man sieht den Mond nicht mehr, aber er muss irgendwo sein. Nebelschwaden liegen über dem Friedhof; sie entziehen den Augen die Baumstümpfe, die aussehen, als wären sie von der Erde losgerissen. Durch ihre Schleier erkennt man vage die anderen Gräber und vor allem diese schlichten Monumente, ein langer aufrecht stehender Stein sieht aus wie ein graues Gespenst; all das bildet eine bezaubernde Landschaft. Aber der Maler hat mehr gewollt: er wollte uns an die andere Welt denken lassen. Die armen Eltern haben am Tor des Friedhofs haltgemacht. Ihre Blicke, die auf das Grab ihres Kindes geheftet sind, scheinen von einer mysteriösen Erscheinung getroffen. Tatsächlich, die Nebelschwaden, die es umgeben, sind belebt; es scheint ihnen, als ob ihr Kind aus seinem Grab steige, als ob sich die Schatten seiner Vorfahren ihm entgegen bewegten, indem sie ihm die Arme hinhalten, und als ob ein Friedensengel mit einem Olivenzweig über ihnen schwebe und sie vereine ... «[27]

Alexandra, die selbst mehrere Kinder verloren hatte, muss von dieser Schilderung erschüttert gewesen sein. Leider wissen wir nicht, ob sie das Bild gekauft hat. Schukowskij aber war so sehr von seinen neuen Pflichten in Anspruch genommen, dass er in den Jahren 1826/27 kein einziges Gedicht schrieb, und das tat ihm nicht leid. Er schrieb nun ganz andere Lyrik. Anfang 1827 war sein auf zehn Jahre angelegter »Ausführlicher Lehrplan« fertig, und er fühlte sich wohler. Die Aufgabe, den Thronfolger zu erziehen, füllte ihn ganz aus.[28]

Im Herbst 1827 bezog Wassilij Andrejewitsch seine Dienstwohnung im Schepeljew-Haus[29] gleich neben dem Winterpalast und beteiligte sich an der Auswahl der Lehrer für Sascha, die von der Universität und den beiden Akademien kamen. Die Fächer reichten von Gesetzeskunde über Mathematik, Geschichte, Zeichnen und drei Sprachen bis Gymnastik und Artilleriewesen. Alle Vorlesungen und Übungen mussten mit ihm abgesprochen werden, er unterrichtete und führte auch die Oberaufsicht über die anderen Lehrer, die »nur ergänzen und repetieren«. Am 13. November 1827 begann der Unterricht, Sascha hatte ein riesiges Lernpensum vor sich.

Das Leben seiner Mutter war ebenfalls komplizierter geworden. Alexandra hatte nun eine Menge neuer Repräsentations- und Hofpflichten zu erfüllen, und da Monarchinnen wohltätig sein müssen, hatte sie die Patronage über zwei Stifte auf der Wassilij-Insel übernommen, Einrichtungen, die ihre Schwägerin Elisabeth gegründet und in ihrer stillen Art geleitet hatte. In den Häusern wurden verwaiste Offiziers- und Beamtentöchter erzogen. Da Alexandra diese Stifte nicht kannte, musste sie sich erst einmal einarbeiten. Aber sie war auch wieder mit Familienangelegenheiten beschäftigt. Ihr Bruder Carl (»Karlemann«) hatte einen so guten Eindruck auf Maria Fjodorowna gemacht, dass sie seine Heirat mit ihrer Enkelin Marie von Sachsen-Weimar, einer Patentochter Goethes, billigte. Anfang 1827 schrieb sie Carl nach Weimar: »… ich aber bin unwohl, Rhümationen im Kopf, Gesicht, Backen, Schnupfen, Augenweh, ganz wütend bin ich drüber. – Grüsse Maria: darfst Du alle Tage einen anständigen Kuss geben oder nicht? Küsse der Schwieger-Mama die Hände von mir; ich tat das immer so gern.«[30] Die Hochzeit fand am 26. Mai 1827 in Berlin statt. Alexandra wäre gerne dabei gewesen, doch sie war wieder schwanger. Am 21. September bekam sie ihren zweiten Sohn, der Konstantin (»Kosty«) genannt wurde und wohl das begabteste ihrer Kinder war, ein eigenwilliger, selbstständiger Kopf, für den der Kaiser die Marinelaufbahn vorgesehen hatte. »Bei der Taufe hatten wir gelockte Haare, ausgeschnittene Kleider, weiße Schuhe und an der Schulter das Band des Katharinen-Ordens«, notierte Olga Nikolajewna. »Wir fanden uns sehr würdevoll. Aber – o Enttäuschung – als Papa uns nur von ferne so erblickte, rief er: ›Welcher Affenputz! Man nehme sogleich die Bänder und allen Zubehör ab.‹ Wir waren tief geknickt. Auf Mamas Bitte ließ man uns wenigstens unsere Perlenschnur. Soll ich's gestehen? Im Grunde des Herzens gab ich Papa recht. Schon damals begriff ich seinen Wunsch, daß wir einfach seien, und ihm verdanke ich den Geschmack und die Gewohnheit daran für mein ganzes Leben.«[31]

Kosty aber scheint sich schon als Baby wie vom Vater gewünscht entwickelt zu haben. Auch er war ein echter Romanow. Jedenfalls teilte die kaiserliche Großmutter dem königlichen Großvater schon drei Monate nach der Geburt des neuen Enkels mit, der Kleine finde Gefallen am Lärm der Trommel, greife zum Stock und trommle selbst, »c'est montrer de bonne heure du goût pour le militaire«[*]. Im gleichen Schreiben ließ Maria Fjodorowna ihren »lieben Bruder« wissen, dass sein »liebes Kind« vor Gesundheit und Schönheit strahle. »Nie war sie schöner; möge Gott sie uns immer in diesem Zustand der Prosperität erhalten.« Und auch die Enkelkinder »prosperieren dank unserer Wünsche«[32].

Dem Brief konnte der König außerdem entnehmen, dass Wilhelm wohlbehalten in St. Petersburg eingetroffen und wieder als »enfant chéri der kaiserlichen Familie« empfangen worden war. Die Kaiserinmutter schätzte ihn seit seinem letzten Besuch Anfang 1826 noch mehr und betrieb seine Heirat mit Auguste, der anderen Weimarer Enkelin. Mit dem Prinzen kam auch Leopold von Gerlach wieder, sein Adjutant: »Welchen Contrast macht der Hof gegen das vorige Mal. Damals die Kaiserin krank aussehend,

---
[*] Das heißt, früh Geschmack am Militär zeigen.

jetzt gesund und schön, damals Verhöre in der salle des malfaiteurs*, jetzt das Winterpalais verändert und ausgeputzt. Der Sylvester-Abend verging jouant à la mouche avec des discours tout à fait ordinaires. Vers minuit on servit du ponche.«**33 Von Maria Fjodorowna hörte Gerlach, die Kaiserin »wäre allgemein beliebt, und das wäre das Beste, was man einem hier auf Erden schenken könnte«34.

Inzwischen war wieder einmal ein Krieg gegen die Türkei ausgebrochen. Russland unterstützte den langjährigen Freiheitskampf der Griechen, und zur Strafe hatten die Türken die Einfahrt in den Bosporus und die Dardanellen für russische Schiffe gesperrt. Nikolaus aber wollte die Kriegshandlungen selbst leiten, und wie immer, wenn er die Hauptstadt verließ, fand in der Kasaner Kathedrale ein Gottesdienst statt. »In der Nacht ist er vom Winterpalais sehr gerührt abgereist, hat seine ganze Dienerschaft geküsst und von ihr Abschied genommen«, notierte Gerlach. Einen Tag später fuhren auch die Preußen ab, »nach Berlin und nicht in den Türkenkrieg«35. Sie waren froh, dass der König sein Land aus dem Krieg herausgehalten hatte.

Alexandra aber ging für ein paar Monate nach Odessa, um Nikolaus nahe zu sein. Sie wohnte im Palais des Grafen Michail S. Woronzow, des tüchtigen Generalgouverneurs von Neurussland. Und natürlich blieb es nicht aus, dass Nikolaus Ende Juli für ein paar Tage auf der Fregatte »Flora« aus Warna herüberkam, um sie zu überraschen, was ihm wie immer vollendet gelang. Dann inspizierten sie gemeinsam die neue Kriegswerft in Nikolajew. Odessa, erst 1794 gegründet, hatte seine große Zeit noch vor sich, aber es war seit 1819 Freihafen und sprühte vor Leben. Alexandra hatte Mary mitgenommen. Sascha, der beim Abschied wieder herzzerreißend geweint hatte, Olly, Adini und Kosty hatte sie wie immer der Obhut der Großmutter in Pawlowsk überlassen, die

---

* Saal der Übeltäter.
** … beim Kartenspiel mit ganz normalen Reden. Gegen Mitternacht servierte man Punsch.

ihren ältesten Enkel, den »angelo sympathico«, vergötterte. »Sie war sehr tätig«, schreibt Olga Nikolajewna.»Jede Woche fuhr sie nach Petersburg zur Besichtigung von Instituten und Spitälern ... Kam eine gute Nachricht vom Heer, ließ sie in der Kirche von Kazan [Kasaner Kathedrale] ein Te Deum singen und begab sich in goldener Kutsche dorthin, begleitet von ihrem kleinen Sascha als Husar. Nie vergaß sie, uns Geschenke von dort mitzubringen ...«[36]

Nach dem Fall Warnas eilte Nikolaus in Tag- und Nachtreisen nach Hause, um pünktlich zum Geburtstag seiner Mutter am 25. Oktober bei ihr zu sein. Da war sie bereits krank und traute ihren Augen nicht, als er todmüde vor ihr stand: »›Nikolaus, Nikolaus, bist du's denn wirklich?‹ rief sie, nahm seine Hände und zog ihn auf ihre Knie. Niemand weiß, wie und wann die Bilder, die ein inniges Familienleben ins Herz des Kindes prägt, wieder aufsteigen und wirksam sind. Die Einzelheiten davon erscheinen unbedeutend und doch – wie sind sie stark und unauslöschlich! So blieb mir dieses Bild im Herzen: Papa auf den Knien seiner Mutter, wie er sich klein und leicht zu machen suchte.«[37]

Maria Fjodorowna starb am 5. November. Sie hatte weniger politischen Einfluss, als sie gerne gehabt hätte. »Die Größe ihres Herzens überragte die ihres Verstandes«, charakterisiert Olga Nikolajewna die Großmutter, deren Verdienste auf anderem Gebiet lagen. »Sie hat das Geschlecht der Romanows sozusagen erneuert«, konstatierte Marschall Marmont, Herzog von Ragusa, der ihr im Juli 1826 in Moskau vorgestellt worden war. »Ihr Mann, der Kaiser Paul, war furchtbar hässlich, und heute ist das kaiserliche Haus von Russland eines der schönsten Europas.«[38] Ihr Hauptverdienst war – neben ihrer künstlerischen Tätigkeit in Pawlowsk – ihre ausgedehnte Wohltätigkeit, sodass man sie Russlands erste Sozialministerin nennen könnte. Die Bildungseinrichtungen, die Hospitäler, Waisen- und Findelhäuser, die sie seit 1797 beaufsichtigt und gegründet hatte, waren ein Segen für das Land, und sie hat sich dieser Aufgabe mit großer Leidenschaft, äußerst gewissenhaft und effizient gewidmet.

Für Alexandra, die sich nach elf Jahren schwiegermütterlicher Bevormundung und Kontrolle eigentlich hätte befreit fühlen können, bedeutete der Tod der Kaiserinmutter die Übernahme all ihrer Patronagepflichten, und da sie sich schon um das Patriotische und das Elisabeth-Stift kümmerte, wusste sie genau, was auf sie zukam. »Ich bin dermaßen angegriffen von dem Schmerz der Todesnachricht«, schrieb sie Wilhelm, »daß ich mich nun gar nicht wieder erholen kann … Ich war bisher noch immer mehr Tochter als Kaiserin, nun fällt aber die ganze Last, der Ernst des Lebens auf mich Schwache! … Nichts ist mehr über uns, und das ist das verwaiste Gefühl bei dem mir schwindlig wird.«[39] Sie war keine so robuste Natur wie die Verstorbene. »Mama war so anders, man konnte die beiden nicht vergleichen«, fand ihre Tochter. »War die eine gebieterisch, so gewann die andere durch Einfachheit die Herzen, wie auch durch Sanftmut und Anmut. Sie schien zu sagen: Was machen wir ohne die Kaiserin-Mutter! Ach, helft mir! Und jeder war sogleich bereit, ihr beizustehen.«[40]

Doch es half nichts, von nun an musste sie die Einrichtungen, die ihr am 18. Dezember 1828 offiziell unterstellt wurden, besuchen. »Ich cariole fast jeden Tag nach Institut neulich zum 1t Mal in meinem Leben chez les enfants trouvés!«*, klagte sie Wilhelm Anfang 1829. »Никс [Niks] führte mich hin, es kostete mir eine Art Überwindung, finde mich trotz 30 noch zu jung zu solchen Sünden commandement.«[41] Am leichtesten fielen ihr noch die Besuche im Smolnyj Institut, das Elisabeth Petrowna ursprünglich als Kloster gegründet und Katharina II. zur Bildungsanstalt gemacht hatte. Hier erhielten Mädchen aus verarmten Adelsfamilien eine vielfältige Ausbildung, die ihnen bei Hofe und in der höchsten Gesellschaft alle Türen öffnete. Außerdem diente es als Damenstift.

Nachdem ein neuer Gesangslehrer seinen Dienst im Smolnyj angetreten hatte, oblag es der Kaiserin, den Erfolg seiner Arbeit

---

* Bei den Findelkindern.

zu prüfen. »Gestern Abend fühlte die Kaiserin sich sehr müde, – und dafür gab es einen Grund: Wir waren vier Stunden im Smolnyj, und dorthin zu fahren – das ist eine ganze Reise«, notierte Alexandra Smirnowa-Rosset. »Einige der Smolnyj-Mädchen haben wunderschöne Stimmen, besonders zwei Kontra-Alt; sie haben zwei Duette von Galuppi gesungen. Im bürgerlichen Flügel gibt es einen wunderbaren Sopran, der eine Kantate von Pergolese ausführte. Die Kaiserin machte einen Rundgang durch das ganze Haus und ging sogar in den Witwenflügel, wo man gerade Tee trank, als wir erschienen. Die alten Damen waren begeistert von dem Besuch. Als wir gingen, sagte Ihre Majestät, dass sie ihnen eine Packung guten, wohlriechenden Tees schicken werde. Wir besuchten beide Lazarette und brachten den Kranken Naschwerk: Weintrauben, Apfelsinen, Konfitüre und Wein, den wir einer der Witwen anvertrauen, Fruchtbonbons, Jungfrauenhaut (Schaumgebäck), Pastillen und Hofbiskuits. Jedes Mal, wenn wir in die Stifte fahren, bringen wir eine ganze Ladung Naschwerk mit. Am dritten Tag waren wir im Katharinenstift, und übermorgen fahren wir ins Patriotische.«[42]

Die Aufgaben waren so vielfältig, dass Nikolaus ursprünglich ein besonderes Ministerium für die »Einrichtungen der Kaiserin Maria« gründen wollte. Doch dann begnügte er sich mit einer Vierten Abteilung der Eigenen Kanzlei Seiner Kaiserlichen Majestät und übertrug die Aufsicht seiner Frau, stellte ihr aber die Schwägerin Jelena Pawlowna zur Seite.[43] Allein in den ersten 25 Jahren unter Alexandras Oberaufsicht stieg die Zahl der Bildungsinstitute für Frauen in ganz Russland von 14 auf 38.[44] Es mag kitschig klingen, aber es war, wie es war: Alexandra tat gerne Gutes. Nach ihrem Tode wurde bekannt, dass sie zwei Drittel des Geldes, das ihr persönlich zur Verfügung stand, für wohltätige Zwecke ausgegeben hat.[45] Ihr Wahlspruch war: »Gott liebt einen freudigen Geber!«[46]

8
Der »Zauber der weißen Rose«
Ein Fest in Berlin

»Verstand schafft Leiden« – Alexander von Humboldt in St. Petersburg – Königin von Polen – Wilhelms Hochzeit – »Die Stumme von Portici« – Sieg über die Türken – 13. Juli 1829 – Kritik an Charlotte – »Alexandria« – Gotik in Russland – Humboldt spielt Roulette – Auftrag für Christian Daniel Rauch *1829*

Wegen der Trauer um Maria Fjodorowna fanden um die Jahreswende 1828/29 keine Feste statt, und die Theater blieben geschlossen. Auf dem Balkan und im Kaukasus ging der verlustreiche Krieg gegen die Türkei weiter, in Warna wütete die Pest, die europäischen Mächte hielten Distanz zu Russland, und das war auch kein Grund zum Feiern. Dann kam eine Nachricht, die für die russische Literatur ein riesiges Unglück bedeutete und beinahe einen neuen Krieg mit Persien zur Folge gehabt hätte – der Friede nach dem letzten Krieg war noch nicht einmal ein Jahr alt. Am 11. Februar war die russische Gesandtschaft in Teheran bei innerpersischen Auseinandersetzungen vom Pöbel gestürmt worden. Die vierzig Mitarbeiter waren ermordet worden, nur der Botschaftssekretär überlebte. So etwas hatte es überhaupt noch nicht gegeben!

Unter den Toten war auch Alexander S. Gribojedow, »Bevollmächtigter Minister« des Zaren in Persien und zugleich ein bekannter Dichter, ein russischer Molière. Er war nur 34 Jahre alt geworden. Über sein Stück »Verstand schafft Leiden«, eine Satire auf die (Moskauer) Adelsgesellschaft, die er 1823 geschrieben hatte, lachte ganz Russland, und in St. Petersburg gab es keinen Salon, in dem er seine Komödie nicht selbst vorgelesen hätte.[1] Die Zensur hatte das Stück selbstverständlich nicht für den Druck freigegeben, und so zirkulierte es in Abschriften. Wir wissen nicht, ob Alexandra es gelesen hat, aber Nikolaus kannte es. Erst nach Gribojedows gewaltsamem Tod erlaubte er die Aufführung in stark zensierter Form.

Im Mai 1829 stand die Krönung in Warschau auf der Agenda. Danach sollte endlich wieder ein Familientreffen auf Schloss Sibyllenort nordöstlich von Breslau stattfinden. Alexandra freute sich sehr, weil sie ihre Familie viereinhalb Jahre nicht gesehen hatte. Endlich würde der König seinen nunmehr elfjährigen Enkel kennenlernen, den er nur einmal kurz nach der Geburt in Moskau gesehen hatte. Aber vorher wollte sich Nikolaus zum König von Polen krönen und sie zur Königin.

Kurz vor der Abreise nach Warschau traf ein alter Bekannter in St. Petersburg ein. Es war Alexander von Humboldt, der auf Einladung des Kaisers eine Forschungsreise nach Sibirien unternehmen wollte und sich drei Wochen in der Hauptstadt aufhielt. Er wurde sofort empfangen. »Der Kaiser hat mich, seit ich hier bin, mit Gnaden und Auszeichnungen überhäuft, sehr viel mehr, als man glauben konnte«, berichtete er seinem Bruder Wilhelm. »Er hat mir am Morgen nach meiner Ankunft schreiben lassen, ohne jegliches Zeremoniell gegen 3 h zu kommen und mich allein zum Diner mit 4 Gedecken da behalten, mit der Kaiserin und Frl. von Wildermet. Er hat das größte Interesse für dich gezeigt... Die Familie ist von der liebenswürdigsten Zwanglosigkeit. Der Kaiser hatte beim Diner die kleine Tochter auf den Knien. Nach Tisch hat er mich am Arm genommen, um mir allein all die herrlichen Appartements des Winterpalastes zu zeigen. Er hat mich bei all seinen Kindern eintreten lassen und die herrlichen Aussichten auf die Newa gezeigt, die man aus den verschiedenen Fenstern genießt...«[2]

Sicher hat Humboldt der Kaiserin von möglichen Diamantenfunden im Ural erzählt und mit dem Kaiser über bergmännische Untersuchungen der Gold- und Platinlagerstätten, geognostische und botanische Sammlungen und astronomische Ortsbestimmungen gesprochen. Am 15. Mai, dem Namenstag der Kaiserin, war er noch einmal bei Hofe, genoss den wunderbaren Gesang in der Kirche und fand den Winterpalast herrlicher als Versailles. »Die Kaiserin hat mich für heute Abend wieder zu sich eingeladen, und in diesem Augenblick bittet man mich noch einmal, en famille mit dem Kaiser zu essen. Kein anderer Ausländer ist da ... Der Kaiser hat die höflichsten Manieren: ›Ich muss Ihnen gleich danken, dass Sie meiner Einladung gefolgt sind. Ich habe kaum gewagt, darauf zu hoffen.‹« Humboldt war beeindruckt. Des Kaisers Reich sei wohl »so groß wie der Mond«, äußerte er im Laufe der Unterhaltung. Nikolaus' Antwort: »Wenn es drei Viertel kleiner wäre, könnte es vernünftiger regiert werden.« Humboldts Kommentar: »Das sind Antworten von bestem Geschmack.«[3] Auch an den folgenden Abenden speiste er »mit der Kaiserlichen Familie im engsten Circel (zu 4 Couverts), alle Abende bei der Kaiserin in der liebenswürdigsten Freiheit. Der Thronfolger hat mir ein eigenes Diner geben müssen, ›damit er sich einst dessen erinnere‹.«[4]

Während Humboldt und seine Mitarbeiter noch auf die Fertigstellung der Reisewagen und wärmeres Wetter warteten, brach das Kaiserpaar mit dem Thronfolger nach Warschau auf. Schukowskij befand sich in dessen Suite. Alexandra freute sich auf das Wiedersehen mit ihrer Schwägerin, der Fürstin Łowicz, und sie war froh, dass Sascha noch mit dem Polnischen angefangen hatte. Wusste sie, dass Konstantin Pawlowitsch wegen seiner Pedanterie, seines Jähzorns und seiner selbstherrlichen Allüren in Polen höchst unbeliebt war und dass die Entfremdung zwischen Russen und Polen in den letzten Jahren enorm zugenommen hatte? Wusste sie, dass die Polen die Hoffnung auf die Wiederherstellung ihres dreigeteilten Landes nie aufgegeben hatten? Ahnte sie, dass Nikolaus in einer komplizierten Lage war? Weder konnte er den älteren Bruder, der ihm den Thron überlassen hatte, maßregeln noch den Polen ihren Traum von der Rückgabe der »westlichen Gouvernements«, dem Erwerb Russlands aus den drei polnischen Teilungen, erfüllen, noch auf ihre Autonomiewünsche eingehen. Sicher wusste sie davon, ihr Vater hatte schließlich auch polnische Untertanen. Fürst Anton Radziwill, Komponist und Mäzen, Statthalter im Großherzogtum Posen, der auch immer von der Wiederherstellung Polens sprach, gehörte zur Familie, und beinahe hätte Wilhelm ja auch Elisa, seine Tochter, geheiratet. Es war wirklich vertrackt mit den Polen! Nun würde sich der Kaiser aber selbst ein Bild von der Lage machen können.

Nikolaus I. hatte ein anderes Verhältnis zu den Polen als Alexander I. Er mochte sie nicht. Dieses Gefühl verdankte er nach eigenem Bekunden Miss Lyon, seiner schottischen Amme, die 1794 den polnischen Aufstand gegen die Teilungsmächte Russland und Preußen in Warschau erlebt und Angst um ihr Leben gehabt hatte.[5] Außerdem waren auch Polen unter den Dekabristen gewesen. Doch zunächst folgte Nikolaus der Polenpolitik seines Bruders, der sich nie hatte krönen lassen. Die Krönung war also überfällig, obwohl Nikolaus fand, dass er bereits bei seiner Regierungsübernahme auf die polnische Verfassung geschworen hatte und in Moskau auch zum König von Polen gekrönt worden war. Am liebsten hätte er dieses »Trugbild von Krönung« umgangen, aber er konnte sie auch nutzen, indem er sich den Polen demonstrativ als konstitutioneller Monarch zeigte.[6]

Am 19. Mai 1829 hielten die Majestäten bei strahlendem Wetter, Glockengeläut und Kanonendonner Einzug in Warschau. Girlanden und Transparente mit den Initialen N und A schmückten die Straßen. Der Kaiser, der Thronfolger und die Großfürsten Konstantin und Michael ritten voran, die Kaiserin folgte in einer achtspännigen Paradekutsche. Russen und Polen, Truppen und Zivilisten riefen gemeinsam »Hurra«, ganz Warschau war »von der Schönheit des Kaisers, vom unvergleichlichen Gesichtchen seines Sohnes, von den freundlichen Verneigungen und der ganzen bezaubernden Haltung der Kaiserin« begeistert, die Stimmung konnte nicht besser sein.[7]

Der Primas von Polen erwartete das Kaiserpaar an der Spitze der polnischen Geistlichkeit in der Vorhalle der Franziskanerkirche. Von dort ging der Zug zum Königsschloss, wo sich die wichtigsten Würdenträger des Königreichs eingefunden hatten. Nach der Begrüßung begaben sich Nikolaus und Alexandra in die russisch-orthodoxe Hofkirche. In den folgenden Tagen wurden ihnen die Generale samt Offizierskorps, die Geistlichkeit, die Diplomaten, die Landboten, die Abgeordneten und schließlich die Damen der hohen Warschauer Gesellschaft vorgestellt. Nach einem (russischen) Augenzeugenbericht brach das Volk beim Anblick der Monarchen, die auch mehrfach Hand in Hand zu Fuß, ohne Suite und ohne Wachen durch die Straßen spazierten, jedes Mal in Freudenrufe aus. Eines der Konzerte von Niccolò Paganini, der aus Anlass der Krönung in Warschau gastierte, haben sie jedoch nicht besucht, obwohl Schukowskij, der den »Teufelsgeiger« am Vorabend der Krönung hörte, zumindest Alexandra von seinem Konzertbesuch berichtet haben dürfte.[8] Sie war begeistert von Warschau.

Die Krönung fand am Sonntag, dem 24. Mai 1829, im Senatssaal des Königsschlosses statt. Darauf hatte Nikolaus bestanden, denn in der Johannes-Kathedrale wäre der polnische Klerus zu stark in Erscheinung getreten. Dort hatte der Primas nur die Regalien segnen dürfen. Auf einer Erhöhung am Kopfende des Saales standen zwei Sessel unter einem Baldachin, in der Mitte erhob sich ein Kreuz. Längs der Wände und gegenüber dem Thron standen die Minister, die Senatoren und die Abgeordneten des Königreichs aufgereiht, von den Balkons beobachteten die Damen der Warschauer Gesellschaft die Szene. Tiefes Schweigen empfing Nikolaus und Alexandra. Als Erster erschien der Kaiser, dem die wichtigsten Würdenträger Polens die Regalien vorantrugen, Alexandra, bereits in Krone und Purpur, folgte mit dem Thronfolger an der Hand. Wieder setzte sich Nikolaus, angetan mit dem Orden des Weißen Adlers, selbst die Krone auf und schwor den Eid. Dann legte er seiner Frau die Kette des Weißen Adlers an. Danach rief der Primas von Polen dreimal: »Vivat rex in aeternum!*«[9]

Doch nur die anwesenden russischen Würdenträger antworteten mit einem dreifachen »Hurra«, der polnische Adel schwieg. Darauf kniete der König nieder und sprach mit fester Stimme in französischer Sprache ein Gebet. Als Nikolaus (polnisch: Mikołaj)

---

* Lang lebe der König!

dann allein in Purpur auf der Erhöhung stand, die Krone der Zarin Anna Ioannowna aus dem Jahre 1730 auf dem Haupt, Zepter und Reichsapfel in den Händen, fielen die Anwesenden auf die Knie.»Man kann sagen, dass das ganze Königreich Polen in Gestalt seiner Vertreter vor seinem Monarchen das Knie gebeugt hat«, notierte Schukowskij.[10] Nach der Zeremonie zogen König und Königin in ihren Krönungsornaten unter einem Baldachin erneut in die Johannes-Kathedrale. Es war ein unwirklicher Anblick – die russisch-orthodoxen Monarchen in der alten Krönungs-, Hochzeits- und Begräbniskirche der polnischen Könige und vor ihnen der katholische Klerus Polens, der ein Dankgebet sprach! Die russischen Beobachter vermerkten jedoch Begeisterung, Bewunderung und Rührung auf den Gesichtern der Anwesenden. Nikolaus aber bekannte später, er habe sich während der ganzen Zeremonie unbehaglich gefühlt.[11]

Kanonendonner und Glockengeläut zeigten den Warschauern an, dass die Krönung vollzogen war. Der Schlossplatz war schwarz von Menschen, und alle jubelten. Abends war die Stadt illuminiert, das Königspaar fuhr in offener Kutsche durch die Hauptstraßen und wurde überall wieder freudig begrüßt. Am 26. Mai folgte die Gratulationscour, zwei Tage später ein Volksfest, an dem 80 000 Menschen teilnahmen.»Dieser Tag bleibt unvergesslich in den Annalen Polens«, schreibt Schukowskij.»Mit dieser feierlichen Krönung wurde der unauflösbare Bund zweier verwandter Völker besiegelt: Die Krone Russlands auf dem Haupte des polnischen Zaren ist das Symbol der segensreichen Vereinigung. Sie bedeutet, dass zwei Völker, dem Namen nach verschieden, von heute an eine Familie unter einer väterlichen Macht bilden.«[12] Doch schon bald sollte sich zeigen, dass der Poet sich irrte: Es gab keinen »unauflösbaren Bund« zwischen Russen und Polen und sollte nie einen geben.

Am 31. Mai traf Prinz Wilhelm mit der Nachricht in Warschau ein, dass der König wegen Krankheit nicht nach Sibyllenort kommen könne. Alexandra würde also mit dem Thronfolger nach Berlin fahren müssen, und darüber war sie wohl nicht unglücklich, weil sie nun doch noch Wilhelms Hochzeit mit Auguste von Sachsen-Weimar-Eisenach miterleben konnte. Es war typisch für Nikolaus, der wegen des türkischen Krieges dringend in Russland erwartet wurde, dass er sich nun auf der Stelle auch zu einem Berlin-Besuch entschloss, von dem niemand etwas wissen durfte, auch Alexandra nicht. Am 2. Juni verließen die Kaiserin und der Thronfolger Warschau in Richtung Berlin, und Wilhelm begleitete sie. Nikolaus folgte einen Tag später. Sie reiste immer viel langsamer als er, und auch ihr Sohn zog eine langsamere Gangart vor. In Grünberg/Schlesien holte Nikolaus die drei ein, schloss seine Frau in die Arme und genoss wieder einmal die Überraschung. Auch das Städtchen war freudig überrascht.[13]

In Frankfurt an der Oder warteten der Kronprinz, Carl und Albrecht auf die kaiserliche Schwester und freuten sich, dass Nikolaus mitgekommen war. Die Frankfurter jubelten, und als die Majestäten am Abend des 6. Juni um 18.30 Uhr Einzug in Berlin hielten, empfingen auch die Berliner sie wieder mit überschwänglichen Huldigungen. Zum ersten Mal kam Alexandra als gekrönte Kaiserin und Königin auf Heimatbesuch, und sie brachte den ersten Enkel des Königs mit, ein so hübsches Kind mit großen blauen Augen, das dem Kaiser ähnelte, aber »eine kleine Stumpfnase« hatte![14] Ansonsten war es wie immer: Kaum atmete Alexandra Berliner Luft, wurde sie wieder Charlotte, und es ging ihr gut.

Das hatte sicher auch mit der aufrichtigen Begeisterung zu tun, die ihr allenthalben entgegenschlug. »Das Volk strömte in Massen aus dem Thor, um früher der hohen in und durch Liebe beglückten Familie zu begegnen«, notierte Gräfin Bernstorff. »Es verdoppelte sich der Jubel, als man auch den Kaiser gewahrte, und als dieser nun an der Hand seiner Gemahlin, von seinem Königlichen Schwiegervater geführt, auf dem Balkon des Schlosses erschien, da erscholl unendlicher Jubel aus vielen tausend Kehlen und drang bis zu uns in der fernen Wilhelmstraße herüber. Ein unermeßliches Gewühl füllte den Schloßplatz; das fortbrausende Rufen der Begeisterung schien sich donnernd Bahn zu brechen und sein Widerhall sich über die ganze Stadt zu legen. Der Eindruck soll unbeschreiblich gewesen sein, als die jubelnde Menge im ungeheueren Chor ›Heil Dir im Siegerkanz‹ anhub.«[15]

Ähnlich äußert sich Karoline von Rochow: »Die Ankunft der ältesten Tochter der verklärten Königin Luise, aus jenem entfernten, etwas fabelhaften Lande, erregte die allerhöchste Sensation; sie fand ohne die geringsten Vorkehrungen von Empfangsfeierlichkeiten statt, aber das hohe Paar ward von den Ausbrüchen des höchsten Jubels und der regsten Teilnahme auf jedem seiner Schritte begleitet. Der alte, damals noch sehr schön aussehende König erschien inmitten dieser zahlreichen blühenden Familie, mit dem kaiserlichen Schwiegersohn, der stets eine besondere Deferenz gegen ihn in sein äußeres Betragen legt, wie ein Patriarch unter den Fürsten.«[16] Tags darauf wurde die Ankunft des Kaisers in Berlin mit einer großen Parade Unter den Linden gefeiert. Nikolaus war entzückt von dem Empfang. »Endlich ruhe ich mich hier aus, nach vier Jahren der Mühe. Alle haben uns nicht mit Vergnügen, sondern mit Begeisterung empfangen, und wir scheinen hierher zu gehören«, schrieb er Feldmarschall Iwan I. Diebitsch »aus dem lieben Berlin«[17]. Abends führte der König seine Gäste ins Theater, wo sie mit endlosem Händeklatschen begrüßt wurden. »Diesmal gehörte ich mit zu denen, die bis in das Innerste der Seele gerührt waren, als der Königliche Großvater nun auch den hübschen kleinen Thronfolger herbeiwinkte, ihn vor sich hinschob und ihm hieß, die Leute zu grüßen, die ihn so freundlich ansähen«, schreibt Gräfin Bernstorff.[18] Man gab »La Muette de Portici«, eine historische Oper in fünf Akten von Daniel François Auber nach einem Libretto von Eugène Scribe. Die revolutionären Szenen dieser Oper, deren Musik ganz Europa applaudierte, hätte jede andere monarchische Regierung selbst im Theater in Angst und Schrecken versetzt, notierte General von Benckendorf, der professionelle Beobachter, »außer der preußischen, die durch die Liebe des Volkes und den allgemeinen Wohlstand stark ist«[19].

Auch Gräfin Bernstorff kam auf den politischen Hintersinn der Oper zu sprechen, sah aber vor allem Charlottes Schönheit und ihr Glück: »Seit dem Frühwinter 1825 hatte man die so geliebte

Prinzeß Charlotte nicht in Berlin gesehen und sich, seitdem sie Kaiserin war, vergeblich nach ihrem Anblick gesehnt.. Nur einer Fee wussten wir die Gefeierte an diesem Abend zu vergleichen, oder einer in Duft gehüllten Nymphe; denn der Flor ihres Kleides, der Flor ihres Shawls (in der Modesprache Wolke genannt), der Flor ihres Aufsatzes, Alles war weiß und so durchsichtig wie der Kranz von Marabouts, der den einem Heiligenschein gleichenden Aufsatz umgab. Diese scheibenartigen Toques, die hinten offen waren, kleideten sehr gut. Man durfte an dem Abende die vielen Juwelen, die durch diese blüthenreiche, zarte und duftige Toilette durchblitzten, nur für Sterne ansehen; sonst würde man gefürchtet haben, die Steine möchten die Sylphide, die sie trug, niederdrücken. Die Oper selbst, es war die *Stumme von Portici*, ward bei dieser Gelegenheit weniger beachtet, als sie es verdiente; die Wahl war nicht glücklich; denn wenn die Stimmung des Kaisers nicht so gehoben gewesen wäre, so würde es ihn verletzt haben, hier auf der Bühne eine theilweise Wiederholung der aufrührerischen Scenen zu sehen, die ihm bei seiner Thronbesteigung beinahe das Leben gekostet hatten. Er theilte gar nicht die Liebe des Königs für das Schauspiel...«[20]

Am 11. Juni heirateten Wilhelm und Auguste in der Kapelle des Stadtschlosses. Doch das allgemeine Interesse galt eher dem Kaiser- als dem Brautpaar. »Die Kaiserin ist schön, majestätisch, imponierend, freundlich und zutraulich mit ihren alten Bekannten«, schrieb Gustav von Rochow seiner Mutter Karoline von Fouqué am Tag der Vermählung. »Die Kaiserin ist ganz die alte Prinzeß Charlotte, hat ihre frühere, freundliche, originale Art und Weise nicht abgelegt.«[21] Auch Nikolaus machte großen Eindruck, weil er beim Betreten der Kapelle so andächtig ein Kreuz geschlagen hatte und so gesammelt wirkte. »Bei den mancherlei Stellen der Reden, die von ehelichem Glück und ehelicher Treue sprachen, winkte er seiner Gemahlin vertrauensvoll und selbstbewußt zu; genug, es spiegelte sich in ihm der ebenso gute Christ wie Gatte«, beobachtete Gräfin Bernstorff.[22] Allein General von Natzmer sah Nikolaus kritisch. »Der Kaiser ist alt geworden und hat fast alle Haare verloren«, notierte er. »Er soll unglaublich zuvorkommend und gütig gegen Jedermann sein, der sich ihm nähern darf: man soll ihn wie einen alten Kameraden ansehen, welche Phrase mir nicht ganz gefallen will.«[23]

Anderntags verlieh der König seinem Enkel das 3. Ulanenregiment, und natürlich ließ er es sich nicht nehmen, den Ulanen ihren neuen Chef in seiner heimlich angefertigten Lieutenants-Uniform persönlich vorzustellen. Wieder strömten die Berliner zusammen, um mitzuerleben, wie der König, der Kaiser und der Thronfolger durch das Brandenburger Tor zur Revue ritten. Die Ulanen riefen lange »Hurra!«, das wiederum vom Volk aufgenommen wurde. Der König war zu Tränen gerührt. Dann führte der neue Chef sein Regiment leicht und ungezwungen an Großvater und Eltern vorbei in die Stadt. Kaiser und Kaiserin waren stolz auf ihren Sohn.

In der Nacht verließ Nikolaus Berlin, um sich auf eine mehrwöchige Reise durch Südrussland zu begeben. In Warschau erreichte ihn die Nachricht von Diebitschs Sieg über den Großwesir bei Kulewtscha in der Südukraine. Die Russen hatten 56 Kanonen erbeutet und 1 500 Gefangene gemacht. Nikolaus war zufrieden. Weitere Siege an der kaukasischen Front folgten, während Diebitsch eine transbalkanische Offensive begann, die ihn bis fast vor die Tore Konstantinopels führen und den Sultan zum Frieden zwingen sollte. Der russisch-türkische Krieg beschäftigte in diesen Wochen und Monaten alle europäischen Kabinette. Preußen würde vermitteln. Am 23. Juli kam Nikolaus wieder in Zarskoje Selo an.

»Die Art, wie der Kaiser hier überrascht hatte, gefiel uns ausnehmend«, schreibt Gräfin Bernstorff, »und wir dachten es uns nicht, daß solche Überraschungen bald zur stehenden Ordnung werden und die Reisen des Kaiserlichen Paare sich so oft wiederholen würden, daß das dafür abgestumpfte Publikum sich auch nie wieder zu solchem Jubel erheben konnte. Indessen freue ich mich doch noch der Erinnerung an die Glorie, die damals den edlen Zaren umgab, an die magische Schönheit seiner Gemahlin, für die niemand ein so offenes Herz zu haben schien wie er selbst; denn immer und immer wieder kehrten seine Blicke zu ihr zurück und weilten mit einem Wohlgefallen auf ihrer ätherisch schönen Gestalt, wie man das wohl selten bei einem Mann nach zehnjähriger Ehe bemerken wird.«[24]

Doch die Gräfin schrieb nicht nur positive Erinnerungen nieder. Bei diesem Besuch war Charlotte, so schien ihr, nicht mehr die Alte. Während eines Déjeuner dansant bei Prinz Wilhelm Bruder tanzten die Bernstorffs nicht, sondern beobachteten die Kaiserin: »Hier nun war es, wo ich mit eigenen Augen sah, was mir früher schon bedauernd erzählt worden war, daß unsere ehedem so einfache Prinzeß Charlotte jetzt als Kaiserin aller Reußen so despotische Manieren angenommen habe und sich zugleich einen orientalischen Luxus erlaube, der ebenso sehr gegen unsere Sitten verstoße. Sie wechselte, sagte man, auf jedem Balle Schuhe, Handschuhe und Schnupftuch. Hier beobachtete ich, wie der alte Graf Modène, ihr Oberkammerherr, auf einen Wink seiner hohen Herrin ein Taschentuch mit den tiefsten Verbeugungen, deren sein steifer Rücken fähig war, überreichte und dafür das Gebrauchte und ihm ziemlich nonchalant zugeworfene in Empfang nahm. Dergleichen betrübte mich von dieser noch immer so lieblichen Fürstin, für die nicht zu schwärmen es so schwer war. Da saß ich nun und bewunderte ihr graziöses Dahinschweben beim Tanz, ihre edle Haltung, ihre durch einen malerischen Anzug so gehobene Schönheit: ein antikes Bandeau von glattem Gold mit Solitären umschloß ihre Stirn, ein Lorbeerkranz erhob sich diademartig hinter ihm; zu diesem ernsten Kopfputz kleidete das frische rosa Atlaskleid mit der leichten Tunika von Flor sehr gut. Die lange feine Schneppentaille war mit drei Reihen fächerartig zusammenlaufender Diamanten besetzt, die von der Schneppe an wieder in drei sich nach und nach erweiternden Linien bis auf die Garnitur hinabliefen. Auf den Schultern hielten kostbare Edelsteine die Draperie zusammen, und der Schluß des Mieders am Rücken war ebenfalls von dergleichen Steinen.«[25]

Kaum hatte der Kaiser Berlin verlassen, wurde eine Ballpause eingelegt, während der die Stadt dem größten gesellschaftlichen Ereignis entgegenfieberte, das sie je erlebt hatte. Am 13. Juli wollte »Kaiserin Charlotte« ihren 31. Geburtstag eigentlich im Kreise ihrer Lieben feiern. Doch diese hatten sich spontan etwas ganz Besonderes für sie ausgedacht – ein grandioses Fest mit Hunderten Teilnehmern und Helfern und Tausenden Zuschauern unter dem beziehungsreichen Titel »Der Zauber der Weißen Rose«, das weit über die höfische Ballroutine hinausgehen und auch die »Lalla Rûkh«-Aufführung von 1821 in den Schatten stellen sollte.[26]

Die Idee hatte Karl von Mecklenburg-Strelitz, Charlottes künstlerisch begabter Onkel, seines Zeichens General, Chef der Garde und Präsident des preußischen Staatsrats, aber auch Regisseur, Schauspieler und Organisator aller höfischen Maskenbälle, der schon »Lalla Rûkh« inszeniert hatte. Und da es allein Blancheflour war, die großartig gefeiert werden sollte, hatte Karl die weiße Rose, Charlottes Lieblingsblume und Talisman, zum Symbol dieses Festes gewählt. Für die Vorbereitung der Veranstaltung, für die eigens Kostüme und Kulissen entworfen, Verse gedichtet, Musik komponiert und nicht zuletzt Unmengen weißer Rosen besorgt, Gästelisten zusammengestellt und Eintrittskarten gedruckt werden mussten, hatte der Herzog nur einen Monat Zeit, sodass alle Kräfte zu mobilisieren waren.[27]

Auf dem Programm standen ein mittelalterliches Ritterturnier im Ehrenhof des Neuen Palais, an dem der Herzog, die königlichen Prinzen und Vertreter des Adels teilnahmen, »lebende Bilder« aus dem Leben der Kaiserin im Schlosstheater, die von Karl Friedrich Schinkel entworfen und von Schauspielern des Königlichen Theaters dargestellt wurden, und ein großer Ball mit Preisverleihung im Grottensaal. Alles, was in Berlin, Potsdam und Umgebung Rang und Namen hatte, war geladen und erhielt einen Platz auf den Tribünen; wer weder das eine noch das andere hatte, stellte sich außerhalb des Schlossplatzes auf. Es gab keinerlei Zwischenfälle.

Das Fest begann um 18 Uhr bei schönstem Wetter mit dem

Erscheinen Blancheflours unter dem grünen Baldachin der Königlichen Loge. Fanfarenklang und Trommelwirbel begrüßten die Gefeierte. Sie trug ein perlen- und brillantenbesetztes mittelalterliches weißes Kleid und einen Kranz aus weißen Rosen, und auch die Ritterdamen um sie herum trugen Rosenkränze. Beim Einzug der 124 Ritter in ihren bunten Kostümen und beim zweimaligen Rundreiten, während der Rezitation der schön gesetzten Verse und der heiteren Wettkämpfe hat sie sicher an den »Zauberring« gedacht und sich vielleicht ein bisschen im Mittelalter gewähnt. Nach dem »Karussell« rief ein Chor die Ritter und ihre Damen ins Hoftheater. Die Bühne füllte ein breiter, aus weißen Rosen und Arabesken gewundener, matt leuchtender Rahmen – der Zauberspiegel, der sich unter Blancheflours Blick belebte und vor der Silhouette Berlins und Moskaus, des Riesengebirges und des Sternenhimmels Szenen aus ihrem Leben »widerspiegelte«. Zum ersten Mal bewegten sich die »lebenden Bilder«, gingen ineinander über und wurden zu »beweglichen Bildern«, und zum ersten Mal deklamierten die Schauspieler Texte.

Den Abschluss des Festes bildete der Ball im Grottensaal. Figurierter Tanz, ausgeführt von zwanzig jungen Paaren in mittelalterlichen Trachten, Preisverleihung, große Tafel und allgemeiner Tanz beim Schein von tausend Kerzen. Das Orchester spielte hinter einem Schirm aus weißen Rosen. Natürlich empfingen die feierlich ausgerufenen Sieger die Preise – goldene Ketten, silberne Pokale und türkische Säbel – aus der Hand der Kaiserin, und sie war es auch, die den mehr als hundert Mitwirkenden den silbernen »Orden der Weißen Rose« mit dem Datum »13. Juli 1829« verlieh, den sie wenige Tage vor dem Fest selbst entworfen und dessen Herstellung sie bezahlt hatte. Es war Blancheflours größter Auftritt in Berlin, an den sich die Teilnehmer, besonders aber ihr Vater und ihre Brüder, noch lange erinnerten, und zugleich »der Abschied ihrer Jugend von jenen Emblemen der weißen Rose, mit denen ihre Phantasie sie durch so manche Jahre ausgeschmückt hatte«[28].

In der allgemeinen Begeisterung gab es nur wenige kritische

Stimmen. Karoline von Rochow fand das Fest »zum Sterben fatigant«*, weil es fast zwölf Stunden dauerte, aber »doch vielleicht einzig in seiner Art«[29]. Gräfin Bernstorff, die den Wettkampf »artig«, das allegorische Festspiel »recht herzlich langweilig« und den Ball »unendlich fade« fand, pries sich glücklich, als sie und die Ihren »der Gegenwart zurückgegeben« waren.[30] Von der Kaiserin aber war sie nun enttäuscht, »... denn ihr vergnügungssüchtiges, eitles Wesen hatte mich wiederholt betrübt und mir das vielleicht ungerechte Vorurtheil eingeflößt, dass ihr ehedem so reges, tiefes Gefühl verflacht sei«[31].

Doch im Nachhinein erkannten viele, dass das Fest nicht nur ein grandioses gesellschaftliches Spektakel war, sondern eine Zeitenwende markierte. Nicht nur in den Annalen des Berliner Hoflebens, sondern der europäischen Höfe überhaupt war es »das letzte großartige und vom Zauber der Kunst durchleuchtete höfische Spiel der neuen Geschichte, der letzte Triumph der alten Romantik und der aristokratischen Gesellschaft der Restauration« (Heinrich von Treitschke). Als herausragendes Ereignis der Berliner Kunst- und Kulturgeschichte hat der »Zauber der weißen Rose« noch jahrzehntelang Maler, Zeichner, Juweliere und Verleger inspiriert.[32]

Im Chor der Dichter und Memoirenschreiber, unter denen auch Friedrich de la Motte Fouqué mit mehreren Sonetten vertreten war, fehlte nur eine russische Stimme: Schukowskij, der ebenfalls nach Berlin gekommen war, hätte diese Stimme sein können. Doch er war schon am 12. Juni mit dem Thronfolger wieder abgereist. So ist der Nachwelt die Chance entgangen, aus kompetenter russischer Feder ebenfalls eine Beschreibung zu besitzen. Doch selbst ohne Schukowskijs Würdigung hat das Fest das von der Romantik ausgelöste Interesse am Mittelalter und an der Mode der Gotik auch in Russland begründet.

Dahinter steckte der Kaiser persönlich, der wieder einmal eine Überraschung für seine Muffi vorbereitet hatte, eine Art Nach-

---

* Ermüdend.

trag zum »Zauber der weißen Rose«. Am Tag ihrer Rückkehr aus Berlin – sie war einmal wieder über Memel gereist – war das »Cottage« in Peterhof bezugsfertig, ein zweistöckiges Landhaus mit Mansarde, das der schottische Architekt Adam Menelaws entworfen und mit allerlei Nebengebäuden in den ebenfalls von ihm gestalteten neuen Landschaftspark neben den Unteren Park gesetzt hatte. Das Cottage mit seinen Erkern, Veranden, Terrassen und Balkons zählt zu den ersten Bauten der romantischen Neogotik in Russland. Seine offizielle Bezeichnung lautete: »Ihrer Majestät Datscha Alexandria.« So wurde auch der Park genannt. Formal gehörte die Datscha jedoch dem Kaiser.

Wie wir wissen, hat Alexandra selbst diese »Hütte« vom Kaiser erbeten, weil sie den Aufenthalt im Großen Palast unerträglich fand und ihre Augen sich von »diesem massiven Goldglanz« erholen sollten.[33] Doch es gab ein Vorbild: das Landgut Paretz in der Mark Brandenburg, das Friedrich Wilhelm III. noch als Kronprinz 1795 gekauft hatte. In der ländlichen Abgeschiedenheit von Paretz hatte die preußische Königsfamilie so manchen Sommer verbracht, und das Cottage in Alexandria war seine Entsprechung auf russischem Boden.

»Das Gelände, ehemals Küchengarten des in Peterhof kasernierten Regiments, war meinen Eltern von Zar Alexander geschenkt worden, da er ihre Vorliebe für die Meeresküste kannte«, schreibt Olga Nikolajewna. »Das Haus war von außen einfach, in englischem Stil gehalten, im Innern alles prächtig mit Holz vertäfelt und in gotischer Weise ausgestattet nach dem Geschmack der Zeit, wie man es in den Romanen Walter Scotts oder den Rheinsagen des Mittelalters lesen konnte.«[34] Nicht nur Möbel, Uhren, Kandelaber waren gezackt, spitzbogig und durchbrochen, auch simple Gebrauchsgegenstände waren im neogotischen Stil gefertigt. Das Wappen Alexandrias bzw. Alexandriens war ein blauer Schild mit einem Kranz weißer Rosen, der von einem Schwert gehalten wird. Seine Devise lautete: »Für den Glauben, den Zaren und das Vaterland.« Das hatte sich Schukowskij einfallen lassen, womöglich inspiriert von Alexandras Turnierbüchlein, und auch sonst gelangte noch manches Souvenir vom großen Fest ins Cottage, darunter ein exquisiter neogotischer Erinnerungspokal (heute: »Potsdamer Pokal«) mit den Wappen aller Teilnehmer.

Nach einem Entwurf Schinkels, den Alexandra aus Berlin mitgebracht hatte, entstand wenig später – als Hauskirche des Cottage – die quadratische neogotische Alexander-Newskij-Kapelle mit ihren vier Pyramidentürmen, die Schinkel selbst als »sehr abnorm« bezeichnete. Aber sie passte zum Cottage und war von dort angenehm zu erreichen. In dieser überschaubaren Umgebung konnte sich Alexandra von nun an als einfache »Peterhofer Gutsbesitzerin« fühlen und Nikolaus als Gatte dieser Gutsherrin. In den gemütlichen kleinen Räumen des Cottage hielt sie sich fortan am liebsten auf, hier servierte sie selbst den Tee, hier empfing sie nur Verwandte, Freunde, ihre Preußen und einige wenige Gäste, für die eine Einladung ins Cottage eine besondere Auszeichnung war.

Zum Dankgottesdienst für den Sieg über die Türken in der Kasaner Kathedrale am 28. Juli waren Nikolaus und Alexandra wieder in Petersburg. Anschließend begaben sie sich zum Feiern nach Jelagin, einer der vielen Inseln, auf denen St. Petersburg liegt, damals ein einsames, traumhaft schönes Idyll, das sich nur belebte, wenn sich der Hof und die Gesellschaft hier ein Stelldichein gaben, zum Rodeln im Winter, zu Spaziergängen, Spielen und Picknicks im Sommer. Dort gewährte Alexandra einer alten Bekannten eine Audienz: Darja (»Dolli«) Ficquelmont, der Frau des österreichischen Botschafters, die sie schon 1823 einmal auf Empfehlung ihres Vaters empfangen hatte. »Die Herrscherin war im schwarzen Kleid mit herrlichen Perlen, schön, interessant, aber sehr dünn, sie wirkte fast wie aus Luft und erinnerte, ich weiß nicht, warum, an ein Gespenst. Als sie mich sah, rief sie aus: ›Dolli! Botschafterin!‹ Dann fügte sie hinzu. ›Ich muss diese Botschafterin küssen!‹ Und sagte mir, nachdem sie mich zärtlich und gütig in ihre Arme geschlossen hatte, eine Menge angenehmer, herzlicher Worte … Ich habe sie zum ersten Mal in der Zeit ihrer Jugend gesehen, in der das rosige Prisma, durch das man die Welt betrachtet, allmählich zerspringt, aber man immer noch mit großer Freude das genießt, was es zeigt.« Darja Ficquelmont sollte sich in den kommenden zehn Jahren als genaue und kritische Beobachterin des Hoflebens erweisen.[35]

Mitte September beendete der Frieden von Adrianopel den russisch-türkischen Krieg. Russland erhielt eine erhebliche Finanzkontribution, fast die gesamte Donaumündung, Teile Armeniens sowie das Durchfahrtsrecht für seine Handelsschiffe durch Bosporus und Dardanellen und hatte Grund zur Freude. Nikolaus war auch privat hochzufrieden, zumal Alexandra wieder schwanger war. »Meine Frau wird Ihnen schon mitgeteilt haben, Sire, dass der liebe Gott uns ein achtes Kind gewährt«, schrieb er dem Schwiegervater. »Bis jetzt geht alles gut, aber ich wage Sie anzuflehen, Sire, von meiner Frau zu fordern, daß sie auf sich achtet und zwar mehr als gewöhnlich, denn das ist sehr wichtig für sie.«[36] Tags darauf hatte Alexandra eine weitere Fehlgeburt, eine Folge der Anstrengungen der vergangenen Wochen? Acht Schwangerschaften in zwölf Jahren wären aber auch für kräftigere Naturen zu viel gewesen...

Im November traf Alexander von Humboldt wieder in der Hauptstadt ein. Während der Sibirienreise waren Anfang Juli tatsächlich Diamanten gefunden worden: »Die Kaiserin hat mich bereits auf die graziöseste Art empfangen, gestern habe ich beim Thronfolger diniert, und heute morgen werde ich schon wieder zur Kaiserin gerufen, man behandelt mich mit ständig wachsender Güte«, schrieb Humboldt seinem Bruder. »Der Kaiser ist immer noch bettlägrig und sieht nur die kaiserliche Familie. Die heutige Zeitung von St. Petersburg kündigt eine Neuigkeit an, die meiner Expedition viel Glanz verleihen wird. Ich hatte der Kaiserin gesagt, dass wir Diamanten mitbringen würden. Das ist passiert, die Entdeckung wurde nicht von uns gemacht, aber wir haben sie herbeigeführt, sie ist von jemandem gemacht worden, der uns begleitet hat, drei Tage, nachdem wir uns getrennt hatten.«[37]

Die Erkrankung des Kaisers war wohl auf die Überanstrengung der letzten Monate zurückzuführen. Es ging ihm so schlecht, dass Alexandra ihn selbst pflegte. Sie wich Tag und Nacht nicht von seinem Bett und sah besorgt, wie schnell er abmagerte. Nikolaus war zum ersten Mal ernsthaft krank und versetzte damit seine gesamte Umgebung in Angst und Schrecken. Die Krankheit war der Grund dafür, dass Humboldt zwei Wochen länger als geplant in St. Petersburg blieb. Ausgezeichnet mit dem St.-Annen-Orden 1. Klasse, sollte er am 28. November um 13 Uhr seine große französische Rede in der Akademie der Wissenschaften auf der Wassilij-Insel halten. Die Kaiserin hatte »wegen ihrer Gesundheit« abgesagt. »Aber sie schickt den Thronfolger, die Großfürstin Jelena, den Großfürsten Michael, die ganze Stadt und die Frauen. Das ist einer der größten Tage meines Lebens«, schrieb er dem Bruder. Seine Gesundheit sei gut, »aber man bringt mich mit Artigkeiten um«[38].

An einem der Abende bei der Kaiserin wurde Roulette gespielt, und Alexandra O. Smirnowa-Rosset beobachtete, wie Humboldt sich langweilte. Er spielte nicht und musste sich mit Johann Samuel Chambeau, dem Privatsekretär der Kaiserin, und Grimm, dem Ersten Kammerdiener des Kaisers, unterhalten, die er aus Berlin kannte. Für die Hofdame ein Unding. Also informierte sie die Kaiserin, die umgehend nach Schukowskij schickte, damit Humboldt jemanden hätte, mit dem er sich unterhalten konnte. Die beiden spielten dann aber auch, setzten jeder einen Goldrubel und verloren, worauf Nikolaus, der die Bank hielt, ihnen sagte: »Gehen Sie, meine Herren, gehen Sie, dieses Spiel ist nicht für Sie, sondern für uns, die wir die Zeit totschlagen müssen ... Sie brauchen so etwas nicht.« Doch dann fand der Kaiser das Spiel plötzlich dumm und erklärte, dass er die Eröffnung von Spielkasinos in Russland nie erlauben werde. Auch Alexandra mochte das Spiel nicht. Ihre Hofdamen hatten kein Glück im Spiel, wenn sie verloren, bezahlte sie ihre Schulden.[39]

Humboldt aber nahm einen Auftrag des Herrschers für Christian Daniel Rauch mit nach Berlin. »Er befahl mir, eine Statue im heroischen oder anmutigen Stil den Eingebungen des großen Künstlers gemäß zu bestellen«, schrieb er dem Freund.[40] Rauch entschied sich für eine Danaide, die er im Sommer 1840 persönlich nach St. Petersburg brachte, um sie im »Palais der Kaiserin«, d. h. im Cottage, aufzustellen.

9
»*Gott schütze den Zaren*«
Unruhige Jahre

Neujahr im Winterpalast – Julirevolution in Frankreich – Cholera in Moskau – Aufstand in Polen – Cholera in der Nördlichen Hauptstadt – Nikolaus auf dem Heuplatz – Geburt Michaels – Kapitulation Warschaus – Geburt Nikolaus' – Uraufführung der Zarenhymne – Georges d'Anthès – Puschkin bei der Kaiserin *1830–1834*

Neujahr 1830 fand im Winterpalast wieder der traditionelle Ball statt. Elisabeth Petrowna hatte den Brauch eingeführt, dem Volk die Residenz am ersten Tag des Jahres zu öffnen, damit es dem Zaren seine Neujahrswünsche überbringen könne. Zu diesem Fest konnte jeder kommen, der wollte, vorausgesetzt, er war nüchtern und ordentlich gekleidet. Leopold von Gerlach, der Adjutant Wilhelms von Preußen, war Neujahr 1828 dabei: »Am Abend war der famose Ball mit 32 000 Personen, das ganze Winterpalais war gepfropft voll Menschen, dabei draußen 19 Grad Kälte. Es ist nicht zu leugnen, daß diese Menschenmasse sich bewundernswürdig gut aufführte. Am andern Mittag war in der Nähe der Herrschaften Alles wieder gefegt, gewaschen, getrocknet, gebohnt.«[1]

Das Volk konnte sich auch in den Privatgemächern der Kaiserfamilie umsehen. Dafür gab es Eintrittskarten, und der Name des ersten und des letzten Besuchers wurde aufgeschrieben. In den Paradesälen standen enorme Buffets bereit, und die Gäste konnten von Gold- und Silbertellern speisen.[2] Auch Neujahr 1830 kamen 32 000 Besucher, zum Festessen in der märchenhaft erleuchteten Ermitage waren jedoch nur 500 Auserwählte geladen.[3] Tausende, die keinen Einlass gefunden hatten, drängten sich im Großen Palasthof und schauten schweigend zu.

Das Kaiserpaar erschien nun auch auf Bällen, die vom Adel, von hohen Beamten und Diplomaten gegeben wurden, und setzte damit eine von Alexander I. begründete Tradition fort, die »Volksnähe« dokumentieren sollte. »So vergeht Tag für Tag mit Tanzen und allerlei anderen Vergnügungen. Die Kaiserin gibt sich ihnen mit ganzer Seele hin, und der Kaiser lässt sich aus Liebe zu seiner Gemahlin fortreißen«, notierte Senator Pawel G. Diwow.[4]

Nach dem Tod der sittenstrengen Kaiserinmutter war der Ton etwas frivoler geworden. Besonders bei den Maskenbällen, die bis zum Ende der 1830er-Jahre populär blieben, vergaßen nun alle gerne die steife Etikette. Das Treiben endete mit dem Beginn der Großen Fastenzeit, und Alexandra langweilte sich: »Da sitzen wir im carême und wünschen umsonst die lustige Zeit zurück.«[5] Sie wird sich noch häufig an diese Zeit erinnert haben, denn das vor ihr liegende Jahr sollte gar nicht lustig werden. In Europa gärte es, und Rückwirkungen auf Russland waren unausweichlich. Im Gouvernement Orenburg tauchte die asiatische Cholera auf, die man nur dem Namen nach kannte, und in Sewastopol meuterten die Matrosen.

Ende Juli wurde in Frankreich die Abgeordnetenkammer aufgelöst, der Wahlzensus heraufgesetzt und die Pressefreiheit eingeschränkt. Nach dreitägigen Barrikadenkämpfen in Paris dankte Karl X. ab und floh nach England. Die »Julirevolution« fegte die Bourbonen und ihre restaurative Politik endgültig hinweg. Die Ereignisse lösten in St. Petersburg gemischte Gefühle aus. Sie verdarben die heitere Stimmung, die immer herrschte, wenn der Hof sich in Peterhof aufhielt.

Ein großer Teil der Gesellschaft war natürlich aufseiten der Pariser Liberalen, doch der Kaiser sah die gleichen Übeltäter am Werk, die ihm selbst vor fünf Jahren den Thron hatten nehmen wollen. Er war am 12. August nach Helsingfors (Helsinki) gereist und wurde brieflich von Alexandra auf dem Laufenden gehalten. Finnland machte einen zufriedenen Eindruck, Nikolaus Pawlowitsch war freundlich empfangen worden. Doch die Ereignisse in Paris ließen ihm keine Ruhe. Er begriff nicht, wie ein König einfach fliehen konnte. Die Bourbonen taugten wirklich nur zur Flucht! Kurzum, er befahl allen Russen bei Strafe der Ausbürgerung, Frankreich sofort zu verlassen.[6]

Dem »Bürgerkönig« Louis Philippe hat Nikolaus die Usurpation nie verziehen, die Julimonarchie hielt er für eine gefährliche revolutionäre Einrichtung, vor deren Einfluss Russland geschützt werden musste. Schiffe, auf denen die Trikolore wehte, durften keinen russischen Hafen mehr anlaufen, nur zuverlässige Franzosen durften einreisen, und die in Russland lebenden Franzosen wurden fortan streng überwacht. Doch kaum war der Zar aus Finnland zurück, wurde auf dem französischen Konsulat in Warschau die Trikolore gehisst, und spontane Versammlungen häuften sich. Wieder einmal war in Polen die Hoffnung aufgekommen, die russische Herrschaft abschütteln zu können. Die Unruhen in Sachsen und Hannover, Braunschweig und Hessen-Kassel und die Revolution in den flämischen und wallonischen Provinzen der Vereinigten Niederlande, die am 4. Oktober zur belgischen Unabhängigkeitserklärung führte, beflügelten die Polen. Auch Kronprinz Wilhelm und seine Frau, Nikolaus' eigenwillige Schwester Anna, hatten ihren schönen Palast in Brüssel, der voller Kostbarkeiten aus St. Petersburg war, verlassen müssen …[7]

Zu all dem hatte die Cholera Mitte September Moskau erreicht, und Nikolaus beschloss hinzufahren, zumal 60 000 Menschen die Stadt sehr schnell verlassen hatten. Vergeblich hatte Alexandra ihn angefleht, sich nicht zu gefährden. Auch nachdem sie die drei Töchter und den kleinen Kosty in sein Kabinett geführt hatte, um ihn umzustimmen, blieb er bei seiner Ansicht. »Sie vergessen, dass 300 000 meiner Kinder in Moskau leiden«, erklärte er ihr. »An dem Tag, an dem der Herr uns auf den Thron gerufen hat, habe ich vor meinem Gewissen feierlich gelobt, meine Pflicht zu erfüllen und zuerst an mein Land und an mein Volk zu denken. Das ist meine bedingungslose Pflicht, und Sie mit ihrem edlen Herzen können meine Gefühle nur teilen. Ich weiß, dass Sie mir zustimmen.« Alexandra blieb nichts anderes übrig.[8]

In Moskau wurde Nikolaus begeistert empfangen. Doch die

Gegenmaßnahmen, die er anordnete, fruchteten wenig. Dennoch hat Puschkin dem mutigen Auftreten des Kaisers in Moskau das Gedicht »Der Held« gewidmet, das mit den Worten endet: »Laß dem Helden das Herz! Was denn / wird er ohne es sein? Ein Tyrann...«[9]

Unterdessen spitzte sich die Lage in Polen zu. Am 29. November versuchte eine Gruppe von Fähnrichen, den Großfürsten Konstantin in Łazienki gefangen zu nehmen, doch Konstantin konnte fliehen. Tags darauf hatte sich ganz Warschau aus dem russischen Arsenal bewaffnet, und dann lief die polnische Armee, die er geschaffen hatte, zu den Aufständischen über! Am Abend des 7. Dezember traf die Nachricht in St. Petersburg ein. Alexandra wollte mit ihren Töchtern gerade in den Smolnyj fahren, als ihr Mann sie rufen ließ: »Ich finde ihn ganz blaß, mit verändertem Gesicht, einen Brief in der Hand und mir sagend, eine Revolution sei in Warschau ausgebrochen«, schrieb sie in ihr Tagebuch. »Der Schreck, die Bestürzung. Dabei fehlen die ersten Nachrichten. Diese kamen per Estafette, als sei es gar kein wichtiges Papier. Eben jetzt (Mittwoch, d. 8. Dezember, früh) kam der fehlende Brief.«[10] Auch Olga Nikolajewna hat diesen Abend in Erinnerung behalten: »Erschreckt liefen wir nach oben, um zu hören, was vorgefallen sei. Die Kammerfrauen ließen uns nicht eintreten: ›Der Kaiser liest Mama Depeschen vor; ein Kurier kam aus Warschau mit schlechten Nachrichten.‹ Es war die polnische Revolution von 1830. Dem folgte ein langer trauriger Winter, der Abmarsch der Garderegimenter und manches andere Betrübliche. In unseren Schulraum, unsere Kinderwelt, drang nur ein schwaches Echo der Ereignisse.«[11]

Die Bestürzung war umso größer, als Nikolaus und Alexandra im Mai wieder in Warschau gewesen waren, um die Sitzung des Vierten Sejm zu eröffnen. Wieder waren sie auf das Prachtvollste empfangen worden, wieder hatte es jede Menge Bälle und Feste gegeben, wieder hatten die Warschauer gejubelt. Aber Nikolaus hatte auch erfahren, dass die Unzufriedenheit mit Konstantin, der die polnische Verfassung öffentlich als »dummen Witz« bezeichnet hatte, noch gewachsen war.[12] Dennoch fand der Kaiser die Polen falsch, frech und undankbar, zumal es ihnen ökonomisch gut ging. Hatte er nicht allgemeine Unzufriedenheit in Russland riskiert, als er seinen Eid hielt und den Sejm eröffnete? Wurde das Königreich mit dieser Volksvertretung nicht bevorzugt? Auch Alexandra fand die Polen »töricht« und »wahnsinnig«. Im Laufe des Winters schlossen sich immer mehr Provinzen den Aufständischen an.

Wie immer versuchte Nikolaus zunächst zu beschwichtigen, verfasste einen Aufruf an die polnische Armee und das polnische Volk und schlug vor, die Waffen niederzulegen. Die Antwort der Polen war die Absetzung des Zaren und seiner Nachkommen durch den Sejm. Am 20. Januar 1831 überschritt die russische Armee die Grenze des Königreichs. »Die Kaiserin ist traurig, weil sie zu sehr *Frau* ist«, beobachtete Dolli Ficquelmont drei Wochen später. »Sie hat ein zärtliches und liebendes Herz. Sie ist gut in Warschau aufgenommen worden, es hat ihr dort gefallen, sie zittert bei dem Gedanken an das in Polen vergossene Blut und beweint alle Gefallenen.«[13] Das sollte nicht so bleiben, denn der allgemeinen antipolnischen Stimmung konnte Alexandra sich nicht entziehen.

Die Kämpfe in Polen dauerten noch an, als die Cholera allen Absperrungen zum Trotz die Hauptstadt erreichte. Als diese Tatsache am 28. Juni offiziell bekannt gegeben wurde, hatten viele Familien St. Petersburg längst verlassen, waren aufs Land gegangen oder ins Ausland gereist. Zwei Tage später traf die Nachricht ein, dass Konstantin Pawlowitsch der Seuche am 27. Juni in Witebsk erlegen war. Nikolaus weinte, aber wahrscheinlich war er nicht so traurig, wie er tat, weil er jetzt ein Personalproblem weniger hatte. Nun begab sich auch der Hof nach Peterhof in strenge Quarantäne. »Die schönsten Früchte dieses besonders warmen Sommers wurden weggeworfen, wie auch der Salat und die Gurken«, notierte Olga Nikolajewna. »Die Schüler der Kadettenschule erhielten Hemden aus Flanell, Tee, Wein. Wir Kinder verstanden nichts von der Gefahr und freuten uns über die verlängerten Ferien, da unsere Lehrer die Stadt nicht zu verlassen wagten. Papa ließ Cécile Frédéricks mit ihrer Familie aus dem Finnland kommen, damit Mama Gesellschaft habe.«[14]

Als die Zahl der Toten infolge des allgemeinen Chaos und der Unfähigkeit der Behörden auf mehrere Hundert pro Tag gestiegen war, verbreitete sich das Gerücht, die Polen hätten das Trinkwasser vergiftet und die Ärzte die Cholera »gemacht«, um sich zu bereichern. Prompt begann der Pöbel, die Krankenhäuser zu stürmen und Ärzte mit polnischen Namen zu lynchen. Schließlich verlor die Polizei die Kontrolle, und als selbst der Militärgouverneur sich verstecken musste, erwartete man in Peterhof eine allgemeine Erhebung.[15]

Am 3. Juli machte Nikolaus im Cottage sein Testament: »In aller Eile meine letzten Wünsche.« Tags darauf fuhr er auf dem Dampfer »Ischora« in die Stadt, bestieg zusammen mit dem Fürsten Alexander S. Menschikow eine offene Kalesche und fuhr durch die belebtesten Straßen langsam auf den Heuplatz, eine Arme-Leute-Gegend, in der wahrscheinlich noch nie jemand den Zaren aus der Nähe gesehen hatte. Hier hatte es bis dato die meisten Opfer gegeben. Bei der Erlöserkirche (die im 20. Jahrhundert gesprengt wurde) hielt er an, erhob sich, blickte drohend um sich und rief mit seiner durchdringenden Stimme: »Hüte ab! Auf die Knie!« Angeblich waren 20000 Menschen auf dem Platz versammelt, die sofort niederknieten. Dann hielt er eine kurze Ansprache. Seine Ausstrahlungskraft wirkte wie üblich, die Menschen beruhigten sich und liefen auseinander. Später erzählten die Leute, der Zar habe auf dem Heuplatz genauso viel Schrecken verbreitet wie die Cholera selbst. Aber die Ruhe war wiederhergestellt, die Menschen weigerten sich nicht mehr, ihre Kranken in die Hospitäler zu bringen, und die Seuche ging langsam zurück.

Nikolaus hatte seiner Frau nicht erzählt, was er in St. Petersburg vorhatte, um sie zu schonen. Er schonte sie immer. Dennoch zitterte sie am ganzen Leibe, als er losfuhr. »Göttliches Wetter die ganze Woche, die Hitze zuweilen schwer, die Luft wie mit Rauch gefüllt, die Sonne blutrot«, vermerkte sie in ihrem Tagebuch. »Die Krankheit greift furchtbar um sich in der Stadt, das Volk wurde unruhig, durch Aufwiegler noch mehr erbittert und zu Unordnungen verleitet; sie stürmen Hospitäler und brachten einen Doctor um. Da begab sich der Kaiser am 22. Juni [4. Juli] in die Stadt, um sich selbst zu zeigen, rief das Volk zu sich an seinen Wagen, sprach mit ihnen, sagte tüchtig die Wahrheit mit solchen durchdringlichen und väterlichen Worten, dass zuletzt der Haufe von vielen Tausenden niederstürzte, vor den Türen der Kirche der sennaja [Heuplatz] und Gott um Verzeihung baten für ihr Vergehen. Menschikow sagte: ›L'empereur a eu hier des moments sublimes.‹* Es muß höchst merkwürdig gewesen sein. Ich dankte Gott, als ich wieder das Dampfboot rauchen sah, 7 Uhr abends auf dem Meer; er nahm ein Bad in Monplaisir, fuhr mit mir und erzählte Alles, Alles!«[16]

Alexandra muss sehr erleichtert gewesen sein, denn sie befand sich im Endstadium einer beschwerlichen Schwangerschaft. Zur Entbindung zog der Hof nach Zarskoje Selo, das als gesündeste der Sommerresidenzen galt. Die düsteren Ahnungen, von denen die Schwangere eine Zeit lang geplagt worden war, erwiesen sich zum Glück als unbegründet. »Am 27. Juli (8. August) brachte sie in Zarskoje Selo ihren dritten Sohn zur Welt, leicht, ohne Beschwerden, und gesundete rasch nach dieser Niederkunft. Das Kind wurde Nikolaus getauft, da es am Namensfest des Hl. Nikolaus von Nowgorod geboren wurde«, schreibt Olga Nikolajewna.[17] Natürlich gratulierte die ganze Berliner Verwandtschaft, doch die vertraulichste Antwort erhielt wohl Carl: »Du könntest auch nachgerade einen Bengel machen, sonst verdienst Du nicht mehr den Namen Raschmacher. Ich erfuhr gestern, dass Ihr das kalte Neue Palais endlich wieder verlassen habt und sogar nach Berlin zurückgekehrt seid; das ist ein Beweis, wie gelinde die Cholera dort sein muss.«[18]

Schon im Mai hatte das Ehepaar Puschkin die Datscha einer Bekannten in Zarskoje Selo bezogen, und so gerieten die Puschkins in den Bannkreis des Hofes. Im Spätsommer sah Alexandra die

---
* Der Kaiser hat gestern erhabene Augenblicke gehabt.

schöne junge Frau des Dichters zufällig im Park und äußerte den Wunsch, sie kennenzulernen. Also wurde Natalja Nikolajewna ihr vorgestellt. Dann verlangte die Kaiserin, sie ständig bei Hofe zu sehen, sie hatte gerne schöne, junge Menschen um sich. Dazu sollte es jedoch erst anderthalb Jahre später kommen. Puschkins Verhältnis zu Nikolaus war seit der denkwürdigen Begegnung im September 1826 im Kreml nicht einfacher geworden. Der Zar achtete den Dichter, und der Dichter respektierte den Zaren. Doch anders als Schukowskij hielt Puschkin Distanz zum Hof, er hatte Nikolaus' Abschiedsworte »Nun, jetzt bist du nicht mehr der frühere Puschkin, sondern mein Puschkin« nicht vergessen.[19] Diese Rolle wollte der Dichter nicht spielen, gleichzeitig war er vom Wohlwollen des Autokraten abhängig, der ihm endlich erlaubt hatte, die Bibliothek der Ermitage und die Archive des Winterpalasts zu benutzen.

Alexandra hatte mehr Sinn für Poesie als Nikolaus. Sie hatte verstanden, dass Puschkin – anders als Schukowskij – nicht »ihr Poet« sein konnte. Er war niemandes Poet. Sie wunderte sich allerdings, dass Puschkin so wenig populär war. »Wie gleichgültig unsere Gesellschaft der russischen Poesie gegenüber ist«, sagte sie einmal. »Außer meinem lieben Schukowskij spricht niemand mit mir darüber. In Deutschland kennt jeder die Werke Schillers und Goethes auswendig. Es ist nicht gut, wenn man der eigenen Literatur so wenig Beachtung schenkt.«[20] Auch sie selbst kannte viele Gedichte Schillers und Goethes auswendig. Doch hatte sie, als sie von Puschkins vermeintlich geringer Popularität sprach, wohl nur den Teil der Petersburger Gesellschaft im Sinn, der den Dichter nicht mochte – und auch nicht kannte.

Unterdessen ging der Krieg in Polen zu Ende. Die polnische Armee, der die Sympathien des liberalen Europa und der Landsleute in Preußen und Österreich gehörten, kämpfte tapfer, war den Russen zahlenmäßig jedoch unterlegen. Am 8. September fiel Warschau. »Vorigen Freitag, den 4. [16.] September war ein Tag von Freude, Schwindel, die wichtige Nachricht vom Sturm von Warschau und dessen Kapitulation«, notierte Alexandra in ihrem

Tagebuch. »Es war Suworow, der Glückliche, der Überbringer dieser Nachricht. Nicks stürzte in mein Zimmer um 3 Uhr, Varsovie et Suworow schreiend.* Ich außer mich, auf die Knie und in Tränen Gott gedankt. Hinübergelaufen zum Kaiser, dort Suworow gesehen. Alle Menschen versammelten sich, es war ein Gejauchze, Weinen, Lachen.«[21]

Die Strafen waren hart. Mehr als 30 000 Polen emigrierten nach Westeuropa und Amerika, Tausende zogen zu Fuß nach Sibirien. Armee und Sejm wurden aufgelöst und die Verfassung durch ein Organisches Statut ersetzt, das die Sonderstellung des Königreichs stark einschränkte. Das Original der Verfassungsakte Alexanders I. aus dem Jahre 1819 kam zu den erbeuteten polnischen Fahnen in die Waffenkammer des Kreml. Damit hatte Nikolaus I. den liberalen Kredit, den Alexander I. in den Kriegen gegen Napoleon für Russland erworben hatte, verspielt.

Aber so richtig war die polnische Affäre erst zu Ende, als Nikolaus am 12. Mai 1832 »im Georgssaal, stehend unter dem Throne«, eine Abordnung empfing, »welche hergesandt von der polnischen Nation, um dem Kaiser zu danken für seine Huld und Gnade, die sie nicht verdient durch ihre Handlungen«. Unter den 17 Abgesandten entdeckte Alexandra einen alten Bekannten, Valentin Radziwill, mit dem sie im »Dollen Winter« von 1814 das Bohnenfest gefeiert hatte, als sie Bohnenkönigin gewesen war und ihn zu ihrem Oberkammerherrn ernannt hatte. An diesem Abend war er nicht von ihrer Seite gewichen, weil er sich »etwas« in sie verliebt hatte. Doch aus der Bohnenkönigin war die Kaiserin von Russland und aus dem preußischen Radziwill ein polnischer Patriot geworden. »Da hörte ich diese polnische Sprache ertönen in dem Georgensaal, die bei der Diäte und Krönung zu Warschau so komisch zu meinem Ohr geschrieen. Vor uns standen die Abgesandten eines Landes, welches das unruhigste in Europa ist, Frankreich vielleicht abgerechnet, und welches insbesondere an Rußland so viel zu schaffen machte seit mehr als einem halben

---

* Warschau und Suworow.

Jahrhundert. Da standen sie vor dem Kaiser von Rußland, den sie als König von Polen so tief beleidigt, gegen den sie die Waffen geführt mit der größten Bitterkeit, jetzt überwunden, mußten sie als Überwundene erscheinen vor dem Sieger, der ihnen dennoch väterlich eine Verfassung wieder gegeben und sich ferner ihrer annehmen will, dieses und anderes ging mir durch den Kopf ...« Alexandra hatte nun kein Verständnis mehr für die Polen: »Sie sahen alle so gewiß feierlich aus, im air recueilli*, aber in ihren Herzen mochte der böse Feind dennoch sich regen auf den ersten günstigen Augenblick lauernd, um die Rache von neuem auflodern zu lassen. Solche Nebengedanken muß man bei Polen leider immer empfinden.«[22]

Seit Jahresbeginn hatte sie aber noch eine Sorge. Zum ersten Mal machte ihr Mann einer anderen Frau öffentlich den Hof. Jedenfalls notierte Dolli Ficquelmont nach einem Ausflug auf die Jelagin-Insel, wo der Hof sich Winterfreuden hingab: »Alles in diesem Schloss ist elegant, ausgesucht, großartig. Aber an diesem Tag hat mich etwas in Jelagin außerordentlich konsterniert: Der Kaiser wollte wohl endgültig den Schleier abwerfen, der sein Verhältnis zur Fürstin Urusowa bislang verhüllt hatte. Diesmal hat er sich gar nicht verstellt, die Sache war für alle so offensichtlich, dass es mir wegen der Kaiserin sehr weh tat. Mit ihrem einfühligen Herzen hatte sie den wahren Kern ihrer Beziehung wohl schon lange erahnt, aber da der äußere Anstand gewahrt blieb, waren ihr Stolz und ihre Eigenliebe natürlich nicht verletzt. Das ist jetzt vorbei ...«[23]

Tags darauf war ein kleiner Ball bei Vizekanzler Karl W. Nesselrode: »Dieser Ball hätte wunderbar werden können, aber die Kaiserin war traurig; sie schien verstört und gequält, und ich sah zum ersten Mal, wie sie zeitweise ein Teilchen Zuversicht und diesen glücklichen feierlichen Ausdruck verlor, der ihr so gut steht. Das weißrosa, glatte und immer leidenschaftslose Gesicht der Fürstin Urusowa belebt sich und ein Ausdruck unbeschreibbarer

---
* In sich gekehrt.

Freude erscheint darauf nur dann, wenn sie sich neben ihrem Herrscher und Gebieter befindet. Aber sonst ist es unmöglich, in diesem Gesicht irgendetwas zu lesen. Zweifellos ist sie schön, aber wie viel edler und graziöser ist die Schönheit der Kaiserin!«[24] Die Gesellschaft aber reagierte empört, mied die Urussowa und erwies der Kaiserin deutlich noch mehr Aufmerksamkeiten.

Anfang Juli wurden die Ficquelmonts zum Wochenende nach Peterhof eingeladen. Den Samstag verbrachten sie im Cottage. »Diese kleine Perle in gotischem Stil ist entzückend; die Einfachheit, die Unmittelbarkeit und, ich würde sagen, die *Treuherzigkeit* der kaiserlichen Familie ist ein wahrhaft schöner und sehr ergreifender Anblick, der unwillkürliche Rührung hervorruft. Aber dort befand sich auch Sophie Urusowa, diese rätselhafte Person, in ihrer blendend weißen und leidenschaftslosen Schönheit, bei deren Anblick sich den Freunden der Kaiserin das Herz zusammenzieht und die in dieser Familie einen niemandem verständlichen Platz einnimmt. Indessen ruft ihre Anwesenheit bei der Kaiserin Melancholie hervor, die einen Schatten auf ihr engelhaftes und glückliches Gesicht wirft. Ihre zehnte Schwangerschaft erträgt sie ohne die gewohnte Ruhe. Sie spricht von dummen Vorgefühlen. Eben diesen dunklen Gedanken wird zugeschrieben, dass ihr die Fröhlichkeit fehlt, was verwundert, weil diese Fröhlichkeit ihre Natur ist, wie allen scheint. Aber mir, die ich die Kaiserin kenne und liebe, kommt es vor, als sei sie tief im Herzen *getroffen*. Mit weiblichem Instinkt hat sie erraten, was vielleicht erst in der Zukunft eintrifft. Sie ist sehr viel stärker und herzlicher, als man annimmt, sie versteht viele ihrer Gefühle zu verbergen, aber deshalb leidet sie darunter nicht weniger.«[25]

Als gute Tochter bestritt Olga Nikolajewna die Affäre des Vaters jedoch: »Niemand anderer als Mama hat jemals seine Leidenschaft besessen und dies so ausschließlich, daß es manchem als übertriebene Gewissenhaftigkeit erscheinen mochte.«[26] Der 13. Juli wurde jedenfalls wie immer mit allem Pomp gefeiert: »Abends gab es ein märchenhaftes Ballett vor den Springbrunnen im Garten von Monplaisir, die mit bengalischen Feuern erleuchtet waren.«[27]

Auch Wilhelm war zur Feier des Tages angereist. Gerlach begleitete ihn, und wenn Gerlach dabei war, ging es um Politik. Aus gegebenem Anlass wurde die Frage diskutiert, wie Russland, Preußen und Österreich die Revolution bekämpfen könnten. »Wer kann uns was thun, wenn wir drei zusammenhalten«, zitierte Gerlach den Kaiser, »mit den Revolutionen muß man nicht spaßen, man muß sie unterdrücken, sobald man kann, sonst wachsen sie uns über den Kopf.«[28] Im Falle der Julirevolution hatte er nachgegeben und Louis Philippe, »ce qu'on appelle roi en France«[*], anerkannt, weil die anderen Mächte ihn auch anerkannt hatten. Zum ersten Mal hatte er gegen seine Überzeugung gehandelt. Nun strebte er die Erneuerung der Heiligen Allianz an.

»Am 15. Juli war große Promenade in Jelagin …«, notierte Gerlach. »Soldaten machten Musik, Bauern und Bäuerinnen sangen in zwei Chöre getheilt, dazu eine Menge Gendarmen. Bei dem Feuerwerk hörte man die auf der Brücke stehenden Leute Hurrah schreien. ›Ils crient hurrah, heureux gens‹[**] sagte die kleine mobile Großfürstin Alexandra. Den Abend erzählte die Kaiserin das dem Kaiser, der aber ganz ernsthaft dabei blieb, ihm sei das heureux gens nicht so klar wie seiner Tochter.«[29] Die Preußen blieben bis Mitte August und verbrachten noch manchen Abend bei »Kaiserin Charlotte«.

Im September begann wie immer die Theatersaison. Alexandra ließ keine Premiere aus, und viele Stücke sah sie sich mehrfach an. Um seiner Frau zu gefallen, entwickelte sich auch Nikolaus zum Bühnenfreund, wobei er gerne hinter die Kulissen ging und sich mit den Schauspielern unterhielt. In den ersten Jahren seiner Herrschaft war man vor allem ins Ermitage-Theater gegangen, das zu Alexanders Zeiten dem Preobraschensker Regiment aus der Kaserne nebenan als Exerzierplatz gedient hatte. Unter Nikolaus I. war Katharinas hübsches kleines Hoftheater wieder zum Leben erwacht, aber es war nun viel zu klein, und die Vorstellun-

---

[*] Was man in Frankreich so König nennt.
[**] Sie schreien hurra, glückliche Menschen.

gen wurden seltener, als das neue Theater, ein Werk Carlo Rossis, fertig war. Nikolaus hatte es natürlich nach seiner Frau benannt, ebenso den Platz davor. Mit 1 500 Plätzen war das Alexandra-Theater nun das größte der Hauptstadt, und für die kaiserliche Familie hatte Rossi ganze Appartements eingerichtet, die separat zugänglich waren.[30] Das Haus wurde am 13. September 1832 mit der patriotischen Tragödie »Fürst Poscharskij oder die Befreiung Moskaus« des jung verstorbenen Matwej W. Krukowskij eröffnet. Normale Sterbliche konnten nicht einmal daran denken, eine Karte zu bekommen.

Alexandra war hochschwanger in der Premiere erschienen. »Gott sei Dank, vor einer Woche wurde die Kaiserin sehr glücklich von ihrem vierten Sohn entbunden, der Michael genannt wurde. Alles ist gut gegangen, trotz all ihrer Ängste und Vorahnungen«, notierte Dolli Ficquelmont am 1. November. Nikolaus und Michael, »Nisi« und »Mischa«, wurden in der Familie die »kleinen Brüder« genannt. Später waren sie unzertrennlich, fielen aber nie durch besondere Leistungen auf. Mit ihnen hatte ihre Mutter wieder zwei Kleinkinder um sich, und das zeigt auch ihre Korrespondenz mit der Berliner Verwandtschaft, die oft geradezu bürgerlich banal, aber immer sehr liebevoll war. Heiligabend 1832 saß sie in ihrem »lieben Kabinett« im Anitschkow, hatte Heimweh und schrieb an Wilhelm, dessen Sohn Fritz Wilhelm fast so alt war wie Nisi. Und so ging es um Kleiderchen, Röckchen und Höschen. »Als Antwort auf Deine Anfrage, wie unser Kleiner Niska jetzt gekleidet sei, sende ich Euch Kleiderchen grade wie er sie trägt. Ein Pohl Röckchen des Morgens ohne Hosen. Nach seinem 2. Schlaf thut er das Kleidchen mit Knöpfchen oder mit Stickerei an dazu Höschen, was ich erst seit 14 Tagen versuchte, wo der dann so delicios aussah wie ein Puschell, dass ich es wiederhohlte zur allgemeinen Satisfaction. Im Russ. Hemde ist ein so kleines Kind sehr garstig, ich werde es Dir melden en tems et lieux*, wenn er anfangen wird; der Papa wird es gewiß im Sommer schon wollen,

---
* Zu gegebener Zeit.

zum großen Ärger der alten Bonne. Costy trägt nur Morgens das Hemde, Nachtisch aber eine Jacke wie Sascha ehemals. – Sascha aber, der jetzt ein ganz Theil größer als ich ist, sah orndlich indecent aus mit bloßem Halse, da ist denn ein Kammer Kosacken Anzug erfunden worden der recht zweckmäßig und gar nicht hässlich ist; Nehmlich eine Soldathen (Kosacken) Jacke, dazu weite Hosen in den Farben seines Regiments. Alle 3 Kameraden sind gleich gekleidet. Ich nenne sie nun aus Spaß immer Kammer Kosacken. Heute bei Euch Heiliger Abend, und sonst Kais. Alexanders Gb. T. – Ich allso in *Schwarz*, – an dem Tage der sonst in der Heimath, der schöste, der Lustigste im Jahre war. – Das macht mich nun traurig wenn ich dran denk – der Abstand.«[31]

Mit diesem Winter begann eine längere Friedenszeit. Die sporadischen Kämpfe gegen die Bergvölker im Kaukasus galten nicht als Krieg, weil ohne Ende gegen sie gekämpft wurde, und so konnte Nikolaus sich inneren Aufgaben widmen. Er ließ nun viel bauen und führte selbst die Bauaufsicht. Es wurde auch wieder tüchtig gefeiert. Am 30. Januar 1833 gab das Kaiserpaar im Weißen Saal des Winterpalastes den üblichen Empfang für den Großfürsten Michael Pawlowitsch, der 35 Jahre alt geworden war. Es kamen 1 400 Gäste. Alexandra sah schöner und majestätischer aus denn je, was damit zusammenhängen mochte, dass Sofja Urussowa am Vortag mit einem polnischen Grafen verheiratet worden war. Nikolaus persönlich hatte sie in der katholischen Kirche am Newskij Prospekt zum Traualtar geführt, was allgemein unangenehm aufgefallen war.

Kurz darauf fand im Winterpalast das Kostümfest »Aladin und die Wunderlampe« statt, das viele Besucher beschrieben haben. »Im Konzertsaal war ein orientalischer Thron errichtet und eine Galerie für solche, die nicht tanzten«, erinnerte sich Olga Nikolajewna, die als Zehnjährige an dem Fest teilnahm. »Der Saal der Orangenbäume war mit Stoffen in leuchtenden Farben ausgeschlagen, Sträucher und Blumen standen im Schein von bunten Lampen; das Zauberhafte solchen Schmuckes schlug die Gemüter in Bann, da sie nicht wie heutzutage solchen Anblick von jedem Theater, jeder Bühnendekoration gewohnt waren. Mary und ich erschienen in spitzen Pantoffeln, Pluderhosen und geknöpften Kaftanen mit Turbanen auf dem Kopf und durften hinter Mama an der Polonaise teilnehmen. Welcher Glanz, welche Pracht an asiatischen Stoffen, Steinen, Geschmeiden! Ich konnte schauen, mich ganz dem Zauber all des Wunderbaren hingeben, ohne sprechen und an die Pflichten der Höflichkeit denken zu müssen... Dieses Fest lebt als Glanzpunkt des Winters 1833 in meiner Erinnerung.«[32]

Nur wenige fragten nach den Kosten. Senator Diwow, der immer an die Kosten dachte, vermerkte im Januar 1833 in seinem Tagebuch, ohne die riesigen Ausgaben für die vielen Bauten im ganzen Reich hätte keine Anleihe in Holland aufgenommen zu werden brauchen. Die Befriedung Polens komme die Staatskasse auch teuer zu stehen, und die Ausgaben könnten nicht durch Einnahmen aus dem Königreich gedeckt werden, da das Land während des Aufstandes von den Truppen verwüstet worden sei.[33] Aber Kritik an den enormen Ausgaben des Hofes findet sich weder bei Diwow noch bei anderen Tagebuchautoren, und in den später verfassten Memoiren spielen sie nur selten eine Rolle. Auch zu Alexandras 35. Geburtstag fand das übliche Volksfest mit Maskenball und Illumination in Peterhof statt. Orden wurden verliehen, Beförderungen vorgenommen. Der Kaiser habe besorgt ausgesehen, und der Feiertag sei nicht lustig verlaufen, notierte der Senator.[34]

Das war kein Wunder, denn Europa kam nicht zur Ruhe. Nun schienen auch in Portugal die Liberalen zu siegen. Dagegen musste Russland etwas unternehmen, zusammen mit Preußen und Österreich. Am 16. August schiffte sich Nikolaus auf der »Ischora« nach Stettin ein. Doch der Dampfer geriet in einen solchen Sturm, dass er umkehren und der Kaiser den Landweg nehmen musste. Anfang September traf er in Schwedt ein, wo er von der königlichen Familie erwartet wurde. Von hier aus ging es nach Münchengrätz in Böhmen zu einem Treffen mit Franz I. Der Kronprinz begleitete ihn. Das Ergebnis dieses Treffens waren die

Konventionen von Münchengrätz, in denen die Monarchen sich u. a. das Recht und die Pflicht zusprachen, innere Unruhen und Befreiungsbewegungen beim Vertragspartner niederzuschlagen. Die geheime Berliner Konvention vom 15. Oktober 1833 konkretisierte die Verpflichtungen. Demnach musste jeder Monarch in Not den anderen offiziell um Hilfe bitten.[35] Damit war die Heilige Allianz erneuert, und Nikolaus reiste zufrieden heim.

Ende Oktober kehrte der Hof aus Zarskoje Selo nach St. Petersburg zurück, und das übliche winterliche Hofleben begann. Am 20. November, dem Namenstag des Großfürsten Michael Pawlowitsch, wurde das nach ihm benannte kleine Michael-Theater neben seinem Palast eröffnet, in dem nun vor allem französische Ensembles auftraten. Ein paar Tage später brach Nikolaus zu einem Blitzbesuch nach Moskau auf, und Alexandra hatte Zeit, Wilhelm zu schreiben. »Niks machte wieder eine Surprise* in Moskau wo er eines Nachts ankam wie eine Bombe, wo man ihn aufs Herzlichste empfing und fêtierte**. Kaum eine Woche wird er dort geblieben sein, denn ich erwarte ihn diese Nacht oder Morgen. Was der für eine Activität hat, ist wunderbar. Gott erhalte meinen alten Niks. Zum Namenstag des Kaisers werden wir, Damen, in einem neuen Hofkleide erscheinen, welches ganz nach den alten Ruß. Costüms eingerichtet ist, mit lange herunterhängende Ermel und lange Schleier. Es wird Einige sehr gut kleiden, Andere werden scheußlich aussehen. – Man wird erst richtig von urtheilen wenn man die Damen Welt wird so gesehen haben. Ich werde nach Berlin eine lithograpie von mein Kleid senden, es wird Euch doch amüsieren. … Eine türkische Ambassade*** ist jetzt hier, die Officiere in Uniformen wie die Preobrajensky, dazu die scheußliche Mütze, c'est abominable****…

Adio Deine Lotte.

---

* Überraschung.
** Feierte.
*** Botschaft.
**** Das ist schrecklich.

(Um 1 Uhr) Eben ist Niks angekommen in 38 Stunden aus Moskau, ganz wohl u. fand August Würtb. [Prinz August von Württemberg] bei mir mit Michel. Er gefällt mir so gut der August ist so natürlich und lustig, wir lachten uns schon tot. – Es geschah hier wieder eine schreckliche Geschichte in Abwesenheit des Kais. Wo Michel Officiere der Garde Chev. überraschte – Dienst ohne Echarpe* um 3 Uhr Nachts und *darum* unter Kriegs Gericht stellte. Man ist empört über diese Strenge. Um eine Schärpe vor Kriegs Gericht, es ist orndlich ridicule**. Ich hatte große Explicationen mit Michel darüber *umsonst*.«[36]

Mit anderen Worten: Alexandra hatte nicht die Macht, ihren Schwager, den Kommandeur der Garde, zu veranlassen, im Falle der Offiziere ihrer Chevaliers gardes Nachsicht zu üben. Leider wissen wir nicht, wie die Sache ausgegangen ist, aber dass die Regimentschefin verärgert war, liegt auf der Hand.

Am Nikolaustag wurde das neue »Hofkleid« erstmalig angelegt. »Das ist etwas in der Art eines französisierten Sarafans aus grünem Samt für die Staatsdamen und hochrotem für die Hofdamen«, notierte Senator Diwow wenig begeistert, »eine Art russisches Kleid, das vollen Damen sehr gut steht.«[37] Der Ball, der am Abend dieses Namenstages stattfand, ist auch deshalb in Erinnerung geblieben, weil erstmals zwei Säle des Winterpalastes geöffnet wurden, die seither »Feldmarschallsaal« und »Peter-Saal« (heute: Ermitage-Säle 193 und 194) heißen. Bei Tisch saß der Senator der Kaiserin gegenüber und freute sich »über den schönen Anblick«.[38]

Und noch ein wichtiges Ereignis des ausgehenden Jahres 1833 verdient, erwähnt zu werden. Auf seiner Reise nach Münchengrätz und Berlin war Nikolaus wieder mit »God save the King« begrüßt worden, das an vielen europäischen Höfen aus gegebenem Anlass intoniert wurde. In Preußen sangen sie »Heil dir im Siegerkranz« dazu, in Russland das »Gebet der Russen«, das Wassilij A. Schukowskij seinerzeit für Alexander I. geschrieben hatte. Aber ein

---

* Schärpe.
** Lächerlich.

richtiges Nationallied war das nicht. Viele hatten sich schon an einer Melodie versucht und ihre Kompositionen bei der Kaiserin zum Vortrag gebracht, jedoch nie den Beifall des Kaisers gefunden. Nun sollte Alexej F. Lwow, der Komponist, der die musikalischen Abende bei Hofe organisierte, aber (ausgerechnet) Benckendorff als Adjutant und Sekretär diente, ein Nationallied komponieren. Die Aufgabe war schwer, weil die Melodie es mit »God save the king«, der »Marseillaise« und der »Kaiserhymne« aufnehmen und »für die Kirche, die Armee, den Herrscher und das Volk vom Wissenschaftler bis zum Analphabeten passen musste«.[39] Doch rechtzeitig zum Namenstag des Kaisers hatte er eine Melodie komponiert und Schukowskij einen neuen Text geschrieben: »Gott schütze den Zaren, den Starken, den Mächtigen!«

Zur Uraufführung erschienen Nikolaus und Alexandra in der Hofsängerkapelle. Lwow, der selbst hervorragend Geige spielte, hatte den gesamten Chor und zwei Militärorchester aufgeboten. Der Eindruck war überwältigend. »Das ist wunderbar! Besser geht's nicht, du hast mich vollkommen verstanden«, erklärte Nikolaus dem Komponisten nach dem zweiten Hören und befahl, die Hymne am 25. Dezember, dem Tag der Vertreibung Napoleons aus Russland, während der inneren Parade in allen Sälen des Winterpalastes zu spielen.[40] Das geschah, worauf sie sich »blitzartig in allen Regimentern, in ganz Russland und schließlich in ganz Europa verbreitete«.[41] Auch Alexandra sang sie manchmal mit den Kindern in ihren Privatgemächern. Die Hymne machte Alexej F. Lwow schlagartig berühmt, er wurde zum Flügeladjutanten ernannt und sollte noch viele musikalische Abende im Winterpalast gestalten.

In den ersten Januartagen des Jahres 1834 wurde Alexander S. Puschkin überraschend zum Kammerjunker ernannt. Das war die niedrigste der 14 Rangstufen, für Alexander Sergejewitsch eine Beleidigung, für Nikolaus ein Überwachungsmittel. Denn nun musste der Dichter ständig in Uniform bei Hofe erscheinen und mit seiner Frau an den Bällen teilnehmen. Er war so böse darüber, dass seine Freunde ihn mit kaltem Wasser übergießen mussten, um ihn zu beruhigen. Es ging auch um Geld, denn das Hofleben war teuer, seine Schulden wuchsen, und er hatte nicht die vorgeschriebene Garderobe. Als er im April der Kaiserin offiziell vorgestellt wurde, schien sie überrascht. In seinem Tagebuch heißt es: »2 Uhr. ... Wir haben drei Stunden auf die Zarin gewartet. Wir waren 20 Personen ... Ich war der letzte auf der Liste. Die Zarin kam lächelnd auf mich zu: ›Nein, das gibt es doch nicht! Ich habe mir den Kopf darüber zerbrochen, welcher Puschkin mir wohl vorgestellt werden wird. Und jetzt zeigt sich, dass Sie das sind! ... Wie geht es Ihrer Frau?‹ ... Ich liebe die Zarin schrecklich, obwohl sie schon 35 Jahre alt ist oder sogar 36.«[42]

Alexandra konnte nicht ahnen, dass sie bereits seit Wochen ausgerechnet den Mann protegierte, der Puschkin ein paar Jahre später im Duell töten sollte. Georges Charles d'Anthès, Sohn eines verarmten französischen Adligen aus dem Elsass, war im Oktober 1833 zusammen mit Baron Jacob Derk Anne Borchard van Heeckeren-Beverweerd, dem niederländischen Gesandten, auf dem Dampfer »Nikolaus I.« in St. Petersburg eingetroffen. Er hatte einen Referenzbrief ihres Bruders Wilhelm in der Tasche und war schon im Januar, ohne ein Wort Russisch zu können und ohne das russische militärische Reglement zu kennen, als Fähnrich in ihr Regiment aufgenommen worden. Die Garde murrte.[43] Aber d'Anthès besaß auch noch ein Empfehlungsschreiben an die Gräfin Ficquelmont, und so verkehrte er alsbald in den besten Familien, bezauberte die Damen mit seinen blauen Augen und unterhielt die Herren mit schlüpfrigen Witzen. Am 12. März wurde er der Regimentschefin auf einer Abendgesellschaft im Haus der Ficquelmonts, Schlossufer 4, vorgestellt, also noch vor Puschkin. Es war sein erster ganz großer Auftritt in der gehobenen Gesellschaft von St. Petersburg.

Auch Alexandra hat er gleich gefallen, zumal er ein ausgezeichneter Tänzer war. Sie trug »ein weißes lilienbesetztes Kleid«, aber ihre Lilien waren schnell verblüht, und am Abend notierte sie in ihrem Tagebuch: »Danteze blickte lange zu mir herüber.«[44] Alsbald gehörte der Fähnrich, den viele frech und aufdringlich fanden, zu den Chevaliers gardes, die häufig bei der Kaiserin Dienst taten und von ihr eingeladen wurden. Alexandra genoss den Umgang mit den jungen Herren in den roten Uniformen, die sie umschwärmten, flirtete mit ihnen auf den Maskenbällen, und für einen von ihnen, den Fürsten Alexander N. Trubezkoj, den sie »Barchat« nannte, hatte sie offenbar eine harmlose Schwäche. Er war fünfzehn Jahre jünger als sie und d'Anthès' Freund. Mit ihm tanzte sie am liebsten, und einmal verlor sie beim Walzer ein Strumpfband, was ihr schrecklich peinlich war.[45] Der eifersüchtige Nikolaus, der selbst keinem Flirt abgeneigt war, ließ die feschen Gardekavalleristen von der Dritten Abteilung beobachten.

10
»Die Herrscherin ist noch hübscher geworden«
Ruhige Jahre

Mündigkeitserklärung des Thronfolgers – Fest an der Fontanka – Einweihung der Alexander-Säule – Reise nach Berlin – Maria Nikolajewna – Große Revue von Kalisch – Präsentiermarsch König Friedrich Wilhelm III. – Teplitz – Dr. Mandt – Chevaliers gardes – Puschkins Tod – Lermontows Verbannung *1834–1837*

Das Jahr 1834 war privat und politisch ein Jubiläumsjahr für das Kaiserpaar. Am 6. März war es zwanzig Jahre her, dass Charlotte und Nikolaus sich zum ersten Mal in Berlin begegnet waren, und am 31. März jährte sich der erste Einzug der Verbündeten in Paris zum 20. Mal. Aus diesem Anlass sollte die Säule auf dem Schlossplatz eingeweiht werden, die dort im Herbst 1832 zur Erinnerung an die russischen Siege über Napoleon aufgestellt worden war. Doch das wichtigste Ereignis des Jahres waren die Mündigkeitserklärung des Großfürsten-Thronfolgers und seine Vereidigung. Die Zeremonie fand Ostern im Winterpalast statt. Sascha war in Kosakenuniform.

»Ostersonntag um 2 Uhr versammelten sich der gesamte Hof und das diplomatische Corps in Paradekleidung in der Palastkirche«, notierte Dolli Ficquelmont. »Schon bei ihrem Erscheinen zeigte die kaiserliche Familie Anzeichen tiefer Bewegung. Metropolit Filaret sprach mehrere gefühlvolle Gebete. Danach führte der Kaiser seinen Sohn selbst zum Altarvorraum, in dem der Thronfolger auf das Evangelium schwören sollte. Alle hörten gerührt, wie er mit seiner hellen silbernen Stimme diese feierlichen Worte sprach, aber als er anfing, das Gebet zu sprechen, das den Eid beschließt, versagte seine Stimme, und er beendete es schluchzend, nach Luft ringend und in Tränen aufgelöst. Der

Kaiser weinte auch, und das Engelsgesicht der Kaiserin werde ich nie vergessen.... Von dort begaben wir uns in den Georg-Saal, wo sich die Offiziere der Garde, Abteilungen verschiedener Regimente und des Kadettencorps bereits versammelt hatten. Der Großfürst schwor den militärischen Eid bei der Fahne neben dem Kaiserthron. Das war auch ein wunderschöner und rührender Anblick. Der Gesichtsausdruck des jungen Thronfolgers war durchdrungen von engelhafter Sanftmut, und er war noch nie so schön wie an diesem Tag.«[1] Der Tag endete mit einem Konzert geistlicher Musik.

Am Vorabend der Mündigkeitserklärung aber war die Nachricht eingetroffen, dass Karl K. Mörder, der militärische Erzieher des Zarewitsch, bei einem Kuraufenthalt in Italien gestorben war. Die Nachricht wurde eine Woche geheim gehalten. Als Sascha vom Ableben seines geliebten Karl Karlowitsch erfuhr, brach er in Tränen aus. Er war ein sensibler Jüngling und weinte schnell. Das weiche mütterliche Erbe war offenkundig stärker als das harte väterliche. Bei all seinen guten Eigenschaften war Sascha eher träge, willensschwach und leicht beeinflussbar. Nikolaus hätte den robusten Kosty wohl lieber als Nachfolger gesehen und ging mit Sascha häufig grob um.

Aus Anlass der Mündigkeitserklärung gab der Adel dem Sechzehnjährigen im Mai ein Fest, das Fürst Dmitrij L. Naryschkin in seinem Palast an der Fontanka 21 ausrichtete, weil er den größten Ballsaal und ein eigenes Orchester hatte. 1 500 Gäste kamen. Die Damen erschienen in stilisierten russischen Kleidern, und statt Gold- und Silberstickerei trugen sie Blumen, die den Frühling symbolisieren sollten. Die Kokoschniki der verheirateten Frauen waren mit weißen, die der unverheirateten mit rosa Blumen geschmückt. Und damit der Ball auch Volksfestcharakter bekam, war die Fontanka illuminiert worden. Bis zum Morgengrauen war der Kanal voller bunt beleuchteter Boote, Sänger brachten Volkslieder dar, und an beiden Ufern feierte das Volk.

Für Alexandra war eigens ein Boudoir eingerichtet und mit seltenen Blumen geschmückt worden. »Die Kaiserin ist nicht gesund«, fand Dolli Ficquelmont. »Sie sieht schlecht aus, hustet, und von Zeit zu Zeit tut ihr die Brust weh. Versteckte Wunden werden auch bei den Glücklichsten entdeckt! Der Kaiser, der über Herkuleskräfte verfügt, sieht im Vergleich zu ihr viel jünger aus. Er muss ständig etwas tun und sich bewegen. Sie aber, die kein anderes Ziel und keine anderen Bestrebungen hat als die Liebe zu ihrem Mann, möchte sich gar nicht von ihm trennen, und dürstet danach, mit ihm zusammen an allen Zeremonien teilzunehmen, aber ihre Kräfte reichen für dieses unruhige Leben nicht aus. Sie reibt sich auf, wodurch sie vorzeitig altert.«[2]

Im Juni kam der preußische Kronprinz zum ersten Mal seit 1818 wieder nach St. Petersburg und brachte seine Frau mit. Fritz und Elis nahmen auch am Geburtstagsfest der Kaiserin in Peterhof teil. »Der 1. [13.] Juli ist al salito* vergangen«, schreibt die Botschaftergattin. »Am Morgen Parade, dann eine lange und langweilige Audienz bei der Gattin des preußischen Kronprinzen, danach eine Promenade im Park ... Für den Abend wurde der Garten des Cottage für die Gesellschaft geöffnet, und alle Vertreter der großen Welt, die in Peterhof geblieben waren, wurden dorthin zum Imbiss eingeladen. An diesem Abend halfen die entzückenden kleinen Großfürstinnen ihrer Mutter, die Gäste zu empfangen ... Wir haben uns wunderbar zerstreut, als wenn wir bei ganz gewöhnlichen, liebenswürdigen und guten Menschen zu Gast gewesen wären. Gegen Ende wünschte die Kaiserin auf der kleinen Wiese zu tanzen. Der Kaiser blies das Horn, und der preußische Kronprinz, der wie immer hinreißend witzig war, versuchte mit allen Kräften, zu dieser Melodie einen *komischen* Tanz hinzulegen. In der Nacht kehrten Ficquelmont und ich nach Hause zurück.«[3]

Leider konnten Fritz und Elis nicht bis zur Einweihung der Siegessäule am 11. September, dem Namenstag Alexanders I., bleiben. Alexandra fand das bedauerlich, denn diese Feier sollte der ganzen Welt einmal mehr Russlands Macht und Größe demonstrieren, und auch sie war begeistert von Nikolaus' Idee,

---
* Gemeint ist *al solito*, wie üblich.

dem verstorbenen Bruder und seinen Siegen ein Denkmal zu setzen. Alexander selbst hatte nichts davon wissen wollen. Aber alle sprachen sofort von der Alexander-Säule. Und es war eine enorme ingenieurtechnische Leistung gewesen, wie sie Sockel und Säule aus karelischem Granit herausgemeißelt, per Schiff an die Anlegestelle bei der Admiralität und von dort auf den Schlossplatz geschafft hatten. Auguste Montferrand, der französische Architekt, hatte sich selbst übertroffen. Zehntausende waren am 11. September 1832 zum Schlossplatz geströmt, um sich anzusehen, wie die Säule binnen 40 Minuten auf den Sockel gehievt wurde. Und dann kam auch noch der sieben Meter hohe Engel hinauf, der Alexanders Züge trug. Damit war das Denkmal 47,5 Meter hoch und das höchste Europas, höher als die Säule auf der Place Vendôme in Paris, die Napoleons Siegen zu Ehren errichtet worden war.

In Vertretung des Königs von Preußen, der sich zu alt und zu schwach für eine Reise nach St. Petersburg fühlte und Alexandras inständigen Bitten zum Trotz abgesagt hatte, war Wilhelm zur Einweihung gekommen, diesmal mit einer Deputation von Offizieren und Unteroffizieren, die an den Freiheitskriegen teilgenommen hatten. Nikolaus war in seinem Element. »Er liebte solche zeremoniellen Feiern vor allem Volk und verstand es, sie so schön und glanzvoll zu gestalten, daß die Erinnerung daran noch lange bewahrt blieb«, notierte Olga Nikolajewna. »Alle späteren Feiern dieser Art schienen mir eine blasse Nachahmung der vorhergehenden Epoche.«[4]

Alle Fenster, Balkons und Dächer der anliegenden Gebäude waren besetzt, der Admiralitäts-Boulevard war schwarz von Menschen. Der Festakt begann um 11 Uhr mit drei Kanonenschüssen. Beim dritten Schuss marschierten 100 000 Mann zu den Klängen des heiteren Pariser Einzugmarsches von 1814 auf den leeren Schlossplatz. Nikolaus persönlich führte hoch zu Ross das Kommando. Alle Blicke waren auf ihn gerichtet. Und auf Wilhelm, seinen Gast. Doch als die Kaiserin hinter der Geistlichkeit auf der Estrade vor dem Winterpalast erschien, gefolgt von ihren Töchtern, galten alle Blicke nur ihr, und die Truppen erwiesen auch ihr die Ehre. Ein Trommelwirbel ertönte. Dann sprach ein Geistlicher ein Dankgebet, und ein Chor sang. Nikolaus saß ab, beugte das Knie, und im selben Augenblick folgten die Soldaten und die Zuschauer auch schon seinem Beispiel. Es muss ein einmaliger Anblick gewesen sein. Nach dem Gebet kam Alexandra mit ihren Töchtern und ihrer Suite von der Estrade herunter und umschritt langsam das Denkmal. In diesem Augenblick rissen die Wolken auf, und die Sonne erschien. Für die Anwesenden war das ein Zeichen des Himmels. Wenig später fiel die weiße Verhüllung, ein langes Hurra vereinte sich mit 500 Kanonenschüssen, dann marschierten die Truppen ab. Schukowskij fand den Festakt ebenso »kolossal wie das Denkmal, vor dem er stattfand, und wie Russland, das zur Gänze in ihm dargestellt wurde«. Die Feier hatte alle seine Erwartungen übertroffen.[5]

Der Einweihung der Alexander-Säule folgte ein wiederum lang ersehnter Besuch in Berlin. Alexandra hatte ihren Vater fünf Jahre nicht gesehen und nahm Mary mit. Doch am 27. September, am gleichen Tag, an dem Blancheflour umjubelt in Berlin einzog, starb Elisa Radziwill, Wilhelms Jugendliebe, in Freienwalde an der Schwindsucht. Elisas Ableben wurde in Berlin geheim gehalten, weil Zapfenstreich, Parade und Festoper (»Robert der Teufel«) für »Kaiserin Charlotte« nicht gestört werden sollten. Erst zwei Tage später erfuhr die königliche Familie von ihrem Tod, und nun eilten alle, die Elisa einst nahegestanden hatten, an das Totenbett: die Kaiserin, das Kronprinzenpaar, Wilhelm und Auguste. Von Wilhelm erzählte die Kronprinzessin später, dass er »dort in einem herzzerreißenden Zustande gewesen ist«.[6] Doch schon tags darauf weihte Alexandra zusammen mit Mary die Glienicker Steinbrücke ein, deren eiserne Nachfolgerin während des Kalten Krieges im 20. Jahrhundert durch den Austausch von Agenten und Dissidenten weltberühmt werden sollte.

Manche Zeitgenossen wunderten sich über den großen Eindruck, den die Ankunft der Kaiserin von Russland immer noch auf die Berliner machte. »Keine noch so eingreifende Begebenheit in der königlichen Familie kann auch nur annähernd den

Effekt erreichen, den dieses so häufig wiederholte Ereignis macht; es ist immer, als ob die selige Königin Luise selbst vom Himmel im Triumph herunter käme, und zur Freude der Menschen einzöge«, schreibt Karoline von Rochow.[7] Als dann am 13. November auch noch der Kaiser mit dem Thronfolger auftauchte – die beiden waren inkognito als General Nikolajew und Adjutant Romanow gereist, um den König zu überraschen –, waren Charlotte und ihre Familie außer sich vor Freude. Der König rechnete den zweimonatigen Aufenthalt seiner Tochter in Berlin zu »einer der schönsten Epochen« seines Lebens.[8]

Nach der Niederschlagung des polnischen Aufstandes war Russland selbst in Berlin nicht populär, doch Nikolaus spazierte jeden Morgen allein in Zivil durch die Straßen, gab sich einfach und leutselig, zeigte demonstrativ seinen Respekt für den königlichen Schwiegervater und erlangte schnell seine frühere Beliebtheit zurück. Nach zwölf Tagen brach er genauso plötzlich wieder auf, wie er erschienen war. Alexandra folgte zwei Tage später. »Der Abschied war schrecklich, schrecklich schwer«, schrieb sie in ihr Tagebuch.[9] In Schaulen (litauisch: Šiauliai) holte Alexandra ihren Mann ein, und es war typisch für ihn, dass er sie im Gehrock ihrer Chevaliers gardes begrüßte. Anfang Dezember war die ganze Familie wieder in St. Petersburg versammelt.

»Mary bekam nach ihrer Rückkehr eine eigene Wohnung«, notierte Olga Nikolajewna, »verließ unseren Flügel und zog in die Nähe von Sascha ... Sie hatte sich verschönt, der Schmetterling war aus der Puppe geschlüpft. Ihre Ähnlichkeit mit Papa trat schärfer hervor, Profil an Profil erschien sie wie seine Miniaturausgabe. Und sie wurde sein Lieblingskind, schwungvoll, lebhaft, unwiderstehlich in ihrer Liebenswürdigkeit... Ihre ausgesprochene Eigenart befähigte sie, sich über alle Konvention hinwegzusetzen; aber immer geschah dies mit der Anmut weiblicher Verführungskunst. Wechselnd in ihren Gefühlen, bezwingend, dann wieder weich, unüberlegt dem jeweiligen Antrieb folgend, gab sie sich oft bis zur Atemlosigkeit einem Flirt hin und bot durch ihr Verhalten Mama oft Grund zur Angst und Sorge. Selbst noch jung, ließ diese sich wohl gern mitreißen vom Schwung, vom Erfolg ihres schönen Kindes, und doch fühlte sie, die so rein und schlicht war, sich beängstigt von solchem Überschwung, wenn sie an Marys Zukunft dachte. Diese hatte erklärt, daß sie niemals ihr Vaterland verlassen wolle. Wen würde sie heiraten?«[10]

Der Aufenthalt in Berlin ist Alexandra gut bekommen, wie wir aus dem Tagebuch Puschkins wissen. Im Dezember mussten die Puschkins, er in Uniformfrack und Dreispitz mit Federbusch, sie in normaler Toilette, auf einem Ball im Anitschkow erscheinen. »Die Herrscherin war ganz in weiß mit türkisfarbenem Kopfschmuck; der Herrscher – in Chevaliers-Gardes-Uniform. Die Herrscherin ist noch hübscher geworden«, notierte der Dichter.[11] Der Ball ist in die russische Literaturgeschichte eingegangen, weil im Anitschkow runde Hüte vorgeschrieben waren und für Puschkin ad hoc ein solcher Hut besorgt werden musste. Dieser war jedoch so voller Pomade, dass seine Handschuhe davon feucht und fleckig wurden. Im Übrigen hat ihm der Ball gefallen, der Herrscher sei »sehr einfach, beinahe häuslich« im Umgang gewesen.[12]

Das Jahr 1835 war ein Jahr der Manöver und der Gipfeltreffen. Die große russisch-preußische Heerschau in Kalisch sollte die beiden Armeen einander wieder näherbringen, das folgende Treffen in Teplitz der Festigung der Heiligen Allianz dienen. Alexandra, die im Sommer ihre Schwestern Luise und Alexandrine zu Besuch gehabt und mit Festen, Bällen und Jagden unterhalten hatte, begleitete Nikolaus nur allzu gerne. Nachdem schon Ende Juli 6000 Mann Gardetruppen in Danzig gelandet waren, folgte die kaiserliche Familie am 13. August an Bord des Raddampfers »Herkules«, der damals noch von Menschenhand an Land gezogen wurde. Die Seefahrt hatte 78 Stunden gedauert. Nach großer Parade der Garnison und Besichtigung der Kasernen, des Zeughauses, der Dominikaner- und der Marienkirche ging es über Fischbach, Liegnitz und Breslau nach Kalisch, wo Alexander I. und Friedrich Wilhelm III. am 28. Februar 1813 jenen Bündnisvertrag abgeschlossen hatten, der die Befreiungskriege einleitete.

Die alte Stadt hatte sich mächtig herausgeputzt, und Nikolaus hatte auch wieder eine Überraschung für seinen Schwiegervater bereit. Zur Begrüßung des Königs am Abend des 11. September intonierten 1500 bis 1800 Spielleute aus allen russischen Regimentern vor dem Schloss einen in Vergessenheit geratenen Marsch, den Friedrich Wilhelm III. als Kronprinz komponiert hatte.[13] Wir wissen nicht, wie Nikolaus in den Besitz der Partitur gelangt ist, aber Tatsache ist, dass die Nachwelt ihm die Wiederentdeckung des »Preußischen Präsentiermarsches« verdankt, der heute noch in Berlin als »Präsentiermarsch König Friedrich Wilhelm III.« zur Begrüßung ausländischer Staatsoberhäupter gespielt wird. Dann ertönte – im Beisein des stolzen Komponisten – das russische »Nationallied«, und nie wieder ist die Zarenhymne von einem so riesigen Orchester aufgeführt worden.[14] Tags darauf rückten die Preußen ins Lager. »Der Kaiser ließ seine Garden mit den unserigen fraternisiren; sie küßten sich unter einander«, notierte General von Natzmer.[15]

Die Große Revue von Kalisch ist häufig beschrieben und auch gemalt worden. Die Zeitgenossen waren ausnahmslos begeistert vom Anblick des russisch-preußischen Lagers. »So weit das Auge reichte, sah man eine Stadt aus Leinwandzelten aufgebaut, mit dem buntesten großartigen Treiben eines Lagers«, schwärmte August Theodor von Grimm. »Ein Belvedere erhob sich, von dem aus man dies wogende Meer überschaute. Der Tag beschäftigte und ergötzte das Auge und der Abend das Ohr. Denn sobald der bunte Glanz in der Dunkelheit verschwunden war, erklangen die Töne des 1600 Mann starken Musikcorps, Raketen stiegen auf und ein donnernder Kanonenschuß gab das Zeichen zum Gebet für ein Armeecorps von 60000 Mann ... Ein Gang am Tage durch das Lager war nicht weniger unterhaltend als zur Zeit der Krönung in Moskau.«[16]

Besonders die Vielvölkerarmee des Zaren in ihren bunten Uniformen, ihre Spiele und Scheingefechte entzückten die Beobachter, und da die Manöver gut abliefen und die vom König aus Berlin mitgebrachte Theatertruppe ebenfalls gelungene Vorstellungen gab, waren alle zufrieden. Nur wenige wussten, dass

Friedrich Wilhelm III. derlei Veranstaltungen eigentlich als »lästige Unterhaltung« empfand.[17]

Als Gastgeberin und Regimentschefin spielte auch die Kaiserin in Kalisch eine wichtige Rolle, sie musste sich ständig zeigen und stieg auch selbst zu Pferde: »Einmal bei einer Parade führte Mama ihre Chevaliergardes und voltigierte zur größten Freude ihres Vaters in vollkommener Weise. Sie war in Uniform mit der Furaschka (weißer Mütze) auf dem Kopf. Die Paraden, Manöver, Festessen und Bälle endeten mit einem riesigen Feuerwerk, bei dem die neuerfundenen, bunten Raketen hochstiegen. Dazu gab es Musik und Gesänge, die in gewissen Abständen von Kanondonner begleitet wurden.«[18] Die 13-jährige Olga machte nun aber auch eine Erfahrung, die sie von zu Hause nicht kannte. Zum ersten Mal hörte sie in der Menge der anwesenden Prinzen und Prinzessinnen im Hintergrund auch »viele Dinge, die mich kränkten und die mir die Augen öffneten über die wahren Gefühle, die man Rußland entgegen brachte. Rings um Papa nichts als Bewunderung in den höchsten Tönen. In den rückwärtigen Reihen aber ließen sich Spott, Kritik und Eifersucht vernehmen.«[19] Russland wurde also zunehmend kritischer gesehen.

Das Endziel dieser Reise war Teplitz in Nordböhmen, wo die Alliierten 1813 ihr Hauptquartier gehabt hatten. Von den drei Monarchen lebte nur noch Friedrich Wilhelm III. Nun wollten er und Nikolaus sich mit Ferdinand I., dem neuen Kaiser von Österreich, treffen und der Schlacht von Kulm vom 29./30. August 1813 gedenken, in der ihre vereinigten Armeen die Franzosen geschlagen hatten. Die Einweihung eines Denkmals war geplant. Mehrere Dutzend Mitglieder der drei Herrscherhäuser kamen nach Teplitz, dazu Minister, Botschafter, Militärs und Höflinge aller Art. Am 26. September traf zuerst Nikolaus ein, Alexandra folgte mit ihrem Vater. Abends speiste man im Schloss am »Familientisch« mit 34 Gedecken. Dreißig Jahre waren vergangen, seit Fürst Metternich als Gesandter in Berlin auf Posten gewesen war und die kleine Prinzeß Charlotte kennengelernt hatte. »Sie finden natürlich, dass ich mich sehr verändert habe?«, fragte die

Kaiserin ihn bei ihrem Wiedersehen. »Sie haben sich nicht verändert, nein«, antwortete der Staatskanzler väterlich-galant, »aber Sie sind schrecklich gewachsen.« Metternich fand die Kaiserin »sehr natürlich und äußerst liebenswürdig.«[20]

Alle waren entsetzt von Ferdinand, der seinem Vater Franz im März auf den Thron gefolgt war. »Großer Gott«, schrieb Alexandra in ihr Tagebuch, »ich hörte viel von ihm, von seiner kleinen, hässlichen, vermückerten Gestalt und seinem großen Kopf ohne Ausdruck als den der Dähmlichkeit, aber die Wirklichkeit übersteigt alle Beschreibung. Die Kaiserin ist schlank und groß, sehr mager, steif und doch, herzlich wurde sie, sobald wir uns am kleinen Tisch mehr gesehen. Arme Frau. Wir sind hier 50 Prinzen und Prinzessinnen.«[21]

Nach einem kurzen Aufenthalt in Prag, der insbesondere Alexandra und Olga begeisterte, kehrten die Romanows nach Russland zurück. Während Nikolaus wie immer vorauseilte, um seine herbstliche Inspektionsreise zu absolvieren, machten Alexandra und Olga noch einen Abstecher in das geliebte Fischbach zu Tante Marianne und fuhren dann weiter. »Mama und ich reisten nur tagsüber. Auf der neuen Chaussee zwischen Warschau und Wilna wurden, wenn es zu dunkeln anfing, zu beiden Seien am Waldrand Feuer entzündet, um den Weg zu erhellen. Mama fand mich weniger schweigsam. Die vielen Eindrücke, die ich empfangen hatte, stimmten mich mitteilsam. Während Mama im Wagen las, lernte ich nach Bildern von Shukowskij geschichtliche Daten. Wenn die Nacht einbrach, sagten wir uns Verse von Schiller vor, deren Mama viele aus ihrer Jugendzeit im Gedächtnis hatte. Die Zeit flog.«[22]

Ende des Jahres trat erstmals ein Mann im Winterpalast in Erscheinung, der großen Einfluss auf Nikolaus und Alexandra gewinnen sollte. Prof. Dr. Martin Mandt aus Greifswald war seit Anfang 1835 Leibarzt der Großfürstin Jelena Pawlowna, behandelte dann aber auch die Kaiserin und ihre Töchter und wurde 1840 Leibarzt des Kaisers. Dr. Mandt, kein »gefälliger Arzt« und kein bequemer Höfling, war vermutlich der einzige Mensch bei Hofe, auf dessen Meinung Nikolaus hörte. Die Kaiserin empfing ihn in ihrem Kabinett.»Mitten in diesem Gemach stand hochaufgerichtet eine schlanke und elegante Frauengestalt mit schönem, fast noch jugendlichem Gesicht, dem besonders Stirn und Auge Ausdruck und Gepräge gaben«, schildert Martin Mandt die 37-Jährige. »Die Toilette war höchst einfach und geschmackvoll zu gleicher Zeit; an dem linken Arm war ein Armband aus blauer Emaille befestigt, eine Schlange darstellend, die auf ihrem Kopf einen große Solitär trug. Die rechte Hand hielt ein gesticktes Batisttuch; der Kopf auf dem schönen, schlanken Nacken war etwas zurückgebogen. Man hätte der äußeren Erscheinung nach die schöne Frauengestalt für stolz halten können, wenn dem nicht ein besonderer Ausdruck im Auge widersprochen hätte, der, wenn die Vermutung hier nicht gewagt gewesen wäre, fast an Schüchternheit hätte erinnern können, trotzdem der Gesichtsausdruck ein ernster war, der fast an Strenge streifte. Wenn man diese Frau noch nicht gesehen hätte, so würde man die Kaiserin darin doch nicht einen Augenblick verkannt haben.«[23] Ebenso ging es Dr. Mandt mit dem Herrscher: »Die ganze Gestalt des Kaisers Nikolaus hatte etwas so wunderbar Eigentümliches, daß jeder Zoll an ihm auszusprechen schien: ›Ich bin der gottgesalbte Kaiser.‹ Wollte man diese Gestalt in einen blauen Kittel hüllen, so würde man doch den Kaiser herauserkennen.«[24] Kaiser, Kaiserin und Arzt verstanden sich sofort, und Dr. Mandt gewann eine Vertrauensstellung, die ihm viele neideten.

Im Mai 1836 hatte St. Petersburg nur ein Thema: Baron van Heeckeren, der niederländische Gesandte, hatte Georges d'Anthès adoptiert! Die Gerüchte, die beiden hätten eine homosexuelle Beziehung, verstummten deshalb nicht. Ende Mai ging d'Anthès, der inzwischen zum Oberleutnant befördert worden war, obwohl er seine Offizierspflichten nur nachlässig erfüllte, ins Manöver der Garde nach Pawlowsk, ärgerte sich über die unbequeme Unterbringung in einer Bauernhütte, genoss aber die Feste und schrieb seinem neuen Vater: »Und die Kaiserin erweist mir auch weiterhin ihre Gunst, denn sobald auch nur drei Offiziere aus dem Regiment eingeladen werden, bin ich einer davon.«[25]

Auf die Manöver kommt auch Alexandra in einem Brief an Fritz zu sprechen:

»Cottage, 29. Juli/10. Aug 1836
Dearest Brother of my heart. –
Deine lieben langen Buchstaben mal wider zu erblicken war eine wahre Wonne für mich, möchten meine pieds de mouches* Dir auch einige Freude gewähren beim Anblick und Dir eine alte Schwester und alte Kinder Zeiten erinnern. – In Sans-souci wo Du diese Zeilen erhalten wirst paße ich recht hin, daß mußt Du fühlen; ich möchte mal wieder meine dicken Orangenbäume umarmen und den dicken Bruder drunter, zu Caffée Imbiß, neben großer Kanne und Butter Brod und Zwie Backe mit Ober und Unter Kastlan's. ... Du kannst Deinen Gott danken daß Du nicht dies Jahr hier warst, bei den Manœuvres während des gräßlichsten Wetter, digne des journées de Dresde 1813**. Wirklich 4 bis 5 Tage hintereinander Regen, Dreck bis über die Knöchel die Bivouaks schwammen, statt Rasen – Wasser, – satt Feuer Waßer, statt Suppe – Waßer. Und doch waren die Soldathen lustig und froh, und sangen und kochten und aßen und marschierten 8 bis 11 Stunden. Das Ende in Ropscha war amüsant. – Da wurde sogar getanzt – Chev. Gard etc. etc. lagen in der Nähe und waren doppelt erfreut sich zu erwärmen durch Tanzen und Eßen und Trinken ...
Adio Fritzlin Putzlin, Nikes grüßt gar herzlich, und ich küße Elis und Dich, wenn Du Dir Deinen Taback erst abgewischt hast. Adio, Deine alte Lotte«[26]

Leider ließ die »alte Lotte« offen, mit wem sie selbst getanzt hat, aber es waren wohl »Barchat«, d'Anthès und die anderen Gardekavalleristen, die sie so gerne einlud. Und kaum war Nikolaus zu seiner alljährlichen Inspektionsreise aufgebrochen, schrieb sie ihrer Freundin Sofija Bobrinskaja, »Barchat« und Heeckeren seien ums Cottage gestrichen, und sie fürchte, dass die Gesellschaft die-

---
* Gekritzel, wörtlich: Fliegenfüße.
** Würdig der Tage von Dresden 1813.

ses »Neugeborenen« Ersterem nicht guttue.[27] Das »Herumstreichen« lässt darauf schließen, dass sich die beiden Chevaliers gardes in Abwesenheit des Kaisers einiges trauten.

Unterdessen war Nikolaus auf dem Weg nach Nischnij Nowgorod an der Wolga, das sich seiner Messe rühmte. Auch von seinen Inspektionsreisen schickte er Alexandra ausführliche und erstaunlich genaue Berichte. So schrieb er ihr »mitten aus der Messe« am 15. August 1836: »… ich bin hier und ich traue meinen Augen nicht! Diesen Morgen sind 360 000 Pfund Brot gebacken und gegessen worden! Das möge Dir als Illustration des Bildes dienen, das ich vor Augen habe … Aber wie kann ich Dir die Wirkung des Anblicks schildern, der sich bietet, wenn man vom Kreml herunter kommt. 10/m Barken, Boote und Dampfschiffe bedecken die Oka und die Wolga. Die Schiffsbrücke ist fast so groß wie im Sommer, voller Menschen, und bestimmt 100/m Seelen und 50/m Wagen aller Art verstopfen die Zufahrten zu den Marktgebäuden; darüber brennt die Sonne – das ist Nischnyj an diesem Morgen.« Und am 18. August schrieb Nikolaus von Bord des Dampfers »St. Makarij«: »Nun schaukele ich schon seit einer Stunde, meine liebe Muffi, zwischen Nischnyj und Kasan auf der wunderbaren Wolga. Unsere Abreise hat bei wunderbarem Wetter stattgefunden und hatte etwas Imposantes. Eine enorme Menschenmenge auf der Brücke, an beiden Ufern, auf den Dächern der Häuser, auf den verschiedenen Terrassen der Berge und auf den Booten auf dem Fluss und eine Menge kleiner Schiffe, die uns umkreisten, all das bot einen hinreißenden Anblick.« Auch aus Kasan, der alten Hauptstadt der Tatarenkhane, kam Post: »Nun sind schon 15 Tage vergangen, seit ich Dich verlassen habe, aber ich habe auch genug gesehen und getan. Wir verlieren keine Zeit. Diese Art zu reisen ist, wenn man sie aushalten kann, wirklich die richtige, weil ich alles sehe, man weiß aber nie, wann ich komme und wohin ich komme. Man erwartet mich ja überall, und wenn nicht alles gut ist, so versucht man wenigstens, es so zu machen.«[28]

Bei der Weiterfahrt hatte die Kalesche des Kaisers fünf Werst vor dem Städtchen Tschembar südöstlich von Moskau einen Unfall.

Nikolaus brach sich das linke Schlüsselbein und musste zwei Wochen im Schulhaus von Tschembar ruhen. Es gab einen Volksauflauf.[29] Mehrere Tage ging es ihm sehr schlecht. Alexandra wollte sofort zu ihm und ihn pflegen. Das ging nicht, weil sie die Öffentlichkeit in der Hauptstadt beruhigen musste. Aus Tschembar aber erhielt sie den wohl schönsten Brief ihrer langen Ehe: »Gott hat Dir einen so glücklichen Charakter geschenkt, daß es kein Verdienst ist, Dich zu lieben«, schrieb Nikolaus. »Ich existiere für Dich, ja, Du bist ich – ich verstehe es nicht anders zu sagen. Aber ich bin nicht Dein Heil, wie du sagst. Unser Heil ist dort oben, dort, wohin wir alle gelangen sollen, um uns von der Unruhe (des tribulations) des Lebens zu erholen. Ich meine, falls wir es hier unten verdient haben durch Erfüllung unserer Pflichten. So schwer sie sind, erfüllt man sie mit Freuden, wenn man zuhause ein geliebtes Wesen hat, bei dem man aufatmet und neue Kraft schöpft. Wenn ich mitunter anspruchsvoll bin, geschieht es, weil ich alles in Dir suche. Wenn ich es nicht finde, bin ich bekümmert, ich sage mir, nein, sie versteht mich nicht, und das sind die einzigen, seltenen, aber schweren Augenblicke. Übrigens, Glück, Freude, Ruhe – das ist es, was ich bei meiner alten Muffi suche und finde. Ich wünschte, so viel an mir liegt, Dich hundertmal glücklicher zu machen, wenn ich es wüßte, wenn ich es erraten könnte.«[30] Wir können davon ausgehen, dass diese Empfindungen echt waren. Sie ziehen sich durch die gesamte Korrespondenz und Alexandras Tagebücher.[31] Es war ein intaktes Verhältnis, das auch gelegentliche »tribulations«, sprich: Seitensprünge, Flirts und politische Disharmonien, nicht ernsthaft belasten konnten.

Anfang November drehte sich alles nur noch um Puschkin, seine schöne, aber naive und unbedarfte Frau und d'Anthès, der Natalja Nikolajewna seit Monaten in auffälliger Weise den Hof machte. Puschkin war krank vor Eifersucht, obwohl er keinen Grund hatte. Doch der Franzose gab den Gerüchten durch seine Aufdringlichkeit immer neue Nahrung, und da er in den besten Petersburger Häusern verkehrte, bei den Stroganows, den Bobrinskijs, den Trubezkojs u. a., trieb der Klatsch in allen Salons

»Wie kann ich dich nicht lieben!« *Nikolaus*
Alexandra Fjodorowna, Christina Robertson, 1840/41

»König Vater Papa« *Charlotte*
Friedrich Wilhelm III.,
François Gérard, 1814

»Hinreißende Luise« *P. Daragan*
Luise von Preußen,
Élisabeth Vigée-Lebrun, 1801

»Dearest brother of my heart«
Alexandra
Friedrich Wilhelm IV.,
Franz Krüger, 1846

»Guter lieber Wimps« *Alexandra*
Wilhelm I. als Prinz von Preußen,
Franz Krüger, 1840er-Jahre

»Unvergleichlich liebenswürdig«
Gräfin Voß
Alexander I., George Dawe, 1824

»Roh und herzlich« *Alexandra*
Großfürst Konstantin Pawlowitsch,
George Dawe/Thomas Wight, 1834

»Mehr Herz als Verstand«
Olga Nikolajewna
Maria Fjodorowna,
Wladimit L. Borowikowskij, um 1800

»Eine der bedeutendsten Frauen
ihrer Zeit« *Goethe*
Maria Pawlowna von Sachsen-
Weimar, Friedrich Dürck, 1858

»Er hat ein griechisches Prophil« *Charlotte*
Großfürst Nikolaus Pawlowitsch, George Dawe, 1821

»Sie besaß Geschmack für Berlin-Potsdamer Witz« *K. von Rochow*
Charlotte von Preußen, Gerhard von Kügelgen, 1817

Lieblingswohnsitz Alexandras
Anitschkow-Palast mit Fontanka und Newskij Prospekt, 1780

Residenz der Petersburger Kaiser
Winterpalast mit Alexander-Säule, Wladimir S. Sadownikow, 1860

Kleines Kabinett und Sterbezimmer Nikolaus' I., Winterpalast
Konstantin A. Uchtomskij, Mitte des 19. Jahrhunderts

Georg-Saal oder Großer Thronsaal, Winterpalast
Konstantin A. Uchtomskij, 1862

»Tulpenwange« und ihr Prinz
Lalla Rûkh und Aliris, Kupferstich nach W. Hensel, Berlin 1829

»Auf dem Lande« *Alexandra*
Alexandra Fjodorowna und Nikolaus I., F. Krüger, 1833

»Meine Alte und ich, wir leben gut miteinander« *Nikolaus*
Nikolaus und Alexandra, Christina Robertson, um 1840

»Viel zu poetisch, um ein guter Lehrer zu sein« *Alexandra*
Wassilij A. Schukowskij, Karl P. Brjullow, 1838

»Viel zu sensibel für einen Jungen« *Alexandra*
Alexander II. als Thronfolger,
Franz Krüger, 1847

»Stark und selbstbeherrscht«
Olga Nikolajewna
Maria Alexandrowna als
Thronfolgerin,
Christina Robertson, 1849

»Scharfer Verstand und
liberale Ansichten«
Olga Nikolajewna
Konstantin Nikolajewitsch,
Franz Krüger, 1844

»Die Lebendigste von den Dreien«
Clara Schumann
Maria Nikolajewna,
Christina Robertson, Mitte der
1840er-Jahre

»Die schönsten Erscheinungen,
die ich je gesehen« *Clara Schumann*
Olga Nikolajewna und Alexandra
Nikolajewna,
Christina Robertson, 1840

»Ihrer Majestät Datscha Alexandria«
Das Cottage im Peterhof, Unbekannter Künstler, 1847

»In gotischer Weise ausgestattet« *Olga Nikolajewna*
Salon der Kaiserin im Cottage, Eduard Hau, 1861

Beginn des Turniers
Zauber der weißen Rose, 13. Juli 1829, Adolph von Menzel, 1854

Krönung der Sieger
Zauber der weißen Rose, 13. Juli 1829, Adolph von Menzel, 1854

»Was wäre denn ohne mich aus ihm geworden?« *Alexandra*
Kaiser Nikolaus I., Georg Bottmann, 1841

»Es ist vollbracht!« *Alexandra an ihren Bruder Wilhelm*
Sie beschreibt den Tod ihres Mannes nach 38 Jahren Ehe, 2./4. März 1855

»Eine große Dame« *Napoleon III.*
Kaiserin Alexandra Fjodorowna, Franz Xaver Winterhalter, 1856

unerhörte Blüten. Am 16. November erhielten Puschkin und mehrere Bekannte anonyme Briefe des gleichen Inhalts. Dem kurzen französischen Text entnahm Monsieur Puschkin, dass er zum Stellvertretenden Ordensgroßmeister und Geschichtsschreiber des Ordens der Hahnreis ernannt worden war. Indirekt wurde seiner Frau in diesem »Diplom« auch eine Liebschaft mit dem Kaiser unterstellt. Puschkin hielt den unsympathischen alten Heeckeren für den Absender und forderte d'Anthès zum Duell, nahm die Forderung jedoch zurück, nachdem dieser erklärt hatte, er habe es gar nicht auf Natalja, sondern auf ihre Schwester Katarina abgesehen, die er zu heiraten beabsichtige. Die Verlobung fand am 17. November statt, und zumindest Katharina war selig.

Die Sensation war perfekt, und auch bei Hofe wunderte man sich über diese »unglaubliche Heirat«. »Was ist das, Großmut oder ein Opfer? Mir scheint, das ist sinnlos, es ist zu spät ...«, fragte Alexandra ihre Freundin Sofija.[32] D'Anthès tat ihr leid. Nikolaus aber lud Puschkin zu einer privaten Audienz, von der nur bekannt wurde, dass der Dichter dem Herrscher versprechen musste, sich unter keinen Umständen zu duellieren.

Doch das Gerede ging weiter, zumal d'Anthès die Frau des Dichters keineswegs in Ruhe ließ. Dass es sich bei ihm um aufrichtige Liebe handelte, kann wohl ausgeschlossen werden. Vielmehr ließen sich die Gerüchte um eine homosexuelle Beziehung zwischen »Vater« und »Sohn« Heeckeren am besten durch eine wohlberechnete, aufsehenerregende Affäre mit der schönsten Frau St. Petersburgs aus der Welt schaffen.[33] Gleichzeitig konnte Puschkin, der viele Feinde hatte, gedemütigt werden. Die Gesellschaft war in zwei Lager gespalten, und die Fronten verliefen nicht eindeutig.

Im Winter 1837 kam Carl von Preußen wieder einmal zu Besuch. Die Kinder liebten diesen Onkel ganz besonders, weil er eine Frohnatur war. Diesmal brachte Carl seinen Nichten Mary und Olly bei, die neuesten Walzer von Lanner und Strauß auf dem Klavier zu spielen, worauf Alexandra ihn bat, die Walzer auch mit der Kapelle ihrer Chevaliers gardes einzuüben. So weit, so gut. Doch dann beging Carl einen Fauxpas. Er lud die Musiker und sechs Offiziere, die in den Salons als hervorragende Tänzer bekannt waren, in den Winterpalast ein, ohne deren Vorgesetzte zu informieren. Wie immer war d'Anthès unter den Tänzern, und auch die Kaiserin wollte dabei sein. Kaum war sie erschienen, intonierte die Kapelle auch schon den ersten Walzer, und Kaiserin und Prinz drehten sich auf der Tanzfläche, gefolgt von Mary und den Hofdamen mit den Offizieren. Alles war im schönsten Schwung, als plötzlich die Tür aufging und der Kaiser samt Bruder Michael erschien. »Es nahm ein schlechtes Ende, das selbst Onkel Karls übliche Scherze nicht hatten abwenden können. Ein Gewitter lag in der Luft«, vermutete Olga Nikolajewna.[34]

Das Gewitter entlud sich wenige Tage nach den Tanzübungen, die einmal mehr d'Anthès' Nähe zum Hof zeigten. Die Heirat mit Jekaterina Gontscharowa am 22. Januar hatte die Lage nämlich nicht entspannt, weil Puschkin dem Schwager jeglichen familiären Umgang verweigerte und d'Anthès auch als verheirateter Mann fortfuhr, Natalja den Hof zu machen. Daraufhin provozierte der Hitzkopf Puschkin, der seinen Hass nicht mehr unter Kontrolle hatte, den alten Heeckeren in einem Schreiben derartig, dass nunmehr d'Anthès ihn forderte.

Alexandra erfuhr am 8. Februar von dem Duell, das an diesem Tag stattfinden sollte. Nikolaus hatte sie informiert. »Das ließ mich erzittern«, schrieb sie in ihr Tagebuch.[35] »Bin vollkommen für d'Anthès, der sich, scheint mir, wie ein armer Ritter benommen hat, Puschkin ... wie ein grober Kerl«, notierte sie.[36] Um Mitternacht erfuhr sie, wie »diese traurige Geschichte« ausgegangen war: »Der eine ist verwundet, der andere stirbt«, schrieb sie Sofija Bobrinskaja und ließ die Freundin wissen, dass sie bis 3 Uhr morgens nicht einschlafen konnte, weil sie sich das Duell und seine Folgen vorgestellt hatte: »... zwei schluchzende Schwestern, die eine die Frau des Mörders des anderen. Das ist furchtbar, das ist schlimmer als alle Schrecken der modischen Romane. Puschkin hat sich unverzeihlich benommen, er hat Heeckeren freche Briefe geschrieben und ihm nicht die Möglichkeit gelassen, dem Duell auszuweichen. Mit seiner Liebe im Herzen auf den

Mann derjenigen zu schießen, die er liebt, ihn umzubringen, geben Sie zu, dass diese Lage alles übertrifft, was die Einbildungskraft über menschliche Leiden hergibt. Seine Leidenschaft muss tief und echt gewesen sein.«[37]

Am 10. Februar, Puschkins Todestag, stritt man in der Umgebung der Kaiserin den ganzen Tag über ihn, und zwischendurch schrieb Alexandra der Bobrinskaja: »Dieses soeben erloschene Genie, dieses tragische Ende eines wahrhaft russischen Genies, aber manchmal auch eines satanischen, wie Byron. Diese junge Frau neben dem Grab, einem Todesengel gleich, blass wie Marmor, die sich die Schuld an diesem blutigen Ende gibt, und die, wer weiß, Gewissensbisse spürt und gegen ihren Willen auch ein *anderes* Gefühl, das ihr Leiden noch verstärkt. Armer Georges, wie er leiden muss, nachdem er erfahren hat, dass sein Gegner den letzten Seufzer getan hat.«[38] Alexandras romantische Sympathien gehörten also eher dem elsässischen Glücksritter als dem russischen Genie. Erst als sie genaue Kenntnis vom Inhalt des »Diploms« erhielt, wünschte sie, dass Heeckeren und Sohn St. Petersburg verließen. Hätte Nikolaus das Duell verhindern können? Die Diskussion darüber hält an.

Doch schon an Puschkins Todestag bahnte sich ein neuer Skandal an. Die Ursache war ein Gedicht, das plötzlich in Kopien von Hand zu Hand ging. Der Autor war Michail J. Lermontow, ein 22-jähriger Fähnrich im Husaren-Garderegiment, der auch nur Ärger mit der Zensur hatte. Sein Drama »Maskerade« (1835), in dem er die Adelsgesellschaft aufs Korn nahm, war schon zweimal verboten worden. In seiner Ode »Der Tod des Dichters« klagte Lermontow nicht nur den »Mörder« an, der »von ferne kam«, sich »Glück und Ämter zu erschleichen«, sondern auch all die Verleumder, Schmeichler und Ehrabschneider, die »gierig den Thron umringen«, diese »Henker der Freiheit, des Genies und des Ruhmes«, die mit ihren anonymen Briefen tatsächlich an Puschkins Tod schuld waren. Aber auch derjenige, der Puschkins Feinde nicht gezügelt hatte, konnte sich angesprochen fühlen: der Zar, der den Tod des Dichters nicht öffentlich beklagt hatte. Es war ein

Stück von unerhörter Kühnheit, das seinen Verfasser über Nacht berühmt machte. Am 20. Februar wurde Lermontow festgenommen.

Da Duelle verboten waren und die Teilnahme als Mord galt, wurde d'Anthès vor Gericht gestellt, nach einem Gesetz Peters des Großen zum Tode durch Aufhängen an den Füßen verurteilt, dann zum einfachen Soldaten degradiert und in eine entfernte Garnison versetzt. Baron van Heeckeren wurde abberufen.« Mama weinte, und Onkel Karl war lange bedrückt und beschämt«, erinnert sich Olga Nikolajewna.[39] Natürlich war Alexandra betroffen, doch allzu lange kann sie nicht geweint haben. Das geht auch aus ihrem Briefwechsel mit Wilhelm hervor: »Die schlechte Tendenz der Puschkinschen Schriften, die dem ungeachtet erzeugte Aufregung und Reden bei seinem Sarge lassen allerdings auf eine Stimmung schließen, die künstlich erzeugt zu sein scheint bei einem Volke wie das Eurige und die gewiß eine Beachtung verdient«, schrieb er ihr. »Denn das einmal ausgestreute Unkraut wuchert hundertfältig, weil die liberal-revolutionäre Partei mit unerhörter Konsequenz in allen Ländern gleichzeitig und ihren Zweck im Auge habend, verfährt und in jedem Lande die Anklänge auszusuchen und zu benutzen versteht. Bei dem regen Interesse, das ich an Rußland nehme, vergibst du mir diese Tirade.«[40]

Eine Woche später antwortete die Schwester: »Was Du über Aufregung der Gemüter sagst bei Gelegenheit des Puschkinschen Begräbnisses, hat seine Gründe. Ich glaube, daß wir alles damals erfahren haben, ich nehme es auch nicht leicht, aber doch hat es sich gezeigt, daß gewiß nichts Politisches dem zugrunde lag. C'était la nationalité blessée*, meinte der Kaiser, der sich auch oft geärgert in diesen Tagen über die zu große Sensation, welche diese Geschichte machte. Ich spreche aber nicht gern mehr darüber mit ihm, weil wir doch verschiedener Meinung sind über die Duellgeschichte und über das Benehmen des jungen Dantès, den ich in vielem nicht entschuldigen will, den ich aber wirklich

---

* Das war die beleidigte Nationalität.

verliebt glaubte, und verliebt in dem Grade, wo man nicht mehr weiß, was man tut. Weil aber Dantès ein Fremder und zumal ein Franzose war und Heeckeren nicht geachtet, darum wurde ihm alles zur Last gelegt, daher machte es in allen Klassen doppelte Sensation ... Karl hat ja alles erlebt, nimmt aber wiederum zu sehr die Partei von Dantès, wie er in allem so parteiisch wird, der gute Karl; aber er weiß doch recht gut, wie das alles gewesen ist. Man wollte uns den guten ehrlichen Joukoffski [Schukowskij] auch darstellen als angesteckt von liberalem Schwindel, ich sagte ihm ordentlich die Wahrheit über seinen Puschkinschen Schwindel, der sein Freund gewesen, und den er bewundert von jeher wie ein glänzendes Meteor ...«[41]

Man kann aus diesen Zeilen schließen, dass Alexandra die Dimension des Geschehenen letztlich nicht verstanden hat. Schon von ihrer Stellung her stand sie dem Lager der Gegner Puschkins nahe, und niemand konnte erwarten, dass sie sich für Lermontow, der Puschkins Erbe war, einsetzte. »Lerma« wurde in ein Dragonerregiment versetzt, das im Kaukasus Krieg gegen die Bergvölker führte. Die Strafe war lebensgefährlich, doch ein Glücksfall für die russische Literatur, denn es war Lermontow, der diese exotische fremde Welt als Erster beschreiben sollte. Er verließ St. Petersburg am 31. März 1837, einen Tag, nachdem Nikolaus das Urteil gegen d'Anthès aus Mitleid mit seiner jungen Frau noch einmal abgemildert hatte.[42] Statt als einfacher Soldat in eine entfernte Garnison geschickt zu werden, wurde er – als nichtrussischer Untertan – des Landes verwiesen und umgehend von einem Gendarmen in Richtung Tilsit expediert. Alexandra musste noch lange an ihn denken, zumal Georges Charles de Heeckeren, wie er sich seit 1836 nannte, noch eine bemerkenswerte Karriere in der französischen Politik machen sollte.

Lermontow aber konnte auf Betreiben seiner Großmutter schon im April 1838 nach St. Petersburg zurückkehren und vollendete die lyrische Versdichtung »Der Dämon. Eine orientalische Erzählung«, an der er zehn Jahre gearbeitet hatte. Ein Freund machte die Kaiserin auf das Werk aufmerksam.

11
»*Ach, liebe Muffi!*«

Reisen, Baupläne, Zäsuren

Russlandreise des Thronfolgers – Manöver in Wosnessensk – Reise auf die Krim – Orianda – Brand des Winterpalastes – Europareise des Thronfolgers – Fürstenstein – Kreuth – Max von Leuchtenberg – Wiedereinzug in den Winterpalast – Marys Hochzeit – Marquis de Custine – Verlobung des Thronfolgers – Großmutter *1837–1840*

Mitte Mai 1837 trat der Zarewitsch eine siebenmonatige Reise durch Russland an, die als »praktische Vaterlandskunde« gedacht war und zu Schukowskijs Lehrplan gehörte. Daher war es logisch, dass Wassilij Andrejewitsch seinen Schüler begleitete. »Ich erwarte von unserer Reise keine reiche Ernte praktischer Kenntnisse über Russland«, schrieb er der Kaiserin, »der Hauptnutzen ist ein ganz und gar sittlicher, es ist der Nutzen eines tiefen, unauslöschlichen Eindrucks.« Der unverbesserliche Romantiker stellte sich diese Reise als eine Art Vermählung des Thronfolgers mit Russland (»Rossija«, f.) vor.[1] Sascha fuhr durch dreißig Gouvernements und betrat als erster Großfürst sibirischen Boden.

Alexandra fiel die Trennung von ihrem Ältesten schwer. Sie freute sich auf jeden Brief, den Schukowskij von unterwegs schrieb. »Unsere Reise kann man mit der Lektüre eines Buches vergleichen, in dem der Großfürst jetzt nur die Überschriften liest, um einen allgemeinen Eindruck von seinem Inhalt zu bekommen«, schrieb er aus Jaroslawl. »Später liest er dann jedes Kapitel einzeln. Das ist das Buch Russland; aber das Buch ist beseelt, es wird seinen Leser selbst erkennen. Und dieses Erkennen ist das Ziel unserer jetzigen Reise.«[2] Dieses Ziel wurde wohl nicht erreicht, denn Schukowskij beschwerte sich wiederholt, dass sie zu schnell reisten und er nichts erklären könne. Dennoch muss die Reise historisch genannt werden, weil der Thronfolger seinen Vater um Strafmilderung für die Dekabristen und andere Verbannte bat, nachdem er einigen der Unglücklichen Anfang Juni in der Kirche von Kurgan begegnet war. Auf dem Rückweg kam den Reisenden ein Feldjäger mit der Nachricht entgegen, dass der Zar die Dekabristen dazu »begnadigt« hatte, als einfache Soldaten im Kaukasus zu dienen. Alexandra war stolz auf ihren Sohn. So hatte sie sich ihn vorgestellt: gerecht und milde.

Sie selbst wollte in diesem Jahr endlich einmal auf die Krim, unterwegs aber den großen Kavalleriemanövern in Wosnessensk beiwohnen, zu denen Gäste aus ganz Europa erwartet wurden. Allerdings handelte es sich bei dieser Truppenschau auch um eine Bräutigamschau, denn Mary war nun alt genug, um verheiratet zu werden. Diese Pläne waren womöglich der Grund dafür, dass Nikolaus, der über Nowgorod, Minsk und Kiew nach Süden eilte, seiner Frau, die über Moskau reiste, von unterwegs schrieb, es sei jetzt an der Zeit, mit den ständigen Vergnügungen aufzuhören. Die Jugendjahre seien vorbei, mit dem bisherigen »Train«* müsse Schluss sein, man dürfe sich nicht lächerlich machen: »Le ridicule est une chose terrible.«**[3] Alexandra aber hatte gerade ihren 39. Geburtstag gefeiert und muss die Mahnung ihres Gatten als höchst uncharmant empfunden haben.

Ende August kam Nikolaus in Wosnessensk an und besichtigte 350 Schwadronen und 30 Infanteriebataillone. Er habe, so schrieb er seiner Frau in hellster Begeisterung, nie »etwas Schöneres, Vollkommeneres und Überwältigenderes gesehen!!«. Die Fremden seien sprachlos, alles sei »wirklich ideal«.[4] Alexandra traf in den ersten Septembertagen in einem königsblauen offenen Wagen in Wosnessensk ein. Das elende Nest, eine Militärkolonie mit 650 einstöckigen Holzhäusern und ungepflasterten Straßen, hatte sich im Handumdrehen in eine hübsche Kleinstadt mit einem Palais für die kaiserliche Familie und Steinhäusern für die Gäste, mit

---
* Hier: Gangart.
** Das Lächerliche ist eine schreckliche Sache.

Theater und Gärten verwandelt. Die Unterkünfte waren aufwendig vorbereitet, die Möbel aus Odessa herbeigeschafft worden, und ein Dekorateur aus Paris hatte letzte Hand an die Verzierungen gelegt. Rund 200 Equipagen und 400 Reitpferde standen für die Gäste bereit. Unter den Fürsten und Prinzen aus Österreich, Preußen und den deutschen Kleinstaaten waren auch Prinz Karl von Bayern und sein Neffe, der Herzog Maximilian von Leuchtenberg, der Mary gleich gut gefiel. Der Dragonerleutnant, ein Enkel der Joséphine de Beauharnais, wurde schnell zum Favoriten, die Kaiserin fand ihn »jung, schön, voller Gewandtheit und Verstand«.[5]

Die zweiwöchige Truppenschau ist von Zeitgenossen vielfach beschrieben und von Militärhistorikern bewertet worden. Die Kavallerieattacken sollen für den Kriegsfall nicht getaugt haben. Aber es war ja Frieden. Auch die Kaiserin hatte wieder große Szenen. Mehrfach nahm sie Paraden ab und wurde wie immer wegen ihrer Haltung bewundert. Sie liebte derlei Auftritte. »Um 9 Uhr große Parade der Cavallerie«, notierte General von Natzmer am 7. September. »Alle Fremde von Distinktion vor dem Palais des Kaisers folgten der Kaiserin. Der Kaiser empfing sie vor der Front der Truppen, machte ihr den Rapport und alle Honneurs. Er führte sie durch die Reihen der Cavallerie.«[6] Und nach einem Diner beim Kaiser bemerkte der General: »Die neueste Mode ein goldener Reif um die Taille, einen Zoll breit.«[7]

Mitte September reisten die Majestäten mit ihren ausländischen Gästen und großer Suite weiter nach Odessa. Von dort ging es auf der »Nordstern« nach Sewastopol, wo der Kaiser die Schwarzmeerflotte inspizierte. Die Halbinsel war noch nicht lange in russischem Besitz, doch die großen Familien hatten sich bereits an ihren Küsten niedergelassen und bereiteten den erlauchten Gästen einen glänzenden Empfang. Und natürlich fühlte sich mancher an die legendäre Reise Katharinas II. erinnert, in deren Verlauf Fürst Potjomkin ihr die Existenz lauter blühender Dörfer am Ufer des Dnjepr vorgegaukelt hatte.

Den ersten Ausflug machten Alexandra und Mary in das hoch über dem Schwarzen Meer gelegene St.-Georg-Kloster. In der

Gegend soll der Tempel der Diana gestanden haben, in dem Iphigenie Dienst tat, und sicher hat Alexandra sich an die Aufführung der »Iphigenie auf Tauris« in Berlin am 26. Mai 1821 erinnert, mit der das Königliche Schauspielhaus eingeweiht worden war. »Wie war mir zu Muthe, als ich da stand, wo vor dreitausend Jahren das hohe Ideal der Frauenwelt unserer Dichter gewandelt ist«, erzählte sie später einmal. »Wenn wir in unseren Kinderjahren von den griechischen Sagen bezaubert sind, so fragen wir weder nach dem Schauplatze, noch nach der Zeit derselben, am allerwenigsten nach der Möglichkeit, einmal auf demselben Boden zu wandeln! Es war mir, als ob ein längst vergessener Traum in meiner Erinnerung wieder erwachte und zur Wirklichkeit geworden wäre.«[8]

Anderntags fuhren Mutter und Tochter nach Bachtschissaraj, die alte Hauptstadt der Tatarenkhane. Sie stiegen im Palast ab. Abends wurde Puschkins berühmte »Fontäne von Bachtschissaraj« gelesen. Tags darauf ritten sie hinauf nach Tschufut-Kale, in die Stadt der Karaim, die sie nur mit dem Pferd erreichen konnten. Von dort ging es nach Simferopol, wo sie einem Kamelrennen zuschauten. Der Höhepunkt der Reise war jedoch erst erreicht, als sie das Südufer der Krim erblickten und ganz neue Landschaftsbilder in sich aufnahmen. In Alupka stand das Palais des Grafen Woronzow für sie bereit, das aussah, als sei der Hausherr ein Maharadscha. Die Krimtataren belagerten es Tag und Nacht, um einen Blick auf die erhabene Gemahlin des großen Padischah werfen zu können. »Mit unauslöschlichen Eindrücken und Erinnerungen scheide ich von dir, schönes Alupka!«, schrieb Alexandra ins Gästebuch. »Werde ich dich je wieder sehen? Diese Frage drängt sich mir ernsthaft auf und macht mir den Abschied schwer. Welche Entfernung zwischen dem Schwarzen und dem Baltischen Meere!«[9]

Doch sie hatte die Absicht wiederzukommen. Denn am 3. Oktober war sie zum ersten Mal in Orianda gewesen, jenem Landgut, das Alexander I. bei seinem letzten Besuch auf der Krim erworben hatte, und der Entschluss, hier zu bauen, war sofort gefasst: Am 11. Oktober wählte sie einen Platz aus, und schon zwei Tage später bat sie ihren Bruder Fritz um einen Entwurf: »Hier ist es gar schön, in den Felsen, und Bergen, bekränzt vom blauen Meer und der göttlichen Végetation, überall Bäume, Sträucher, Blumen welche nur in Treibhäusern forkommen in Berlin. – Am meisten schmeichelte es meinem gartischen Sinn, mich unter Lorbeeren, Oliven und Granathen zu ergehen. – Der Kaiser schenkte mir Orianda als Eigenthum. – Da möchte ich mit der Zeit und nach und nach was Passliches bauen, eine Art Siam zum bewohnen aber, und da werde ich Dich bitten mir behülflich zu sein. Du und Schinkel. Der Platz den ich gewählt ist eng; und auch nicht gar lang aber der Aussicht wegen, in die Bucht von Jalta, wählte ich ihn, und da es überall steil ist, bleibt auch keine große Wahl. Die äußerste Spitze vom Haus, kann ein Balkon bilden, welcher auf Felsen ruhen wird, von wo aus es steil in einen Abgrund geht, so daß der Kopf einem drehen kann. – Da möchte ich nun grade recht was Romantisch Klassisches haben … Dein Gärtner Häuschen möchte ich wiederhohlen, in einer wundervollen Stelle im Garten, wo herrliche Nußbäume stehen ganz wild umschlungen, von Wein und Epheu, Quellen sind auch nicht schlecht zu erlangen, denn überall stürzen sie sich herab, so rein wie Kristall. – Ich meine das Etablissement von Dir nachzuahmen wo das Wasser sprudelt aus dem Tisch und ein Eßsaal muß sein damit man im Kühlen fressen [?] kann wenn man schwitzt.«[10]

Mit dem »Etablissement« war Schloss Charlottenhof in Potsdam gemeint, das Fritz im Dezember 1825 zum Geschenk erhalten und zusammen mit Schinkel umgebaut hatte – seine Sommerresidenz »Siam«. Etwas Ähnliches wollte Alexandra also in Orianda haben, und Fritz und Schinkel würden sich darum kümmern. So wurde Orianda – neben dem Palast der Akropolis und der Residenz eines Fürsten – eines der drei Residenzprojekte, mit denen Friedrich Wilhelm IV. in die Architekturgeschichte eingegangen ist. Denn heute steht fest, dass er und Schinkel die Entwürfe gemeinsam erstellt haben.

Auf der Rückreise nach St. Petersburg verbrachte die kaiserliche Familie den Namenstag des Kaisers wieder einmal in der

Ersten Residenzstadt. Sie wohnte wie stets im Tschudow-Palais, das wie immer vom Volk umlagert wurde. Ein Vierteljahrhundert war seit dem Moskauer Brand vergangen, den der Kreml fast unversehrt überstanden hatte. Doch die Älteren erinnerten sich noch gut daran, wie die Franzosen hier gehaust hatten. Napoleon hatte fünf Zimmer im Alexander-Palais bewohnt, das Tschudow-Kloster war Generalstabsquartier, und die Küche hatte der Antichrist in die Uspenskij-Kathedrale verlegt, wo die Köche die großen Ikonen als Schneidebretter und Tische benutzt hatten![11]

Am Morgen nach dem Namenstag machten Alexandra und die Ihren sich in hundert Wagen auf den Weg in die Nördliche Hauptstadt. Bei der Abfahrt herrschten 5° Kälte, in Twer bereits 15°, und die Temperaturen sanken weiter. Die Reisenden sangen laut, um sich warm zu halten. Auf den Stationen brachten die Bauern Äpfel und Baranki[*], und dann plauderte eine Hofdame mit ihnen, »da sie aus ihrem langen Leben auf dem Lande wußte, was sie betraf und bewegte. Mama ermunterte sie dazu, da sie nicht genug Russisch konnte, um selbst zu sprechen.«[12] Verblüfft nahm Olly wahr, dass die Menschen sich mit Gänsefett einschmierten, um ihre Haut gegen den Frost zu schützen. Der Kaiser war als Letzter in einem dreispännigen Schlitten losgefahren, kam 36 Stunden später aber als Erster in St. Petersburg an, wo er wie jedes Jahr am 14./26. Dezember den Tag seiner Thronbesteigung feierte.

Drei Tage später brannte der Winterpalast, der größte Bau Europas, das Herz des Imperiums. Der Brand begann Freitagabend gegen 8 Uhr. Alexandra und Nikolaus waren im Bolschoj Theater und sahen sich »Le Dieu et la bayadère« mit der Taglioni an, die in dieser Saison zum ersten Mal in St. Petersburg tanzte. Nikolaus wurde zunächst nicht vollständig informiert und blieb sitzen, weil er annahm, das Feuer werde gelöscht. Er war schon lange zum Opfer seiner eigenen Politik geworden: Aus Angst, ihn zu verärgern, informierte ihn in kritischen Augenblicken keiner

---

[*] Hart gebackene Kringel.

seiner Höflinge ausreichend. In Gegenwart der Kaiserin durfte ihm sowieso keine Nachricht überbracht werden, die sie hätte erschrecken können.[13] Erst als er sah, dass der Stadtkommandant, der im Parkett saß, die Vorstellung verließ, beschloss er, selbst nachzusehen, während Alexandra sitzen blieb.

»Stellen Sie sich vor, gestern Abend, kurz nach 9 Uhr, als wir bei Tisch saßen, sah ich zufällig in den Hof und schrie auf: ›Wir brennen!‹ – Der Kammerdiener antwortete, dass da nichts sei, nur Funken aus einem Rohr … Dann wurde ein Dienstbote gerufen, und man sagte mir wieder: ›Da ist nichts, regen Sie sich nicht auf.‹ Darauf legten wir uns hin«, erzählte die zwölfjährige Alexandra Nikolajewna tags darauf einer Hofdame. Mittlerweile war die Kaiserin ebenfalls in den Winterpalast geeilt. Bei ihrer Ankunft wurden Olly, Adini, Kosty, Nisi und Mischa gerade die Treppe des Saltykow-Eingangs heruntergebracht. »Wir hatten den Palast noch nicht verlassen, da brach vor unseren Augen der wunderbare Georg-Saal zusammen«, berichtete Adini. »Das Feuer breitete sich mit auffallender Geschwindigkeit aus. Mama nimmt an, dass man es eher angefacht als gelöscht hat. Papa trug auf seinen Händen die Ikone der Reinen Jungfrau hinaus – einen Augenblick später stürzte die [Kleine] Kirche ein … Zum Glück sind wir alle gesund; nur Papa ist schrecklich anzuschauen: Vom Rauch der vergangenen Nacht hat er ganz rote Augen.«[14]

Natürlich hatte Nikolaus umgehend die Leitung der Löscharbeiten übernommen. Der Brand hatte sich aus einem Schwelbrand im Keller entwickelt und in dem Hohlraum zwischen Feldmarschallsaal und Peter-Saal im ersten Stock Flammen geschlagen. Da der Feldmarschallsaal voller Rauch war, hatte der Kaiser die Fenster öffnen lassen. Doch der hereinwehende starke Wind entfachte das Feuer erst richtig, und so konnte es sich durch die Newa-Enfilade tatsächlich sehr schnell in die Inneren Gemächer im Nordwestflügel ausbreiten.

Alexandra war in ihren Räumen geblieben, solange es ging, hatte sich von vielen lieb gewordenen Gegenständen verabschiedet und gerade noch den Korridor zum Saltykow-Eingang erreicht, als auch die Rotunde einstürzte und der Weg hinaus versperrt war. Den Rest des Abends verbrachte sie im Außenministerium im Gebäude des Generalstabs. Vizekanzler und Außenminister Karl W. Nesselrode und seine Frau hatten Empfangstag, und so sah viel Prominenz aus ihren Fenstern zu, wie die Residenz des Zaren abbrannte und wie Soldaten in fieberhafter Eile aus den Flammen trugen, was sich hinaustragen ließ. Bald türmten sich die geretteten Sachen auf dem Schnee um die Alexander-Säule: Kirchengerät, Ikonen, Möbel, Gemälde, Fahnen, Decken, Kleider, Uhren, Vasen, Geschirr ... Nikolaus aber suchte beim Licht des Feuers verzweifelt nach dem Lieblingsbild seiner Frau, dem »Heiligen Johannes« von Domenichino. Er war überglücklich, als er es gefunden hatte. »Lasst alles niederbrennen«, hatte er einem Adjutanten befohlen, »aber rettet aus meinem Kabinett den Kasten mit den Briefen, die meine Frau mir als Verlobte geschrieben hat.«[15]

Das schauerlich schöne Schauspiel hatte Zehntausende Zuschauer angezogen, die schweigend und regungslos hinter der Absperrung ausharrten. »Nicht ein Wort, nicht ein Ton, nicht eine Gebärde brach sich Bahn aus diesem Menschenhaufen; nur hier und dort machte sich ein lautes Seufzen Luft aus einer beklommenen Brust«, beobachtete Dr. Mandt. Das war »etwas, was einer gesehen und erlebt haben muß, um an dessen Möglichkeit glauben zu können«.[16] Nur das Prasseln des Feuers, das Krachen des herabstürzenden Gebälks und die Kommandos waren zu hören. »Papa hatte die Brandstätte nicht verlassen«, hielt Olga Nikolajewna fest. »Am Morgen hörten wir, daß der ganze Palast verloren sei. Gegen Mittag fuhren wir hin und sahen die Flammen am Dach entlanglaufen, gerade über den Zimmern von Papa. Die Fenster platzten, und inmitten der Glut wurde die dunkle Silhouette von Mamas Statue sichtbar, das einzige Stück, das man nicht hatte retten können, da es mit einer Eisenklammer an der Mauer befestigt war.«[17]

Als klar wurde, dass der Palast verloren war, befahl Nikolaus, alle Kräfte auf die Rettung der Ermitage und ihrer Sammlungen zu konzentrieren, und es gelang, sie zu retten. Gegen Mitternacht stürzte der Palast ein, nur die Grundmauern blieben stehen. Die Menge auf dem Platz fiel sprachlos auf die Knie und schlug das Kreuz. Mehr als 3000 Menschen, die im Palast gelebt hatten, wurden obdachlos, drei Dutzend Soldaten kamen um. Der Brand dauerte 30 Stunden.

Am nächsten Morgen fand Alexandra in einer Kristallvase den gewohnten Sonntagsstrauß vor: eine weiße Kamelie, einige Maiglöckchen und Erika. Ein ehemaliger Kammerpage hatte die Blumen gebracht. Auch sonst fehlte ihr beim Aufwachen nichts, weder die Lorgnette noch die Diamantnadeln noch die anderen Kleinigkeiten, die in ihrem Toilettenzimmer gelegen hatten.[18] Aber das nervöse Zucken hatte sich verstärkt, Herzrhythmusstörungen kamen hinzu.

»Der Winterpalast als Gebäude wie als Wohnsitz des Zaren hatte vielleicht nicht seinesgleichen in ganz Europa. Durch seine ungeheure Größe entsprach er der Weite des Imperiums, dessen Kräften er als Mittelpunkt diente«, schrieb Schukowskij und verglich den Winterpalast in seiner historischen Bedeutung mit dem Kreml. »Und plötzlich war das mächtige Gebäude mit all seiner Pracht in wenigen Stunden verschwunden wie eine armselige Hütte.« Die Symbolkraft des Ereignisses, »vom Glück ins Unglück, vom Glanz ins Dunkel, vom Ruhm in den Niedergang«, war so groß, dass Nikolaus den Druck des Artikels verbot. Er befahl, den Palast binnen Jahresfrist in der früheren Gestalt wieder aufzubauen.[19]

Weihnachten und Neujahr im Anitschkow waren diesmal nicht so lustig. Mehrere Tage konnte Nikolaus den Anblick von Kerzen nicht ertragen und seine Nervosität kaum zügeln.[20] In einem Brief Alexandras an Wilhelm von Mitte Januar 1838 schwingt die Spannung mit, die in der Familie herrschte: »Dein Brief war so vortrefflich den Du mir schriebst, in Deinem ersten Schrecken über das Feuer des Winter Palais ... Du hast uns richtig beurteilt, guter lieber Wimps; auch was Du gefürchtet, daß dieses Événement* auf

---

* Ereignis.

den *ernsten* Charakter des Kaisers einen *zu* ernsten Eindruck machen würde, ist eingetroffen, aber nun Gott sei Dank *vorüber*. Alle Abende während 10, 12 Tagen *überkam* ihn eine solche schwarze Stimmung, eine solche Niedergeschlagenheit, eine Art *abergläubische* Traurigkeit; – Er fürchtete, in seinem Spleen, daß dieses Abbrennen des Kaiserlichen Palastes, auf das Volk, auf die Masse, einen fatalen Eindruck machen könnte, daß man darin ein schlechtes Omen sehen würde; Aber da ganz das Gegenteil geschah, da die Beweise von Anhänglichkeit, die uns wurden, einen Stein gerührt hätten, so gab sich dieser Spleen, besonders durch die Thätigkeit welche er in die Pläne des Wiederaufbaus legte. – Am Dienstag d. 11. Januar ging wirklich die Arbeit wieder an, nun erhoben sich schon die äußeren hölzernen Rampen und Treppen um das ungeheure Gerüst anzufangen, welches das ganze Palais umringen muß. Unsere Zimmer werden au fond* wohl dieselbe Eintheilung behalten aber da wir carte blanche** haben, so werden wir uns doch einiges commoder einrichten, und die vielen *Winkeleien* im neuen Intérieur zu verhindern suchen.«

Sodann schildert Alexandra ihrem Bruder, wie sie sich die neue Zimmerverteilung vorstellte. »Die Ecke, wo das K. Alex. kleine Zimmer bisher noch zugeschlossen sich befand, wird ein kleines Treibhaus für mich werden, darauf freue ich mich am meisten. – Das *Spiel Zimmer* der kleinen Kinder wird ein schöner Sallon werden neben der Rotunde, wo man tanzen könnte für kleine Bälle oder soupieren. Dadurch wird mein Apartement vollkommener werden. Auch hoffe ich soll das sogenannte Mohren Zimmer presentabler werden, das blieb immer garstig bis jetzt on avait beau faire ce qu'on voulait***. Das Gerüst allein wird 150 000 Rbl. kosten. Der K. geht beinah alle Tage in den Ruinen umher, ich fürchte er wird sich da mal tüchtig verkälten. Der St. Georg Saal soll die schönste Ruine darstellen, wie das Bild eines ruinierten

---

* Im Grunde.
** Freie Hand.
*** Man konnte tun, was man wollte.

Tempels in Italien, der Marmor war so verdorben, dass er nicht mehr zu gebrauchen ist.«[21] Vom Wiederaufbau des Palastes, der ein kostspieliger Gewaltakt war und viele Menschenleben gekostet hat, scheint Alexandra nicht viel mitbekommen zu haben.

Unterdessen waren die Kinder keineswegs unglücklich, denn für sie war alles wieder so schön wie in der frühen Kindheit, auch sie lebten lieber im Anitschkow. »Es wurde die glücklichste Periode meiner Jugendzeit«, notierte Olga Nikolajewna. »Wir lebten dort nach dem russischen Sprichwort: Je näher, je inniger! Die Enge macht das Leben intimer als im Winterpalais, wo die Wohnungen durch riesige Gänge voneinander getrennt waren. Dort konnte man sich nicht rasch zwischen zwei Stunden Guten Morgen sagen, wenn man wußte, der nächste Lehrer wartete schon auf einen. Und so war es mit vielem.«[22] Für die Geschwister ging das Lernen weiter.

Dem Thronfolger wurde ebenfalls keine Pause gegönnt. Seit Anfang 1838 hörte er Vorlesungen in russischer und französischer Sprache über Gesetzgebung, Diplomatie und Finanzen des Reiches. Zum Abschluss seiner Ausbildung sollte er im Mai, von Schukowskij begleitet und geleitet, eine große Europareise antreten, die allerdings auch als Ablenkungsmanöver gedacht war. Sascha sollte seine erste große Liebe, eine junge Polin, die seiner Mutter als Hofdame diente, vergessen, und seine Eltern hofften insgeheim, dass er unterwegs eine standesgemäße Braut finden würde.

Auch das Herrscherpaar plante wieder einen Besuch in Berlin. Anschließend wollte sich Alexandra in Salzbrunn und Fürstenstein im Waldenburger Bergland von einem verschleppten Katarrh und einer Magenstörung erholen, aber auch Tante Minnetrost in Fischbach und die Brüder in Erdmannsdorf im nahen Hirschberger Tal besuchen und anschließend zur Nachkur nach Kreuth reisen.[23] Sie freute sich sehr, wie sie Wilhelm zum Geburtstag schrieb:

»Guten Tag ach! – bester Wilhelm. –
Auch Wilhelm der Große war einst Kind
Doch diese Zeit vergeht geschwind.

Diese Verse machte Deine Schwester Charlotte für Dich, sentimentalement, als Du 13 Jahre alt wurdest, 1810 – Jetzt bist Du 41. Oh Weh und hast es erfahren, daß die Zeit geschwinde vergeht. Gott erhalte Dir Dein Kind, befestige immer mehr Dein Glück, und geleite Dich fernerhin. Ich werde also in Deutschland, mein garstiges Alter von 40 Jahren erreichen. Da werden wir hoffentlich zusammen sein recht ländlich, schändlich, damit es mich nur nicht ermüde in der Kur des Salz Brunnens. – Ich freue mich auf das schöne Fürstenstein, und nachher giebt mir die Aussicht, die Alpen zu sehn, schon im Voraus eine Wonne! *Glückselige Rückerinnerungen zukünftiger Vergangenheit*, kann man bei dieser Gelegenheit sagen … – Grüße Auguste herzlich von mir, wie gerne würde ich meine 2 kleinen Jungen mit dem Deinigen spielen sehn. Aber es ist immer noch nicht recht entschieden, ob ich sie mitnehmen werde oder nicht.«[24]

In den ersten Apriltagen kam ein Brief von Fritz, auf den sie schon wartete. »Hierby erfolgt auch endlich Schinkels Entwurf für Orianda«, schrieb er. »Die Sache ist eine Rechnung ohne Wirth, nemlich ein Haus ohne bekannten Grund … Wenn Du kommst O Wunne, Wunne! Wunne!!!!!!! so rechne auf genaue Daten und Pläne durch Chambeau, den ich Maschteten [Majestäten] bitte zu grüßen und dann wird Schinkel wohl von Dir selbst instruirt und angewiesen werden. Das hübsche Blatt ist also meine ich nur as a probable hint* zu betrachten, wo hinaus Schinkel ungefähr will, damit Du dagegen erwiedern mögest wo hinaus Du eigentlich willst.«[25]

Schinkels Orianda-Entwurf ist der »moskowitische« genannt worden, weil er an altrussische Bauten erinnerte. Mit Charlottenhof hatte er wenig zu tun. Zugleich hatte Friedrich Wilhelm einen Entwurf von eigener Hand geschickt, der eher dem Landhaus entsprach, das seine Schwester sich vorstellte. »Meine Idée wäre, da Clima, Land und Gegend antik und classisch sind, daß Du seit 1 000 und mehr Jahren einmal die Erste wärst, die ein rein

---

* Als ein möglicher Hinweis.

classisch antikes Haus oder Häuschen bautest.«[26] Sie nahm sich vor, in Berlin mit dem Bruder und dem Architekten über den Bau zu reden. Aber vor allem wollte sie ihrem Vater endlich auch Adini, Nisi und Mischa vorstellen. Kosty war auf See, und Mary und Olly durften nicht mit, damit es nicht so aussah, als sollten sie als heiratsfähige Mädchen zur Schau gestellt werden (sie kamen später nach, weil der König auch sie sehen wollte).[27]

Am 19. Mai trafen Alexandra und Nikolaus in Berlin ein, gefolgt vom Zarewitsch und seiner Suite. Schon drei Tage später kam Schinkel zur Audienz und legte Pläne und Zeichnungen vor, die der Bauherrin wieder nicht gefielen. Sie äußerte noch einmal den Wunsch nach einem Haus in den »edelsten Formen des klassischen Altertums«, und Schinkel versprach einen neuen Entwurf.[28] Damit war das Thema Orianda erst einmal erledigt.

Die Berliner hatten die russischen Monarchen wieder freudig begrüßt. Am 2. Juni meldete die *Königlich privilegirte Berlinische Zeitung*, Oberbürgermeister Krausnick habe Seine Majestät »als Bürger der Stadt im Namen derselben« bewillkommnet, und der Kaiser habe »Sich beifällig über die Gründung des Nikolaus-Bürger-Hospitals« geäußert, das von den 5 000 Dukaten gebaut wurde, die er zum Dank für die Verleihung des Bürgerrechts im Vorjahr gespendet hatte. Doch etwas war anders als sonst. »Zwar drängte sich die Menge in den Straßen und der große Zapfenstreich versammelte abends ganz Berlin unter den Fenstern des Schlosses«, notierte Marie de la Motte Fouqué, die Tochter des Dichters. »Doch man fand die Kaiserin sehr verändert. Eine wohl tiefliegende Krankheit hatte einen Grad der Abmagerung und Schwäche hervorgebracht, daß sie die matten Glieder kaum zu den ihr bereiteten Festen schleppen konnte. Die frischen Rosen und Edelsteine, die sie umgaben, schienen dabei der hinfälligen Gestalt zu spotten ... Die Bemerkung, daß sie dem Vergnügen nachjagte, von einem Fest zum anderen eilte, während ihre Krankheit allen gefährlich erschien, drängte den Jubel der Menge zurück.«[29]

Auch politisch hatte sich etwas verändert. Zum ersten Mal

erteilte der Kaiser seinem Schwager Fritz Ratschläge, und zu persönlichen Missverständnissen kamen ernste politische Differenzen. Sie betrafen vor allem die hohen russischen Schutzzölle, die den preußischen Handel behinderten.[30] Nikolaus, der Mitte Juni zu den Sommermanövern wieder in St. Petersburg sein musste, war nicht zufrieden mit dem Besuch. »Ach, liebe Muffi, ich war mir des wenig angenehmen Eindrucks sicher, den der Aufenthalt in Berlin bei Dir hinterlassen würde«, schrieb er seiner Frau aus dem Cottage. »Ja, es ist nicht mehr das, und ich glaube wie Du, dass wir uns nicht geändert haben. Unser Herz schlägt genauso warm für Papa und für Brüder und Schwestern, aber leider glauben das nur wenige, und wenige erinnern sich daran. Man scheint sich zu demütigen, wenn man unsere Freundschaft anerkennt, und unserem Freimut und unserer beständigen Freundschaft begegnet man mit schlecht verborgener Kälte und Verlegenheit.«[31] Wie gut, dass er eine Armee hatte, die nun genauso geschickt manövrieren konnte wie die preußische, sogar besser! »Ja, Muffi, Dein Alter ist froh, glücklich und zufrieden, und er bittet den lieben Gott aufrichtig, dass er ihm äußerlich und innerlich diese tapfere und gute Armee in ihrem jetzigen Zustand erhält, zur Ehre und Sicherheit unseres lieben guten Russland.«[32]

Wenige Tage später war Nikolaus bereits wieder auf dem Weg zu seiner Frau. Denn Mary redete nur von Leuchtenberg, also mussten sie seine Familie kennenlernen. Außerdem hätte er Olly gerne mit dem Kronprinzen von Bayern verheiratet, und auch deshalb wollte er München besuchen. Zunächst eilte er jedoch nach Fürstenstein, wo Alexandras 40. Geburtstag gefeiert wurde. »Hier haben wir die Zeit sehr angenehm verbracht«, notierte Alexej F. Lwow, der inzwischen zum Direktor der Hofsängerkapelle ernannt worden war und den Kaiser begleitete. »Am 13. Juli, dem Geburtstag der Kaiserin, wollten die dortigen Bergleute ihr mit Gesang und Musik gratulieren. Ich habe sofort ein kleines Lied auf die Worte komponiert, die für diesen Anlass geschrieben wurden, und die Bergleute, die abends mit Fackeln zum Haus der Kaiserin kamen, haben das von mir komponierte

Liedchen zu Militärmusik gesungen. Dieses Liedchen wurde dann in Berlin unter dem Titel ›Bergmannsgruß‹ gedruckt.«[33]

Aus Schlesien reiste Nikolaus weiter zu einem Treffen mit Friedrich Wilhelm III. und Metternich in Teplitz. »Matt und alt scheint das ganze Räderwerk des inneren und äußeren politischen Lebens, unfähig eines höheren Aufschwunges, eines kräftigen Entschlusses. Die Zeit hat Herrscher und Befehlende verwöhnt«, kommentierte die kluge Marie de la Motte Fouqué die Begegnung und beklagte den Mangel an großen Männern. Man habe »nur für den Augenblick lebende Regenten«.[34] Doch das alte Vertrauen wurde wiederhergestellt, wie Wilhelm der Schwester später schrieb, obwohl es in Berlin nun eine »antirussische Partei« und in St. Petersburg eine »antipreußische Partei« gab. Daher müssten sie und der Kaiser »alles anwenden, den König nicht zu entfremden«.[35]

Von Dresden aus fuhr Alexandra, begleitet von Adini, nach Bayern. Nürnberg empfand sie als das Herz Deutschlands, hier lebte ihre Begeisterung für das Mittelalter wieder auf. In München hätte sie gerne mehr Sehenswürdigkeiten besichtigt, aber das ließen ihre Kräfte nicht zu. Endlich ging es nach Kreuth, und nun sah sie zum ersten Mal die Alpen. Sie war hingerissen! Von Jugend an hatte sie die Alpen sehen wollen, jetzt erfüllte sich ihr Traum. Die Wochen in Kreuth, eine Molkenkur, viel Schlaf und Waldspaziergänge brachten sie wieder zu Kräften. Sie blühte geradezu auf. Zum Abschied gab sie den Tiroler Schützen ein Fest.

Dann holte Nikolaus sie ab, und gemeinsam genossen sie nun München. Der Kaiser besuchte Ateliers und Werkstätten, ließ sich von Hofarchitekt Leo von Klenze die Glyptothek und die Alte Pinakothek zeigen und lud ihn ein, ihm in St. Petersburg auch ein modernes Museumsgebäude zu bauen. Einer Ehe der Großfürstin Maria Nikolajewna mit dem Herzog von Leuchtenberg, dem Neffen Ludwigs I., stand auch nichts im Wege. Die Bayern erklärten sich sogar damit einverstanden, dass die Kinder aus dieser Verbindung russisch-orthodox erzogen würden.

Die Heimreise erfolgte über Weimar, Berlin und Stettin. Friedrich Wilhelm III. war von der geplanten bayerischen Heirat seiner russischen Enkelin nicht begeistert, weil damit ein Beauharnais in die Familie eintrat. Er konnte seine Zustimmung aber nicht verweigern. Nach einer unglücklichen Fahrt mit der »Herkules«, die unterwegs ein Rad verlor, traf die kaiserliche Familie Anfang Oktober in Petersburg ein. Wieder waren alle seekrank geworden.

Am 4. November 1838 verlobte sich Maria Nikolajewna mit Maximilian von Leuchtenberg. »Ihr Aussehen im Festkleid war begeisternd«, fand ihre Schwester Olga. »Weißer Tüll, mit Silber bestickt, mit Rosenblättern bestreut, umwölkte sie. Mama selbst hatte dieses Kleid erdacht. Es war so schön, daß es zum traditionellen Gewand auch für andere feierliche Gelegenheiten wurde.«[36] Es war eine Mesalliance, aber Mary hatte gedroht, mit Max durchzubrennen, und ihren Willen bekommen.

»Ich weiß nicht, ob Du unseren Max kennst, aber einen mehr *deutschen* Fürsten zu finden als er, ist schwer«, schrieb Alexandra an Wilhelm, »wie ein schöner Tyroler Bursch kömmt er mir vor; nicht das Geringste französische klebt an ihn … Denn möchte ich, daß man mir einen 2ten Prinzen in ganz Deutschland weisen wollte, unter den zu Verheirathenden, der ihn nur entfernt könnte verglichen werden? – man wird lange suchen müssen. – Er sieht aus wie geboren zu unser Sohn. – auch übt seine Erscheinung hier überall einen Zauber aus, wie er selten zu finden ist bei einem Mann. Daß Mary im Lande bleiben wollte und nun wird, flattiert die Nationalität, daß sie adoriert wird vom Bräutigam, daß es eine Verbindung aus gegenseitiger Neigung, daß der Kaiser und ich seelig sind, unser Kind hier zu behalten, das macht aus dieser Begebenheit un événement heureux de famille pour un chacun* was sich recht deutlich zeigte bei unserem Erscheinen neulich im Theater, wo das sonst kalte und ängstliche Publikum in ein allgemeines Jauchßen und Enthousiasmus ausbrach – man forderte das National Lied und mehr denn ein Auge, wurde naß vor wahrer Rührung.«[37] Der Herzog war künstlerisch und naturwissenschaft-

---

* Ein glückliches Familienereignis für jedermann.

lich interessiert und wurde alsbald zum Präsidenten der Bergakademie und der Akademie der Schönen Künste ernannt.

Um die Jahreswende 1838/39 traf der zweite »antikische« Orianda-Entwurf ein. Es war ein richtiger Schlossbau geworden, der »Sitz des größten Kaiserhauses der Welt«, wie Schinkel formulierte, mit Museum der Krim und der Kaukasischen Provinzen. Alexandra war enttäuscht. Eine Weile wartete sie noch auf eine kleinere Version: »Wann wird denn die Zeichnung, der Plan von Schinkel ankommen?«, fragte sie Fritz. »So immens schön allso findest Du den Traum, von Schinkel. Warum macht er nicht noch eine kleinere Möglichkeit statt dieser Unmöglichkeit, wodurch Mitridates Nachfolger, Ruhm einernten sollte, aber wenig Freude im Wohnen, und überdem zu Greisen werden möchten bis der Bau vollendet.«[38] Der Entwurf wurde nicht realisiert.

Ostern 1839 war der Winterpalast wieder bezugsfertig. In feierlichem Zug begaben sich die kaiserliche Familie und der Hof aus der Ermitage in die Kleine Kirche im Nordwestflügel. »Es war ein großartiges Schauspiel«, notierte die Hofdame Maria K. Mörder. »Der Gottesdienst dauerte endlos. Eine Menge Damen fiel in Ohnmacht. Der zutreffenden Bemerkung des Generals K. zufolge konnte man sich auf einem Schlachtfeld wähnen, wenn man auf die leblosen Körper schaute. Endlich war der Gottesdienst zuende. Ein Geistlicher ging mit geweihtem Wasser in die neuen Appartements, um die Wände der Gemächer zu besprengen, die sich erhaben und großartig vor uns öffneten. Dieser märchenhafte Anblick entzieht sich der Beschreibung ... Bei scheinbar wunderbarer Einfachheit tatsächlich ein außergewöhnlicher Luxus. Die Galerie, geschmückt wie die Alhambra, ist mit erstaunlichem Geschmack vollendet: An dieser Schönheit kann man sich stundenlang ergötzen.«[39] Zum Glück waren die kaiserlichen Privaträume nun klar von den Paradesälen getrennt und durch eine Treppe miteinander verbunden. Doch die neue Zentralheizung trocknete die Luft aus und verursachte Atemnot, sodass in allen Räumen große Zuber mit Wasser aufgestellt werden mussten.

Beim Wiederaufbau hatte sich Alexander P. Brjullow, der

Architekt, stark an den Status quo ante gehalten, jedoch Motive der antiken, mauretanischen, gotischen und Renaissance-Architektur in die neuen Interieurs eingeführt. »Meine Zimmer im Winterpalais haben sich gewaschen, das muß der Neid ihm lassen, nachdem sie sich verbrannt haben. – Mein Italienisches Gartenwinkelchen würde Dich entzücken«, schrieb Alexandra an Fritz.[40] Die Räume waren noch luxuriöser geworden. Erhalten sind nur der Malachitsaal und der Arabische Saal, den Alexandra »Mohrenzimmer« nannte (heute: Ermitage-Säle 189 und 155). Doch auf den Aquarellen Eduard Haus, Konstantin A. Uchtomskijs und Luigi Premazzis, die Alexander II. in Auftrag gab, sind auch das Rote Kabinett, der Salon, das Badezimmer und der Wintergarten mit seinen tropischen Pflanzen und exotischen Vögeln noch zu sehen.

Unterdessen hatte Sascha im März in Darmstadt eher zufällig die knapp 15-jährige Prinzessin Marie von Hessen-Darmstadt, Tochter des Großherzogs Ludwig II., kennengelernt. Er war sicher, seine zukünftige Frau getroffen zu haben. Schukowskij fand, sie zeichne sich durch »Gewandtheit und Würde« aus.[41] Aber auch Marie galt als Mesalliance, weil angeblich nicht Ludwig II., sondern sein Stallmeister ihr Vater war. Alexandra regte sich lange auf, bis Nikolaus sie daran erinnerte, dass Katharina I., die Frau Peters des Großen, eine ehemalige Dienstmagd war. Sascha aber schickte seiner Mutter mit jedem Kurier ein Geschenk.

Mary und Max heirateten an Alexandras 41. Geburtstag in der Großen Palastkirche. Unter den Gästen war auch der französische Schriftsteller Astolphe de Custine, der Alexandra überraschend sensibel beschrieben hat: »Die Kaiserin hat eine sehr elegante Figur; und trotz ihrer extremen Magerkeit finde ich eine undefinierbare Grazie in ihrer ganzen Gestalt. Ihre Haltung, weit davon entfernt, hochmütig zu sein, wie man es mir angekündigt hatte, drückt die Gewöhnung an die Resignation in einer stolzen Seele aus. Beim Betreten der Kapelle war sie sehr bewegt, sie kam mir sterbenskrank vor: ein nervöses Zucken bewegte ihre Gesichtszüge, es lässt sie manchmal sogar mit dem Kopf wackeln;

ihre eingefallenen sanften blauen Augen verraten tiefsitzende Leiden, die mit einer Engelsruhe ertragen werden; ihr gefühlvoller Blick hat um so mehr Macht, als sie nicht daran denkt, ihm auch nur den Anschein davon zu geben: Vor der Zeit zerstört, hat sie kein Alter, und man könnte, wenn man sie ansieht, ihre Jahre nicht erraten; sie ist so schwach, dass man meinen könnte, dass sie nicht hat, was man zum Leben braucht: Sie welkt dahin, sie wird erlöschen, sie gehört nicht mehr der Erde: Das ist ein Schatten. Sie hat sich nie von den Ängsten erholen können, die sie am Tag ihrer Thronbesteigung hatte: die eheliche Pflicht hat die Reste ihres Lebens aufgezehrt. Sie hat Russland zu viele Idole gegeben, dem Kaiser zu viele Kinder.«[42]

Der Marquis wurde äußerst zuvorkommend empfangen, weil er ein positives Russlandbuch schreiben sollte. Doch in seinem europäischen Bestseller *La Russie en 1839* schilderte er Russland als das »traurigste Land der Welt«, als »Reich der Fassaden« und als »Gefängnis« und seine Regierung als »eine durch Mord gemäßigte absolute Monarchie«. Er hatte in Russland Argumente »gegen die repräsentative Regierung« suchen wollen und war als »Anhänger der Verfassungen« zurückgekehrt.[43] Nikolaus fand er beeindruckend, Alexandra bedauernswert. Ihrem Charme war er erlegen, doch ihr Zustand hatte ihm »das Herz zerrissen«.[44]

Sie selbst sah das Jahr 1839 als Einschnitt: »Es überschleicht mich eine stille Wehmuth, ja Betrübniß, wenn ich meinen Familienkreis im Winterpalaste um ein Glied verringert sehe«, äußerte sie nach Marys Hochzeit. »Der neue Winterpalast bezeichnet das Ende meiner glücklichen Lebensperiode, die schönste Zeit, die ich als Gattin und Mutter bisjetzt erlebt, ist mit dem alten Palaste unwiderruflich dahingegangen, so wie meine Gesundheit der jugendlichen Kraft entbehrt, so scheint auch das Familienglück scheiden zu wollen.«[45] Anfang März 1840 reiste Sascha nach Darmstadt ab, um sich mit Marie von Hessen zu verloben. Drei Wochen später brachte Mary ihr erstes Kind zur Welt, eine Tochter, die nach der Großmutter genannt und auch Adini gerufen wurde.

Christina Robertson, die 1839 auf Nikolaus' Einladung nach St. Petersburg gekommen war, um die kaiserliche Familie für die Galerie des wiederaufgebauten Winterpalasts zu porträtieren, hat Alexandra mehrfach gemalt. Das erste Bild der fleißigen Schottin zeigt sie in einem weißen Atlaskleid, jung, schön, anmutig, aber auch ein bisschen melancholisch. Die weiße Rose, die sie in der linken Hand hält, wird bald welken. Die Kunsthistoriker datieren das Bild auf das Jahr 1840/41. Es wurde in der Rotunde des Winterpalastes aufgehängt und gelangte 1917 in den Besitz der Staatlichen Ermitage.[46]

12
»Ich brauchte nicht viel, um zufrieden zu sein«
»Alltag« bei Hofe und in der Familie

Tanz ins Paradies – Alexandras Welt – Bälle und Maskeraden – Kritik an der Kaiserin – Ostern im Winterpalast – Repräsentationspflichten – Tagesabläufe – Familienleben – Hauskonzerte – Strenge Erziehung – Alexandria – Peterhof – Weihnachten im Winterpalast – Die kaiserliche Ehe – »Warenka« – Ein Dreiecksverhältnis   *1830er-Jahre*

Als ein paar tugendhafte Damen dem Metropoliten von Moskau einmal vorseufzten, die Kaiserin tanze lieber und jage Vergnügungen nach, statt sich um ihr Seelenheil zu kümmern, antwortete Filaret: »Das ist möglich. Ich glaube jedoch, daß sie tanzend ins Paradies gelangen wird, während Ihr noch lange an dessen Pforten klopfen werdet.« Die Episode ist in mehreren Varianten überliefert. Nach einer anderen Version hat eine der Kritikerinnen ihrem Vorwurf noch hinzugefügt, Ihre Majestät sei ja auch nicht mehr jung, worauf der Metropolit entgegnet haben soll: »Ich denke, daß viele junge und nicht mehr junge Menschen tanzend ins Paradies kommen, während andere nie hineingelangen werden, selbst wenn sie es in einer Kirchenprozession versuchten.«[1]

Die »Klage« ist Alexandra sicher zu Ohren gekommen. Sie selbst machte sich keine Sorgen um ihr Seelenheil, jedenfalls nicht, weil sie zu viel tanzte. »Ich brauchte nicht viel, um zufrieden zu sein; wenn ich nur mit meinem Mann zusammen sein konnte, brauchte ich weder Feste noch Zerstreuungen; ich liebte das ruhige, einförmige und sogar zurückgezogene Leben. Mein Geschmack war einfach und häuslich. Aber wenn das gesellschaftliche Leben es erforderte, dann zog ich es schon vor, mich zu vergnügen statt mich zu langweilen, und ich fand einen Ball lustiger als eine Soirée mit steifen und zeremoniellen Höflingen.«[2]

Sie hatte auch keine andere Wahl, denn es war eine ihrer wichtigsten Aufgaben, das gesellschaftliche Leben der Hauptstadt zu dominieren. »In Russland verfolgt jeder seine Karriere bis ans Ende seiner Kräfte. Die Pflicht einer Kaiserin ist, sich zu Tode zu amüsieren«, konstatierte der Marquis de Custine im Sommer 1839. »Diese wird ihre Last tragen, wie die anderen Sklaven die Ihrige tragen: sie wird so lange tanzen, wie sie kann.«[3] Allerdings pflegte sie, wie ihr Biograf Grimm schreibt, »nach frohen Festen die Stifte, die Hospitäler und die Armenhäuser zu besuchen, die unter ihrem Schutze standen, durch ihr Erscheinen Trost und Hülfe dahin zu bringen, wo die Feste des Hofes und der Stadt ihren Reichthum nie verschwendeten«.[4]

Die Kranken und die Armen lebten in einer anderen Welt. Alexandras Welt war die geschlossene Gesellschaft des russischen Hochadels. Diese bestand aus ein paar Hundert Familien, die hauptsächlich in St. Petersburg und Moskau, dienstlich bedingt auch in den Gouvernementstädten ansässig waren, aber selten auf ihren Gütern lebten und in der Literatur als borniert, oberflächlich und vergnügungssüchtig dargestellt werden. Einen großen Teil ihrer Zeit verbrachten diese Kreise damit, sich zu besuchen und Billets zu schicken, miteinander Tee zu trinken und zu speisen, Karten zu spielen, Einkäufe zu machen, Bälle zu organisieren, Intrigen zu spinnen, Ehen zu stiften, in die Oper, ins Schauspiel und auf die Jagd zu gehen oder sich sonst irgendwie die Zeit zu vertreiben. »Wenn es ein Land in der Welt gibt, wo Mangel an nützlicher Beschäftigung allgemein genannt werden kann, so ist das wohl hier der Fall«, schreibt Dr. Mandt. »Diese Pest wächst mit den Stufen der Gesellschaft; für je mehr comme il faut sich dieselbe hält, desto mehr ist ihr Müßiggang eigen.«[5] Es gab eine gesellschaftliche, aber keine politische Öffentlichkeit.

Die wenigen literarischen Salons, die häufig von Frauen geführt wurden, waren »Oasen des kulturellen Lebens im ›säuischen‹ Petersburg«.[6] Und es ist bezeichnend, dass gerade in den 1830er- und 1840er-Jahren mit Puschkins Versroman *Eugen Onegin*,

Lermontows Novellenzyklus *Ein Held unserer Zeit* (vgl. Kap. 13) oder auch Turgenjews Hauptwerk *Ein Adelsnest* ebenjene Literaturlandschaft entstand, in der die »überflüssigen Menschen« zu Hause waren, lebensuntüchtige Gestalten, Sonderlinge und Antihelden, die in den gegebenen politischen und sozialen Verhältnissen kein Tätigkeitsfeld fanden und sich in Langeweile, Gleichgültigkeit und Nichtstun verloren.

In der Nördlichen Hauptstadt lag der Lebensraum dieser parasitären Gesellschaft im Wesentlichen in dem von der Fontanka beschränkten Halbkreis südlich der Newa. Ihre Paläste und Wohnsitze befanden sich an der Newa, am Newskij Prospekt, in seinen Nebenstraßen und an den großen Plätzen, aber auch an den Ufern der Kanäle. Ein paar Hundert Meter hinter der Anitschkow-Brücke, an der in den 1840er-Jahren die Rossebändiger des deutschbaltischen Bildhauers Peter K. Klodt von Jürgensburg aufgestellt wurden, war die Herrlichkeit zu Ende. Doch Anfang Mai erstarb das gesellschaftliche Leben in der Stadt. Dann ging der Hof in die »Paradiese« von Zarskoje Selo, Peterhof und Pawlowsk, zwischendurch auch mal nach Jelagin, dann noch einmal zurück nach Zarskoje und im November für zehn Tage zur Jagd nach Gattschina. Spätestens Anfang Dezember, rechtzeitig zum Beginn der Ballsaison, kehrte er in den Winterpalast zurück. Selbstverständlich besaßen die großen Adelsfamilien ebenfalls Landhäuser und Palais in der Nähe der kaiserlichen Sommerresidenzen und zogen dem Hof nach. Gegenseitige Besuche und Empfänge gehörten auch »auf dem Land« zum guten Ton, nur war hier die Etikette weniger streng. Es war ein Kreislauf, der sich Jahr für Jahr wiederholte, ein als anstrengend empfundenes Ritual, von dem man sich gerne bei einer Kur im Ausland erholte. Nikolaus und Alexandra waren der Nabel dieser Welt.

Nach den Kriegen gegen Persien und die Türkei, nach der Niederschlagung des polnischen Aufstandes, dem Rückzug der Cholera und der Erneuerung der Heiligen Allianz, als wieder Ruhe im Lande und in Europa eingekehrt war, gierte die Gesellschaft geradezu danach, sich zu amüsieren. So wurden die

1830er-Jahre die glanzvollsten der Regierungszeit Nikolaus' I., vielleicht sogar des gesamten 19. Jahrhunderts. »Die Bälle am Hofe des Kaisers Nikolaus zeichneten sich nicht nur durch einen dem russischen Hof eigenen Luxus, sondern auch durch große Lebhaftigkeit aus«, schreibt Wladimir A. Sollogub. »Die Kaiserin, die noch sehr schön war, nahm an den Tänzen teil, dann traten allmählich die Großfürstinnen, allesamt Schönheiten, und nach ihnen eine Legion hübscher Hofdamen und schöner junger Frauen auf. Die damalige große Welt verstand und liebte es, sich ungeachtet ihrer Abgeschlossenheit zu amüsieren ...«[7]

Die Bälle in den Adelshäusern, bei den Woronzow-Daschkows, den Golyzins, den Jussupows, den Rasumowskijs, den Bobrinskijs, den Kotschubejs, den Engelhardts, den Stroganows u. a. waren nicht weniger aufwendig. Ihr Besuch war Pflicht, obwohl Nikolaus sich oft »zu Tode« langweilte.[8] Eifersüchtig wie er war, legte er persönlich fest, mit wem seine Frau tanzen durfte und mit wem nicht, und in der Regel wiederholten sich die Namen der Kavaliere monatelang nicht.

Iwan I. Woronzow-Daschkow, der Botschafter in München und Turin gewesen war, richtete jeden Winter das glänzendste Fest aus. »Am Tag des Festes, genauer gesagt, am Abend, bot der Palast der Woronzow-Daschkows einen phantastischen Anblick; auf jeder Stufe der Prachttreppe standen zwei livrierte Lakaien: unten in weißen Kaftanen, der Livree der Woronzows, auf der zweiten Treppenhälfte in roten Kaftanen, der Livree der Daschkows. Gegen zehn Uhr waren alle eingetroffen und hatten in Erwartung der hohen Gäste ihre Plätze in den beiden ersten Sälen eingenommen. Sobald die Nachricht kam, dass der Herrscher und die Kaiserin den Palast verlassen hatten, lief der Majordomus Woronzows – ein Italiener, der anscheinend Ricci hieß (ihn kannte ganz Petersburg) – im schwarzen Samtfrack, kurzen Samthosen, Strümpfen und Schuhen, mit dem Degen an der Seite und dem Dreispitz unter dem Ellenbogen, geschwind die Treppe hinunter und stellte sich in Begleitung zweier Haushofmeister am Eingang auf; Graf Woronzow nahm seinen Platz auf der ersten Stufe der Treppe ein, die Gräfin wartete auf dem ersten Treppenabsatz. Die Kaiserin, die sich auf den Ellenbogen des Grafen Woronzow stützte, begab sich die Treppen hinauf. Der Herrscher folgte ihr; die Kaiserin wandte sich mit dem ihr eigenen Wohlwollen an die Anwesenden und eröffnete den Ball, indem sie mit dem Hausherrn die Polonaise schritt. Der Majordomus Ricci verlor die Kaiserin nicht eine Sekunde aus den Augen, stand immer einige Schritte hinter ihr, und während der Tänze harrte er in den Türen des Ballsaales aus. Das Abendessen der Kaiserin wurde auf einem separaten kleinen Tisch auf Geschirr aus reinem Gold serviert; die Kaiserin speiste allein; der Herrscher, der wie gewöhnlich zwischen den Tischen herumlief, setzte sich, wo es ihm gefiel.«[9] Der Kaiserin zu Gefallen tanzten in diesen Jahren auch alle Minister.[10]

Obwohl die Gesellschaft – heute würde man von der Öffentlichkeit sprechen – erwartete, dass Ihre Majestät die exquisitesten Kleider und den teuersten Schmuck trug, zieht sich Kritik an Alexandras Hang zur Prachtentfaltung durch viele Tagebücher und Memoiren. »Die Kaiserin erfreute sich allgemeiner Liebe, aber einige verurteilten sie wegen ihre Vorliebe für Vergnügungen, Kleider und verschiedene Kleinigkeiten«, schrieb etwa die Fürstin Leonilla A. Wittgenstein, eine geborene Barjatinskaja, die immer Ersatzatlasschuhe auf die Bälle mitnahm, weil ein Paar so schnell zertanzt war.[11] Natürlich hat die junge Alexandra, die aus den bescheidenen Verhältnissen des Berliner Hofes an den reichsten Hof Europas kam, den Luxus ihres neuen Lebens in vollen Zügen genossen, und womöglich hat sie sich dabei zu ihrem Nachteil verändert, wie Berliner Beobachter schon Ende der 1820er-Jahre festgestellt haben wollen. Auch spätere Aussagen lassen eher bezweifeln, dass sie »nicht viel« brauchte, um zufrieden zu sein. Es war eine Zufriedenheit auf sehr hohem Niveau. Aber Alexandra spielte eben auch eine Rolle.

Und sie hatte noch viele andere Repräsentationspflichten. Denn der Hof musste zahllose Feiertage, staatliche und religiöse, einhalten und deren Riten folgen: Neujahr im Winterpalast, die Wasserweihe auf der Newa am 18. Januar, die Butterwoche, die

Fastenzeit, Ostern, Pfingsten, der 26. Dezember, an dem Nikolaus den Aufstand auf dem Senatsplatz niedergeschlagen hatte, Weihnachten, Silvester, Krönungstage, Trauertage, Todestage, Schlachtengedenktage, Regimentstage, dazu Namens- und Geburtstage, Verlobungs- und Hochzeitstage der kaiserlichen Familie, aber auch der preußischen Verwandten. Viele dieser Feiertage waren mit langen Gottesdiensten verbunden, die Alexandra selten ganz durchstand. Noch 1828 berichtete Leopold von Gerlach von einer Totenmesse für den 1801 ermordeten Kaiser Paul I., deren Besuch für den gesamten Hof verbindlich war.[12] Und noch in den 1850er-Jahren wurden Totenmessen für die 1828 verstorbene Kaiserin Maria Fjodorowna gehalten. Das Leben bei Hofe wirkte daher wie eine einzige Abfolge von Bällen und Festen, Theater- und Konzertbesuchen, Empfängen, Gedenkveranstaltungen und Audienzen, zeremoniellen Ausfahrten und Ausritten. Doch für Alexandra, die an all dem teilnehmen musste, handelte es sich nur zu oft um ermüdende Verpflichtungen, denen sie seit Mitte der 1830er-Jahre körperlich nicht mehr gewachsen war, zumal sie sich mehrfach täglich umziehen musste. Hinzu kamen Heeresrevuen, Paraden und Manöver, denen sie beiwohnen musste oder wollte, und die Besuche in ihren Sozialeinrichtungen waren auch keine Spazierfahrten. Im Winter wurden außerdem auf Jelagin Schlittenpartien und Rodelabfahrten von künstlichen Eisbergen organisiert, zu denen die Spitzen der Gesellschaft geladen wurden, während das Volk zum Zuschauen kam.

Mit dem Ende der Butterwoche (»Maslenitza«), in der die großartigsten Feste stattfanden, begann die siebenwöchige Fastenzeit, in der keine Vergnügungen erlaubt waren und jedermann die Tage bis Ostern zählte. »Dabei werden die Fasten meistens sehr streng innegehalten, und es wird nicht genossen, was von warmblütigen Tieren herkommt«, schreibt Dr. Mandt. »Man versagt sich sogar die Milch im Morgenkaffee und ersetzt sie durch Mandelmilch. Die gewöhnliche Speise dieser Zeit ist eine dicke, schwarze Grütze, die an Spartas Suppen erinnert, und Sauerkraut in allen möglichen Gestalten. Um Mitternacht erst, in der Osternacht, wird dieser Bann gebrochen, der um so drückender gewesen ist, da auch die Theater geschlossen gewesen sind und nicht einmal ein öffentliches Konzert gestattet war.«[13] Der Bann war mit dem Ende der Mitternachtsmesse gebrochen, wenn endlich der Augenblick gekommen war, in dem man sich zur Auferstehung Christi beglückwünschen konnte, indem man sich in die Arme fiel und einander drei Küsse verabreichte.

Während der Kaiser den Mund hinhalten musste und in einer Osternacht bis zu 1 500 Küsse empfing oder zurückgab, konnte sich Alexandra dieser Prozedur entziehen. »Die Kaiserin hat das Recht, den Küssenden die Hand hinzuhalten, und wunderbar genug pflegt diese zarte Hand auszusehen, wenn die hohe Frau aus der nächtlichen Messe gekommen. Sie ist dann angeschwollen und mit einem schwarzen glänzenden Firnis wie überzogen. Dieser seltsame Überzug rührt von den Schnurrbärten der alten Generale her, die sich emsig bemühen, die graue Farbe daraus durch jenen Firnis zu verdrängen. Die tapfern Herren haben die Hand ihrer Kaiserin so derb abgeschmatzt, daß sie jene Spuren darauf zurückgelassen. Bekanntlich haben in Rußland nur Militärpersonen das Recht, Schnurrbärte zu tragen.«[14]

Man fragt sich unwillkürlich, wie bei dieser Art öffentlichen Lebens noch Zeit für ein Privat- oder Familienleben blieb, zumal Alexandra und Nikolaus als »Sklaven ihrer Pflichten« geschildert werden. Ganz unter sich war die Familie ohnehin nie. Hofdamen, Kammerfrauen, Kammerherren und Personal aller Art waren Tag und Nacht in ihrer Nähe und um sie bemüht. Und da der Zugang zu den Palästen frei war, konnte das interessierte Publikum ihr abends – soweit die Wohnräume im Erdgeschoss lagen wie in Zarskoje oder in Peterhof – in die »gute Stube« sehen, auch weil die Vorhänge nicht herabgelassen wurden. Kaiser und Kaiserin traten dann ans Fenster, verneigten sich und sprachen mit den neugierigen Untertanen.[15]

Natürlich war das Familienleben dem Rhythmus der monarchischen Pflichten, mithin dem Tagesrhythmus des Kaisers unterworfen. Seine Räume im Winterpalast lagen über denen der

Kaiserin, ein zweites kleines Kabinett mit Vorzimmer ließ er sich, sehr knapp möbliert, nach dem Brand von 1837 im Erdgeschoss einrichten. Doch über eine innere Treppe konnte er jederzeit direkt zu ihr gelangen. Er stand um 7 Uhr auf, betete, frühstückte, machte mit Husar, seinem Pudel, einen Spaziergang im Palastgarten (den es nicht mehr gibt) oder am Schlossufer und begab sich an die Arbeit. Nach 1839 konnten frühe und späte Passanten ihn von der Admiralität her im kleinen Kabinett beim Schein von vier Kerzen am Schreibtisch sitzen sehen. Um 9 Uhr empfing er Minister und andere Würdenträger. Um 10 Uhr trank er Kaffee (mit Milch) bei der Kaiserin, und da die Kinder dabei waren, ließ er sich von jedem Kind einen Bericht über seine Lernerfolge vom Vortag geben. Das Ganze nannte er »revue de la famille«*.[16] Um 13 Uhr erschien er zum zweiten Frühstück.

Wenn keine Revuen oder Paraden anlagen, fuhr er nun in die Stadt, um Behörden, Schulen, Krankenhäuser und andere öffentliche Einrichtungen zu inspizieren, und manchmal begleitete Alexandra ihn. Niemand wusste, wo er auftauchen würde, und vielen seiner Untertanen dürfte bei seinem Anblick der Schreck in die Glieder gefahren sein. Um Punkt 16 Uhr war er zum Diner mit der Familie und ein paar Vertrauten wieder im Winterpalast. Die Mahlzeit dauerte selten länger als eine halbe Stunde. Nikolaus aß wenig und trank nur Wasser, allenfalls einmal ein Glas Rheinwein. Nach dem Diner nahm er bei seiner Frau einen Kaffee und ging wieder arbeiten. Gegen 18 Uhr machte er noch einen Spaziergang und fand sich zwischen 19 und 20 Uhr im Roten Kabinett der Kaiserin zum Tee ein.

Dann unterhielt man sich, spielte Gesellschaftsspiele oder las vor. »Bei der Kaiserin wurde ›Faust‹ gelesen«, notierte Smirnowa-Rosset Ende der 1820er-Jahre.[17] Nikolaus spielte gerne Karten. Wenn kein Ball und kein Theater- oder Konzertbesuch angesagt war, fand das Souper um 22 Uhr statt. Nikolaus begnügte sich allabendlich mit einem Teller »potage Parmentier«, also einer

---

* Revue über die Familie (analog Revue über die Armee).

Kartoffelgemüsesuppe. Nach dem Abendessen kehrte er an seinen Schreibtisch zurück und legte sich erst nach Mitternacht hin.[18] Die Angewohnheit, auf einem Feldbett zu schlafen, bleibt in keiner Nikolaus-Biografie unerwähnt. Eines dieser Gestelle stand neben dem Ehebett im Schlafzimmer der Kaiserin, ein zweites im kleinen Kabinett. Sonntags um 11 Uhr erschien er, an Feiertagen in Paradeuniform, in Begleitung der gesamten Familie zum Gottesdienst in der Kleinen Kirche und begleitete den Chor mit seiner schönen Stimme. Auch in den Palastchören sang er gerne mit.

Alexandra hatte keinen derartig streng geregelten Tagesablauf. Übers Jahr musste sie aber an die 3 000 Personen empfangen, Sonntagmorgen die Herren, Sonntagabend die Damen, und jeder Einzelne erwartete ein freundliches Wort von ihr.[19] Was sie aß, ist nicht überliefert, aber viel kann es nicht gewesen sein, denn in allen Quellen ist von ihrer Magerkeit die Rede. Ihr Lieblingsgericht war Rehbraten mit Johannisbeeren, am liebsten trank sie frisches Newawasser. Obst kam aus den Orangerien von Ropscha auf den Tisch. Wenn sie Beschwerden hatte, verbot Dr. Mandt angeblich Flüssiges, Suppen und Kaffee und ordnete »Roastbeef, Kartoffelbrei, Schalen bitterer Orangen, Milchgrütze« an.[20]

Sie hatte ein ungezwungeneres Verhältnis zu den Kindern als ihr Mann. »Bei ihr war man zu Hause, mühelos, im Paradies«, schreibt Olga Nikolajewna. »Jeden freien Augenblick flüchtete ich zu ihr, gewiß, niemals ungelegen zu kommen … Für gewöhnlich saß sie an ihrem großen Schreibtisch mit Korrespondenz beschäftigt, während wir ungestört in ihrem Zimmer spielen durften. Es war ein schöner, heller Eckraum mit dem Blick auf die Newa, mit grüner und amaranthfarbener Wandbespannung, und stets voller Blumen. Mama war mit Vorliebe hell gekleidet, am Morgen aber immer in weißem gesticktem Percal mit einem Seelenwärmer aus Kaschmir oder Samt. Ich kannte sie nicht anders als fröhlich, gütig und stets gleicher Stimmung.«[21] In diesem Eckraum (heute: Ermitage-Saal 185) stand nun auch die Marmorbüste ihrer Mutter, die weiterhin an jedem 10. März, Luises Geburtstag, bekränzt wurde.

Den Sinn ihres Lebens sah Alexandra erklärtermaßen in einem glücklichen Familienleben. Sie gab Nikolaus eine Häuslichkeit, die er nicht erlebt hatte und die er brauchte. Dazu gehörten auch die Abendgesellschaften, die regelmäßig bei ihr stattfanden, und die Musikabende, die Alexej F. Lwow organisierte. Alexej Fjodorowitsch war ungern Flügeladjutant, weil er den Dienst bei Hofe als Last empfand. Eines Abends forderte Nikolaus ihn plötzlich auf, aus den Mitgliedern der kaiserlichen Familie ein Hausorchester zusammenzustellen und für dieses Orchester etwas zu komponieren. »›Wir könnten etwas spielen‹, sagte der Kaiser. ›Die Kaiserin spielt Klavier, ich Trompete, Matwej Wielgorskij Violoncello, Apraxin Kontrabass, du Geige, Michail Wielgorskij, Grigorij Wolkonskij, die Bartenjewa und die Borosdina können singen, und die Kinder könnten auch mitmachen. Das lässt sich doch machen, versuch's mal!‹«[22]

Wie gut die beiden Hofdamen und die Herren singen und musizieren konnten, wissen wir nicht. Allein Matwej J. Wielgorskij war ein bekannter Cellist, sein Bruder spielte Klavier, sang und komponierte. Die Wielgorskijs, russifizierte Polen, standen der kaiserlichen Familie nahe, und so dürfte es den Brüdern nichts ausgemacht haben, mit Laien zu musizieren. Anderntags schrieb Lwow also ein »kleines Lied«, das er zunächst mit seinem Orchester probte. Abends erschien er mit den Musikern im Palast, und die kaiserliche Familie hörte zu. Dann ging der Kaiser seine Trompete holen, die Kaiserin setzte sich ans Klavier, und jeder übte seine Partie. Am 10. März 1834 fand das erste Hauskonzert statt. Es gefiel so gut, dass die Familie fortan zwei-, dreimal im Monat musizierte. Lwow aber komponierte nun ein »Stückchen« nach dem anderen. »Jeweils eine halbe Stunde vor Beginn des Konzertes, zu dem nie jemand außer den Teilnehmern eingeladen wurde, hatte ich im Kabinett des Herrschers zu erscheinen, um seine Partie mit ihm durchzugehen. Er kannte keine Noten, aber da er ein ausgezeichnetes Gehör hatte, spielte er immer fehlerlos und ziemlich gut. Die Kaiserin im einfachen Kleid und der Herrscher im Gehrock ohne Epauletten setzten sich häufig zum Spaß auf den Boden und sangen unter dem Klavier hervor. Die Liebenswürdigkeit der ganzen Zarenfamilie war so groß, dass man hätte vergessen können, dass man sich in ihrem Kreise befand.«[23] Die Konzerte dauerten bis zum Brand des Winterpalastes, bei dem die Notenhefte und -gestelle und auch die Noten der »Stückchen« verbrannten.

Danach lebte das Familienorchester nicht wieder auf. Denn 1838 trat die »Zauberin« Henriette Sontag, die große Sopranistin, die auf allen europäischen Bühnen Triumphe gefeiert hatte, unmittelbar in das Leben der kaiserlichen Familie. Sie hatte ihre Karriere nach ihrer Heirat mit Graf Carlo Rossi, dem sardischen Botschafter in Den Haag, beendet und gab nur noch gelegentlich Konzerte. Von Friedrich Wilhelm III. zur Gräfin Lauenstein erhoben, war sie auf Wunsch Alexandras 1831 in St. Petersburg aufgetreten und hatte auch dort ihr Publikum begeistert. »Sie sang auch einen Nachmittag lang bei Mama deutsche Lieder, die sie selbst begleitete«, heißt es bei Olga Nikolajewna.[24] Nun war Graf Rossi zum Gesandten in St. Petersburg ernannt worden, und sehr bald war die »unvergleichliche Gräfin Rossi« die Seele der musikalischen Abende im Winterpalast, die Lwow wieder organisierte. Auf Wunsch der Kaiserin trat die Gräfin gelegentlich auch im Ermitage-Theater auf.[25]

Anders als Maria Fjodorowna, die sich nie viel Zeit für ihre Kinder genommen hatte, spielte Alexandra mit ihnen und hatte sie gerne um sich. »War Mama abwesend, so fehlte uns alles«, konstatiert Olga Nikolajewna.[26] Auch Nikolaus spielte mit ihnen, aber er vergaß keinen Augenblick, dass den Töchtern ausländische Ehen und den Söhnen militärische Karrieren bestimmt waren. Als Alexandra ihrem Bruder Wilhelm bei einem seiner frühen Besuche einmal die Kinder zeigen wollte, kam Nikolaus dazu und ließ Mary und Olly vor ihrem Onkel springen und Sascha exerzieren. »Diese an sich heiteren Scenen machten bei diesen Begebenheiten in der kalten Umgebung einen lügüberen*

---

* Düsteren.

Eindruck auf mich«, notierte Gerlach.[27] Ein paar Jahre später erlebte er eine ähnliche Szene: »Das Spielen des Gossudar (Herr, Kaiser) mit den Kindern im mittelalterlichen cottage bei den schönen Gestalten des Kaiser und der Kaiserin ein schönes Bild ... Als nach Tisch der Kaiser mit dem kleinen Großfürsten spielte und ihn marschieren ließ 1,2, fing er an zu weinen und verlangte zurück zu seiner Bonne.«[28] Gemeint war Kosty, der noch nicht einmal fünf Jahre alt war, wenn auch seit seinem vierten Geburtstag bereits Generaladmiral.

Aber auch den noch jüngeren Brüdern blieb väterliche Härte nicht erspart. So beobachtete Dolli Ficquelmont bei einem Essen im Cottage einmal, wie Nisi und Mischa während des Desserts hereingetragen wurden. Letzterer, kaum zwei Jahre alt, wurde vom Vater ausgeschimpft, weil er sich auf der morgendlichen Parade beim Salvenschießen der Tscherkessen so erschrocken hatte. Der arme Kleine habe den strengen Blick des Vaters sehr wohl verstanden.[29] Ein paar Jahre später zog Kosty einmal Iwan M. Tolstoj, einem relativ jungen Flügeladjutanten seines Vaters, den Stuhl weg, als der sich gerade setzen wollte, und rannte aus dem Zimmer. Der Kaiser machte daraus eine Szene. »Madame, erheben Sie sich!«, befahl er seiner Frau und hob die Stimme, damit alle Anwesenden ihn hören konnten. Die Kaiserin stand auf. »Bitten wir Iwan Matwejewitsch um Verzeihung, dass wir unseren Sohn so schlecht erzogen haben.«[30]

Beide Eltern waren sich bewusst, dass sie die Dynastie faktisch neu begründeten. Denn Nikolaus war der letzte Romanow-Holstein-Gottorp, der männliche Nachkommen hatte. Nachfolgeprobleme, wie Russland sie seit dem Tode Peters des Großen erlebt hatte und wie sie den Thronwechsel von 1825 belastet hatten, sollte es nicht mehr geben, und seine Söhne sollten eine bessere Ausbildung erhalten als er und sein Bruder Michael. Daher hatten die Kinder die besten Lehrer. Der bekannteste war – neben Wassilij A. Schukowskij – der Maler Alexander I. Sauerweid, der schon Nikolaus Zeichenunterricht gegeben hatte und Olly so weit brachte, dass sie Gemälde aus der Ermitage kopieren konnte. Die

Kinder hatten, wie ihr Vater, einen streng geregelten Tag und unterlagen einer rigorosen Disziplin, mussten ein unglaubliches Lernpensum erfüllen, regelmäßig Prüfungen ablegen und wurden eher getadelt als gelobt, eher bestraft als belohnt. »Papa verlangte strengsten Gehorsam«, schreibt Olga Nikolajewna.[31]

Alle Kinder beherrschten schon als Fünf-, Sechsjährige vier Sprachen, neben Russisch unbedingt Französisch, Deutsch und Englisch. Der Thronfolger lernte auch noch Polnisch. Alle waren, obwohl ethnisch Deutsche, russische Patrioten und gläubige orthodoxe Christen und zeigten von klein auf ein ausgeprägtes Pflichtgefühl. Der Strenge der Erziehung zum Trotz waren die Beziehungen zwischen Eltern und Kindern ausgesprochen herzlich. Sie hingen aneinander, und auch Marie, Saschas Frau, wurde sofort einbezogen. »Täglich kam sie zu Mamas Frühstück, dieser geliebten und freundlichen Stunde, zu der auch die kleinen Brüder herbeiliefen, Papa und Sascha zwischen zwei Besprechungen mit den Ministern kamen, um mit uns zu sein«, erinnert sich Olga Nikolajewna an den Winter 1841/42.[32] Olly war insofern ein »Sorgenkind«, als sie zu ihrem eigenen Kummer und zum Leidwesen ihrer Eltern mit fast 20 noch nicht verheiratet war. Sie spielte so gut Klavier, dass sie die Gräfin Rossi begleiten konnte. Auch den Eltern zeigte sie gelegentlich ihr Können und spielte »für Papa Militärmärsche und für Mama Chopin«.[33]

Die theoretischen Lernprogramme wurden im Sommer in Peterhof durch praktische Übungen in »bürgerlicher« und »ländlicher« Lebensweise ergänzt. Im Park von Alexandria durften die Kinder mit ihren Freunden – natürlich unter Aufsicht – durch das Gelände streifen und auf ihren Spielplätzen toben, sie konnten bauen und basteln. Ein Idyll. Die Töchter lebten im Cottage, die Söhne Nisi und Mischa nebenan im »Großfürstenhaus«, Kosty im »Admiralshaus« und Sascha in der »Farm«, die Adam Menelaws 1831 errichtet hatte. Die »Farm« war zunächst ein Flachbau, in dessen Westflügel sich ein Kuhstall mit Heuschober und Lagerraum befand. Hier sollten die Kinder erfahren, wie bäuerliches Leben aussieht, und zu diesem Zweck waren acht Kühe und zwei

Bullen samt Hirten aus Yorkshire importiert worden. All das hatte nichts mit der armseligen Wirklichkeit des russischen Dorfes zu tun, die nur wenige Kilometer weiter begann, aber die Kinder genossen die frische Milch und das Versteckspiel im Heu.

Zur Hochzeit des Thronfolgers wurde die »Farm« aufgestockt, und später noch mehrfach umgebaut, bis das »Farmerpalais« entstanden war, das für Sascha und Marie die gleiche Bedeutung bekam wie das Cottage für ihre Eltern. Die Kinder hatten mithin alles, was sie sich wünschen konnten, nur keinen Kontakt zum Volk. Anna Tjuttschewa hat Peterhof denn auch eine »großartige Dekoration« genannt, die um den Preis riesiger Ausgaben geschaffen und erhalten wurde, aber doch eine »ganz und gar künstliche Natur« auf sumpfigem Grund geblieben war. Wenn es regnete, tauchten Frösche im Erdgeschoss der Paläste auf, Schimmel legte sich auf die Möbel, und Kälte kroch den Menschen in die Glieder.[34]

Doch Alexandra liebte das Cottage über alles. Der Marquis de Custine, dem ihre »erschreckende Magerkeit, ihr mattes Aussehen und ihr trüber Blick« auf Marys Hochzeitsball im Winterpalast aufgefallen waren, begegnete tags darauf in Alexandria einer ganz anderen Frau, die »wie auferstanden« wirkte. »Ihre Majestät muss stärker sein als ich, dachte ich mir, da sie vorgestern das Fest, gestern die Revue und die Gesellschaft ertragen und sich heute so strahlend erhoben hat, wie ich sie sehe.«[35] Das war die Wirkung des Cottage. Während Alexandra »ihre Blumen« besuchen ging, zeigte der Zarewitsch dem Marquis das Haus. Der Franzose verstand nicht, dass Europa diese Frau, die ihn so warm und herzlich empfangen hatte, für »hochmütig« hielt, und zeichnete ein überaus sympathisches Bild seiner Gastgeberin.

Höhepunkt des Aufenthalts in Peterhof war seit 1830 alle Jahre wieder der Geburtstag der Kaiserin am 13. Juli, der immer mit einer Kaffeetafel im Cottage begann. Und immer stand ein kerzen- und blumengeschmückter »Baumkuchen« auf dem Tisch, den die Russen nicht kannten.[36] Zur »Feier des Allerhöchsten Geburtstagsfestes Ihrer Majestät der Kaiserin« – zu Nikolaus' Zeiten der

Hauptfeiertag des Reiches – kam halb Petersburg in Tausenden Wagen, Equipagen, Landauern, Booten, Barken und Schiffen für zwei, drei Tage herüber. Zehntausende besetzten die Gärten und Parks, stellten Zelte, Tische, Stühle, Krippen und Bänke auf, zündeten ihre mitgebrachten Samoware an, beobachteten am Morgen die Parade der schicken Chevaliers gardes zu den Klängen der »Weißen Dame« vor dem Großen Palast, aßen und tranken auf Kosten des Kaisers, lauschten den Militärorchestern, genossen am Abend die märchenhafte Illumination und das Feuerwerk, schauten dem Kostümball und der Polonaise durch alle Säle des Großen Palastes zu und verbrachten den Rest der Nacht unter freiem Himmel. Peterhof glich dann einem Riesenbiwak, aber die Menschen verhielten sich absolut still, es wurde nicht gelacht und gescherzt. Kaiser und Kaiserin gingen ohne Gefolge in der Menge umher, unterhielten sich mit ihren Gästen und konnten sich absolut sicher fühlen. Am 14. Juli ab 18 Uhr durfte sich das »Volk« auch dem »lieben« kornblumengeschmückten Cottage nähern und zusehen, wie die kaiserliche Familie auf der Marmorterrasse Tee trank, den Ihre Majestät selbst zubereitet hatte und einschenkte.[37]

Auch Weihnachten war kein Privatfest. Schon in den 1820er-Jahren hatte sich bei Hofe und in der Gesellschaft etwas eingebürgert, was Gerlach einmal »Bescheerung nach vaterländischer Art mit Weihnachtsbaum« nannte.[38] Denn es war Charlotte von Preußen, die in Russland den Weihnachtsbaum, die »Jolka«, eingeführt hat.[39] Alle Jahre wieder wuchs an Heiligabend in der Rotunde oder im Konzertsaal gleich ein ganzer Tannenwald empor, denn der Kaiser, die Kinder und später die Enkel samt Freunden bekamen jeder einen eigenen Gabentisch mit Jolka darauf. Alexandra selbst führte die aufgeregten Kinder zu ihren Tischen und bescherte sie. Es gab Spielzeug, Bücher, Kleider, später kostbarere Sachen. Nach der Bescherung zog man in einen der angrenzenden Säle, wo ein großer langer Tisch mit Porzellan aus der Kaiserlichen Porzellanmanufaktur dekoriert war, das nun unter der Suite verlost wurde. Nikolaus rief die Gewinner aus, und Alexandra verteilte die Gewinne.[40] Der Brauch fand Anklang und breitete sich schnell aus, und bald war vergessen, dass er aus Preußen kam. Das gilt auch für den Kindergeburtstag, der in Russland ebenfalls erst seit »Kaiserin Charlotte« gefeiert wird. Am letzten Tag des Jahres erschien dann noch der Metropolit von Nowgorod und St. Petersburg im Winterpalast, wo er und die ihn begleitenden Mönche vom Kaiserpaar eigenhändig bewirtet wurden.[41]

Bleibt die Frage nach der kaiserlichen Ehe. In der Tagebuch- und Memoirenliteratur ist viel davon die Rede. Er habe seine Frau »bis jetzt« nicht ein einziges Mal betrogen, hat Nikolaus einem preußischen Besucher 1830 anvertraut, dem er bei dieser Versicherung sein Ehrenwort gab.[42] »Meine Alte und ich, wir leben gut miteinander«, hat er 1831 einen Moskauer Bekannten wissen lassen, »ich liebe, liebe meine Alte und die Kinder.«[43] Ganz offensichtlich war eheliche Treue ihm wichtig. Doch nach der Geburt Mischas im Oktober 1832 haben die Ärzte Alexandra von weiteren Kindern abgeraten, was damals auf sexuelle Enthaltsamkeit hinauslief. Ungefähr seit diesem Zeitpunkt werden Nikolaus Affären nachgesagt, beschreiben seine Kritiker ihn als Schürzenjäger. Man darf eben nicht vergessen, dass er ein höchst attraktiver, sinnlicher Mann war und eine magische Wirkung auf Frauen hatte. Und er war empfänglich für weibliche Reize. Jedenfalls ließ er heimlich in Westeuropa »frivole« Zeichnungen kaufen und besaß gegen Ende seines Lebens eine der größten Sammlungen erotischer Grafik seiner Zeit, dazu eine Sammlung von Keuschheitsgürteln.[44]

Angeblich hat er seiner Frau anfangs noch von seinen »Erfolgen« erzählt, angeblich haben sie zusammen darüber gelacht, aber Alexandra dürfte nicht immer zum Lachen zumute gewesen sein, und vielleicht ist die seit den 1830er-Jahren vielfach erwähnte Melancholie in ihrem Gesicht auf seine Affären zurückzuführen. Gelegentlich sah sie sich sogar gezwungen, ihn zur Zurückhaltung zu ermahnen.

»Einmal war ich abends bei der Kaiserin«, berichtet die Fürstin Wittgenstein, »wir unterhielten uns allein, als plötzlich der Kaiser herein kam und sich auf den Boden zu unseren Füßen setzte; das belustigte die Kaiserin sehr. Sie lenkte seine Aufmerksamkeit auf meine Toilette. Der Herrscher fing an, sie zu betrachten und küsste mir dabei die Hand, einmal, zweimal, dann küsste er den Ellenbogen und wollte noch weiter nach oben gehen, aber die Kaiserin hielt ihn an. ›Lass sie‹, sagte sie, ›quäl sie nicht weiter.‹ Er gehorchte, bat mich aber, offen eine Frage zu beantworten, neigte sich zu mir, indem er das Ohr hinhielt, und sagte: ›Sie finden wohl, dass ich schlecht erzogen bin?‹

›Ein bisschen‹, sagte ich.

Die Kaiserin lachte von Herzen.«[45]

Es blieb ihr auch nichts anderes übrig. Aber dann hat sie selbst sich auch hin und wieder einen Flirt erlaubt. Gelegenheit dazu bot sich auf den Maskenbällen, die so populär waren, weil man sich hinter der Maske keinen Zwang anzutun brauchte. Aus mehreren Tagebüchern wissen wir, dass Alexandra so manches Kostümfest ohne Wissen ihres Mannes inkognito besucht hat, um sich ungezwungen mit ihren Chevaliers gardes zu amüsieren. Doch eine ernsthafte Affäre hatte sie nicht.

Dass die Ehepartner es mit der gebotenen Enthaltsamkeit nicht so ernst nahmen, wie die Ärzte es sich gewünscht hätten, ergibt sich aus der Tatsache einer weiteren Fehlgeburt im Jahre 1836. Alexandra war nun Ende 30, hatte elf Schwangerschaften hinter sich und war körperlich völlig erschöpft. Ihr nervöses Zucken hatte sich verstärkt. Nikolaus war Anfang 40 und hatte Angst vor Impotenz. Sein Toupet legte er erst ab, als er Großvater geworden war.

An dieser Stelle muss eine Frau in unsere Erzählung eingeführt werden, die im Leben des Kaiserpaares seit der Wende zu den 1840er-Jahren eine unübersehbare Rolle gespielt hat. Es handelt sich um Warwara A. Nelidowa, die alle »Warenka« (»Warinka«) nannten, eine Absolventin des Smolnyj Instituts. Wahrscheinlich hat Nikolaus sie auf einem Maskenball kennengelernt. Sie war die Nichte einer Hofdame seiner Mutter, die ebenfalls Nelidowa hieß und eine Favoritin seines Vaters gewesen war. Von ihr kannte Warenka viele Geschichten aus Nikolaus' Kindheit, die sie ihm offenbar hinter der Maske erzählt hat. So erregte sie sein Interesse.

Sie wurde Alexandra vorgestellt, erhielt Anfang 1838 ihre Ernennung zur Hofdame und bezog eine Wohnung im »Hofdamen-Korridor« im zweiten Stock des Winterpalastes, wo Nikolaus sie oft besuchte.

Der gesamte Hof und halb Petersburg wussten von diesen Besuchen, aber niemand redete darüber. Dennoch gibt es mehrere Beschreibungen dieser Frau, die neben manchem Flirt die einzige ernsthafte außereheliche Beziehung des Kaisers war. »Warinka Nelidow sah wie eine Italienerin aus mit ihren schönen, dunklen Augen und Brauen«, charakterisiert Olga Nikolajewna sie. »Sonst aber war sie nicht sehr anmutsvoll, gleichsam zu sehr aus einem Stück. Ihr Gemüt war heiter, sie wusste allem die komische Seite abzugewinnen, plauderte leicht und besaß eben genug Geist, um nicht zu beschweren. Sie war taktvoll, behandelte Schmeichler, wie es ihnen gebührte, und entzog den ehemaligen Freunden nicht ihre Gunst, als sie zu Hof kam. Sie wirkte nicht sehr vornehm, war aber eine gute Seele, hilfsbereit und voller Wärme des Herzens.«[46] Ebenso positiv schildert August Theodor von Grimm die Passion des Kaisers. »Sie trat mit Würde und Anstand auf; feine Züge malten ihr etwas blasses Gesicht, dem zwei große schwarze Augen und ein wunderbar geschnittener Mund einen besonderen Reiz verliehen. Sie sprach wenig, beobachtete um so mehr, nicht allein die Anderen, vielmehr am meisten sich selbst, und gab sich darum in der Unterhaltung nicht die kleinste Blöße. Ihr Interesse ging leicht in auflodernde Begeisterung über. Bisweilen blickte aus ihren Zügen eine tiefliegende Schwermuth flüchtig heraus und verlieh dem anziehenden Gesicht einen neuen Reiz.«[47] Sogar Dr. Mandt war von den »großen schönen Rehaugen« der Nelidowa beeindruckt: »Sonst ist sie ruhig und steht comme il faut, was man hier als ›besonnen‹ übersetzen muß. Sie ist übrigens von aller Welt gefürchtet, was aber natürlich nicht verhindert, daß ihr auch alle Welt die Cour macht; denn man weiß, daß der Herr sie mit Freundschaft und Vertrauen beehrt. Ob sie gerade die Kaiserin zärtlich liebt, ist mir stets ein Geheimnis geblieben.«[48]

Alexandra fühlte sich natürlich kompromittiert, zumal Nikolaus der Nelidowa anfangs in aller Öffentlichkeit den Hof machte. Sie war sehr eifersüchtig, und viele sahen ihr an, dass sie litt. Am 8. November 1841 vermerkte sie in ihrem Tagebuch, sie habe Niks gesagt, er möge sich zurückhalten, da die Bevorzugung dieser Hofdame auffalle und Anlass zu Gerede gebe.[49] Tatsächlich wurde die Nelidowa bald auch in den Berichten ausländischer Diplomaten erwähnt. Doch dann hat Alexandra sich mit der Existenz der Geliebten abgefunden und die Beziehung »sanktioniert«. Und Warenka hat ihre Stellung nicht ausgenutzt, wie andere es an ihrer Stelle getan hätten.[50] In den Memoiren und Tagebüchern wird sie jedenfalls nicht negativ dargestellt. Die Autoren betonen sogar, auch sie habe den Kaiser aufrichtig geliebt. In der Folgezeit hat Nikolaus die Beziehung diskret gehandhabt und seine Aufmerksamkeit seiner Frau gegenüber verdoppelt.[51]

Wann genau der Flirt zum Verhältnis wurde, lässt sich nicht mehr feststellen. Auch schwanken die Mitteilungen darüber zwischen zwei Extremen. Während die einen behaupten, Warenka habe sogar mehrere Kinder von Nikolaus gehabt, bestreitet Olga Nikolajewna, dass es überhaupt ein intimes Verhältnis gab: »Was mit einem kleinen Flirt begonnen hatte, endete mit einer siebzehnjährigen Freundschaft ... Die Welt, nie fähig, an das Gute zu glauben, erging sich in Geschwätz und übler Nachrede ... Ich wiederhole, was ich schon einmal sagte: daß Papa in freier Wahl, aus Liebe geheiratet hatte, seiner Frau in vollkommener Treue ergeben war und ihr die Treue wahrte aus Liebe, aus Überzeugung, ja aus Schicksalsgläubigkeit, da sie für ihn sein guter Stern war.«[52]

Doch wir müssen davon ausgehen, dass Alexandra seit Beginn der 1840er-Jahre in einer Ménage à trois lebte, die sie nur ertrug, weil sie ihren Mann so liebte, wie er war, und weil sie seine engste Vertraute blieb. Da sie etwa zur gleichen Zeit aus gesundheitlichen Gründen den Tanz aufgeben musste, waren die Jahre, die nun kamen, nicht mehr ungetrübt.

13
»Sieh einmal, liebe Tochter …«
Abschiede

Tod Friedrich Wilhelms III. – Marie von Hessen – Eselreiten in Ems – »Ein Held unserer Zeit« – C. D. Rauch in St. Petersburg – Hochzeit des Thronfolgers – Abschied von Schukowskij – Silberhochzeit – Franz Liszt zum zweiten Mal in St. Petersburg – »Nixa« – Adinis Verlobung – Clara und Robert Schumann in Russland –Adinis Tod   1840–1844

Im Juni 1840 stand erneut eine längere Kur in Ems auf Alexandras Agenda. Nikolaus, der sich unabkömmlich glaubte, war unglücklich, weil er seine Frau erneut monatelang nicht sehen würde. Er verstand nicht, dass sie ernsthaft krank war, und oft gab es dieserhalb zwischen ihnen Streit, der jedes Mal damit endete, dass er tränenreich um Verzeihung bat. Doch nur ein Ausländer wie der Marquis de Custine konnte sich erlauben, diesen Sachverhalt zu beschreiben: »Alle Welt sieht den Zustand der Kaiserin; niemand spricht davon; der Kaiser liebt sie; hat sie Fieber? liegt sie zu Bett? er pflegt sie selbst; er wacht neben ihr, bereitet Getränke zu und gibt ihr zu trinken wie ein Krankenpfleger; aber sobald sie wieder auf den Beinen ist, tötet er sie erneut durch ständige Bewegung, Feste, Reisen, Liebe; erst sobald Gefahr in Verzug ist, verzichtet er auf seine Pläne; er fürchtet Maßnahmen, die dem Übel vorbeugen könnten; Frau, Kinder, Diener, Verwandte, Favoriten, alles in Russland muss dem kaiserlichen Wirbelwind bis zum Tode lächelnd folgen.«[1]

Die Nachrichten aus Berlin beschleunigten die Abreise. Der König hatte seinem Enkel Sascha, der Anfang April auf dem Weg nach Darmstadt in Berlin Station gemacht hatte, noch Glück zur Verlobung wünschen können und sich dann hingelegt. Sein letzter Brief an die Tochter datiert vom 10. März 1840, dem 30. Todestag

Luises, den die Familie wie all die Jahre als »Gedächtnißtag der Trauer und des Schmerzes« begangen hatte.[2] Nun wollte er alle seine sieben Kinder noch einmal sehen. Alexandra nahm Olly mit. Sie fühlte sich so schwach, dass sie in Warschau zwei Tage pausieren mussten. Am 3. Juni kamen sie in Berlin an. »So fuhr ich in das alte liebe Berlin hinein, diesmal in Thränen und den Tod im Herzen. Je näher ich dem Schloße kam, je mehr nahm mein Schluchsen zu«, schrieb sie in ihr Tagebuch.[3] Ihre Brüder begrüßten sie, doch sie musste noch warten, bis der König sie sehen konnte. Er und die Fürstin Liegnitz hätten sich »doch vorher noch etwas putzen« wollen, hatte Marie de la Motte Fouqué in Erfahrung gebracht. »Er hat sich auch ein reines Halstuch geben lassen und mehrere Male nach der Kaiserin gefragt. Diese war schon seit einigen Stunden angelangt, aber in einem Zustande so gewaltsamer Aufregung, daß man die große Erschütterung des Wiedersehens für den König fürchtete. Indessen, wie gewöhnlich schaden einzelne äußere Ereignisse einem Kranken weniger, als die Umgebung besorgt, und das Zusammenkommen zwischen Vater und Tochter hatte keine üblen Folgen. Der König sprach gar nicht von seinem Zustande, sondern redete die Kaiserin gleich mit den Worten an: »Sieh' einmal, liebe Tochter, Du hast ja Deine schwere Krankheit gut überwunden; ich finde Dich wohler als sonst!«[4]

Charlotte hatte sich noch so weit sammeln können, dass sie beim Anblick des sterbenden Königs »standhaft« blieb. »Ganz ein anderes Gesicht hatte er bekommen, seine Sprache war so undeutlich und matt, daß ich Mühe hatte ihn zu verstehen. Er war aber so teilnehmend für meine Gesundheit, sagte viel Liebes für des Kaisers Teilnahme.« In den folgenden Tagen saß sie mit ihren Geschwistern am Krankenbett. Einmal erkannte der König sie und fragte fürsorglich, ob sie nicht zu früh aufgestanden sei. Sie musste das Zimmer verlassen, weil ihr gleich wieder die Tränen kamen. »Nie nie vergeß ich diesen Blick, und es soll mir ein Segen bleiben. Da kommen nach und nach alle Kinder und küßten seine Hand. An Sascha winkte er und sagte adieu. Wir waren alle schluchsend im Neben Zimmer versammelt. Auch der kleine

Fritz, Wilhelms Sohn, ging hinein und bekam einen Blick was uns unendlich viel wert war, da dies Kindchen ja einst König werden wird. Nachtisch war es wieder ruhiger und ich kam Zuhaus um etwas mich zu erholen, denn ich habe Herzklopfen und Rückenweh. Was wird der morgende Tag bringen!!!«[5]

Pfingstsonntag saßen Charlotte und ihre Schwestern an der Tür zum Krankenzimmer und hörten zu, wie der Vater ruhig atmete. »Wie hatte ich die zwey Tage schon mich desoliert, daß Niks nicht da war als alle anwesenden Glieder der Familie seine Hand küßten; ich erwartete in Ungeduld aber beinahe ohne Hoffnung von einer Stunde zur anderen, ruhte etwas in dem Schlafzimmer der Liegnitz, als man mir seine Ankunft meldete, ich ging hinaus und schluchsend stürzte er in meine Arme. ›Il vit encore‹[*], das war sein erster Ausruf, denn in Todesangst hatte er die Reise von Warschau hierher gemacht, in der entsetzlichen Angst ihn nicht mehr lebendig zufinden. Er war großer Faßung; bei Papa war es still …«[6]

Der königliche Kranke konnte seinem kaiserlichen Schwiegersohn gerade noch sagen: »Je suis très mal!«[**7] Das waren seine letzten Worte, sein letzter Blick galt der Lieblingstochter und ihrem Mann. »Oh, es war ein großer Segen für uns beide, dieser Augenblick, und erfüllte uns mit einer Freude *himmlischer* ernster Art, aber dennoch *Freude*«, schrieb Charlotte in ihr Tagebuch. »Niks brach in lautes Weinen aus im andern Zimmer, er war ganz zerknirscht und überwältigt von diesem Abschied fürs Leben. Dies geschah so um ½ Uhr.«[8] Friedrich Wilhelm III. starb »um 3 Uhr Nachtisch«. Nikolaus merkte als Erster, dass es zu Ende ging, und winkte mit den Worten »cela se finie«[***] die Kaiserin herbei.

Am nächsten Morgen begleitete Olly ihre Mutter in die Schlosskapelle, wo der Großvater aufgebahrt lag: »Als sie ihre Gebete beendet hatte, ließ sie die alten Diener herberufen. Einige stammten noch aus der Zeit der Königin Luise. Jedem reichte sie die

---

[*] Er lebt noch.
[**] Es geht mir sehr schlecht!
[***] Es geht zu Ende.

Hand, zu jedem sprach sie in warmen, von Herzen kommenden Worten. Wie sie weinten und sie umringten! Ich fühlte die Liebe, die sie ihr, der ehemaligen Prinzessin Charlotte, entgegenbrachten. Hierauf durcheilte Mama mit mir alle Räume des Palastes bis zum Zimmer ihrer Mutter, das seit deren Tod im Jahre 1810 völlig unberührt geblieben war. So nahm Mama Abschied vom väterlichen Haus.«[9]

Doch im Trauerzug vom Schloss zum Dom und bei der Beisetzung in Charlottenburg fehlte die Lieblingstochter des Toten. Ihren Tagebucheintragungen zufolge steckte ihr Mann dahinter, der ihr »ein Stab, eine Haltung« war und ohne den sie »versunken« wäre. »Niks wollte nicht, daß ich dem Begräbniß beiwohne, ich sollte mich schonen für ihn, für meine Kinder, für ganz Rußland mich erhalten. Da mußte ich wol nachgeben. Aber es war mir ganz schrecklich, daß ich gerade fehlen musste aus 7 Kindern, welche ihm folgten bis zum Grabe.«[10] Doch Nikolaus ging mit.

Berlin aber war schockiert, angeblich bedurfte Charlotte der »freien Luft« in Potsdam. »Die eigentliche Ursache der Übersiedlung nach Potsdam lag aber in der Unruhe der Kaiserin, die die traurigen Eindrücke hier im Schloß und Palais scheute«, fand Marie de la Motte Fouqué, eine scharfe Beobachterin. »Ja es war schmerzlich und störend zu bemerken, wie die Verwöhnung des Lebens sogar auf die Tiefe des Gefühls ihren Einfluß ausübte und wie die Kaiserin nur um dem äußeren Anstande zu genügen, die Trauer um den Vater trug, sie aber in ihren Zimmern mit Eile abwarf.«[11]

Natürlich wurde auch in St. Petersburg offiziell getrauert. Knapp zwei Wochen nach der Beisetzung des Königs in Berlin fand auf Befehl des Kaisers in der St.-Petri-Kirche am Newskij Prospekt ein Trauergottesdienst statt, an dem alle Personen mit Zutritt bei Hofe teilzunehmen hatten. Die große neue Kirche war von oben bis unten mit schwarzem Tuch ausgeschlagen, in der Mitte stand ein Brokatsarg auf einem marmorähnlichen Katafalk. Das Regiment des Verstorbenen war in der Nähe aufmarschiert und schoss nach dem Ende des Gottesdienstes drei Salven ab. Senator Diwow notierte sogleich, die Zeremonie habe 80 000 Rubel gekostet.[12]

Unterdessen hatten Nikolaus und Alexandra das trauernde Berlin verlassen und waren auf dem Weg nach Frankfurt am Main, wo Marie von Hessen ihnen vorgestellt werden sollte. Natürlich machten sie halt bei der Erbherzogin Maria Pawlowna, die immer noch rastlos bemüht war, den Ruf Weimars als literarisch-musikalischer Olymp zu erhalten, und als »eine der bedeutendsten Frauen ihrer Zeit« (Goethe) galt. Die 17-jährige Olly, die ihre Tante zum ersten Mal besuchte, war tief beeindruckt von der Stadt. »Im Hause Goethes ... fand ich eine Büste von Mama, mit Immortellen umkränzt, inmitten antiker Plastiken. Ihre Schönheit mußte ihn als Wahrzeichen der Jugend und der Anmut dazu bewogen haben, sie bei sich aufzustellen«, schrieb sie später.[13]

Die Vorstellung Maries von Hessen und ihrer Familie am Abend des 16. Juni im Hôtel de Russie fiel zur allgemeinen Zufriedenheit aus, Alexandra und Nikolaus waren entzückt von ihrer zukünftigen Schwiegertochter. Besonders Alexandra war entschlossen, sich um die 15-Jährige zu kümmern. Es war ein Akt der Wiedergutmachung, weil sie Marie zunächst so vehement abgelehnt hatte. Die beiden Frauen sollten bestens miteinander auskommen.

Drei Tage später traf die kaiserliche Familie in Ems ein, und aus diversen Erinnerungen, Briefen und Tagebuchaufzeichnungen wissen wir, dass der Aufenthalt alle zufriedenstellte. »Mama trank ›Emser Kränchen‹, ich Eselsmilch«, notierte Olga Nikolajewna. »Das Gehen auf der Kurpromenade vermied ich, soweit dies möglich war, da ich die neugierigen Blicke, die uns stets folgten, scheute und widerwärtig fand. Auf Eseln machten wir Ausflüge über die Berge jenseits der Lahn; wir fuhren auch zu Schiff. Stets frühstückten wir zusammen in ›Huyns Gasthaus‹, Mama und Tante Luise schrieben in ihren Alben, Onkel Wilhelm las die Zeitungen und ich zeichnete zumeist. Mittags, wenn Mama ihr Bad nahm, kamen Sascha und Marie zu mir, wir aßen Erdbeeren, und Örtel (mein Deutschlehrer) las uns aus ›Dichtung und Wahrheit‹ Goethes Beschreibung der Kaiserkrönung in Frankfurt vor. Ich musizierte auch viel, befeuert durch Thalberg, Clara Wieck (Schumann) und Franz Liszt, die bei Mama spielten.«[14] Letzterer hielt sich nur vier Tage in Ems auf und spielte zweimal, »jedesmal mehr als zehn Stücke«, vor der Kaiserin.[15] Sie lud ihn nach Russland ein.

Die Wochen in Ems vergingen wie im Flug. Für Olly, Sascha, Marie und ihren Bruder Alexander waren sie »eine einzige Zeit der Begeisterung«. Hingerissen hörten die jungen Leute den Sagen vom Rhein zu, »die Mama so gut zu erzählen wusste«, und machten Ausflüge zu den Burgruinen an seinen Ufern.[16] Alle freuten sich, dass Friedrich Wilhelm IV. die Burg Stolzenfels »ganz im gotischen Stil« wieder aufbauen lassen wollte.

Nikolaus aber hatte sich schnell wieder auf den Rückweg gemacht und war in Stettin an Bord der »Bogatyr« (»Recke«) gegangen. Als Reiselektüre hatte Alexandra ihm Lermontows Roman *Ein Held unserer Zeit* mitgegeben, der seit Anfang Mai in St. Petersburg Furore machte und ein Klassiker werden sollte. Der mittlerweile berühmte Autor aber war wegen eines (unblutigen) Duells mit dem Sohn des französischen Botschafters am 2. März 1840 erneut in ein Linienregiment im Kaukasus strafversetzt worden. Er hatte, genau wie Puschkin, viele Gegner bei Hofe und in der Gesellschaft, und Nikolaus mochte ihn nicht.[17] Alexandra aber kannte seine Gedichte, die Versdichtung »Der Dämon« hatte sie sich im Februar 1839 vorlesen lassen, und Ausschnitte aus dem Gedicht »Das Gebet« hatte sie nach dem letzten Duell sogar in ihr Tagebuch übertragen.[18] Diesmal wollte sie sich für »Lerma« einsetzen. Wir können also annehmen, dass Alexandra aus der Tragödie Puschkins gelernt hat. Und ihr Mann?

»Eben habe ich den ›Helden‹ zu Ende gelesen«, schrieb Nikolaus ihr am 26. Juni um 7 Uhr abends von Bord der »Bogatyr«. »Ich finde den zweiten Teil abscheulich und ganz und gar wert, à la mode zu sein, denn das ist dieselbe Darstellung verächtlicher, übersteigerter Charaktere, die man in den heutigen ausländischen Romanen findet. Durch solche Romane werden die Sitten verdorben und die Charaktere verbogen, und obwohl man dieses Katzengeseufze mit Ekel liest, hinterlässt es doch immer einen unangenehmen Impuls, denn man gewöhnt sich daran zu glauben, dass die Welt nur aus solchen Individuen besteht, die sogar ihre besten Taten scheinbar nur aus widerwärtigen oder schmutzigen Motiven vollbringen. Was ist also das Ergebnis von all dem? Verachtung oder Hass auf die Menschheit. Ist das aber das Ziel unserer Existenz auf Erden? – Die Menschen sind ohnehin versucht, Hypochonder oder Misanthropen zu werden, wozu soll es also gut sein, ähnlichen Darstellungen Raum zu geben oder solche Veranlagungen zu fördern? – Ich wiederhole also, dass das meiner Meinung nach ein jämmerliches Talent ist, und weise auf eine große Verderbtheit des Geistes beim Autor hin.«[19] Zum Schluss wünschte Nikolaus »dem Herrn Lermontow eine gute Reise«. Er hat das Genie auch dieses Dichters verkannt.

Am 28. Juni vermerkte Senator Diwow die Rückkehr des Kaisers aus Ems. Der Herrscher habe im Ausland von der Hungersnot in den zentralen Gouvernements und von hohen Lebensmittelpreisen gehört. Deshalb habe er befohlen, die Roggenkarawane, die nach St. Petersburg bestimmt war, nach Moskau umzuleiten. Außerdem sei Roggen »jenseits der Grenze« bestellt worden.[20] Es waren die ersten russischen Getreidekäufe im Ausland …

Anfang Juli traf Christian Daniel Rauch an Bord der »Herkules« in St. Petersburg ein, um seine Danaiden-Statue, ein Geschenk für die Kaiserin, abzuliefern. Er sah sich die Stadt an, besichtigte den Winterpalast, die Ermitage und die Isaak-Kathedrale und fuhr am Geburtstag der Kaiserin, der auch in ihrer Abwesenheit gefeiert wurde, nach Peterhof. Nikolaus wohnte vorübergehend in einer Erkerdachstube in Sergijewka, dem Landhaus der Herzogin von Leuchtenberg, »weil ihm die eigene Behausung ohne die Gemalin betrübt stimmt«. Er begrüßte den Berliner Bildhauer mit »außerordentlicher Freundlichkeit« und ließ ihm das Cottage, wo die Statue aufgestellt werden sollte, in all seiner Blumenpracht zeigen. »Die Sonne ging unter in rothgoldenem weiten Scheinen, die die langgedehnte Silhuette Petersburgs in einer Schönheit sehen ließ, die ich ihm von dieser Seite nicht zugetraut hätte. Das Goldflimmern der spitzen

Thürme und der Kuppeln gewährte über die dunkle Meeresfläche einen Anblick seltener Art.« Dann wurde Rauch nach Sergijewka bestellt, wo er mit Nikolaus, Mary und Max speiste. Auf der morgendlichen Rückfahrt in die Stadt hatte er »das Schauspiel Sonnenuntergangröthe in Sonnenaufgang beide Partien sichtbar in einander übergehen zu sehen ...«[21].

Der Bildhauer war schon wieder in Berlin, als Alexandra in den ersten Septembertagen bei strömendem Regen in Zarskoje Selo ankam. Sie brachte Marie von Hessen mit, die ihren Einzug in die Hauptstadt dann bei schönstem Spätsommerwetter, Glockengeläut und Hurrarufen hielt. »Mama, Marie, Adini und ich fuhren in goldener Karosse mit acht Glasfenstern, alle in russische Gewänder gekleidet, wir Schwestern in rosa von Silber durchwirktem Brokat«, schreibt Olga Nikolajewna. »Von Tschesma bis zum Winterpalast säumten die Truppen den Weg, angefangen von den Invaliden bis zu den Kadetten am Platz der Alexander-Säule. An den Stufen der Treppen, die vom großen Hof in den Palast führten, standen links und rechts die Grenadiere. Wir traten auf den Balkon hinaus, damit das Volk die Braut sehe, dann folgten die Zeremonien in der Kirche, das Te Deum und schließlich der große Empfang bei Hof. Alle Damen und Herren der Stadt, auch die Kaufleute und ihre Frauen, hatten das Recht, der Braut vorgestellt zu werden. Die Säle waren überfüllt.«[22]

Natürlich musste Alexandra an ihren eigenen Einzug vor 23 Jahren denken. Das Zeremoniell hatte sich fast nicht geändert, aber die Anwesenheit der Kaufmannschaft beim Empfang im Weißen Saal (heute: Ermitage-Saal 195) kündigte eine neue Zeit an. – Senator Diwow aber notierte gleich wieder die Kosten für die abendliche Illumination und zeigte damit, dass es um 1840 unter den hohen Würdenträgern des Reiches insgeheim Kritik an diesem Aufwand gab. Allein die Illumination des Außen- und Finanzministeriums und des Generalstabs kostete 36 000 Rubel.[23]

Schukowskij kehrte erst im November von seiner Deutschlandreise zurück. Er verbrachte nun wieder viel Zeit bei der Kaiserin und notierte mehr als zwanzig Jahre, nachdem er ihr in Moskau vorgestellt worden war, in seinem Tagebuch: »Bezauberndes Wesen, immer gleich gutherzig«.[24] Längst war der Dichter auch zum väterlichen Freund ihrer jüngeren Kinder geworden. Eintragungen wie »Tee bei Maria Nikolajewna«, »Zeigte Olga Nikolajewna Zeichnungen« oder »Frühstückte mit der Kaiserin und Maria Nikolajewna bei Alexandra Nikolajewna« finden sich häufig in seinem Tagebuch.[25] Seine Dienstwohnung im Schepeljew-Haus an der Millionenstraße hatte er aufgeben müssen, weil es zugunsten des neuen Ermitage-Gebäudes abgerissen werden sollte.[26]

Am 12. Dezember fand Maries Firmung in der Großen Palastkirche statt. Sie war eine ernste junge Frau und nahm nicht nur die äußere Form der anderen Konfession an. Nun hieß sie Maria Alexandrowna und konnte mit dem Thronfolger verlobt werden. »Papa beobachtete mit Freude die Stärke dieses jungen Charakters und seine Fähigkeit zur Selbstbeherrschung«, schreibt Olga Nikolajewna über die Schwägerin. »Hier sah er den Ausgleich für Saschas Mangel an Energie, der ihm beständig Sorge machte. Tatsächlich rechtfertigte Marie die Hoffnungen, die Papa in sie setzte, indem sie Schwierigkeiten niemals auswich und ihre Interessen in allem mit denen des Landes gleichsetzte.«[27]

In Berlin war unterdessen der Nachlass Friedrich Wilhelms III. geordnet worden, und Neujahr 1841 teilte Wilhelm mit, dass »Papas gemachte Andenken« unter die Familienangehörigen verteilt werden sollten. »Wegen der Geschenke, die Du ihm stets gemacht hast, und die ein jeder von uns zurückerhalten soll, muß ich Dich noch fragen, ob Du alles zurückhaben willst, oder ob Du über einige Sachen anders disponieren willst. Ebenso, ob der Kaiser alle seine immensen Geschenke an Porzellan usw. zurückhaben will, oder ob diese Gegenstände auf Fritz übergehen sollen? Ich werde Dir ein Verzeichnis von den Stücken senden, die ich als von Dir geschenkt erkennen werde, worauf du dann bestimmen kannst.«[28] Wilhelm war es auch, der seiner Schwester den Regierungsantritt Friedrich Wilhelms IV. beschrieb, und natürlich ließ er die sich anbahnenden Differenzen mit seinem Bruder nicht unerwähnt.

Leider hielt die Wirkung der Milchbäder von Ems nicht lange

vor.»Mama, die sich in Ems so gut erholt hatte, begann in diesem Winter über Herzbeschwerden zu klagen«, hielt Olga Nikolajewna fest. »Wie andere Menschen Migräne, so bekam sie Anfälle von Herzklopfen bei jeder Aufregung, und dies dauerte oft 24 Stunden. Sie konnte sich dann kaum aufrechthalten und vermochte kein Kleid zu tragen, das festanliegend war. Der Hofarzt Mandt nahm solche Zustände nicht allzu ernst und erklärte sie als Nervenstörungen eines kritischen Alters. Er verordnete nur viel Ruhe, keine Gesellschaften in Hoftracht und Festkleidung... Statt der Empfänge und Hoffeste kamen die Frauen der Gesandten und andre Damen in den Vormittagsstunden zu Mama, und Marie und ich standen ihr bei solchen Besuchen zur Seite.«[29] Wenn Alexandra sich aufregte, zitterte sie nun schon so stark, dass sie bei offiziellen Anlässen keine langen Ohrgehänge mehr anlegte, damit das Zittern möglichst nicht auffiel...

Nikolaus, der immer schlechte Laune hatte, wenn es seiner Frau nicht gut ging, war im Februar 1841 so übel gelaunt, dass es auffiel. Muffi krank, Marie krank, Mary zur Geburt ihres zweiten Kindes in Leuchtenberg – das war zu viel für den harten Mann. »Der schlechte Zustand unserer Finanzen hat seine schlechte Laune noch vergrößert«, notierte Senator Diwow, der das wachsende Haushaltsdefizit natürlich kannte. »Seine Majestät hat Finanzminister Kankrin einen so strengen Tadel ausgesprochen, dass dieser erkrankte. Es heißt, infolge der hitzigen Auseinandersetzung zwischen ihnen seien alle Bauarbeiten eingestellt worden.«[30] Nikolaus' Stimmung war vollends dahin, als aus Berlin die »traurige Nachricht« kam, das Volk habe den König auf der Straße angehalten und eine Verfassung verlangt.[31]

Sascha und Marie heirateten am 28. April 1841 in der Großen Palastkirche. Nach der Morgenmesse erfolgte das offizielle Ankleiden der Braut in Gegenwart der kaiserlichen Familie. »Marie trug zwei lange Locken, die zu beiden Seiten herabfielen; auf die Stirn wurde die kleine Krone gesetzt, ein Diadem aus Brillanten und Perlentropfen, darunter der Spitzenschleier befestigt, der über die Schultern reichte. Jede von uns Schwestern musste eine

Nadel reichen, ihn festzustecken. Dann wurde der karmoisinrote, mit Hermelin besetzte Mantel mit einer Goldspirale an die Schultern geheftet, dieser Mantel, der so schwer war, dass fünf Kammerherrn ihn halten mußten. Mama befestigte zum Schluß einen kleinen Strauß von Myrrhen und Orangeblüten unter dem Schleier. Wie groß und majestätisch Marie in ihrem Gewand wirkte, so angemessen war es ihrer schönen Gestalt und dem Ausdruck von feierlichem Ernst auf ihrem Antlitz, das doch jugendlich strahlte.«[32]

Die Hochzeit ihres Ältesten hatte Alexandra wehmütig gestimmt, weil nun ein neues Kapitel in der Familiengeschichte begann. Wenige Tage nach der Trauung musste sie auch noch Abschied von einem der wichtigsten Menschen in ihrem Leben nehmen. Wassilij A. Schukowskij beabsichtigte zu heiraten und wollte nach Düsseldorf ziehen, musste seine Stellung also aufgeben. Bei einem Abschiedsfrühstück am 2. Mai 1841 bat er die Kaiserin erneut, sich beim Kaiser für den verbannten Lermontow zu verwenden, der vergeblich gehofft hatte, aus Anlass der Hochzeit amnestiert zu werden. Doch auch dieser Versuch blieb erfolglos.[33] Wassilij Andrejewitsch aber schied mit dem Versprechen, alsbald über sein neues Leben als Familienmensch zu berichten. Zwei Monate nach seiner Hochzeit teilte er der Kaiserin mit, sein Glück sei vollkommen, und das könne niemand besser ermessen als sie, die sie »den Wert eines solchen Glücks« kenne. »… Sie sind mein Ideal der Güte, des Liebreizes und der Größe. Dieses Ideal, ein alter, geliebter Freund meiner Seele, wird mich nie verlassen und immer der gute Genius meines häuslichen Lebens sein.«[34] Er blieb mit Alexandra, Nikolaus und ihren Kindern in engem Briefkontakt.

Das letzte Fest dieser Hochzeitsfeierlichkeiten war ein Volksfest in russischer Tracht, zu dem 30 000 Gäste zugelassen waren. »Das Winterpalais war fast die ganze Nacht durch erhellt, die Menge, die sich in den Sälen drängte, war zum Ersticken«, schreibt Olga Nikolajewna. »Im Weißen Saal war für Mama eine Art Ruheplatz hinter Balustraden errichtet, wo sie sitzend den Handkuß der sie

Begrüßenden entgegennehmen konnte. Papa ging meist, eine von uns Töchtern am Arm, so gut es möglich war, durch das Gedränge; stundenlang währte das Fest. Wir waren am Ende unserer Kräfte. Mama und ich, die ich ihre zarte Gesundheit von ihr geerbt hatte, brauchten lange, um uns wieder zu erholen.«[35] Alexandra erhielt wieder Milchbäder. Sie war froh, dass Sascha und Marie im Winterpalast wohnen blieben.[36]

Mitte August erschütterte eine Trauerbotschaft aus Pjatigorsk die Hauptstadt. Lermontow war am 27. Juli in einem Duell gefallen. Nikolaus hat seiner Familie die Nachricht anscheinend ziemlich lautstark mit den Worten »Dem Hund einen Hundetod« überbracht. Aufgrund einer offenbar ebenso lautstarken Intervention seiner klugen Schwester Maria Pawlowna, die sich nach der Hochzeit ihres Neffen noch eine Weile in St. Petersburg aufhielt, informierte der Kaiser den Hof wenig später jedoch mit ganz anderen Worten: »Meine Herren, wir haben die Nachricht erhalten, dass derjenige, der uns Puschkin hätte ersetzen können, erschlagen worden ist.«[37] Alexandra aber war erschüttert. »Ein Blitz aus heiterem Himmel. Fast den ganzen Morgen mit der Großfürstin zusammen, Gedichte Lermontows«, lautet eine Tagebucheintragung vom 19. August 1841 in deutscher Sprache, von der »zerschlagenen Lyra, die der russischen Literatur versprochen hatte, ihr schönster Stern zu werden«, ist in einem Brief an Gräfin Bobrinskaja die Rede.[38]

Im Oktober bekam Mary ihre zweite Tochter: Maria Maximilianowna (»Marusja«), der ein langes Leben als »Prinzessin Wilhelm« von Baden beschieden war. Den »Aufzeichnungen« Olga Nikolajewnas zufolge war der Winter 1841/42 mild, und ihre Mutter fühlte sich wohl genug, um ihre Inspektionsbesuche in den ihr unterstehenden Instituten machen zu können. »Und ich begleitete sie überallhin; wir gingen in die Klassen, wohnten der Mittagsmahlzeit der Kinder bei, saßen an ihren Tischen, durchliefen alle Räume und streichelten die Kleinsten, die uns entgegenliefen, um ihre schönsten Verneigungen vor uns zu machen.«[39] So wurde auch der Karneval dieses Winters wieder lebhaft gefeiert, und jeden Sonntag gab es Tanz und Spiel im Malachitsaal neben dem Kabinett der Kaiserin.

Im April 1842 kam Franz Liszt endlich nach St. Petersburg, wo er seit Längerem erwartetet wurde. Er stieg im Grand Hotel am Michael-Platz ab, wo er regelrecht Hof hielt.[40] Der Kaiser zeichnete ihn gleich am Tag nach der Ankunft in der öffentlichen Audienzstunde aus, indem er ihn vor allen anderen ansprach, und die Kaiserin lud ihn in den Palast ein. Am 20. April gab der Maestro das erste Konzert im Großen Saal der Adelsversammlung, der bis auf den letzten seiner 4000 Plätze besetzt war. Auch die Kaiserin erschien. Liszt spielte hauptsächlich Mozart. Die Petersburger Presse feierte ihn, die hohe Gesellschaft lud ihn ein, und die Hofkreise umdrängten ihn. Er spielte auch auf Privatgesellschaften, die Alexandra ebenfalls besuchte. Sein Spiel im kleinen Kreis gefiel ihr besser als im großen Konzertsaal. Eine kleine Walzerskizze, die er in eines ihrer Alben geschrieben hatte und 1852 als »Valse-Impromptu« veröffentlichte, war der Liszt-Biografin Lina Ramann zufolge »wohl das anmuthigste *scherzando,* das in Walzersprache musikalisch geredet ward«.[41]

Inzwischen waren die Vorbereitungen für die Silberhochzeit des Kaiserpaares am 13. Juli 1842 angelaufen. Sie war auch wieder Anlass für ein großes Familientreffen. Die erste Festveranstaltung war ein »Karussell«, das am 23. Mai vor dem Alexander-Palast in Zarskoje Selo stattfand, eine von Nikolaus' vielen Überraschungen. Daran nahmen 16 Kavaliere mit Damen teil. Natürlich war dieses »Turnier« nur ein ferner Abglanz des Berliner »Zaubers der Weißen Rose«, auch wenn Rüstungen, Helme und Schilder, die aus Nikolaus' Arsenal stammten, echt waren, und die Idee war umso absurder, als Russland keinerlei Rittertradition besaß. Und so ist es auch wohl nur in Erinnerung geblieben, weil Horace Vernet die kaiserliche Familie unter dem Titel »Carousel in Zarskoje Selo« dargestellt hat: Kaiser, Thronfolger und Herzog von Leuchtenberg in glänzenden Rüstungen und Helmen mit bunten Straußenfedern, Kaiserin und Töchter in mittelalterlichen Kleidern und geflochtenen Frisuren, die jüngeren Söhne als

Pagen.⁴² Und wenn das heutige Russland noch weiß, dass in Zarskoje Selo einmal ein solches Spektakel stattgefunden hat, dann aus Bulat Okudschawas historischem Roman *Die Flucht*, in dem der Autor mit freundlich-ironischer Distanz schildert, wie dieses Fest missriet und wie die kreative Phantasie den Künstler im Stich ließ, als er jenes Gemälde schuf, dem es nach Ansicht des Autors an Ausdruck fehlt.

Im Juni trudelten die ersten Verwandten ein: Wilhelm von Preußen, Luise der Niederlande, die Herzöge von Württemberg. Als Letzter kam Friedrich Wilhelm IV., der seit 1834 nicht mehr in St. Petersburg gewesen war, auf der »Bogatyr«. Den Kanonensalut in Kronstadt konnte man im Cottage hören. Am Vorabend des großen Tages überreichte Nikolaus seine Geschenke. Er sah aus wie ein Clown, »einen Hut in jeder Hand, einen dritten auf dem Kopf, ein Schmucketui im Mund, ein anderes unter den Knöpfen seines Rockes versteckt, ihm folgte die Kammerfrau mit den Kleidern über dem Arm, herrlichsten Gewändern, da ihm nichts schön genug für Mama war«.⁴³

Beim Frühstück am nächsten Morgen übergaben die Familienmitglieder weitere Geschenke: »Die Geschwister aus Preußen einen silbernen Lüster für 25 Kerzen und irdene Milchtöpfchen aus Bunzlau in Schlesien. Wir sieben Kinder hatten am Vorabend Mama ein Armband überreicht mit sieben bunten Edelsteinherzen, die das Wort ›respect‹ bildeten. Von Papa erhielt sie ein Halsband mit 25 auserlesenen Brillanten. Jeder von uns Schwestern gab Papa ein Armband aus blauem Email mit dem Wort ›bonheur‹* in bunten Steinen, die durch Perlen voneinander getrennt waren. ›So ist das Leben‹, sagte er, ›Freude durch Tränen unterbrochen‹ ... Dann folgte ein feierlicher Zug in die Große Kirche; Mama in silbergesticktem Gewand mit weißen und rosa Rosen, wir alle mit Nelken geschmückt. Nach dem Gottesdienst bei strahlendem Wetter war Entgegennahme der Glückwünsche auf dem Balkon. Die Freudenkundgebungen, die zahllosen Zei-

---

* Glück.

chen der Anhänglichkeit für meine Eltern taten dem Herzen wohl.«[44]

Wir können davon ausgehen, dass noch am Hochzeitstag auch der poetische Gruß vorgetragen wurde, den Schukowskij unter dem Titel »1. Juli 1842« (13. Juli 1842) aus Düsseldorf geschickt hatte. Das Gedicht war eine Hymne auf Russland und das Silberpaar, in die er zwei Kränze gewunden hatte: »Einen Kranz dem Zaren zum Geschenk / aus frischem Lorbeer und hell im ewigen Glanz seiner Blätter ... Der Zarin als Gabe einen anderen Kranz / Aus weißen Rosen – lebendig ihr Glanz / und hell wie ihre Seele...«[45] Es war eine schöne Feier. Vieles hatte sich verändert, aber in ihrem häuslichen Glück war die Familie dieselbe geblieben. Kurz nach der Abreise der Preußen erinnerte Alexandra ihren Bruder Fritz an die schönen Stunden, die sie im Cottage »an dem runden Tisch verbracht, nach dem Kaffee, Du zeichnend, wir stickend und Dich sprechen machend, und wir alle schwatzend«.[46]

Die Beziehung zwischen Friedrich Wilhelm IV. und Nikolaus blieb jedoch förmlich, das Verhältnis zu Wilhelm herzlich. »Er ähnelte sehr Mama, besaß wie sie das natürliche Wohlwollen jedermann gegenüber, das den Umgang so erleichtert und jeden sich ungezwungen fühlen lässt«, urteilt Olga Nikolajewna über ihren Onkel Wilhelm. »Geistig weit unter dem König stehend und in keiner Weise bedeutsam, war er doch gut gebildet, seine politischen Ansichten glichen denen Papas, er verabscheute alle Winkelzüge. Soldat bis in die Seele hinein, liebte er die Fahrten nach Krasnoje Selo, Manöver, Übungen geradezu leidenschaftlich; bei Kriegsspielen war er ein glänzender Richter und sein Rat in militärischen Dingen gesucht.«[47]

Das Jahr 1843 kündigte sich als großes Musikjahr an, und Alexandra freute sich sehr: Liszt wollte zum zweiten Mal kommen, und im Herbst würde ihm seine Schülerin Pauline Viardot-García, die Sängerin, Pianistin und Komponistin, folgen. Liszt kam im Mai, hatte die Gunst des Zaren infolge diverser Verleumdungen jedoch verloren. Nikolaus besuchte keines seiner Konzerte. Dafür kam Alexandra und lud ihn auch wieder in ihre Privatgemächer ein. Schnell hatte der Hof sich in zwei Lager geteilt: das militärische mit dem Kaiser an der Spitze, das den Künstler ignorierte, und das musikalische um die Kaiserin geschart, das in die Konzerte strömte und den Maestro feierte. »Sie haben wohl nie in einer Schlacht gestanden?«, soll ein ordensgeschmückter General den Virtuosen gefragt haben. »Nein«, soll Liszt, der ebenfalls allerlei Orden trug, geantwortet haben, »und Exzellenz haben nie Klavier gespielt!«

Im November traf Pauline Viardot mit einer italienischen Operntruppe in St. Petersburg ein. Sie debütierte als Rosina im »Barbier von Sevilla«. Das Bolschoj Theater war bis auf den letzten Platz ausverkauft. Im Publikum wurde vermerkt, dass die Kaiserin der Künstlerin eine Kamelie zuwarf und dass der Kaiser nicht nur wie ein Verrückter klatschte, sondern die Viardot sogar in ihrer Garderobe aufsuchte. Unter den begeisterten Zuhörern war auch der junge Dichter Iwan S. Turgenjew, dessen Begegnung mit der Sängerin der Beginn einer großen Liebe und lebenslangen kreativen Zusammenarbeit war.

Familiär bescherte das Jahr 1843 Alexandra und Nikolaus eher ein Wechselbad der Gefühle: Anfang Juni kamen zwei junge Herren aus Deutschland zu Besuch, Friedrich Wilhelm (»Fritz«) von Hessen-Kassel, der Aussichten auf den dänischen Thron hatte, und Friedrich von Mecklenburg-Schwerin, ein Neffe. Die beiden wohnten im Cottage, und das bedeutete Familienanschluss. Fritz von Hessen galt als Heiratskandidat für Olga Nikolajewna, verliebte sich jedoch in ihre Schwester Alexandra. Die Verlobung wurde schon am 29. Juni verkündet, und Adini fing an, sich mit Dänemark zu beschäftigen. Sie schwebte im siebten Himmel. Drei Wochen später bekam Mary ihren ersten Sohn, der Nikolaus genannt wurde. Aber manchmal liegt das Unglück dicht neben dem Glück. In der Nacht nach der Niederkunft starb ihre zweijährige Tochter Adini an Keuchhusten. Mary hat den Namen der Kleinen nie mehr in den Mund genommen.[48]

Am 20. September brachte auch Marie ihren ersten Sohn zur Welt, der ebenfalls Nikolaus genannt und »Nixa« gerufen wurde.

»Die Freude war unbeschreiblich«, schreibt Olga Nikolajewna. »Papa ließ seine drei Söhne an der Wiege des Kindes knien, um dem zukünftigen Kaiser die Treue zu schwören.«[49] Niemand konnte ahnen, dass dieser Junge, der zu den schönsten Hoffnungen berechtigte, im Alter von 22 Jahren in Nizza an Knochentuberkulose sterben würde.

Inzwischen bereitete Adini sich auf ihre offizielle Verlobung am 26. Dezember vor, der hartnäckige Husten, an dem sie litt, wurde nicht mehr beachtet. Anders als Mary und Olly, die ihren eigenen Kopf hatten, war sie weicher und auch nachdenklicher als ihre großen Schwestern. Christina Robertson hat Adini als Fünfzehnjährige in einem rosa Seidenkleid dargestellt, sehr schlank, sehr apart, sehr anmutig, eine bezaubernde Erscheinung. Sie ähnelte ihrer Großmutter Luise und war der Liebling ihres Großvaters gewesen, weil sie seiner Ansicht als einzige seiner drei Petersburger Enkelinnen »preußisch aussah mit ihrem Stupsnäschen und ihrem Schelmengesicht«.[50] In der Familie wurde sie »Kobold« gerufen. Sie erhielt Gesangsunterricht bei Henriette Rossi-Sontag, die seit 1838 mit ihrem Mann in St. Petersburg lebte. Adinis Stimme soll drei volle Oktaven umfasst haben.[51]

Der Hof fand den Bräutigam eher unbedeutend, doch Adini war überglücklich, und das war die Hauptsache. Die Hochzeit folgte schon am 16. Januar 1844, obwohl der Husten der Braut inzwischen so stark war, dass sie nicht mehr singen konnte.[52] Wieder wurde tagelang gefeiert, und da das junge Paar noch bis Ostern in St. Petersburg bleiben wollte, rissen die Veranstaltungen ihm zu Ehren nicht ab. Bei der Polonaise des letzten Balls tanzte die Gesellschaft mit dem Kaiser an der Spitze in wildem Galopp gleich durch alle großen Paradesäle des Winterpalastes. Doch Adini, inzwischen schwanger, tanzte nicht mehr, meistens lag sie. Und dann kamen auch noch Clara und Robert Schumann. Clara hätte die Konzertreise nach Russland gerne früher angetreten, wollte aber vermeiden, mit Liszt zu konkurrieren, und so wurde der Termin verschoben. Am Sonntag, dem 24. März, fast drei Wochen nach ihrer Ankunft und mehreren Konzerten, erhielt sie endlich eine Einladung in den Winterpalast.

»Das war eine Pracht in dem Palaste! da waren Kammerherren, Diener, Mohren, *Tscherkessen* die Menge – es hätte Einem Angst und Bange werden können! – Die Kaiserliche Familie nahm mich auf das huldvollste auf: es war ein kleiner Kreis, und in dem Wohnzimmer der Kaiserin (das goldene Zimmer genannt) versammelt, wo ich denn auch spielte. Ich spielte viel, unter Anderem das *Mendelsohn'sche* Frühlingslied 3 mal hintereinander, außerdem noch eine Menge Stücke. Die *Leuchtenberg* spielt selbst viel, und interessirte sich wohl auch am meisten für das, was ich spielte. Die 3 Prinzessinnen *Olga*, *Marie* und *Alexandrine* entzückten mich, wie lange keine Schönheiten. Es sind sicher die schönsten Erscheinungen, die ich je gesehen. Die *Olga* ist wahrhaft kaiserlich stolz – eine hohe Schönheit, die *Alexandrine* ist die höchste Lieblichkeit, Zartheit und Anmuth. Die *Marie (Leuchtenberg)* ist die weniger Schöne, aber interessant und die lebendigste von den Dreyen ... Die Kaiserin ist sehr kränklich und mager, hat aber noch immer ein liebliches Gesicht, und ist so leutselig und liebenswürdig, daß ich ganz und gar meine frühere Abneigung gegen sie (in Weimar war sie mir so furchtbar stolz erschienen) verlor – sie zeichnete mich durch die gröste Freundlichkeit aus, saß den ganzen Abend neben mir am Klavier und sprach viel mit mir ... Ich kam vollkommen befriedigt und entzückt von der guten Aufnahme nach Haus und erzählte dem Robert noch lange bei einer Flasche Champagner von meinen Erlebnissen.«[53]

Zwei Tage später konnten die Schumanns den Winterpalast besichtigen. »Wie herrlich, wie prachtvoll ist das! das läßt sich gar nicht beschreiben! Vorzugsweise entzückten uns das Zimmer der Kaiserin (wo ich gespielt hatte) mit den Malachit-Tischen und Säulen an den Wänden, dann ihr Garten, in dem man sich in einen Feen-Garten versetzt glaubt. Die schönsten fremdartigsten Pflanzen schmücken ihn, so wie Fische und Vögel drin leben und singen. Ich war von diesem Anblick hingerissen, und hätte weiter

nichts sehen wollen, nur dort ein viertel Stündchen verweilen.«
Im Hotel fand Clara »ein schönes Brillant-Armband von der
Kaiserin« vor.[54] Nach einem weiteren Gastspiel in Moskau traten
die Schumanns am 19. Mai die Heimreise an.

Kurz darauf brach Nikolaus Pawlowitsch zu einem Staatsbesuch nach England auf, anschließend wollte er in Kissingen kuren. Adini, die ihren eigenen Arzt hatte und zunächst von Dr. Mandt nichts wissen wollte, willigte erst nach der Abreise ihres Vaters in eine gründliche Untersuchung ein. Am 27. Mai stellte der Professor bei der Schwangeren galoppierende Schwindsucht fest, wagte aber nicht, der Kaiserin die Diagnose mitzuteilen, und reiste dem Kaiser entgegen, der inzwischen auf der Rückreise und in Den Haag eingetroffen war. Als er vom lebensgefährlichen Zustand Adinis erfuhr, verzichtete er auf Kissingen und kehrte sofort nach Hause zurück.[55] Noch einmal flackerte Hoffnung auf Genesung auf, doch dann kündigten sich Atembeschwerden an.

Adini starb am 29. Juli 1844 nachmittags, wenige Stunden nach der Geburt eines Sohnes, der nur bis Mittag gelebt hatte, im Kabinett ihrer Mutter im Alexander-Palast. Ihr Glück hatte ganze zehn Monate gedauert. Sie wurde in der Großfürstenkapelle der Peter-und-Paul-Kathedrale beigesetzt, der kleine Prinz, den ein evangelischer Geistlicher noch auf den Namen Friedrich Wilhelm Nikolaus getauft hatte, nach Hessen überführt und in der Familiengruft im Park von Schloss Rumpenheim bestattet. Alexandra weinte tagelang und nahm wie in Trance wahr, dass die Familie ins Cottage übersiedelte. »Man sagt mir, dass sie glücklich ist«, sagte sie zu Marie, ihrer Schwiegertochter, »doch woher soll ich wissen, wo sie ist?«[56] Ihr schönes großes Eckzimmer im Alexander-Palast wurde umgebaut, sie hat es nie mehr benutzt. Zu Lebzeiten der Kaiserin fanden in Zarskoje Selo keine Bälle und Feste mehr statt.

14
»Nichts fehlte für Mama«

Ruhe vor dem Sturm

Hoftrauer – Kampf um Italien – Reise nach Palermo – Villa Butera – Peter von Meyendorff – Briefe vom Kaiser – Karl von Württemberg – Oberitalien – Olgas Hochzeit – Konstantin Nikolajewitsch – Patent Friedrich Wilhelms IV. – Kritik an Preußen – Taras H. Schewtschenko – Konstantins Verlobung – Vorahnungen   1845–1847

Der Winter 1844/45 war ernst und traurig, zumal es noch einen Trauerfall in der Familie gab. Völlig unerwartet hatten Michael Pawlowitsch und Jelena Pawlowna ihre Tochter Elisabeth verloren, die den Herzog Adolf von Nassau geheiratet hatte. Ende Januar war sie ebenfalls bei der Geburt ihres ersten Kindes in Schloss Biebrich gestorben, keine 20 Jahre alt. Wieder war drei Monate Hoftrauer. Alexandra weinte immer noch, bis ihr die Augen schmerzten. Oft sah sie aus ihren Fenstern hinüber zur Festung, wo Adini lag. Sie litt erneut an Herzbeschwerden, die aber keine organische Ursache hatten, sondern von ihrem Gemüts- und Nervenzustand herrührten.[1] Auch Nikolaus kränkelte, er hatte es an Leber und Galle, und auch er haderte mit dem Schicksal. Er war müde.

»Es herrschte daher im Winterpalais wenig Freude und Sonnenschein«, schreibt Dr. Mandt. »Die Minister kamen zum Vortrag mit langen Gesichtern und ernstlichen Vorbereitungen dazu … Die Geheimräte schlichen auf den Fußspitzen in Korridoren und Gemächern herum; die Angst, die in der Luft lag, machte ihre Gesichter um kein Haar weiser aussehen. Die Sporen der Generale klirrten weit weniger auf den Gängen; Säbelgerassel hörte man gar nicht, und sie ließen von ihrer Seite gern die Welt in tiefstem Frieden. Die Seidenroben der Hoffräulein rauschten weniger hörbar durch Gänge und Vorzimmer und waren allerwärts schwarz, schwarz als Symbol der Trauer und herabgedrückter Hoffnungen. Auch sah man sie weniger zusammengruppiert und hörte sie fast gar nicht – schnattern.«[2]

Die Umgebung der Kaiserin vermied im Gespräch alles, was sie an Adini erinnern konnte. Ihr einziger Trost war die Geburt weiterer Enkel. Marie, die Thronfolgerin, brachte ihren Sohn Alexander zur Welt (den späteren Kaiser Alexander III.) und Mary, die Herzogin von Leuchtenberg, ihre Tochter Jewgenija. Selbst ein Privatkonzert der großen Viardot, die in der Saison 1844/45 zum zweiten Mal in St. Petersburg gastierte und im März auch im Winterpalast sang, heiterte sie nicht auf, und nichts zog sie in diesem Frühling nach Zarskoje Selo. Man ging also nach Jelagin, wo es auch immer sehr schön war. Nach Zarskoje begab sich die Familie nur an Adinis Todestag, nahm in der Schlosskirche an einer Gedenkmesse teil und fuhr anschließend in die Peter-und-Paul-Festung.

Alexandras Gesundheit glich inzwischen einer schwankenden Kerzenflamme, »die zu erlöschen drohte«, und die Ärzte verlangten immer dringender eine »schleunige Abreise nach dem Süden, sonst sei das Schlimmste zu befürchten«[3]. Dr. Mandt plädierte für einen längeren Aufenthalt in Sizilien. Allerdings hatte Nikolaus seinen Untertanen die Reisen ins Ausland gerade wieder erschwert. Wie konnte er also seine Frau reisen lassen? Am liebsten hätte er sie auf die Krim geschickt. Doch der Weg nach Südrussland war, obwohl kürzer, viel beschwerlicher als der Weg nach Sizilien, weil die Straßen in einem so trostlosen Zustand waren. Er selbst hatte auf seinen Reisen schon weite Strecken zu Fuß zurücklegen müssen, weil die Wagen in Dreck und Kot stecken blieben.[4]

Alexandra, die genau wusste, wie ungern Nikolaus sich von ihr trennte, sagte nie klipp und klar, dass sie reisen wollte, sondern zog es vor, sich die Reisen von den Ärzten »verschreiben« zu lassen. Auch sie trennte sich ungern von ihrem Mann, doch von einer Reise nach Italien träumte sie seit frühester Jugend. Und Dr. Mandt war zu der Überzeugung gelangt, »daß sie unter keiner Bedingung dem kommenden rauhen Petersburger Winter ausgesetzt werden dürfe«[5]. Der nun entbrennende Kampf um Sizilien zeigte den mächtigen kaiserlichen Ehemann ganz und gar hilflos. Nikolaus bot alles auf, um die Reise zu verhindern, zumal Alexandra die Nelidowa mitnehmen wollte. Ihren Mann monatelang mit der Nebenbuhlerin allein zu lassen, schien ihr wohl doch zu riskant. Wie aber sollte er so lange ohne die beiden Frauen auskommen? Doch Dr. Mandt bestand auf Palermo. »Das wird um so dringender geboten, da es sich nicht mehr um *Besserung*, wohl aber um *Erhaltung* des Lebens Ihrer Majestät handelt. Dies ist meine tiefe und innere Überzeugung«, schrieb er dem Kaiser.[6]

Schließlich kam es zu einer Aussprache zwischen Herrscher und Arzt, die Martin Mandt so beeindruckt hat, dass er sie auszugsweise wiedergab: »Er im Cottage: ›Woran haben Sie gedacht? Meine Frau nach Italien? Und ich, ich? Alle Schwierigkeiten der Reise in ein fremdes Land! Dann die ungeheuren Kosten! Die politischen Verhältnisse! … Das ist nicht, als wenn Madame Mandt eine Reise macht!‹«[7] Nikolaus schrie so laut, dass man seine Stimme im Erdgeschoss hören konnte. Schließlich flehte er den Doktor geradezu an: »Lassen Sie mir meine Frau hier!« Er war ein guter Schauspieler, aber diesmal war er wirklich unglücklich. Eine Träne in Nikolaus' Auge, »in diesem *Kaiserauge*«, verschlug selbst dem Arzt die Sprache.[8] Aber er setzte sich durch, viele nannten ihn einen Diktator.[9]

Auch Alexandra musste einiges durchmachen, bevor Nikolaus sie fahren ließ. »Gleich den Tag nach dem Abendmahl fingen die Angsttage an vor meiner Abreise«, schrieb sie in ihr Tagebuch. »Man hatte sich geschmeichelt, der Kaiser werde sich gewöhnen können an den Gedanken einer Reise nach Italien für mich, aber das war weit gefehlt. Er hatte die Krim noch immer gehofft, und als das Klima nicht hinreichend stark und sicher schien, und Palermo vorgeschlagen wurde, von Dr. Mandt, da schien er außer sich zu sein, d. h. wie er es ist, und wie kein anderer Mensch es sein würde, nicht tobend und bös und weinend, sondern eiskalt und das gegen mich, nicht zwei Phrasen redete er mit mir während einer ganzen Woche. Das waren solche schwere Tage, solche Last, solches Ziehen am Herzen, als müßte ich krank und nervös werden. Ich will aber nichts weiteres darüber schreiben. Seit vorigem Sonntag geht es besser, und er ist natürlich traurig und gesprächig, und das Beste ist, was er mir sagte, als wir vorigen Donnerstag, den 16., in Kasan [Kasaner Kathedrale] und in der Festung beteten und im Winterpalais dasselbe taten in Tränen, nämlich: je veux te dire ici, et à toi seule quelque chose, c'est que je compte te faire visite à Palermo, quand et comment je ne sais pas encore.«*[10] Er würde also nachkommen und sich bei der Gelegenheit auch nach einem Ehemann für Olga umsehen.

Die Abreise erfolgte am 4. September 1845. Stürmisches Wetter und frühere Erfahrungen mit Schiffsreisen hatten die prominente Gesellschaft bewogen, den beschwerlichen Landweg durch die Ostseeprovinzen und Ostpreußen zu nehmen. »Wir fuhren in mehreren Wagen in kleinen Tagesreisen«, notierte Olga Nikolajewna. »Zwei Wagen waren für die Kammerfrauen bestimmt, deren einer uns immer voraus war, damit Mama bei ihrer Ankunft an den Rastorten immer alles, dessen sie bedurfte, bereit fand. Während sie schlief, war ein Wagen schon wieder unterwegs. Diese Maßnahme war ausgezeichnet, denn bei der Menge der Wagen war die Post nicht imstande, die notwendigen Gespanne zu liefern, Bauernpferde mußten verwendet werden, die mit den schwerbeladenen Equipagen nur sehr langsam vorwärtskamen. So gab es oft Verspätungen von fünf bis sechs Stunden.«[11]

In Königsberg wurde ein Rasttag angelegt, im Rittersaal der Marienburg beim Schein brennender Fackeln Olgas 23. Geburtstag gefeiert. Und natürlich musste ihre Mutter an den »Zauberring« denken. Dann ging es nach Stettin, wo Friedrich Wilhelm IV. und Wilhelm auf die Schwester warteten. Die Eisenbahn brauchte damals noch sechs Stunden von Stettin nach Berlin, und auf dem Bahnhof warteten zahllose Verwandte. Olga fühlte sich bei der

---

* Ich möchte dir und nur dir hier etwas sagen, nämlich dass ich dich in Palermo besuchen werde, wann und wie, weiß ich noch nicht.

Ankunft in Sanssouci wie betäubt, Alexandra aber empfand keine Müdigkeit mehr. »Mehrere Tage waren wir in Potsdam, Berlin und Charlottenburg, Tage, die ein wahrer Wirbel von Unternehmungen, Besuchen und Gesellschaften waren. Der König ließ uns zu Ehren die Antigone in der Inszenierung von Tieck aufführen. Dieser, schon bejahrt, das Gesicht halbseitig gelähmt, lebte ebenso wie Alexander v. Humboldt, zuzeiten am Hof und las abends manchmal vor. Humboldt, der meist mitspeiste, bestimmte die Konversation bei den Mahlzeiten.«[12]

Olga war froh, als die Reise weiterging. Sie fuhren über Weimar und Nürnberg, wo Schukowskij ihnen seine Familie vorstellte, Augsburg, München und Partenkirchen über die Alpen nach Trient, wo abends die Fenster offen standen und singende Menschen vom Land in die Stadt zurückkehrten. Ein einziges Idyll, wie es schien. Die südliche Atmosphäre wirkte sofort. »Bald kam Mama zu mir, legte meine Hand auf ihr Herz, ich fühlte seinen ruhigen Schlag, während sie mir sagte, sie fühle keine der Beschwerden mehr, die sie seit vielen Monaten ununterbrochen geplagt hatten. Beide weinten wir vor Freude. Mamas Gesundung, das Ziel der Reise, war erreicht, kaum, daß wir italienischen Boden betreten hatten.«[13]

Ende September trafen sie in Como ein, wo sie mit ihrem Gefolge in der Villa Sommariva, die Albrecht von Preußen gerade gekauft hatte, Wohnung nahmen. Dort überbrachte ein Kurier aus St. Petersburg die Nachricht, dass der Kaiser ebenfalls auf dem Weg nach Italien sei. Um Frau und Tochter zu überraschen, kam »Graf Romanow« drei Tage früher als erwartet am 16. Oktober in Mailand an. Von dort reisten sie gemeinsam nach Genua, wo sie die »Kamtschatka« bestiegen, den schönsten Dampfer der russischen Flotte, der sie in zwei Tagen nach Palermo brachte. Im Hafen lag eine russische Flottille, und dann traf auch noch Konstantin, der Admiral, auf der »Ingermanland« ein. Außerdem war noch Alexandrine, die verwitwete Großherzogin von Mecklenburg-Schwerin, samt Tochter mit von der Partie, sodass Alexandra wieder Schwester und Tante Charlotte wurde, und das tat ihr gut.

Für die hohen Gäste stand die Villa der Fürstin Butera bereit, einer geborenen Fürstin Warwara P. Schachowskaja und dreifachen Witwe, die unermesslich reich war. Ihr dritter Gatte war Gesandter des Königs beider Sizilien in St. Petersburg gewesen, und so hatte sie auch in Palermo Besitz. Ihre Villa war die schönste in der Olivuzza und der Garten geradezu berühmt, ein gepflegtes kleines Paradies mit ebenso üppiger wie farbenprächtiger Vegetation. Wie immer hatte Nikolaus allerlei Vorkehrungen treffen lassen, damit Alexandra nichts entbehrte. »Man hatte Öfen aus Rußland kommen lassen und Maurer, die sie einbauten, heimische Bäcker waren da, die unser Brot buken, nichts fehlte für Mama, damit sie ihr gewohntes Leben führen könne«, hielt Olga Nikolajewna fest. »Wir hatten eine griechische Kapelle und Priester, Diakon und Chorsänger aus unserer Heimat. Wäre die Sonne nicht gewesen und das unbeschreibliche Glücksgefühl, das uns nordische Menschen angesichts der Bläue und Lichtfülle durchströmt, hätten wir glauben können, daheim zu sein.«[14] Auch Ferdinand II., König beider Sizilien, hatte das Seinige getan, alle Bettler aus der Stadt und ihrem Umland entfernen und das Polizeiaufgebot diskret verstärken lassen.

Der kaiserliche Hof in Palermo bestand, die Dienerschaft mitgerechnet, aus etwa vierzig Personen, »eine sehr mäßige Zahl für eine Kaiserin Rußlands«, wie Grimm fand.[15] Die Marschallstafel, an der sich das Gefolge der Kaiserin, des Großfürsten und der Großherzogin traf, zählte zwanzig Gedecke. Im Vergleich zum Hofleben in St. Petersburg war Palermo also ein Stillleben, und ein Teil des Gefolges langweilte sich. Warenka Nelidowa war so klug, »in Palermo von der ganzen Gesellschaft am zurückgezogensten« zu leben.[16] Im Gefolge der Kaiserin fiel besonders der Gesandte Peter von Meyendorff auf, der mehrere Jahre in Stuttgart auf Posten gewesen war und den Petersburger Hof seit 1839 in Berlin vertrat, ein hochgebildeter, weltläufiger Mann, in dessen Gesellschaft sich niemand langweilte. Der Kaiserin »zukommandiert in diplomatischen Angelegenheiten«, konnte der Baron bald tätig werden, denn am 22. November kam eine Depesche aus Stuttgart, in der

König Wilhelm I. anfragte, ob sein Sohn Karl die Großfürstin Olga aufsuchen dürfe. Nikolaus antwortete ausweichend.[17]

Die Hofetikette war außer Kraft gesetzt. Alexandra stand um 8 Uhr auf, kleidete sich in wenigen Minuten an, machte einen kurzen Spaziergang und nahm das Frühstück an der frischen Luft ein. Dann erledigte sie ihre Korrespondenz und empfing Meyendorff, der sie auf Wunsch des Kaisers über die wichtigsten politischen Tagesneuigkeiten unterrichtete und später einer ihrer bevorzugten Privatkorrespondenten werden sollte. Nachmittags spielte die Marinekapelle, die Kosty mitgebracht hatte, im Garten russische und deutsche Weisen, Vorträge über Italien, insbesondere über Rom, das sie zu sehen hoffte, schlossen sich an. Zu den Mahlzeiten wurden nur wenige Gäste eingeladen, und um 23 Uhr war Nachtruhe. Alexandra fuhr nur selten aus.

Nikolaus war am 5. Dezember in bester Stimmung wieder abgefahren und schrieb ihr nun täglich wunderbare lange Briefe aus Neapel, Pompeji, Rom, Florenz, Bologna, Padua und Venedig, beschrieb Museen, Galerien, Ausgrabungen, Kirchen, Atelierbesuche und Ankäufe. »Ich habe mit dem Könige einen entzückenden Spaziergang gemacht, durch das idealste Traumland, das man erdichten kann. Der Blick auf Neapel, den Golf und das Meer ist etwas, was alles übertrifft. Alles, was ich Schönes und Ideales träumen konnte, c'est pour devenir fou«*, schrieb er ihr aus Neapel.[18]

Aus Rom, wo er sich fünf Tage aufhielt, schilderte er ihr detailliert die Begegnung mit Papst Gregor XVI. in der Engelsburg, klagte aber, dass der Vorwurf, in Russland würden die Katholiken unterdrückt, bestehen geblieben sei. Der Vorwurf belastete auch die Beziehungen zum Wiener Hof. Vom Vatikan und vom Petersdom war Nikolaus tief beeindruckt. In den Galerien sah er vieles, was er gerne gekauft hätte, kein Maler- und Bildhaueratelier verließ er ohne Bestellung. So entstand die Sammlung moderner Skulpturen, die ein paar Jahre später *sein* Museum, die Neue Ermitage, zieren sollte.

---

* Das ist zum Verrücktwerden.

Schließlich kam aus Venedig eine Nachricht, die Ollys Zukunft betraf. Dort hatte sich Karl von Württemberg, der einen gewissen Ruf als Lebemann hatte und eigentlich nicht heiraten wollte, dem Kaiser vorgestellt und erneut gebeten, die Großfürstin besuchen zu dürfen.[19] Nikolaus, der eine österreichische Heirat noch nicht ganz ausschließen wollte, wies ihn nicht ab, machte allerdings auch keine Zusage und schrieb seiner Frau: »Aber wenn es in Wien schief geht, schreibe ich es Euch auch, und dann gibt es keine Wahl mehr, und Olly wird allein entscheiden müssen, ob sie den Einzigen, der sich bietet, will oder ob sie ihn nicht will.«[20]

In Wien ging es schief. Silvester zerschlug sich Nikolaus' Hoffnung auf eine Habsburger Heirat endgültig, Olga hatte nun keine Wahl mehr, und Karl durfte kommen. Am 15. Januar traf der Kronprinz in Palermo ein, und alle fanden ihn sofort sympathisch. Drei Tage später war Olga mit dem Württemberger zum ersten Mal für eine halbe Stunde allein, und »man hat sich alles gesagt«[21]. Er hielt beim Kaiser um ihre Hand an. Alexandra strahlte, Olly hatte sich in den schüchternen jungen Mann verliebt, den sein eigener Vater für einen Taugenichts hielt.[22] Nikolaus aber war zufrieden, weil sie nun doch noch eine standesgemäße Ehe eingehen und denselben Thron besteigen würde wie einst seine Schwester Katharina. Ohne die Reise nach Palermo, schrieb Meyendorff an Reichskanzler Nesselrode, »hätte die Kaiserin die Gesundheit nicht gefunden und die Großfürstin keine Krone«![23] Von Karls Homosexualität und vorausgegangenen Geschlechtskrankheiten ist in Korrespondenz und Memoiren selbstverständlich nicht die Rede.[24]

Im Februar erlaubte Dr. Mandt seiner Patientin ausnahmsweise, am Karneval in Palermo teilzunehmen, einem farbenprächtigen Spektakel, wie sie es noch nicht erlebt hatte. Betäubt vom Jubel der Palermitaner und vom Duft der vielen Blumen, mit denen sie förmlich überschüttet wurde, kam sie wieder in der Olivuzza an. Es war ein unvergesslicher Tag. Sie wäre gerne noch geblieben, doch im März ging ihr Aufenthalt seinem Ende zu. »Sein Zweck war erfüllt, Mama so sichtlich erholt, wie schon lange nicht mehr«, schreibt Olga Nikolajewna. »Sie hatte zugenommen, Schultern und Arme waren so voll, daß sie sich wieder mit kurzen Ärmeln zeigen konnte. Ihre Fröhlichkeit wuchs mit den Kräften, die ihr wieder ein tätiges Leben erlaubten ... An einem Frühlingstag – Rosen und Orangenbäume standen in voller Blüte – nahmen wir Abschied von Palermo ... Die Straße zum Hafen war voller Menschen, als wir hinabfuhren, sie winkten von Dächern und Balkonen und bezeugten so, wie sehr sie Mama geliebt hatten, die immer offene Hände für die Armen gehabt hatte, liebevoll zu den Kindern gewesen war und voll einfacher Güte zu einem jeden. Von allen Seiten hörten wir die Rufe: ›Addio, nostra Imperatrice, addio, nostra bella fidanzata!‹ Tausende von kleinen Schaluppen, Gondeln und nußschalenartigen Kähnen wimmelten in der Bucht, und die Menschen darin riefen uns lange noch Segenswünsche nach. Wir waren tief gerührt über solche Teilnahme, die ein fremdes Volk uns aus eigenem Antrieb entgegenbrachte.«[25] Die »Kamtschatka« hatte auch ein paar Orangenbäume aus der Olivuzza für den Wintergarten im Winterpalast geladen.

Die erste Station auf der Rückreise war Neapel, wo Mutter und Tochter eine Woche bleiben wollten, damit noch genug Zeit für Rom bliebe. Doch nach der Besichtigung Pompejis, wo sie in der Wohnung des Sallust Platz genommen und sich vieles hatte erklären lassen, erkrankte Alexandra an einer Gesichtsrose, und weitere Besichtigungen entfielen. Selbst die Aussicht auf den Vesuv, der ihr Tag und Nacht die glänzendsten Feuerwerke bot, tröstete sie nicht. So wurden aus dem Kurzaufenthalt vier Wochen, und da Dr. Mandt den Besuch Roms strikt verboten hatte, weil in der Stadt eine Masernepidemie herrschte, fuhr die »Kamtschatka« zu ihrem großen Kummer an der ewigen Stadt vorbei. Alexandra fühlte sich um Rom betrogen – und dies umso mehr, als sie prompt wieder seekrank wurde.

Schließlich ging die Reisegesellschaft in Livorno an Land, wo Karl von Württemberg zu ihnen stieß. Von hier aus ging es über Pisa, wo sie das Grab des Grafen Francesco Algarotti besuchten, des Kammerherrn Friedrichs des Großen, nach Florenz, das sich auf einen offiziellen Empfang der Kaiserin von Russland vorbereitet hatte. Indessen hatte sich Alexandra, um der anstrengenden Zeremonie zu entgehen, ein hübsches kleines Täuschungsmanöver einfallen lassen. In ihrem sechsspännigen Staatswagen, der unter dem Jubel der Florentiner durch das Stadttor fuhr, saß nicht Ihre Majestät, sondern ihre Kammerfrau, während sie selbst bereits in einer unscheinbaren Kalesche, nur von einer Hofdame begleitet, vor ihrem Hotel vorgefahren war. Eine der vielen kinoreifen Szenen ihres Lebens. Sie empfing die großherzogliche Familie und die Exkönige von Holland und Westfalen, Louis und Jêrome Bonaparte, die sie wieder an Memel erinnerten, und genoss endlich Florenz.

Eines ihrer ersten Ziele waren die Uffizien, wo sie vor allem die »Venus von Medici« und die »Niobe-Gruppe« in der Tribuna bewunderte und Leonardo da Vinci vor allen anderen italienischen Malern den Vorzug gab. Ihre Begleitung registrierte verblüfft, dass sie genau wusste, was in den Uffizien zu sehen war. Dann besichtigte sie den Dom, betrachtete ihn auch vom Sasso di Dante aus, und wieder gab es einen Volksauflauf. Sie liebte diese Ausflüge, doch nun war es schon Olga Nikolajewna, die hochgewachsene, schöne blonde Braut, die das Interesse der Italiener weckte. Zum Abschluss führte der Großherzog die Kaiserin durch die Galerie Pitti und zeigte ihr genau zehn Meisterwerke, mehr meinte sie nicht verkraften zu können. Von Raffaels »Madonna della Sedia« war sie beeindruckt, sagte aber beim Verlassen der Galerie, dass sie die beiden Meisterwerke, die in ihrem Kabinett hingen, Murillos »Heilige Familie« und Domenichinos »Apostel Johannes«, »selbst nicht für den Raphael vertauschen« würde.[26] Der Aufenthalt in Florenz endete mit einer grandiosen Illumination. Aus ihrem Fenster erblickte sie jenseits des Arno plötzlich die Petersburger Börse, also genau das Bild, das sie aus dem Winterpalast zu sehen gewohnt war, während auf dem Fluss Gondeln hin und her fuhren, aus denen die schönsten Lieder Mendelssohns und Webers in italienischer Sprache ertönten. Sie war überwältigt.

Die Damen verließen Florenz in bester Stimmung, lernten in Bologna noch zwei italienische Musiklegenden kennen, Gioachino Rossini, der hier seit 1836 Direktor des Musiklyzeums war, und Angelica Catalani, die in den 1820er-Jahren auch in Russland aufgetreten war, und trafen schließlich in Venedig ein, das sie trübe fanden, weil es an Grün fehlte. Hier entschied Dr. Mandt, dass die Kaiserin ohne weiteren Kuraufenthalt in Ems oder Schlangenbad nach St. Petersburg zurückkehren könne. Unterwegs waren Pausen vorgesehen.

In Salzburg trafen Alexandra und Olga Ende Mai mit dem württembergischen Königspaar zusammen, und es war eine wichtige Begegnung. Schließlich stand Olga im Begriff, in eine Familie einzuheiraten, deren Oberhaupt ein konstitutioneller Monarch war und als »harter Vater« galt.[27] Der König fand Gefallen an der zukünftigen Schwiegertochter und erhoffte sich von ihr einen günstigen Einfluss auf seinen Sohn. In Linz gab die regierende Kaiserin von Österreich der regierenden Kaiserin von Russland ein Diner. Die Zusammenkunft verlief befriedigend. Die beiden Damen beschlossen, die Vergangenheit mit ihren erfolglosen Heiratsgesprächen ruhen zu lassen, und Alexandra nutzte die Gelegenheit, bei Juwelieren und Modehändlern, die sie aus Wien kommen ließ, eine erste Auswahl hübscher Sachen für Ollys Aussteuer zu treffen. Tafel- und Küchenleinen wollte sie, wie für Mary und Adini, wieder in Berlin bestellen. In Prag nahmen Mutter und Tochter dann den Zug nach Warschau, wo Nikolaus auf sie wartete.

Am 15. Juni trafen die drei wieder in Peterhof ein. Die Stimmung der kaiserlichen Familie war gut, die Hofgesellschaft atmete auf, und »das neue Leben am Hofe wogte durch alle anderen Classen«[28]. Während der Reise hatten ausländische Zeitungen zum ersten Mal Kritik an der Kaiserin und ihrer Verschwendungssucht geübt ...[29]

Nikolaus aber plante schon wieder eine Überraschung für seine Frau, die sie an Palermo erinnern sollte. Dort war sie auch bei Vincenzo Florio, dem damals schon berühmten Weinhändler, zu Gast gewesen und hatte Gefallen an dessen Villa Quattro Pizzi gefunden, die Carlo Giachery 1844 im neogotischen Stil im Fischerdorf Arenella gebaut hatte. Nun ließ Nikolaus die Originalpläne kommen und beauftragte seinen Lieblingsarchitekten Andrej J. Stakenschneider mit dem Bau eines ähnlichen Häuschens am östlichen Rand von Alexandria. Stakenschneider errichtete den einstöckigen Pavillon mit vier spitzen Türmen, der »Gotisches Häuschen« oder »Renella« genannt wurde, praktisch auf einem aus riesigen Findlingen errichteten Damm und erzielte so den Eindruck, als schwebe er über dem Wasser. Und so konnte sich Alexandra, wenn sie bei schönem Wetter aus dem Pavillon auf den Finnischen Meerbusen hinaussah, leicht in Arenella wähnen.[30]

Ollys Verlobung war auf den 7. Juli, den Geburtstag des Vaters, die Hochzeit auf den 13. Juli 1846, den Geburtstag der Mutter, in Peterhof festgesetzt worden. Sie fand nach orthodoxem Ritus in der Kirche des Großen Palastes und nach protestantischem Ritus in einem der Säle statt, der als protestantische Kapelle hergerichtet war.[31] Der Kaiser persönlich hatte die aufgeregte Braut in einer zweisitzigen Droschke aus dem Cottage in den Palast kutschiert. Dass ihr Hochzeitstag auch der Hochzeitstag ihrer Eltern war, empfand Olga als glücksbedeutend. Zum Geburtstag schenkte sie ihrer Mutter ihr kleines Schreibpult aus Nussbaum mit veilchenfarbenem Samt, das Alexandra bis zu ihrem Tod benutzte. Der Abschied von Olly fiel ihr schwer, und die Feste und Feierlichkeiten hatten sie so sehr angestrengt, dass sie sich wieder schwach fühlte.

Der Einzug des jungen Paares in Stuttgart war für den 23. September vorgesehen. Konstantin Nikolajewitsch begleitete seine Schwester in ihre neue Heimat. Sie reisten bei stürmischem Wetter auf der »Ladoga« nach Stettin, wo sie von Onkel Fritz und Onkel Wilhelm herzlich begrüßt wurden, und dann weiter über Berlin in den Südwesten. Alexandra aber notierte in ihrem Tagebuch: »Costy ... fand in Altenburg unterwegs eine allerliebste Prinzeß, die er sehr wünscht zu heiraten. Zu jung, und daran nicht zu denken, ist er noch nicht versprochen, doch die Erlaubnis des Vaters und die meine hat er. Darüber ist er außer sich vor Glückseligkeit. Sie soll sehr vielversprechend sein, diese junge Alexandra.«[32] Der Großfürst war gerade 19 geworden, und seine Erziehung war noch nicht beendet, aber er hatte den Eltern erklärt: »Diese oder Keine.«[33] Sanny, seine Auserwählte, war erst 16 und sollte ihre Erziehung vorerst in Altenburg fortsetzen und dann in Petersburg abschließen.

Konstantin war kleiner gewachsen als seine Brüder und kurzsichtig. Als Kind hatte er sich in der Gesellschaft von Erwachsenen nie gelangweilt und seine Prüfungen immer glänzend bestanden. »Unbeschäftigt aber konnte er unausstehlich sein«, fand Olga Nikolajewna. »Immer hatte er auf alles eine Antwort, und seine komischen Mienen machten, daß Mama oft die Fassung ihm gegenüber verlor, wenn sie ihn zanken mußte.«[34] Für seinen Eigensinn und seine Impulsivität wurde er von seinem Erzieher Friedrich Lütke, dem Weltumsegler und späteren Admiral, ständig bestraft, bisweilen zu Unrecht.[35] »Anders behandelt, hätte sein Wesen sich zu wirklicher Größe entfaltet, während er so unvollkommen blieb«, urteilte seine Schwester.[36] Aber Olga sah deutlich auch die politische Begabung ihres Lieblingsbruders. »Mit seinem scharfen Verstand und seinen liberalen Ansichten, welch letztere höchst selten im Winterpalast zu finden waren, zeigte er sich sehr begabt für die Handhabung alles Geschäftlichen, während es ihm für die Behandlung der Menschen an Takt fehlte. Er besaß die Fähigkeiten eines Staatsmannes, und sein Name wird mit den unter Alexander II. durchführten Reformen verbunden bleiben, um die er sich verdient gemacht hat.«[37] Doch vorerst bereitete sich Konstantin auf seine Aufgaben bei der Flotte und im Marineministerium vor.

Im November verloren Michael Pawlowitsch und Jelena Pawlowna auch noch ihre älteste Tochter. Maria Michajlowna starb völlig unerwartet in Wien. Alexandra wusste nicht, wie sie die Eltern trösten sollte. Wieder war drei Monate Hoftrauer, und so verging auch der Winter 1846/47 still und ruhig. Gegen Ende der Trauerzeit muss sie Georgina Baroness Bloomfield empfangen haben, die Frau des englischen Botschafters und frühere Hofdame der Queen Victoria. Denn wie die Lady in ihren viel gelesenen »Erinnerungen« schreibt, empfing die Kaiserin, die sonst helle Kleider bevorzugte, sie in Schwarz: »Sie sah sehr dünn aus, aber nicht so krank, wie ich erwartet hatte, und ihr Gesicht trug die Spuren großer Vornehmheit und Schönheit. Ihre blauen Augen lagen tief in ihrem Kopf und wirkten eher klug als anziehend. Ihre Stimme war sanft, aber sie sprach schnell und bestimmt. Ihre Majestät war in ein einfaches schwarzes Samtgewand mit langen Ärmeln gekleidet. Sie trug einen koketten kleinen schwarzen Hut mit Feder, die mit einer stattlichen Diamantnadel befestigt war, und sie hatte eine wunderbare fünfreihige Perlenhalskette um, jede Perle so groß wie eine Haselnuss, die auf ihren Knien lag, während wir saßen. Ich war ungefähr eine Stunde bei Ihrer Majestät, die sehr viel über verschiedene Themen sprach. Ich erwähnte, dass ich gerade einen Brief von der Queen bekommen hätte; dies schien sie nicht wenig zu erstaunen, und sie sagte: ›Wie das, von ihrer eigenen Hand? Ist es denn möglich, dass die Königin Zeit hat, Briefe zu schreiben!‹ Die Kaiserin bewunderte die Geschäftigkeit der Königin und sagte, dass der Kaiser von ihr sehr beeindruckt gewesen sei …«[38]

Ansonsten nutzte Alexandra die Trauerzeit, um die Lektüre der poetischen Werke Goethes zu vollenden. Davon war sie »nach ihrer eigenen Aeußerung ebenso in ihrem Inneren aufgefrischt, wie von dem schönen Himmel Palermo's«, und wahrscheinlich ist ihr keines der wichtigen neuen Werke der 1840er-Jahre entgangen.[39] Sie bekam nun auch regelmäßig Post von Peter von Meyendorff, der ihr »wie in jenen glücklichen Tagen von Palermo« Berliner Tagesneuigkeiten melden sollte und diesem Befehl selbst auf die Gefahr hin gehorchte, »für eine arge Klatsche und Thee-Schwester von Mit- und Nachwelt gehalten zu werden«[40]. Er entledigte sich seiner Plauderaufgabe auf bemerkenswert hohem Niveau, teilte aber auch wichtige politische Neuigkeiten mit.

Anfang 1847 applaudierte die Hauptstadt wieder einmal einem berühmten Franzosen. Hector Berlioz, der mit »La damnation de Faust«, einer »Légende dramatique« für Soli, Chor und Orchester, in Paris weder künstlerisch noch finanziell den erhofften Erfolg gehabt hatte und auf mehr Beifall und bessere Einnahmen in Russland hoffte, kam Ende Februar 1847, vierzehn Tage nach seiner Abreise aus Paris, »endlich, vor Kälte ganz zusammengeschrumpft, eines Sonntags abends in der stolzen Metropole des Nordens, St. Petersburg, an«[41]. Ein von Alexander von Humboldt vermitteltes Empfehlungsschreiben Friedrich Wilhelms IV. an die »liebste Kaiserin und Schwester«, das ihm alle Türen »von Macht und Ehre im russischen Teil des Globus« öffnen sollte, endete mit dem Wunsch des Bruders: »Möge seine Musik Deinen Ohren viel Gutes tun, ohne Dich taub zu machen für den Ausdruck reinster brüderlicher Liebe Deines fetten, treuen Fritz.«[42]

Alexandra ließ Berlioz gleich nach dem ersten Teil der Aufführung im Saal der Adelsversammlung zu sich bitten: »... und ich musste vor Ihrer Majestät erscheinen, in einem wenig passenden Zustand, das Gesicht gerötet, schwitzend, schnaufend, mit gelöster Halsbinde, kurz, wie man nach einer musikalischen Schlacht aussieht. Die Kaiserin empfing mich in schmeichelhaftester Weise, ... sprach mit mir von ihrem Bruder, dem König von Preußen, von seinem Interesse für mich, das sich in seinen Briefen kundgab, spendete meiner Musik ein hohes Lob und gab ihrem Erstaunen darüber Ausdruck, dass mir eine so außergewöhnliche Aufführung gelungen war. Nach einer Viertelstunde der Unterhaltung sagte sie zu mir: ›Ich gebe Sie Ihrem Publikum wieder, es ist so begeistert, dass Sie es nicht zu lange auf den zweiten Teil des Konzerts warten lassen dürfen.‹ Und ich verließ den Salon, voll der Dankbarkeit für alle diese kaiserlichen Liebenswürdigkeiten ...«[43] Nach einem weiteren Konzert, das ihn nach eigener Aussage »reich« gemacht hatte, reiste der Maestro in die »halbasiatische Stadt Moskau«, konzertierte auch dort mit großem Reingewinn und freute sich über die Nachricht, dass nunmehr auch der König von Preußen die »Legende Faust« kennenzulernen wünschte.[44]

Die Berliner Aufführung vom 19. Juni wurde kein Erfolg. Doch der König schickte Berlioz durch Meyerbeer den Roten Adlerorden und lud ihn zum Mittagessen nach Sanssouci ein. »Nach dem Dessert wurde im Garten der Kaffee eingenommen. Der König ging herum mit seiner Tasse in der Hand; als er mich auf der Treppe eines Pavillons bemerkte, rief er von weitem. – ›He! Berlioz, kommen Sie doch her, geben Sie mir Nachrichten von meiner Schwester und erzählen Sie mir von Ihrer Reise nach Rußland.‹« Friedrich Wilhelm fand Berlioz' Erzählung so erheiternd, dass er laut auflachte.[45]

Wir wissen nicht, was Berlioz dem König von seiner Schwester erzählt hat, immerhin lag sein Aufenthalt in St. Petersburg drei Monate zurück, und inzwischen hatten sich die preußisch-russischen Beziehungen verschlechtert. Am 3. Februar hatte Friedrich Wilhelm IV. die Bildung eines Vereinigten Landtages angekündigt. »Was wir befürchteten, ist geschehen«, schrieb Nikolaus darauf dem Generalfeldmarschall Iwan F. Paskewitsch. »Preußen ist aus unseren Reihen geschieden und, wenn auch nicht zu den Feinden übergetreten, so läßt sich doch annehmen, daß es bald und gegen den Willen des Königs gegen uns, das heißt gegen Gesetz und Ordnung, stehen wird. Die Ungeduld des Königs, vor seinen Kammern großzutun, hat ihn veranlaßt, sie schon jetzt ohne Not zu berufen, als wolle er dadurch beweisen, daß er unsere Ratschläge verspotte. Wir waren drei, jetzt sind wir zwei, das ist sicher.«[46]

Aus Nikolaus' Sicht war der Vereinigte Landtag ein Unglück für Preußen und eine Gefahr für Russland. Zwar hatte Friedrich Wilhelm die Abgeordneten in seiner Eröffnungsrede am 11. April 1847 mit der Versicherung brüskiert, keine Macht der Erde werde ihn je dazu bewegen, »das natürliche, gerade bei uns durch seine innere Wahrheit so mächtig machende Verhältniß zwischen Fürst und Volk in ein conventionelles, constitutionelles zu wandeln«, und nie werde er zulassen, dass »sich zwischen unseren Herrn Gott im Himmel und dieses Land ein beschriebenes Blatt gleichsam als eine zweite Vorsehung eindränge, um uns mit seinen Paragraphen zu regieren«. Damit hatte er einer Verfassung, die sein Vater 1815 versprochen hatte, eine deutliche Abfuhr erteilt. Doch er hatte eben auch gesagt, dass die von ihm geschaffenen Institutionen »*entwicklungsfähig*« seien.[47] Und Meyendorff, ebenfalls ein Gegner der konstitutionellen Bewegung, schrieb der Kaiserin, Berlin sei nicht mehr zu erkennen, man treibe »nichts als Politik«[48].

Dem nicht genug, flog Anfang April 1847 in Kiew die geheime Ukrainisch-Slawische Gesellschaft der Heiligen Kyrill und Method auf, die sich die Vereinigung aller Slawen zum Ziel gesetzt hatte. Jedes slawische Volk sollte eine eigene Volksvertretung und alle zusammen einen Reichstag haben, und alle sollten gleich sein, die großen und die kleinen »Stämme«. Das roch auch nach Umsturz, nach den ewig renitenten Polen nun also die Ukrainer oder Kleinrussen, wie sie damals hießen. Die Dritte Abteilung fand die Schriften der Gesellschaft kriminell. Unter den Festgenommenen war auch der Maler und Dichter Taras H. Schewtschenko, der auf Ukrainisch schrieb und bereits mehrere Gedichtsammlungen veröffentlicht hatte. Er war als Leibeigener des Barons Engelhardt geboren und 1837 dem berühmten Maler Karl P. Brjullow vorgestellt worden. Brjullow fand den jungen Mann so begabt, dass er seinen Freikauf betrieb. Engelhardt verlangte 2 500 Rubel. Die Angelegenheit zog sich hin, bis Schukowskij auf die glückliche Idee kam, sich von Brjullow malen zu lassen. Das Porträt würde der Maler dann für eine Lotterie stiften. Die Lotterie fand am 5. März 1838 statt, als das Bild noch gar nicht fertig war, und die benötigte Summe kam zusammen. Die Gewinnzahl aber hatte die Kaiserin gezogen, der vermutlich mehr an Schukowskijs Porträt als an Schewtschenkos Freilassung gelegen war.[49] Das Bild wollte sie dem Thronfolger schenken.

Als freier Mann konnte Schewtschenko nun an der Akademie der Künste studieren und wurde Brjullows Schüler. Seine ersten Gedichtsammlungen, darunter *Kobsar* (»Der Barde«), erschienen unter großem Beifall der Petersburger literarischen Zirkel. Nach seiner Festnahme wurde in seinen Papieren jedoch das Gedicht »Ein Traum« mit dem Untertitel »Eine Komödie« gefunden, das er gegen Ende seiner Studien noch in St. Petersburg geschrieben hatte. Darin griff er in satirischer Form nicht nur den Zaren, den Hauptunterdrücker der Ukraine, an, sondern auch die Zarin, die er als »trockenen Schwamm« und »Bohnenstange« karikierte. Nikolaus, »groß und böse blickend«, soll bei der Lektüre gelacht haben, doch als er zu der Stelle kam, an der sich Schewtschenko über das nervöse Zittern der Kaiserin lustig macht und noch hinzufügt: »Ist das die Schönheit, die sie besingen? Armes Ding, du bist ein Wrack«, sei er in Wut geraten: »Nehmen wir an, dass er Gründe hatte, mit mir unzufrieden zu sein und mich zu hassen. Aber was hat sie damit zu tun?«[50] Außerdem fand Nikolaus den Dichter undankbar. Von allen Mitgliedern der Kyrill-und-Method-Bruderschaft erhielt Schewtschenko, der künftige ukrainische Nationaldichter und Schöpfer der modernen ukrainischen Literatursprache, die härteste Strafe. Er wurde aufgrund seiner guten physischen Statur als gemeiner Soldat »unter strengster Aufsicht und bei dem Verbot zu schreiben und zu zeichnen« ins Gouvernement Orenburg geschickt, »damit von ihm keine aufrührerischen und Schmähschriften mehr ausgehen«. Das Schreib- und Zeichenverbot hatte Nikolaus dem Urteil eigenhändig hinzugefügt.[51] Schewtschenkos Bücher wurden verboten.

Am 21. September wurde Konstantin 20 Jahre alt, für mündig erklärt und vereidigt. Nun konnte seine Braut kommen. Er fuhr ihr bis Warschau entgegen. Als wäre sie im Winterpalast groß geworden, fand Sanny sich sofort zurecht, lebte ein Jahr bei der Kaiserin, ersetzte ihr ein bisschen die Töchter, lernte Russisch und bereitete sich auf den Konfessionswechsel vor. Sie war schön, anmutig und wie Konstantin, der gut Cello spielte, sehr musikalisch. Sanny brachte wieder Leben in die Familie. Beim Übertritt zur russisch-orthodoxen Kirche erhielt sie den Namen Alexandra Jossifowna. Zur kirchlichen Verlobung im Februar 1848 sollten 8 000 »hoffähige« Personen vorgestellt werden.

Alexandra aber, die sich für Politik interessierte, seit die Kinder groß waren, las nun alle verfügbaren ausländischen Zeitungen und wurde »mehr und mehr von bangen Ahnungen ergriffen«.

Sie las gründlicher als Nikolaus. Den Zeitungen nach zu urteilen, schien »ein allgemeiner Sturm zu drohen«[52]. Aber noch schlimmer war, dass Nikolaus fand, die Wege Preußens und Russlands führten »nach verschiedener Richtung«[53]. So war es.

»An Palermo denke ich und träume ich oft«, schrieb sie Meyendorff zum Jahresende. »Jetzt glühn dort die Goldorangen im dunkeln Laube der Wälder auf dem Wege von Monreal und im Hafen packt man sie ein und die Luft riecht nach Eau de Portugal. Jetzt sieht man des Aetna's Silberhaupt durch den Duft der blauen Berge gucken und Monte Pellegrino von der andern Seite steht so stolz und kühn da. Ich glaube, ich fasele ... Grüßen Sie meine Brüder, wenn Sie dieselben begegnen und geben Sie mir Nachricht von allen ... Leben Sie wohl. Alexandrine.«[54]

15
»Wilhelm! Wilhelm! wache auf!«
Revolutionen in Europa

Abdankung Louis Philippes – Märzrevolutionen – Schwanken Friedrich Wilhelms IV. – »Einmischung« Charlottes – Einweihung des Großen Kremlpalastes – Einmarsch in Ungarn – Depeschen aus Warschau – »Gendarm Europas« – Scheinhinrichtung Dostojewskijs – Silbernes Thronjubiläum – Versöhnung mit Preußen   *1848–1852*

Der letzte Ball der Butterwoche 1848 begann Sonnabend um 12 Uhr mittags im Anitschkow-Palast: »Die Säle waren ebenso vom Glanze der Lichter wie der Toiletten erfüllt«, beobachtete August Theodor von Grimm, »ein Blick auf die fröhlich tanzende Menge konnte den Glauben erwecken, man befinde sich in dem ewigen Reiche des Friedens und des Glückes. Da öffnen sich plötzlich die Flügelthüren des lärmenden Saales; alle Augen richten sich dahin, und der Kaiser erscheint durch die Thür mitten im Saal, mit finsterer Stirn, ein Papier in der Hand, giebt ein Zeichen, die Musik schweigt mitten im Takte und die tanzende Gesellschaft steht auf seinen Wink regungslos still. Nach einigen Secunden ängstlicher Erwartung ruft er mit donnernder Stimme in den Saal hinein: ›Meine Herren, satteln Sie Ihre Pferde, Frankreich ist eine Republik!‹ Dann verließ er den Saal, und der Ball wurde geschlossen.«[1]

Als die Meldung in St. Petersburg eintraf, lag die Proklamation der Zweiten Französischen Republik schon einige Tage zurück. Alexandra fühlte sich in ihren Ahnungen bestätigt, Nikolaus empfand so etwas wie Schadenfreude, weil Louis Philippe, dieser lächerliche »Bürgerkönig«, abdanken musste, und die Hofgesellschaft war entschlossen, ihr glanzvolles Leben erst einmal weiterzuleben, weil sie sicher war, »dass bei einem etwaigen Umsturz von ganz Europa Rußland allein in seiner granitnen Ruhe verharren würde«[2]. Deutschland galt an diesem Wochenende noch als ruhig und zuverlässig, aber das revolutionäre Frankreich würde alsbald losstürmen, davon war Nikolaus überzeugt.

»Der Augenblick ist sehr ernst«, schrieb er umgehend dem königlichen Schwager in Berlin. »Wir wollen uns keinen Illusionen hingeben und vor allem erkennen, daß eine unmittelbar bevorstehende Gefahr unsere gemeinsame Existenz bedroht. Wir sind verloren, wenn wir den kleinsten falschen Schritt tun, die geringste Schwäche zeigen.«[3] Der König solle sofort »alles, was an Streitkräften in Deutschland vorhanden ist«, sammeln und deren Führung übernehmen. In drei Monaten könne er, Nikolaus, mit 350 000 Mann hinter ihm stehen. »Verlieren Sie keinen Augenblick, lieber Freund, und antworten Sie möglichst bald. Handeln Sie mutig, und Gott wird mit uns sein, denn wir verteidigen die heiligste Sache und wir sind Christen.«[4]

In den folgenden Tagen jagte eine schlechte Nachricht die andere: Unruhen und Versammlungen in Baden und in Bayern, Demonstrationen in Berlin. Und überall die gleichen Forderungen nach Einsetzung liberaler Regierungen, nach Verfassungen und nach – nationaler Einheit. Von allen Ländern Deutschlands scheine ihm Preußen »am wenigsten vom revolutionären Gift infiziert und am besten in der Lage, dem inneren und äußeren Feind zu widerstehen«, versicherte Meyendorff der Kaiserin noch am 11. März.[5] Nikolaus aber fand, dass sein Schwager nicht energisch genug reagierte, vermisste den »nötigen Elan« und forderte ihn erneut auf, »fest und prompt zu handeln«, andernfalls alles verloren sei. Nun bot er bereits 600 000 Mann an, wollte sich aber ohne den nötigen Appell nicht rühren. »Seien Sie also, lieber Freund, der Retter Deutschlands und der guten Sache, zeigen Sie sich den Umständen gewachsen und weichen Sie vor der Aufgabe, die Ihnen die Vorsehung zuweist, nicht zurück.«[6] Dem Schreiben lag ein Brief seiner Frau bei, der zeigt, wie eng die dynastisch-familiären Verbindungen trotz der politischen Divergenzen und der gegensätzlichen Charaktere der beiden Souveräne waren, und diese Verbindungen sollten noch lange wichtiger bleiben als nationale Interessen: »Du bist der Einzige kräftige, muthige Fürst unter deutschen Fürsten, Du mußt und willst mit Rath und That vorangehen«, schrieb die Kaiserin ihrem Bruder.

> »Gott stehe Dir bei und erhalte Dir Deine Kraft und Energie, die aus einem frommen Herzen entspringt. Wie wird es nun mit meiner Reise zu Euch aussehen? Ich wünsche mehr als je daß Du und Никс [Niks] Euch sehen sollt. Ihr müsst eine Zusammenkunft haben, und es war recht bestimmt die Absicht, von Ник [Nik] mich abzuhohlen und hinzubringen nach B. um Dich wiederzusehen.
> Wir wollen noch hoffen?
> Deine Schwester Ch.
> Petersb. d. 12 März 1848.«[7]

Zwei Wochen später traf ein Kurier ein, der Alexandras Hoffnung auf einen baldigen Heimatbesuch zunichtemachte. Am 18. März war es in Berlin zu bewaffneten Auseinandersetzungen zwischen Bürgern und Militär gekommen, es hatte fast 300 Tote gegeben, und der König hatte diese »März-Gefallenen« gar auf dem Schlossplatz aufbahren lassen und seine Anteilnahme bekundet! Er hatte die Pressezensur aufgehoben, die Ausarbeitung einer gesamtdeutschen Verfassung zugesagt und sich öffentlich mit den Farben Schwarz-Rot-Gold, den Farben der Revolution, gezeigt! Alexandra konnte gerade noch fragen »Und mein Bruder Wilhelm?« und fiel in Ohnmacht.[8] Wilhelm, der für eine militärische Lösung plädiert und dafür den Beinamen »Kartätschenprinz« erhalten hatte, war vom König vorläufig nach London geschickt worden.

Ende des Monats hatte die Revolution fast alle Staaten des Deutschen Bundes erfasst, und am 31. März sollte in Frankfurt am Main ein Vorparlament zusammentreten. Österreich wankte auch. Metternich war schon Mitte März gestürzt worden und nach England geflüchtet, und Italien hatte sich gegen die Vorherrschaft der Bourbonen und der Habsburger erhoben. Es war nicht zu fassen! Die Nachrichten veranlassten Nikolaus, ein

Manifest an das russische Volk zu erlassen, das am 28. März in allen Petersburger Kirchen feierlich verlesen wurde. »Gott ist mit uns! Versteht es, ihr Völker, und unterwerft euch, denn mit uns ist Gott!«[9] Es war eine Kampfansage an Aufruhr und Anarchie, klang aber wie eine Kriegserklärung. Doch niemand bedrohte Russland, und Kanzler Nesselrode sah sich genötigt, die markigen Worte seines Herrn öffentlich abzuschwächen. Nikolaus aber ging nun demonstrativ noch häufiger als früher zu Fuß durch seine Hauptstadt, und nach der Ostermesse fuhr er mit Alexandra im offenen Wagen aus. Die beiden wurden auf dem Schlossplatz von einer riesigen Menschenmenge mit einem donnernden »Hurra!« begrüßt.

Dennoch änderte sich etwas. Binnen Kurzem verschwanden die großen vierspännigen Kutschen von den Straßen, und die reichsten Familien legten sich »gewisse Beschränkungen« auf.[10] Dann kehrten plötzlich Hunderte Familien, die Jahre und Jahrzehnte im Ausland gelebt hatten, aus Angst vor der Revolution nach Russland zurück, und während sonst die Dampfschiffe von Petersburg nach Stettin überfüllt waren, fuhren sie jetzt fast leer und kamen überladen zurück.

Zu allem Überfluss verlangten nun auch noch die Polen im Großherzogtum Posen die nationale Selbstständigkeit und stellten Streitkräfte auf. Und Anfang April begann der erste preußisch-dänische Krieg um die Herzogtümer Schleswig und Holstein, deren Bewohner mehrheitlich gemeinsame Stände und eine gemeinsame Verfassung sowie den Anschluss an »Deutschland« verlangten. Doch Nikolaus war an einer Schwächung Dänemarks, das sich Schleswig einverleiben wollte, nicht interessiert, drängte auf Abzug der preußischen Truppen und drohte seinem Schwager wiederholt mit Krieg. Auch die »geliebteste Charlotte«, vom Kaiser instruiert, forderte den »ewig treuen« Fritz dringend zum Abzug auf:

»Nur nicht weiter! Um Gottes willen! Was wird sonst geschehen? Den Untergang Dänemarks kann Rußland nicht ruhig mit ansehen, es darf

ihn nicht dulden, es kann nicht zugeben, daß Dänemark in Deutschland aufgeht. Bedenke das und halte ein! Auf wen wird das zu vergießende Blut sonst zurückfallen? Ach! jetzt, wo so viel andres zu ordnen war bei Euch und bei den andern in Deutschland. Warum noch dieses? Nie, nie werde ich es begreifen ...
Das Gebet des *Glaubens* vermag viel, schreibst Du mir! Gewiß! Das ist die einzige Hülfe! Aber verzweiflungsvolle Minuten muß es doch für Dich gegeben haben, als so nichts half und so vieles zusammenbrach ... *Der Herr erhebe sein Antlitz über Euch und gebe seinen Frieden.* Dazu sagt Niks Amen. Ch.
Grüße Sanssouci, das geliebte.«[11]

In seiner Antwort ließ der König den Kaiser jedoch bitten, Dänemark »*sehr kräftig* zum Frieden mahnen«, und gab sich zuversichtlich:

> »Ich bin natürlich tief betrübt. Aber mit der Trübsal ist mein Gottvertrauen wunderbar gestärkt. Die Hoffnung ist frisch, und ich laß den Kopf nicht hängen. Der Herr wird's mit Preußen nicht ausmachen wollen. Er hat es immer wunderbar geführt und seine Fürsten aus ›Graus in Wonne, aus Nacht in Sonne, aus Tod in Leben geführt‹. Erinnerst du Dich dieses Verses, der durch den alten kreuzbraven ›Zauberring‹ wie ein roter Faden durchgeht? Wie ich als sehr romantischer Jüngling, vor dem Kriege das zuerst las, machte mir's gleich den Eindruck, als gälte es mir persönlich.«[12]

In den folgenden Wochen und Monaten hat die »allgeliebteste Schwester« immer wieder versucht, Einfluss auf ihre Brüder zu nehmen.[13] Heute würde man von »Einmischung in die inneren Angelegenheiten eines anderen Staates« sprechen. Doch für Alexandra/Charlotte war ein enges Zusammengehen ihrer beiden Vaterländer Preußen und Russland Herzensangelegenheit bis ans Ende ihres Lebens. Ebenso natürlich war für sie das familiäre Einverständnis zwischen den beiden Dynastien, den Hohenzollern und den Romanows. Das Wohl der Völker war aus ihrer Sicht gleichbedeutend mit dem der Dynastien, deren Herrschaft gottgewollt war. Ein konstitutionelles Preußen war nicht mehr das »gute alte Preußen«. So hat sie gedacht. »Mein Gott, Preußen und Deutschland, welch' ein Labyrinth, wie kommt man da wieder heraus?«, schrieb sie Meyendorff im Frühsommer 1848 in einem undatierten Brief. »Das ist die Frage an das Schicksal.«[14] Die Frage, ob sie eine eigene politische Meinung hatte oder das Sprachrohr ihres Mannes war, ist daher müßig. Sie dachte wie er. Und Nikolaus war am Fortbestand der Fürstenherrschaft und des lockeren Deutschen Bundes, nicht aber an einem deutschen Nationalstaat unter preußischer Führung interessiert. Die Idee einer Einigung Deutschlands war ihm äußerst unsympathisch.

Als es im Sommer so aussah, als sei Friedrich Wilhelm der Lage nicht gewachsen, hat Alexandra sich nicht gescheut, Wilhelm, der aus London zurück war, gegen den Bruder zu agitieren. Sie war schon länger seine engste Vertraute. »Der Wunsch, daß Fritz abdizieren möchte, wird immer deutlicher und spricht sich unverhohlener aus«, schrieb sie ihm am 12. Juli. »Das ist höchst traurig, aber eine Folge seiner bewiesenen Charakterschwäche! – Für Dich wäre die Rolle sehr schwierig, wenn Du auf diese Art zum Regieren gelangen solltest.«[15] Fritz aber schrieb sie am gleichen Tag nur, sie rechne zu ihrem 50. Geburtstag auf keinen Brief und kein Geschenk, sondern erbitte nur Rosen, da »das liebe Sanssouci einen Überfluß an Floras Kindern haben muß«[16].

Nachdem Wilhelm ihr – offenbar mit einiger Verspätung – den Berliner Zeughaussturm vom 14. Juni geschildert hatte, die »Schreckens Tage Berlin's«, bat sie ihn, den Bericht auch an die Schwestern Alexandrine und Luise zum Lesen zu schicken. Danach wollte sie die Papiere jedoch zurückhaben, »denn ich halte sie doch hoch und werth wie einen Schatz welchen ich Deiner Bruder Liebe zu verdanken habe«. Weiter schrieb sie unter Anspielung auf die Sitzungen der deutschen Nationalversammlung in Frankfurt und der Preußischen Nationalversammlung in Berlin:

> »Wie muss es Euch erst zu Muth sein bei den Frankfurter Tollheiten und Exigencen. – Preußen sollte in Masse aufstehen wie ein Mann gegen jene

Anmaßungen. Ist es denn nicht grade an der Zeit jetzt. Sonst wird es zu späth sein. Der gute Sinn der sich jetzt aber zeigt müßte benutzt werden. – Aber Fritz mit seinem Schreien zu deutscher Einigkeit wäre ein Widerspruch mit sich selbst. Dir allein stände es zu, aber wie ist es möglich, wenn F. nicht abdankt. Du hast nicht gesagt und unterschrieben ›Preußen soll von nun an in Deutschl. aufgehen‹. Du bist also nicht gebunden. – Du wirst nicht meineidig wie Fritz nicht im completten Widerspruch oder Wortbruch wie er, wenn er das Schild erheben wollte. ... Daß Du die Deputirten aus B. in Uniform und gehörig kalt empfangen hast war ganz recht und hat mir gefallen. Weniger der zu schnelle *Handschlag* eine Stunde drauf. Das Fest in Sanssouci an der lieben Nation. Vers. ist und war ein unglückseeliger Gedanke, ... Ach, ich lebe so mit Euch, ich fühle alles so mit Euch, als ob ich mitten unter euch wohnte. Niks grüßt schön! ... Lebewohl an Auguste viel Liebes. Adio.«[17]

Kurz nachdem dieser Brief abgegangen war, erhielt sie Post von Fritz, der an der Feier zum 600. Jahrestag der Grundsteinlegung des Kölner Doms am 15. August teilgenommen hatte:

»Der Empfang zu Köln war echt und wahr im rasenden Enthusiasmus ... Nach 600 Jahren auf den Tag ihren Dom, das Weltwunder, zum ersten Mal in seiner ganzen Größe dem Gottesdienste geweiht zu sehen und das hauptsächlich durch meine Hülfe, das entzündete die Koloniaten ... Jetzt denke Dir, beste Schefert, diesen göttlichen Dom mit mehr als 20 000 Menschen gefüllt, 2 Erzbischöfe und 8 Bischöfe mit Inful und Krummstab, eines jeden güldener Mantel von 2 reich gekleideten Diakonen gehalten, die den Erzherzog Johann und mich mit Prozession empfingen und nach kurzer Predigt des Kölner Erzbischofs uns vortraten und mit dem Domkapitel ins ›schwindelnde‹ Chor zum Hochamt und Tedeum geleiteten, während 1 000, sage eintausend Sänger, den Weihepsalm ›quam dilecta tabernacula tua, Domine Deus Sabaoth‹,[*] in der alten Kirchentonart anstimmten!!!
Dein alter treuer Fritz«[18]

---

[*] »Wie lieblich sind deine Wohnungen, Herr Gott Sabaoth.«

Wir können davon ausgehen, dass die »beste Schwester« den »alten treuen Fritz« über den Inhalt ihrer Briefe an Bruder Wims nicht informiert hat. Sie hatte Fritz' Schreiben schon in den Händen, als sie Wilhelm aus dem Cottage schrieb:

> »... Dein 16 Seitiger Brief war uns interessant aber der langen Kunde kurzer Sinn doch nicht zufriedenstellend, weil er heißt: Es bleibt Dir nichts übrig, als ruhig die Hände in den Schooß zu legen, und so verpasst man einen guten Moment nach dem anderen ...
> Es gießt mit Mollen während ich schreibe. Morgen sind die 7 Wochen nach den 7 Schläfern aus; ob es alsdann besser Wetter werden wird? Fritzens Rhein Zug ging gut von statten.... Wie unheimlich muß die Gesellschaft der Frankfurter Deputierten gewesen sein mit Gagern an der Spitze.* Fritz sprach zum Glück wenig und gut. Adio bester Wilhelm, ich eile so, weil die Cadetten abmarschieren um 12 Uhr. Kaiser grüßt und alle Kinder sagen viel Liebes,
> Deine alte Schwester
> Ch.«[19]

Knapp drei Wochen später hatte die »alte Schwester« Gelegenheit, Wilhelm durch einen Neffen »ein paar Worte« aus Zarskoje Selo zu schicken.

> »... Der Himmel weiß in welchem Moment er bei Euch eintreffen wird! Der Kampf hat er begonnen? Der Sieg ist er errungen? Wenn nur Entschlossenheit und Ausdauer denjenigen nicht gefehlt hat, welche Muth und Tapferkeit natürlich besitzen!! Wenn F. nur nicht wie am 19. März die braven Truppen im Stich gelassen hat! Wenn Du nur deutlich gewußt was Du willst und darfst um Preußen und die Familie zu retten und auf *der* Stufe zu stellen auf welcher sie beide gehören um mit Ehren zu bestehen.... Es ist nichts unnützer als Schreiben und räsonnieren wenn vielleicht alles vorüber ist im Moment wo derjenige die Zeilen lieset die an ihn gerichtet, und die Umstände sich schon geändert haben. Freilich

---

* Heinrich von Gagern, erster Präsident der Frankfurter Nationalversammlung.

seit dem März schreibe ich Dir eigentlich immer in demselben Sinn und es ist entsetzlich, daß 6 Monate vergangen sind ohne den Moment gefunden zu haben, wo man kräftig auftrethen konnte und sollte. Denke immer an Deinen Sohn und seine Zukunft, und nicht an Dich selbst. Bereite ihm seinen Platz. Wir 50jährige wir gehen Berg ab, aber nach uns werden andere Geschlechter, werden unsere Kinder leben. Niks umarmt Dich von Herzen er tritt eben an den Schreib-Tisch ...
Deine getreue
Ch.«[20]

Fritz aber erhielt zum 53. Geburtstag neben Glückwünschen auch wieder eine Mahnung, diesmal aus dem kaiserlichen Schlafzimmer. »Der alte Niks sagt mir noch im Bette einige zentnerschwere, ernste Worte für den Tag – und die Worte klingen nicht wie gewöhnliche Glückwünsche in vergangenen Zeiten«, ließ die Schwester ihn wissen. Das »morden« sei ja jetzt an der Tagesordnung und der »Kanaille« alles erlaubt. Man habe auf seine Gesundheit getrunken und mit dem Wein Tränen verschluckt, »so bange war uns zumute«[21]. Am 28. Oktober forderte sie Wilhelm dann ganz unverhohlen zum Handeln gegen den Bruder auf.

»In Eile will ich Einiges zusammen schmieren ... Deinen Brief vom 16. erhielt ich späth (das Dampfboth ging langsam, gemüthlich) ... Was mich in Deinem Brief desoliert ist daß die vernünftigsten Menschen von Frankfurt nur Heil für Preußen kommen sehn – was mich erfreut in dem selben Brief ist, daß Du wieder von Nichts Notiz nimmst und in Deiner Zurückgezogenheit *unverantwortlich* der Fehler die begangen wurden lebst. Je weniger du befragt wirst, je freier könntest Du einstmals handeln. ...
Weißt Du was bei meinem Leiden um Preußen das schrecklichste Gefühl ist – das ist – daß *ich mich schäme*. – Ja! Wenn ein Mann Energie bewiesen hätte seit den März Tagen! aber *Keiner*! Ja! Wenn ein Element benutzt worden wäre um sich zu helfen. – Aber es wird nichts ...
Wilhelm! Wilhelm! wache auf.«[22]

Doch am 1. November ernannte der König gegen den Protest der Nationalversammlung den konservativen Grafen Brandenburg zum Regierungschef. Dieser verlegte das Parlament umgehend nach Brandenburg, und am 10. November besetzte General Wrangel mit einem starken Truppenkontingent Berlin. Das waren endlich Schritte, die Charlottes Beifall fanden. »Du kannst Dir denken, ob wir uns freuen über die letzten Ereignisse zu Berlin«, schrieb sie Fritz am 19. November. »Brandenburgs Auftreten, Deine kräftige Sprache, das Einziehen der tapferen Truppen, die Auflösung der Bürgerwehr, die Verlegung der Nationalversammlung, die jetzt *Klub Unruh* geworden.«[23]

Nikolaus' Zorn auf den schwächlichen königlichen Schwager hielt jedoch an, und es war Alexandra, die durch die Korrespondenz mit den Geschwistern dafür sorgte, dass die Fäden zwischen Berlin und St. Petersburg nicht rissen. Familiäre Anlässe gab es genug. Ende November meldete Meyendorff, dass Heinrich von Gagern in Berlin eingetroffen sei, um anzufragen, ob der König geneigt wäre, die Deutsche Kaiserkrone anzunehmen und die Frankfurter Reichsverfassung anzuerkennen.[24] Friedrich Wilhelm lehnte entschieden ab, und Charlotte schrieb ihm zufrieden: »Daß Du den Versucher hast abziehen lassen nach Frankfurt a. M., obgleich er Krone und Kaisermacht vorleuchten ließ, machte mir eine wehmütige Freude ...«[25]

Wenige Tage später löste Graf Brandenburg den »Klub Unruh« auf, und der König oktroyierte eine Verfassung, die Preußen faktisch zur konstitutionellen Monarchie machte. Die Nachricht schlug wie eine Bombe in St. Petersburg ein. Nikolaus beruhigte sich nur mühsam und beschloss dann, die Verfassung nicht ernst zu nehmen und erst einmal abzuwarten. Der Hof konnte den üblichen Festlichkeiten zum Jahreswechsel also unbeschwert entgegensehen. Nach dem Motto »Jetzt erst recht!« lösten Maskenbälle, Bälle, Konzerte, Opern- und Ballettvorstellungen einander ab, und in den Ballsälen wusste man nicht, was heller strahlte, die Kerzen oder der Schmuck der Damen und die Uniformen der Herren.

Unterdessen konnten die Österreicher ihre Vorherrschaft in Oberitalien einigermaßen wiederherstellen, aber die Magyaren gaben sich wider Erwarten nicht geschlagen. Am 28. März 1849 wählte die Nationalversammlung in der Frankfurter Paulskirche den preußischen König zum Deutschen Kaiser. Eine Gruppe Parlamentarier reiste nach Berlin, um ihn in aller Form zu bitten, die Kaiserwürde annehmen. Doch »ohne das freie Einverständnis der gekrönten Häupter, Fürsten und der Freien Städte Deutschlands« konnte der König sich nicht dazu entschließen. Kaiser eines auf Fürstenbeschluss erneuerten Heiligen Römischen Reiches deutscher Nation wäre der Romantiker auf Preußens Thron gerne geworden, aber gewählter Kaiser von Volkes Gnaden? Nein! Er blieb dem Gottesgnadentum und der ständischen Gesellschaftsordnung verhaftet. Die »sogenannte Nationalversammlung« habe ihn beleidigt, indem sie ihm unter dem Namen »Krone« ein »Collier aus Eisen« angeboten habe, das ihn an den »Karren der Revolution« ketten sollte, schrieb er dem »zärtlich geliebten Nix«[26]. Nix war zufrieden, Charlotte war es auch.

Ostern 1849 war der Große Kremlpalast endlich fertig, den Nikolaus seit Ende 1837 für künftige Aufenthalte der kaiserlichen Familie in Moskau, Krönungsfeste und Empfänge bauen ließ. Konstantin A. Thon hatte ihn im spätklassizistischen Stil errichtet und mit fünf phantastisch schönen Paradesälen versehen, die den wichtigsten Staatsorden gewidmet waren. Nur das englische Parlamentsgebäude war noch größer als dieser »Festpalast des Reiches«[27]. Natürlich konnte die Einweihung des Palastes, der später nach Nikolaus benannt wurde, nicht ohne die Zarenfamilie stattfinden. »Ich wohnte der Einweihung bei, die in der Osternacht stattfand«, schreibt Olga Nikolajewna, die schon seit dem Herbst in Russland weilte. »Es war eine der schönsten, aber anstrengendsten Zeremonien meines Lebens; sie dauerte von Mitternacht bis vier Uhr morgens. Nach der Heimkehr empfing Papa die Depesche des jungen Franz Joseph, der seinen Verbündeten um Hilfe gegen die aufständischen Ungarn bat. Das Reich stand in Gefahr. Papa unterzeichnete sofort einen Marschbefehl für seine Truppen.

Depesche und Antwortschreiben wurden, versehen mit dem Datum, im Schreibkabinett verwahrt.«[28]

So einfach war das für Olga Nikolajewna selbst im Alter noch, als sie ihre Erinnerungen niederschrieb. Das Hilfeersuchen aus Wien war eine Woche nach der ungarischen Unabhängigkeitserklärung vom 14. April eingegangen, die den im Frühjahr 1848 begonnenen Freiheitskampf abschließen sollte. Ungarn war nun Republik und wurde von einem »Reichsverweser« geführt. Für Nikolaus war die Absetzung der Habsburger durch das Parlament in Debrecen natürlich eine ungeheure Provokation, und da Russland im Sinne der Konventionen von Münchengrätz und Berlin (1833) zu Beistand verpflichtet war, reagierte er entsprechend und erließ sein »Manifest über den Beistand für Österreich bei der Niederwerfung des ungarischen Aufstandes«. In seinen Augen waren die Ungarn, in deren Reihen auch Polen kämpften, wieder diese infamen Polen (!), nicht nur Feinde Österreichs, sondern Feinde der Weltordnung und der Ruhe. Der Brand musste gelöscht werden, ehe er nach Russland übergriff, und so wurden die Zensur und das Polizei- und Spitzelwesen noch einmal verstärkt.

Die besondere Aufmerksamkeit der Dritten Abteilung und ihrer Zuträger galt den Zirkeln, die sich in den 1840er-Jahren inner- und außerhalb der Studentenschaft gebildet hatten. In diesen Gruppen wurden verbotene Zeitungen gelesen und radikale, sogar sozialistische Theorien diskutiert. Sie waren ziemlich heterogen zusammengesetzt, hatten aber dieselben Ziele: Abschaffung der Leibeigenschaft und der Zensur, öffentliche Gerichtsverfahren und Umwandlung der Autokratie in eine konstitutionelle Monarchie. Manchmal nahmen auch Offiziere und hohe Beamte an diesen Treffen teil, die geheim, aber nicht konspirativ waren.

Kurz vor der Veröffentlichung des Ungarn-Manifests waren in St. Petersburg ein paar junge Leute verhaftet worden, die nach ihrem Anführer, einem gewissen Michael W. Petraschewskij, später »Petraschewzen« genannt wurden. An den Versammlungen der Gruppe, die angeblich einen Umsturz plante, nahm auch der Schriftsteller Fjodor M. Dostojewskij teil, der mit seinem Erstlingswerk *Arme Leute* (1845) schlagartig berühmt geworden war und seinen Ruhm mit dem *Doppelgänger* (1846) und den *Weißen Nächten* (1848) weiter gefestigt hatte. Dostojewskij hielt allerdings nichts von einer anderen Regierungsform, sondern sah das Heil im christlichen Glauben. Seiner Ansicht nach waren »alle an allem schuld« und »alle für alle verantwortlich«. Die Dritte Abteilung hatte seit März 1848 Kenntnis von den Versammlungen und sie ein Jahr lang überwachen lassen, bevor die Gendarmen die »Verschwörung« zerschlugen. Die »Petraschewzen« kamen in die Peter-und-Paul-Festung, und eine Kommission machte sich an die Untersuchung ihrer Aktivitäten. Wir können annehmen, dass Alexandra, die aus ihren Fenstern täglich auf die Festung sah, wohl wusste, wer dort saß, aber die jungen Leute hatten die gleichen Ziele wie die Dekabristen. »Hallunken« waren das, genau wie die »Revolutionäre« in Berlin![29] Sie bereitete sich auf den Umzug nach Zarskoje Selo vor.

Nikolaus aber begab sich nach Warschau, wo er mit Franz Joseph I. einen Feldzugsplan vereinbaren wollte. Aus Warschau und später aus größerer Nähe zum Kriegsschauplatz schickte er seiner Frau wochenlang Depeschen, oft sogar mehrere täglich. Außerdem setzte er die Korrespondenz mit ihr fort. Depeschen und Briefe zeigen, dass Alexandra von ihrem Mann genauestens auf dem Laufenden gehalten wurde. So konnte sie dem Fortgang der Kämpfe folgen, und das war ihr umso wichtiger, als Konstantin mit den russischen Truppen in Ungarn einmarschieren wollte. Außerdem konnte sie den Depeschen entnehmen, was sich in den anderen Staaten des Deutschen Bundes tat, und natürlich war sie besonders an der Entwicklung in Stuttgart interessiert. Denn Olly war nach Hause zurückgekehrt. Die folgende Auswahl (aus vierzig veröffentlichten Depeschen) illustriert, in welchem Ausmaß Nikolaus I. auch im Krieg Familienmensch blieb.[30]

9. Mai, 11 Uhr morgens
Hier alles in Ordnung. Erwarte österreichischen Kaiser am 10. Mai unseres Stils. Großherzog von Baden mit einer Schwa-

dron aus Karlsruhe geflüchtet, wo unter Führung [Gustav] Struves Republik ist.

9. Mai, 11 Uhr morgens
Habe die Kosakenbrigade der Garde besichtigt, wunderbar gut. Alles in Ordnung, nichts Neues.

9. Mai, 7 Uhr abends
Bin gesund. Österreichischer Kaiser um 2 Uhr nachmittags angekommen. Von nirgendwo Neues. Alles hier in Ordnung.

22. Mai, 2 Uhr abends
Bin gesund. Meldung aus Stuttgart, dass täglich Angriffe der Republikaner erwartet werden. Einwohner wollen sich gegen sie verteidigen, Regierung ruft alle zur Selbstverteidigung auf. Truppen scheinen König folgen zu wollen. Aus Wien nichts Neues …

24. Mai, 6 Uhr abends
Bin äußerst besorgt über die beginnende Schwäche des Thronfolgers und der Thronfolgerin, auch wenn es Gottes Wille ist. Bitte alle, sich zu schonen und dem Willen Gottes zu unterwerfen.

28. Mai, 4.30 Uhr morgens
Kostja eben eingetroffen. Ist gesund, alles in Ordnung. Umarme Dich.

29. Mai, 1 Uhr abends
Freue mich über Besserung. Alles in Ordnung. Meldung aus Stuttgart, dass die Infanterie nicht loyal ist, nur Kavallerie und Artillerie stehen hinterm König.

1. Juni, 12.30 Uhr morgens
Kostja und ich gesund. Fahren heute Abend um 8 Uhr nach Dukla zur Armee. Nichts Neues.

12. Juni, 6.30 Uhr
Bin gesund. Armee hat 10. Juni kampflos Demet genommen. Ungarn weichen zurück, haben, heißt es, Eperies aufgegeben. Kostja gesund.

13. Juni, 7.30 Uhr abends
Bin gesund. Aus der Armee, aus Wien und Berlin nichts Neues. Scheinvolksversammlung in Stuttgart* mit Fuchteln vom Militär auseinandergejagt, und alles ist ruhig.

17. Juni, 10.30 Uhr
Komme aus der Kirche. Habe für den Engel gebetet [für Alexandra, die Tochter des Thronfolgerpaares, die am 16. Juni gestorben war], habe für uns gebetet. Wie geht es Dir und Marie, der Thronfolgerin?

18. Juni, 3 Uhr nachmittags
Wünsche unverzüglich zu wissen, ob Du gesund bist und wie es Sascha und Marie geht. Bin gesund. Aus der Armee nichts Neues.

19. Juni, 11 Uhr morgens
Briefe erhalten. Gehe in die Kirche, bin aber in Gedanken bei Euch in der Festung [wo die kleine Alexandra an diesem Tag beigesetzt wurde]. Verzagt nicht, unterwerft euch Gottes Willen. Umarme alle.

19. Juni, 6.30 Uhr abends
Die Armee marschiert mit einem Korps auf Tokaj, mit einem anderen auf Miskolc. Ungarn halten sich nirgends. Kostja gesund. Ich auch. ... Wünsche über Gesundheit des Thronfolgers und der Thronfolgerin wie auch der Kaiserin informiert zu werden.

---
* Gemeint ist die aus Frankfurt nach Stuttgart übersiedelte Rest-Nationalversammlung, das sog. Rumpfparlament.

22. Juni, 1 Uhr nachmittags
Tokaj von den Kosaken schwimmend erobert, sind ohne Pferde, nackt und nur mit Säbeln zweihundert Meter durchgeschwommen [durch die Theiß] und haben die Brücke genommen ... überall empfangen die Ungarn uns freundlich. Sonst nichts passiert. Kostja gesund und ich auch.

24. Juni, 4.30 Uhr morgens
Erwarte ungeduldig deine Nachricht – bist Du gesund?

24. Juni, 1.30 Uhr nachmittags
Schon den zweiten Tag nichts von Dir. Bist Du gesund? Bin äußerst besorgt.

27. Juni, 12 Uhr morgens
Debrecen kampflos genommen. Ungarn flüchten. Armee marschiert auf Pest, keine Attacken ... Kostja gesund. In der Armee schon 1 500 Mann an Cholera gestorben. Bin gesund.

Der russisch-österreichischen Übermacht waren die Ungarn nicht gewachsen. Am 13. August kapitulierten sie in der Hoffnung auf korrekte Behandlung bei Vilagos vor den Russen, wurden jedoch den Österreichern übergeben, die blutiges Gericht hielten. Nikolaus aber erließ am 29. August sein Manifest »Über das glückliche Ende des Krieges in Ungarn«. Seiner Ansicht nach hatte Russland wieder einmal seine heiligste Pflicht erfüllt, die Habsburger Monarchie war gerettet. Aber er war nun der »Gendarm Europas«. Die Kampagne hatte 47,5 Mio. Rubel gekostet, viermal so viel wie der neue Palast im Kreml.

Natürlich hat dieser Sommer Alexandra wenig Freude gebracht, zumal sie sich allein im Cottage aufhielt. Nur Mary war bei ihr, der Herzog von Leuchtenberg, an Schwindsucht erkrankt, suchte Heilung in Ägypten und Madeira. Die Tatsache, dass ihr Mann ihrem Bruder wieder mit einem Krieg oder einem Bündnis mit Frankreich drohte, falls Fritz seine Truppen nicht aus Dänemark abzöge, beunruhigte sie zutiefst. Sie versuchte, sich mit Lektüre in eine andere Stimmung zu versetzen, und wählte dafür nicht zufällig E. T. A. Hoffmann und Ludwig Tieck, die beiden Romantiker. Aber es half nichts. Wohin sie auch schaute, ob auf den Krieg in Ungarn, den zweiten Krieg in Dänemark oder die Kämpfe in Deutschland und Italien – die Welt war in Bewegung geraten. Vielleicht hat sie früher als Nikolaus gespürt, dass diese Welt im Begriff war, sich tief greifend zu verändern, auch wenn niemand ihr hätte sagen können, in welche Richtung sie sich verändern würde. »Napoleon hat für die Mitte dieses Jahrhunderts ein republikanisches Europa oder ein kosackisches prophezeit«, sagte sie einmal, »zwar ist Alles umgestaltet, aber keines von beiden eingetroffen, und ich sehe in allen Veränderungen weder mehr Weisheit noch mehr Glück.«[31]

Am 9. September kam eine Todesnachricht aus Warschau. Dort war Michael Pawlowitsch, dessen 50. Geburtstag sie im Vorjahr noch großartig gefeiert hatten, nach einem Herzinfarkt in Nikolaus' Armen gestorben. Von Kindheit an hatte Michael, auch er impulsiv, ungeduldig und pedantisch, aber viel lockerer und heiterer als sein Bruder, die Überlegenheit des Älteren anerkannt und ihm in verschiedenen militärischen Funktionen treu gedient. »Tod vom Michel, darin lag viel Merkwürdiges, viel Kontrast, die mich vielleicht am meisten frappierten, da ich so etwas verfolge und die Erinnerung behalte und nachsinne über die Vergangenheit«, schrieb Alexandra in ihr Tagebuch. »Seit diesem Tage litt die Gesundheit meines Nix auf eine traurige Weise. Der Rücken tat ihm weh und die Beine sind oft schwach. Seine Einbildungskraft ist frappiert durch den Tod des jüngeren Bruders. Er beweint ihn so viel und oft und innig treu und er glaubt, ohne es zu sagen, dass er nicht mehr lange ihn überleben wird. Was ich dabei empfinde, davon sage ich nichts.«[32]

Nikolaus kam sichtlich gealtert aus Warschau zurück. Er ging nun gebeugt, hatte Falten im Gesicht, und sein Haar war grau geworden.[33] Anstelle des Bruders ernannte er den Thronfolger zum Kommandeur der Garde. Unvergessen blieben Michaels

Witze und sein oft zitierter Satz, seine Töchter seien »Exportwaren«[34]. In der Tat war es das Schicksal der Großfürstinnen, im Interesse politischer Ziele an fremde Höfe verheiratet zu werden.

Das Jahr 1850 begann mit der Scheinhinrichtung der »Petraschewzen« auf dem Semjonow-Platz am 3. Januar. Tausende sahen schweigend zu. »Dort verlas man uns das Todesurteil, ließ uns das Kreuz küssen, zerbrach über unseren Köpfen den Degen und machte uns die Todestoilette (weiße Hemden)«, berichtete Dostojewskij seinem Bruder Michael. »Dann stellte man drei von uns vor dem Pfahl auf, um das Todesurteil zu vollstrecken. Ich war der sechste in der Reihe; wir wurden in Gruppen von je drei Mann aufgerufen, und so war ich in der zweiten Gruppe und hatte nicht mehr als eine Minute noch zu leben. Ich dachte an dich, mein Bruder, und an die Deinen; in dieser letzten Minute standest Du allein vor meinem Geiste; da fühlte ich erst, wie sehr ich Dich liebe, mein geliebter Bruder! ... Schließlich wurde Retraite getrommelt, die an den Pfahl Gebundenen wurden zurückgeführt, und man las uns vor, dass Seine Kaiserliche Majestät uns das Leben schenke. Dann wurden die endgültigen Urteile verlesen.«[35] Dostojewskij erhielt vier Jahre Festungshaft und sollte danach als gemeiner Soldat dienen. Er fühlte sich wie neugeboren. Das grausame Spektakel auf dem Semjonow-Platz hat er dem Kaiser nicht nachgetragen, er blieb Monarchist.

Um die Jahreswende hatte sich Alexandras Gesundheitszustand wieder so verschlechtert, dass sie selten in der Öffentlichkeit erschien, und wenn sie ausfuhr, nahm sie einen geschlossenen Wagen. Die Aufsicht über die vielen Lehranstalten musste sie Mary, ihrer Tochter, und Marie, ihrer Schwiegertochter, überlassen. An den Prüfungen im Smolnyj Institut in der Fastenzeit konnte sie nicht teilnehmen. Also ließ Nikolaus die Mädchen in den Winterpalast kommen, wo das kaiserliche Familienidyll sie tief beeindruckte.[36] Eine Freude war natürlich die Geburt weiterer Enkel: Marie und Sascha bekamen ihren vierten Sohn, den sie Alexej nannten, und Sanny und Kosty bekamen ihren ersten Sohn, der Nikolaus genannt wurde. Nun hatte sie bereits zwölf Enkel!

Die Nachricht vom zweiten Attentat auf Friedrich Wilhelm IV. am 22. Mai 1850 erreichte den Kaiser in Warschau. Er war empört »über diese Niedertracht, diese Infamie« und empfahl seinem Schwager, endlich »wieder vollkommen Herr im eigenen Hause« zu werden.[37] Alexandra erschrak zu Tode. »Zum zweiten Mal hat die Vorsehung die Tage des Königs wunderbarerweise gerettet«, versuchte Meyendorff sie zu beruhigen.[38] Hinzu kamen aber noch Österreichs Kriegsdrohungen wegen der Union, die Fritz auf dem Fürstenkongress in Berlin mit den anderen deutschen Fürsten eingegangen war und die er lieber nicht hätte eingehen sollen. Doch wieder beruhigte Meyendorff die Kaiserin: Niemand nehme die militärischen Vorbereitungen ernst.[39] Nur Nikolaus konnte einen Krieg zwischen den beiden deutschen Mächten verhindern, doch er hielt sich bedeckt, bestand auf der Ordnung von 1815 und versprach nur, sich im Falle eines Falles auf den Angreifer zu »werfen«. Im Herbst kam es zu einem Treffen der beiden Kaiser in Warschau, dem der König fernblieb. Statt seiner erschien Graf Brandenburg.

Die Lage war ernst, doch die Begegnung wurde von einem Familientreffen umrahmt, zu dem Alexandra die halbe Verwandtschaft eingeladen hatte, sodass Diners und Soupers, Konzerte und Bälle die Stimmung erträglich machten. Auf einer Soiree des Kaisers von Russland für den Kaiser von Österreich trat überraschend Johann Strauß Sohn auf und erhielt von Alexandra prompt eine Einladung nach St. Petersburg, die eine zehnjährige Konzerttätigkeit des Walzerkönigs im Musikbahnhof von Pawlowsk einleiten sollte. Während sie auf dem Heimweg war, komponierte er für sie die »Warschauer Polka«, op. 84.

»Den 10. September reiste ich ab nach Warschau mit Schwester Louise«, hielt sie später in ihrem Tagebuch fest. »Mandt meinte, einige Herbstmonate in einem milden Klima würden mir heilsam sein. Dort hatte ich das Glück, Schwester Alexandrine und die Brüder Karl und Albert wiederzusehen und unsere Olly an mein Herz zu drücken. Darauf kam der junge 20jährige Kaiser von Österreich, so jung und so ernst schön. Es wurden 3 merkwürdige politische Tage dort erlebt, vom 13. bis 16. Oktober. Vieles wurde besprochen und bestimmt, um einen Krieg zwischen Österreich und Preußen zu verhindern. ... Das erfuhr ich alles in den letzten Tagen in Warschau. Da reiste ich ab, so kam ich an in Zarskoje am 4. November, so zwischen Angst und Schrecken über die Möglichkeiten dieses Krieges, welches ein Brudermord gewesen und uns mit hineingezogen hätte gegen Preußen, lebten wir bis zum 25. November, wo bessere Hoffnung aus Olmütz uns zukam ...«[40] In Olmütz hatte Preußen freilich auf die Union verzichtet und noch andere Konzessionen gemacht ...

Doch die Ruhe in Europa war wiederhergestellt, und Nikolaus gewann seine frühere Haltung zurück. Alexandra ging es auch besser, sie freute sich auf das Wiedersehen mit Fritz im Mai in Warschau. Sie fuhren dem König entgegen. »Vor Skernewitze Toilette. In Skernewitze Kaiser und Kaiserin; dem Kaiser liefen die Thränen herunter, der König war tief gerührt«, notierte Gerlach, für den der Kaiser von Russland natürlich die beste Stütze der hergebrachten Ordnung war und blieb.[41] Alexandra war auch gerührt, sie hatte »Butt« fünf Jahre nicht gesehen. Am 18. Mai hielt Friedrich Wilhelm IV. feierlich Einzug in Warschau. Zwischen ihm und dem Schwager fand eine Aussprache statt, in der er die Schuld an den Beschlüssen, die den Kaiser so verärgert hatten, seinen Ministern zuschob, und sie versöhnten sich. »Die Kaiserin lag während dieser Unterredung in Türkische Shawls gewickelt, einen knurrenden Hund neben sich und eine Russisch und Französisch durcheinander sprechende Kammerfrau auf öfteres Klingeln hineinkommend.«[43] Nikolaus unterhielt den König mit Truppenschau und Parade und lud ihn zu einem Ballett in Łazienki, bei dem sich Fritz langweilte. Aber die Kaiserin war »sehr zärtlich und vertraut« mit ihm, man konnte sehen, dass »Butt« ihr immer noch am nächsten stand.[44]

Das Versöhnungstreffen wurde beinahe zum Familientreffen, als in den letzten Tagen auch noch Wilhelm und andere Verwandte dazukamen, und alle waren zufrieden. Das geht auch aus einem Schreiben des Königs an die Kaiserin hervor:

»Ich danke Gott auf den Knieen, daß Er's mir gegönnt hat, Dich Du Theuerste wiederzusehen und den herrlichen Kaiser – daß mein Verhältnis zu ihm fester und besser geworden als noch je zuvor, daß wir uns ausgesprochen, daß wir uns verstanden und begriffen haben. Das ist politisch ein sehr grosser Segen ... Sage dem geliebten Nix, ... daß er mich liebbehalten und mir vertrauen soll ...«[45]

Inzwischen hatte Carl eine Einladung seiner Schwester zum silbernen Krönungsjubiläum erhalten. Doch da er wegen der Bauarbeiten in Glienicke Schulden hatte, bat er Fritz um Hilfe:

»Bester Fritz, am 13. Juli, also vor 11 Tagen nahm ich mir die Freiheit, um Erlaubnis – der Einladung Charlottes nach Petersburg und Moskau folgen zu dürfen – zu bitten, und zugleich um eine allergn. Subvention.

Diese 25jährige Krönungsfeier kehrt nie wieder!

Dein getreuer Bruder Carl«[46]

Die Antwort des Königs, auf der Rückseite des Briefes geschrieben, war eine Enttäuschung:

»Ich bin durch die Einziehung alle Staatshilfsquellen ... durch gleichzeitig schreckliche Zunahme an Hilfsbedürftigen und endlich durch leider! notwendig gewordene kostspielige Bauten und Reisen heuer zu so exorbitanten Dépensen gezwungen worden, dass mein Beitrag zu Deiner Silberhochzeit mit Moskau nur sehr sachlich ausfallen kann. Könnt ich mehr, Gott weiss es, ich tät es gern. Doch darum keene Feindschaft nich.

Auf Wiedersehen! Fritz

In schrecklicher Eile S. S. 24. July 51«[47]

Carl bezahlte die Reise überwiegend selbst. Am 8. August schrieb er seiner Frau aus dem Cottage, er sei um 10 Uhr »bis vor Peterhof glücklich« angelangt: »Der Kaiser und Söhne, Charlotte etc. waren mir bis zur Werft entgegengekommen, welche Freude!!! namentlich Charlotte so wohl aussehend zu finden – seit 17 Tagen ohne alles Herzklopfen. Alle gingen wir zum gemeinschaftlichen Frühstück zu Mary-Dasi, deren Geburtstag heute ist, wie des lieben Nisi ...«[48]

Zu den Feierlichkeiten in Moskau reiste die kaiserliche Familie am 31. August 1851 zum ersten Mal mit der Eisenbahn. Es war eine Jungfernfahrt. Das Krönungsjubiläum am 3. September verlief dann relativ still und bescheiden, Nikolaus hatte erklärt, er fahre nach Moskau, um zu beten und Gott zu danken. Alle freuten sich, als noch am gleichen Tag die Nachricht aus Pawlowsk kam, dass Sanny und Kosty ihre erste Tochter bekommen hatten: Olga, die künftige Königin von Griechenland. Allein Prinz Carl litt unter der Hetzerei »bei einer Hitze von 26 und 25 Grad im Schatten«, die selbst »für einen Herkules zu viel!!!« war. Doch Alexandra und Nikolaus freuten sich, dass er da war: »Nach dem Krönungsfest kaum in die Kaiserlichen Gemächer zurückgekehrt, umarmte mich der Kaiser allerherzlichst und sagte: er könne mich nicht ansehen, ohne an den verklärten Papa zu denken, der ihm ja der einzige wahre Vater gewesen und dem er so viel Dank schulde.«[49]

Im Übrigen bewunderte Carl die Bautätigkeit seines Schwagers. »... man macht sich bei uns, ungeachtet der Bau-Passion unseres Königs und seines schaffenden Geistes auch nicht einen Leisen Begriff von dem großartigen, was hier in diesem Zeitabschnitt vom Kaiser und von Privaten gebaut und in Parks angelegt wurde!«[50] Zu den vielen Bauten gehörte auch die Eisenbahnstrecke St. Petersburg–Moskau, die am 13. November für das Publikum freigegeben wurde. Der erste Zug beförderte 134 Fahrgäste von Moskau nach St. Petersburg.[51] Er brauchte 21 Stunden und 45 Minuten für die 644 Kilometer, die Durchschnittsgeschwindigkeit betrug 29 Kilometer pro Stunde. Im September 1855 erhielt die Bahn offiziell den Namen »Nikolaus-Bahn«.

16
»*Die Kaiserin erhält sich aufrecht*«
Krieg und Tod

Eröffnung der Neuen Ermitage – 35. Hochzeitstag in Berlin – Anna F. Tjuttschewa – Krimkrieg – Tod des Kaisers – Reaktion in Berlin – Krönung Alexanders II. – Berlin – Wildbad – Franz Winterhalter – Reise nach Nizza – Botschafterin des guten Willens – Rom – Kritik Alexander Herzens – Verlobung in Wildbad – Familienmittelpunkt   1852–1856

Die Einweihung der Neuen Ermitage als öffentliches Museum am 17. Februar 1852 war das glanzvollste gesellschaftliche Ereignis der Regierungszeit Nikolaus' I. Zwölf Jahre hatte der Umbau der Museumsgebäude gedauert, sechsmal war Leo von Klenze seit seinem ersten Besuch im Mai 1839 noch in St. Petersburg gewesen, und fast täglich hatte Nikolaus den Fortgang der Bauarbeiten kontrolliert, sich um jedes Detail gekümmert, die Auswahl der Bilder für die Galerie und ihre Hängung ebenso überwacht wie die Auswahl der Möbel und ihre Aufstellung. Selbst die Zahl der Kerzen hatte er persönlich festgelegt.

Gegen Mittag inspizierte der Zar noch einmal die Säle und freute sich über den kleinen Raum im ersten Stock der Neuen Ermitage, mit dem er seine Frau überraschen wollte. Er hatte das »Ruhekabinett der Gebieterin und Kaiserin« (heute: Ermitage-Saal 230) ohne Wissen Klenzes einrichten lassen, und nun lagen hier 1 500 Objekte aus dem Goldschatz der Skythen unter Glas, die seit den 1830er-Jahren in Südrussland ausgegraben worden waren: Diademe, Colliers, Armbänder, Ringe usw. Jetzt konnte sich Alexandra also auch bei schwachem Befinden ins Museum tragen lassen und den Anblick all dieser Kostbarkeiten genießen.

Seit sie im Winterpalast lebten, hatte sie sich laufend Gemälde aus der Ermitage in ihre Privaträume bringen lassen, und nie hatte ihr Mann etwas dagegen gehabt. Domenichinos »Apostel Johannes« und Murillos »Heilige Familie« hingen schon lange in ihrem Kabinett, und gerne hätte sie auch noch Raffaels »Madonna Alba« bei sich gehabt, die Nikolaus Pawlowitsch 1836 mit der Sammlung Coesvelt gekauft hatte. Doch diesen Wunsch fand er übertrieben und ließ eine Kopie für sie machen.[1]

Zur Eröffnung der Kaiserlichen Ermitage erschien alles, was in der Hauptstadt Rang und Namen hatte. Die Gäste trafen um 19 Uhr in der Millionenstraße ein. Die Damen kamen in »runden« Kleidern, d. h. ohne Schleppen, die Offiziere in Festuniform mit Bändern, die zivilen Würdenträger in Paradeuniform und weißen Hosen, und die Zeremonienmeister trugen Frackstöcke. Um 20 Uhr erschien die kaiserliche Familie mit großer Suite im Ermitage-Theater. Auf dem Programm standen die Opera buffa »Don Pasquale« von Gaetano Donizetti und das Ballett »Katharina, die Tochter des Räubers« von Cesare Pugni. Nach der Vorstellung begaben sich die Gäste zum Souper ins Museum. Im Großen Oberlichtsaal der italienischen Malerei war für 200 Personen, im Rubens- und Van-Dyck-Saal für 103 Personen gedeckt. Die kaiserliche Familie speiste bei den Spaniern. Das Licht kam von Tausenden Kerzen, die pyramidenartig auf Kandelaber aus Porphyr und Lapislazuli gesteckt waren – ein Rausch!

Alexandra aber freute sich schon auf ihren ersten Deutschlandbesuch seit der Italienreise. Im Mai 1852 wollten Carl und Marie ihre Silberhochzeit feiern, sie waren ein glückliches Paar. Der König und Carl holten die Schwester in Breslau ab, und siehe da, der alte Zauber wirkte immer noch. »Potsdam, den 8. Mai. Ich erhielt von dem König einen Brief auf dem Bahnhof von Berlin, wo S. M. mit der Kaiserin von Russland um 7½ Abends eintraf. Es war eine ungeheure Menge Menschen versammelt und eine große Bewegung als der Zug kam und umlenkte, um die Potsdamer Bahn zu erreichen«, notierte der Generaladjutant des Königs.[2]

Nikolaus, der noch in Wien gewesen war, kam nach: »Große Freude und viele Küsse. Vorfahren an der grünen Treppe. Prachtvolle Compagnie zur Ehrenwache und Umarmen der alten Bekannten vom Garde-Corps und vom Kürassier-Regiment; eine kurze Anrede, Händedrücken und Anerkennung des guten Benehmens in bösen Zeiten; ... Der König war sehr gerührt und sagte auch, daß die Offiziere des Garde-Corps einen schönen Lohn in dieser Anerkennung des Kaisers finden müßten. Alles war entzückt und erfreut über diesen Empfang, dieses Auftreten des Kaisers. Es ist auch wirklich dankbar anzuerkennen, daß die alte Freundschaft, und die alte Anerkennung sich wieder hergestellt hat.«[3] Alexandra aber bat, ihr jemanden zu schicken, der ihr vorlesen könnte, »was sie an ihre Vaterstadt Berlin erinnert und worüber sie lachen könne«[4].

Weiter ging es nach Schlangenbad im Taunus, wo auf einer Anhöhe in aller Eile ein behagliches Schweizer Häuschen für die Kaiserin errichtet worden war. Es war ein angenehmer Aufenthalt. Ihr 54. Geburtstag sollte dann wie in Kindertagen auf der Pfaueninsel gefeiert werden. Aus diesem Anlass hatten die Brüder sich etwas ganz Exquisites ausgedacht: einen Auftritt Mademoiselle Rachels bei Kerzenbeleuchtung. Die berühmte französische Schauspielerin deklamierte in schwarzem Kleid, eine Rose im Haar, aus Schauspielen von Racine. Alexandra war so begeistert, dass sie die Tragödin nach St. Petersburg einlud (sie kam im Winter 1853 und brillierte im Michael-Theater).

Doch plötzlich ließ sich im allgemeinen Jubel auch eine zweifelnde Stimme vernehmen. Gerlach, der das Kaiserpaar seit mehr als einem Vierteljahrhundert kannte, notierte: »Heut ist der Kaiserin Geburtstag und der 35. Jahrestag ihrer Ehe, dieser Ehe, die viele Jahre trefflich gewesen ... und jetzt doch eine traurige ist. Und da hört man immer von dem herrlichen Kaiser!«[5] Am 14. Juli verabschiedete der König die Schwester und den Schwager am Potsdamer Bahnhof. Sie reisten nach St. Petersburg zurück. Dort stand eine Beerdigung bevor: Ende Juli wurde Wassilij A. Schukowskij, der im April in Baden-Baden gestorben war, auf dem Friedhof des Alexander-Newskij-Klosters beigesetzt. Einer der Sargträger war Alexander Nikolajewitsch, der Thronfolger. Er weinte. Die ganze Familie trauerte um den Dichter.

Im November starb Max von Leuchtenberg, den die Ärzte seit 1849 aufgegeben hatten. Leuchtenberg hatte sich durch seine wissenschaftlichen Experimente einiges Ansehen erworben. Nun trat Mary die Nachfolge ihres Mannes in der Präsidentschaft der Akademie der schönen Künste und im Vorsitz der Gesellschaft zur Förderung der Künstler an. Sie war 33 Jahre alt und erwartete ihr siebtes Kind. Max hatte getrunken und gespielt, und um ihre Ehe rankten sich »Skandalgeschichten der bösesten Art«[6].

Das Jahr endete mit der Selbsterhebung des Präsidenten Louis Napoléon Bonaparte zum Kaiser der Franzosen. Alle nannten ihn »Nöppel«, wie seinen berühmten Onkel, und Nikolaus weigerte sich, den neuen Kaiser mit »Monsieur mon frère«[*] anzureden. Napoleon III. hatte zwar verkündet, er wolle Frieden, aber sein Geltungsanspruch ließ nichts Gutes ahnen.

Am 27. Januar 1853 wurde der Kaiserin die bereits mehrfach zitierte Anna F. Tjuttschewa vorgestellt, eine Tochter des Dichters und Diplomaten Fjodor T. Tjuttschew, die gerade den Dienst bei der Thronfolgerin angetreten hatte. Anna Fjodorowna, die in München aufgewachsen war und das Königlich-Bayerische Institut absolviert hatte, erwies sich als scharfe Beobachterin und Kritikerin des Hoflebens, seiner Oberflächlichkeiten und Nichtigkeiten, seiner Leere und Abgehobenheit. Ihre Memoiren *Am Hofe zweier Kaiser* sind eine wichtige Quelle zur Geschichte Russlands im 19. Jahrhundert. Über ihre erste Begegnung mit der Kaiserin schreibt sie: »Ich war erschüttert von dem Kontrast zwischen dem Gesicht der Kaiserin, dem Gesicht einer ganz alten Frau, und ihrer Figur, die jugendliche Schlankheit und Elastizität erhalten hatte.«[7]

Im Februar zogen dunkle Wolken am Horizont auf. Vordergründig ging es in der »orientalischen Frage« um die heiligen Stätten in Palästina und den Schutz der Christen, tatsächlich ging es um die Zukunft der Türkei, des »kranken Mannes am Bosporus«, und um Russlands Stellung im Vorderen Orient, den Zugang

---

[*] Mein Herr Bruder.

zu den Meerengen und die Befreiung der Balkanslawen von der türkischen Herrschaft. Nikolaus fand, dass die Tage des Halbmondes in Europa gezählt seien. Im Juli besetzten russische Truppen die Donaufürstentümer Moldau und Walachei, die türkische Protektorate waren.

Anfang Oktober kam Nikolaus noch einmal nach Berlin. »Alle bemerken, daß der Kaiser noch nie so zärtlich gegen den König gewesen als diesmal...«, notierte Gerlach.[8] Das war kein Wunder, denn er suchte die Unterstützung Preußens. Doch Friedrich Wilhelm IV. wollte neutral bleiben, und Österreich arbeitete gegen die russischen Interessen. Der neue russisch-türkische Krieg begann Mitte Oktober. Ende November vernichteten die Russen bei Sinope die türkische Flotte. Die Niederlage rief die Westmächte auf den Plan.

»Die Kriegsblicke, die wir stets nach Westen gerichtet hatten, sind mit einem Male nach Osten gewendet«, schrieb der Prinz von Preußen Silvester seiner Schwester. »Während, wie Du längst aus meinen Briefen weißt, und was ich ja dem teuren Kaiser selbst sagen konnte, – ich die russische Politik in dieser Frage nicht in ihrem ganzen Umfange billigen kann, – muß ich mich doch über die Siege zu Lande wie zur See für den Ruhm des Kaisers und seiner Heere freuen, denn sie gewähren ja zugleich die letzte Möglichkeit, – zum Frieden zu gelangen! Denn des Kaisers Wille leuchtet aus allem hervor, wie er es mir ja selbst sagte, den Krieg nicht zum europäischen ausarten zu lassen.«[9] Doch Anfang Januar liefen die Flotten der Engländer und Franzosen ins Schwarze Meer ein, und als Vermittlungsversuche scheiterten, erklärten auch England und Frankreich, die durch die Schwächung der Türkei das europäische Gleichgewicht und die eigene Stellung in der Region gefährdet sahen, Russland Ende März 1854 den Krieg. Karfreitag beschossen die Alliierten mit Bombenkanonen Odessa, am 31. Mai landeten sie in Warna und schickten sich an, landeinwärts zu marschieren.

Seit Kriegsbeginn war das Leben bei Hofe schlagartig ruhiger geworden, auch im Cottage war die Stimmung trübe. Das Wetter war nasskalt, und Alexandra, die sich über Wilhelms Kritik an der Politik ihres Mannes ärgerte, verbrachte ihre Tage und Abende damit, »vom Griechischen Pavillon zur Italienischen Veranda, vom Schweizer Chalet zur Russischen Isba und von der Holländischen Mühle zum Chinesischen Kiosk« zu ziehen, wie Anna Tjuttschewa genervt und gelangweilt notierte. »Nie wissen wir, wo wir speisen oder Tee trinken werden; ewig muss man auf der Hut sein, in voller Toilette, und dabei haben wir von diesen erzwungenen Spazierfahrten nichts außer absoluter Ermattung und Abstumpfung.«[10] Am 26. Juni erschienen zwanzig englische Kriegsschiffe vor Kronstadt, und Nikolaus sah sie sich häufig vom Balkon des Cottage aus an, wo nun ein Teleskop stand. Die Damen hatten Angst, dass Peterhof beschossen werden könnte, ansonsten strickten und nähten sie für die Front. Nikolaus' 58. Geburtstag wurde nicht gefeiert, Alexandras 56. Geburtstag nur abends in Monplaisir.

Sie freute sich auf das Geschenk aus Berlin, das Fritz ihr angekündigt hatte: »… es besteht in einem Product der, so Treffliches leistenden Josephinen Hütte im Riesengebirge. Es ist eine Glassäule, verbesserte Auflage einer ähnlichen, welche den Garten von Marly (bey der Friedenskirche) schmückt und deren fabelhaftes Effect mich vermacht hat dich mit ähnlichem Effect zu erfreuen, seys in der Nähe des Cottage (vielleicht nach dem gepflasterten Plätzchen vor'm Eßsaal), oder in Deinem Rosengärtchen zu Zarskoe Seló, oder wo Du es für gut halten solltest. Die Säule gehört aber in's Freye wo denn allein das im Glase wohnende Licht sich produziren kann.«[11] Charlotte antwortete im August: »Lieber theurer Fritz. Die Säule ist heil und gesund angekommen, sie steht vor meinem Fenster im lieben Cottage, und ich freue mich jeden Augenblick darüber wenn ich sie betrachte. Eigentlich ist die Säule zu schön für Alexandrie, die reiche Goldverzierung paßt zum lieben einfachen Cottage nicht. In diesem Sommer, der bald sein Ende erreicht, will ich mich nicht davon trennen und mich an der schönen blauen Farbe freuen, und im nächsten Jahr die Säule, auf irgend eine Insel bringen lassen.«[12]

Im September landeten die Alliierten auf der Krim, schlugen die Russen an der Alma und schlossen Sewastopol ein. Nikolaus litt sichtlich unter dem schlechten Kriegsverlauf und der politischen Isolierung Russlands. Er begriff nicht, dass seine Paradearmee, die er dreißig Jahre gedrillt hatte, den Feind nicht ins Meer zu werfen vermochte! Doch diese Armee war mit veralteten Waffen ausgerüstet, und der Nachschub von Nahrung, Kleidung, Munition und Verbandsmaterial funktionierte nicht. Zu den politisch-militärischen Sorgen kam eine erneute Erkrankung der Kaiserin.

»Der Anblick des Herrschers zerreißt einem das Herz«, notierte die Tjuttschewa Ende 1854 in Gattschina. »In letzter Zeit wirkt er jeden Tag niedergeschlagener, sein Gesicht ist besorgt, sein Blick trübe. Seine schöne, majestätische Gestalt hat sich unter der Bürde der Sorgen gebeugt, die auf ihm lasten. Das ist eine Eiche, die von einem Wirbelwind niedergeworfen wurde, eine Eiche, die sich nie biegen konnte und die nur im Sturm fallen kann. Seit die Kaiserin krank ist und er an die Möglichkeit ihres Todes denken muss, hat der unglückliche Kaiser jeglichen Mut verloren. Er schläft nicht und isst nicht. Er verbringt die Nächte im Zimmer der Kaiserin, und da der Gedanke die Kranke quält, dass er sich hier nicht ausruht, bleibt er hinter den Schirmen, die das Bett umgeben, und geht nur auf Zehenspitzen, damit seine Schritte nicht zu hören sind. Es ist unmöglich, von dieser rein menschlichen Zärtlichkeit in dieser nach außen hin so hochmütigen Seele nicht zutiefst berührt zu sein. Möge Gott sich seiner erbarmen und ihm das teuerste Wesen erhalten in einem Augenblick, in dem ihm schon alles genommen wurde.«[13] Er war nicht er selbst, wenn sie krank war.

Erst als Nisi und Mischa, die beiden jüngsten Söhne, die nach Sewastopol gegangen waren, auf Befehl des Vaters in einer Kampfpause ein paar Tage auf Urlaub kamen, ging es ihr besser. Es war eine seiner üblichen Überraschungen.[14] Aber sie bestand darauf, dass sie zurückfuhren. Anfang 1855 brach in St. Petersburg eine Grippeepidemie aus. Ende Januar hatte auch der Kaiser sich stark erkältet, ging aber weiter seinen Pflichten nach und verbot, Bulletins über seine Erkrankung zu veröffentlichen, auch als aus der Erkältung eine Grippe geworden war. Wie konnte er sich auch schonen, während seine Soldaten starben! Es war wie immer, er entschied alles. Auch bei 23 Grad Kälte fuhr er leicht bekleidet in offenem Schlitten noch aus, inspizierte Truppen und verabschiedete andere, die nach Sewastopol abgehen sollten. Am 23. Februar legte er sich endlich hin. Nun war ein Lungenflügel bereits stark angegriffen. Am 29. Februar erklärten die Ärzte dem Thronfolger den Ernst der Lage.

Nikolaus' letzte Tage und Stunden im Kreise seiner Familie sind oft beschrieben worden, von Ärzten, Angehörigen, Biografen und Literaten.[15] Er selbst ahnte nicht, dass er sterben würde, und als Alexandra ihm vorschlug, das Abendmahl zu nehmen, lehnte er ab: »Wie das, hier in meinem Bett, das ist unmöglich! ... ich tue es, wenn ich wieder auf den Beinen bin, wenn Gott mir die Kräfte wiedergibt. Wie kann ich vor ihn treten, im Liegen und nicht angekleidet?«[16] Erst als sich ihre Augen mit Tränen füllten, schien er zu begreifen. Dann fragte sie ihn, ob er sie noch liebe. »Ob ich dich liebe! Wie kann ich dich nicht lieben«, antwortete er. »An dem Tage, an dem wir uns zum ersten Mal sahen, hat mein Herz mir gesagt: ›Das ist dein Schutzengel für das ganze Leben!‹ und diese Prophezeiung des Herzens ist eingetreten.«[17]

Dass er sterben würde, verstand er erst in der folgenden Nacht nach einem Gespräch mit Dr. Mandt. Er akzeptierte den Tod ruhig und gefasst, ließ bekannt machen, »dass der Kaiser im Sterben liegt«, traf seine letzten Verfügungen, legte das Zeremoniell seiner Beisetzung fest und bestimmte, wo er in der Kathedrale liegen wollte, »hinter dem Sarg meines Vaters, bei der Mauer, damit noch Platz bleibt für meine Frau«[18]. Alexandra aber sollte nicht in Schwarz, sondern in Weiß am Sarg stehen, nicht als Witwe, sondern wie eine Braut.

Sie wäre gerne mit ihm gestorben, aber er hielt schon den Gedanken für eine Sünde und bat sie, fortan für die Familie zu leben. In ihrem letzten Gespräch soll sie ihn aufgefordert haben, sich auch von Warenka Nelidowa zu verabschieden, doch das habe er als unschicklich abgelehnt.[19] Die Geliebte war genauso untröstlich wie die Ehefrau, und Alexandra zeigte Größe, als sie Warenka später zu ihrer persönlichen Vorleserin bestellte.[20]

Die letzten Stunden ihres Mannes verbrachte sie auf dem grünen Ledersofa neben dem Feldbett des Sterbenden. In der Nacht vom 1. auf den 2. März verabschiedete er sich von allen Familienmitgliedern, den engsten Freunden und den treuesten Dienern. »Diene Russland!«, sagte er dem Thronfolger und bekreuzigte ihn. »Ich wollte alles Komplizierte, alles Schwere auf mich nehmen und dir ein friedliches, glückliches und blühendes Reich hinterlassen. Die Vorsehung hat es anders gewollt!«[21] Auf seine Art hatte er seinem Land sein Leben lang nach Kräften gedient. In der Sterbestunde hielt Alexandra seine rechte Hand, Sascha die linke, und als es vorbei war, schloss sie ihm die Augen.

Am frühen Nachmittag des 2. März kam »folgende telegraphische Depesche« in Berlin an: »Die Kaiserin an S. M. den König in Berlin, Winter-Palais, den 2. März 1 Uhr Nachmittag. Um 12 Uhr 10 Minuten hauchte Kaiser Nikolaus seine edele Seele unter leichtem Todeskampf aus. Die Kaiserin erhält sich aufrecht und läßt E. M. sagen. ›Es ist vorbei.‹ Außerdem läßt die Kaiserin sagen, daß mit die letzten deutlichen Worte des Kaisers waren: ›Dites à Fritz de rester toujours le même pour la Russie et de ne pas oublier les parôles de Papa.‹* ... Der König brachte diese Depesche laut weinend in die Halle ... Die Königin kam auch und war schwimmend in Thränen ... Der König beantwortete die Depesche wie folgt: ›Wir grüßen die geliebte Schwester unter tausend heißen Thränen mit den Worten des Herrn: ›Selig sind die Friedfertigen, denn sie werden Gottes Kinder heißen.‹ Wir umarmen den geliebten Alexander und sagen des geliebten Kaisers Vermächtnißworte ›An Fritz‹ sind ein Heiligthum.«[22] Das war stark übertrieben, denn mit Nikolaus' Tod war Preußen die russische Bevormundung endlich los.[23]

---

* Sagt Fritz, dass er für Russland immer derselbe bleiben und Papas Worte nicht vergessen soll.

Eine Woche später wurde der Sarg bei strahlender Wintersonne in die Festung überführt. Alexandra begleitete ihn durch das Vestibül bis zum Ausgang. Sie hatte sich immer gut im Griff gehabt, aber nun weinte sie hemmungslos, und als der Sarg aus den Palasttüren getragen wurde, fiel sie nieder und küsste die Schwelle. Ihr Schluchzen war noch lange zu hören.[24] Zur Beisetzung am 18. März kamen Carl und Alexandrine nach St. Petersburg. Nikolaus wurde in der Uniform der Chevaliers gardes beigesetzt. Als der Sarg unter Kanonensalven in die Gruft gesenkt wurde, verlor Alexandra das Bewusstsein. Sie war ganz in Weiß gekleidet.

Selten hat der Tod eines Monarchen die Zeitgenossen so erschüttert wie der Tod des Kaisers Nikolaus. Dreißig lange Jahre hatte er in der europäischen Politik den Ton angegeben, bewundert und verehrt, gehasst und gefürchtet, und plötzlich war er nicht mehr. Die Höfe Europas trauerten um die Wette, aber natürlich trug der Berliner Hof den Kranz davon.»Außer der Hoftrauer und der dreitägigen Schließung der Theater ward für die Armee und Marine eine vierwöchentliche Trauer angeordnet«, schrieb ein liberaler Zeitgenosse,»ein Regiment erhielt für ewige Zeiten den Namen des Kaisers, und die königliche Familie, den König an der Spitze, wohnte dem Todtenamte bei, das ein russischer Priester in der russischen Gesandtschaftskapelle abhielt.... Die Organe der Regierungen, selbst der in den Krieg verwickelten, konnten kaum Worte finden, die persönlichen Eigenschaften des Zaren zu preisen; sie stellten ihn dar als einen Halbgott, dem Russland und Europa unendlich Viel zu danken habe. Die unabhängige Presse dagegen, die englische, – denn der deutschen und der französischen war es nicht gestattet, ihre Herzensmeinung zu sagen, – konnte bei allem Bemühen, an dem offenen Grabe des Zaren eine Leichenbittermiene anzunehmen, ihren Jubelruf kaum verbergen und ihr Verdammungsurtheil nicht zurückhalten.«[25]

Da sofort Gerüchte aufkamen, der Kaiser sei vergiftet worden, und da Dr. Mandt schon in der Todesnacht beinahe gelyncht worden wäre, nahm er seinen Abschied und verließ Russland.[26] Alexandra fand die Gerüchte lächerlich. Sie trug nun den Titel

»Kaiserwitwe« und übersiedelte in den Anitschkow, wo sie in den ersten Jahren ihrer Ehe so glücklich gewesen war. Ihre Umgebung spürte sehr schnell, dass sie keinen Einfluss mehr hatte, aber ihr selbst war das gleichgültig. Nach dem Zeugnis der Baronin Maria P. Frederiks hat das »Engelsherz der Kaiserin, obwohl es sehr genau fühlte, was um sie herum geschah, das alles so sanftmütig und ruhig hingenommen, als ob es sie nichts anginge, sie lächelte nur leise und nachsichtig«[27]. Alexandra hat die nun einsetzende Kritik an Nikolaus und seinem System nicht geteilt.

Im Cottage war es in diesem Sommer einsam und öde, Wilhelms Besuch ein schwacher Trost. Alexandra fuhr häufig in die Peter-und-Paul-Kathedrale, vierspännig und begleitet von denselben Kosaken, die ihren Wagen seit Jahrzehnten eskortierten. Ihre Hofdamen arbeiteten an einem Teppich, mit dem die leere Stelle neben Nikolaus' Sarkophag bedeckt werden sollte, die auf sie wartete.[28] Sie sehnte sich nach Nikolaus, wenn sie allein war, aber sie bewahrte Haltung, wenn sie nicht allein war.

Der Fall Sewastopols am 8. September 1855 war ein neuer schwerer Schlag, sie musste nun viele Familien trösten, deren Söhne dort gefallen waren, während sie selbst das Glück hatte, Nisi, ihren dritten Sohn, mit einer Prinzessin aus dem russischen Zweig des Hauses Oldenburg verheiraten zu können. Doch dann war sie zu schwach, um an der Trauung in der Großen Palastkirche am 8. Januar teilzunehmen und dem jungen Paar die Ringe zu wechseln.[29]

Am 30. März 1856 schlossen die Kriegsparteien den Dritten Pariser Frieden, der die Unabhängigkeit und territoriale Integrität des Osmanischen Reiches garantierte und das Schwarze Meer neutralisierte und entmilitarisierte. Auch Russland durfte dort keine Kriegsschiffe und keine Festungen mehr unterhalten. Damit hatte es seine Rolle als führende Militärmacht und »Gendarm Europas« ausgespielt. Aber die deutschen Bäder standen den russischen Gästen nun wieder offen, und so ließ sich Alexandra gerne eine Kur verordnen, die sie für die bevorstehende Krönung Alexanders II. stärken sollte. Seit Nikolaus' Tod hatte sie sich äußerlich so verändert, dass man sie »nur an den engelsguten Augen und an der Majestät ihres Ganges« noch erkannte, und sie war so schwach, dass ihre Hofdamen fürchteten, sie würde nicht lebend zurückkehren.[30] Aber schon immer war es so gewesen, dass es ihr besser ging, sobald sie sich vom Hof entfernt hatte, und so war es auch diesmal. Das Ziel war Wildbad im Schwarzwald. Mischa, ihr Jüngster, begleitete sie.

Die Reise ging per Kutsche nach Warschau und von dort mit der Eisenbahn nach Königsberg. In der alten Krönungs- und Huldigungsstadt der preußischen Könige warteten Friedrich Wilhelm IV. und alle anderen Könige, Herzöge, Fürsten und Prinzen Deutschlands, insgesamt mehr als 100 Personen, auf die illustre Witwe, um ihr zu kondolieren. Am 25. Mai kam sie in Potsdam an, wo die königlichen Gastgeber sich merklich einschränken mussten, weil die kaiserliche Schwester, obwohl »im Grunde eine wohlwollende preußische Prinzessin«, dermaßen verwöhnt war, »daß sie im Inlande wie im Auslande nur befahl«[31].

Sie wünschte im linken Flügel des Schlosses zu wohnen, notierte der Flügeladjutant des Königs, also wurde er ihr eingeräumt. »Wo sonst das Königspaar Tee trank, da war der Salon der Kaiserin, wo der König Ministerrat abzuhalten und zu arbeiten pflegte, da schlief die Kaiserin. Der König behielt ein einziges Zimmer für sich, in dem er schlief und seine Regierungsgeschäfte erledigte. Der Königin ging es nicht besser. ... Einen Salon hatten unsere Majestäten eigentlich nicht mehr, denn der mittlere Marmorsaal in Sanssouci war Durchgang zum Salon der Kaiserin. Diese aber befahl jeden Mittag und jeden Abend, in welcher Gesellschaft sie sein wollte, und wenn sie einmal die Königin, bei der sie zu Gaste war, nicht zum Diner befohlen hätte, dann hätte diese in ihrem Schlafzimmer zu Mittag essen müssen. Die Kaiserin dachte sich gar nichts dabei, denn sie war seit fast dreißig Jahren daran gewöhnt, nicht danach zu fragen, was außerhalb ihrer Räume vorging, in denen sie war ... Sie war schon sehr geschwächt in ihrem Augenlicht, wollte das aber nicht zeigen, und es wurde geheim gehalten. Sie sah daher von den Menschen nur einen schwachen schattenhaften Umriß. Es kam vor, dass sie ganz nahe vor jemand hintrat, ihn anblickte und dann fragte: Wer ist das, was stellt man hier vor, wie kommt man hierher?«[32]

Von Berlin aus reiste Alexandra über Weimar nach Stuttgart zu Olly, die ihre Mutter samt Gefolge in der neuen, vom Zarenhof finanzierten Villa Berg unterbrachte. »Olga wohnt himmlisch«, telegrafierte sie an Sascha.[33] Sie blieb sechs Wochen, und weiter ging es nach Wildbad. Da sie die (kostspielige) Angewohnheit hatte, mit großer Suite zu reisen, Verwandte und prominente Besucher zu empfangen, waren auch hier wieder mehrere Hotels gemietet worden, sodass andere Kurgäste in ihren Equipagen übernachten oder außerhalb des Städtchens eine Unterkunft suchen mussten. Sie selbst wohnte im Hotel »Bellevue« des Grafen Dillen (heute: »Quellenhof«). Dort empfing sie die Großherzogin Sophie von Baden, die mit ihren Töchtern Marie und Cäcilie aus Karlsruhe herübergekommen war. Alle waren neugierig auf die Töchter, weil eine von ihnen mit Mischa verheiratet werden sollte. Die Wahl fiel auf die 16-jährige Cäcilie.

Beim ersten Gespräch des Erzpriesters Ioann I. Basarow mit der künftigen Großfürstin Olga Fjodorowna in deutscher Sprache war Alexandra dabei. Sie war froh, dass die Prinzessinnen nun so gut auf den Übertritt zur russisch-orthodoxen Kirche vorbereitet wurden. »Zu unserer Zeit sagte man uns nur, dass das aus politischen Gründen nötig sei, und fragte nicht einmal, ob wir das verstanden, was wir beim Übertritt zur Orthodoxie annehmen mussten«, vertraute sie Vater Ioann an, der Olly als Beichtvater diente. »Und daher weiß ich bis heute nicht, ob ich nicht sündige, weil ich vieles in der russischen Kirche nicht weiß und anderes nicht verstehe.«[34]

Es hatte die ganze Zeit geregnet, doch Alexandra war zufrieden. Während ihres Aufenthalts hat Franz Xaver Winterhalter sie ganz in Weiß gemalt. Das Porträt in natürlicher Größe zeigt eine jugendlich-schlanke Gestalt, doch das Gesicht wirkt alt und hart. Zeitgenossen fanden das Bild sehr ähnlich.

Auch Maestro Rossini weilte in Wildbad und bat, empfangen

zu werden.[35] Er interessierte sich für russischen Chorgesang, und so ließ Vater Ioann ihm von seinen Chorsängern Kirchen- und Volkslieder vorsingen, die ihn in helle Begeisterung versetzten und noch lange inspirierten.[36]

Anfang August machte sich Alexandra gestärkt auf die Rückreise. Von Berlin aus begleiteten der König, Carl und Albrecht ihre Schwester bis Swinemünde, wo sie sich an Bord eines russischen Kriegsschiffes begab. Da lauter Hoheiten und Durchlauchten mitreisten, die an der Krönung Alexanders II. am 7. September in Moskau teilnehmen wollten, darunter auch Fritz Wilhelm, Wilhelms Sohn, der spätere Kaiser Friedrich III., ging es zwanglos zu. Alle freuten sich auf das große Ereignis, das auch ein Friedensfest werden sollte.

In der Ersten Residenzstadt traf die Kaiserinmutter ein paar Tage vor dem jungen Herrscherpaar ein. Sie hatte sich entschlossen, Sascha und Marie einen Teil der protokollarischen Pflichten abzunehmen, indem sie die wichtigsten Gäste begrüßte. Allein das diplomatische Corps zählte »hundertundsechs Personen aller europäischen Zungen«[37]. Am Vorabend des großen Tages fuhr Alexandra in den Peter-Palast, wo sie das Kaiserpaar empfing und segnete. Am nächsten Morgen begann dort der traditionelle Einzug der Majestäten in die Stadt. So hatten Nikolaus und sie es 1826 auch gehalten. Ihre Hofdamen fragten sich, wie sie die Zeremonien durchhalten würde. Auch Carl, der den König vertrat, machte sich Sorgen. »Heute ist dann die Krönung in old Moskwa – gebe Gott Charlotte die Kraft, sowohl die Anstrengung, als auch die Gemütsbewegungen aller Art im Andenken vor 30 Jahren gut zu überstehen!!«, schrieb er seiner Frau.[38]

Doch Charlotte hatte einen eisernen Willen, und wenn es darauf ankam, hielt sie durch. Als sie am Ende der Zeremonie in der Uspenskij-Kathedrale festen Schrittes auf den gesalbten Sohn zuging und ihn umarmte, wohl wissend, wie schwer die Krone lastete, waren alle von ihrer majestätischen Haltung beeindruckt. Noch eine der vielen filmreifen Szenen ihres Lebens! An den folgenden Empfängen, Diners und Bällen nahm »unser Mütterchen«, wie ihre jungen Hofdamen sie jetzt nannten, nicht mehr teil. Sie war erschöpft und wäre nun gerne noch einmal nach Palermo gefahren. Stattdessen fuhr sie auf Wunsch des Kaisers nach Nizza, in den »Wintersalon Europas«.

Die Grafschaft Nizza gehörte damals noch zu Sardinien-Piemont, zu dem seit 1848 keine diplomatischen Beziehungen mehr bestanden. Auch war Sardinien-Piemont im Januar 1855 noch auf der Seite Frankreichs, Englands und der Türkei in den Krimkrieg eingetreten. Doch kurz vor der Krönung hatten St. Petersburg und Turin die Wiederaufnahme diplomatischer Beziehungen vereinbart. Daher war eine Reise der Kaiserinwitwe nach Nizza eine Geste der Versöhnung. Und ein politisches Signal. Denn Viktor Emanuel II. hatte dem Zaren einen Flottenstützpunkt in Villafranca angeboten und damit Russlands Präsenz am Mittelmeer gesichert. Also stimmte Alexandra zu. Botschafterin des guten Willens war sie gerne.

Die Reise an die Côte d'Azur begann gleich nach der Krönung. Sie führte von Warschau über Breslau und Dresden, wo Alexandra in Begleitung ihres Bruders Albrecht zum ersten Mal den Zwinger besuchte, nach Stuttgart und bei freundlichstem Herbstwetter weiter über Zürich und den Bernardino nach Oberitalien. Der Weg über das verhasste Frankreich kam für sie nicht infrage, auch wenn die Fahrt über die Via Mala nicht ungefährlich war. Wo immer die Kaiserin haltmachte, lief das Volk zusammen, um sie und ihr Gefolge, aber auch die schwer beladenen russischen Wagen zu bestaunen, die wie fahrende Häuser aussahen und eine Sensation waren![39]

In Genua bereitete Viktor Emanuel II. ihr einen grandiosen Empfang. An den Straßen standen Truppen Spalier, Musikkapellen spielten »Gott schütze den Zaren«, und die Genueser ließen die »Imperatrice di Russia« hochleben. Vom Schloss hatte sie einen wunderbaren Blick auf den Hafen, und sie erinnerte sich voller Wehmut daran, wie sie 1845 mit Nikolaus von hier nach Palermo gereist war. Nun sollte die »Olaf« sie also nach Villafranca bringen. In Nizza hatte der Hof die Villa »Avigdor« an der

Promenade des Anglais für sie und zwei weitere Villen für das Gefolge und die Verwandtschaft gemietet. Ende Oktober traf die Reisegesellschaft ein.

Vieles erinnerte hier an Palermo. Alexandra fühlte sich sofort wohl. Als dann auch noch Olly mit ihrem Mann und die drei jüngeren Söhne eintrafen, war wieder ein großer Teil der Familie um sie versammelt. Sie machte kleine Ausflüge mit ihrem Tilbury, den die »Olaf« aus St. Petersburg mitgebracht hatte, picknickte in freier Natur, ließ sich vorlesen und erholte sich schnell. Doch ein ganz so ruhiges Leben wie in Palermo war in Nizza nicht möglich. Denn kaum hatte sich herumgesprochen, dass die Kaiserinwitwe an der Côte d'Azur weilte, suchte »eine Legion Künstler« ihr Interesse für Bildhauerei, Musik und Malerei zu nutzen, und die Besucher wechselten sich ab.[40]

Als im Gefolge der Großfürstin Jelena Pawlowna, die den Winter ebenfalls in Nizza verbringen wollte, auch noch Anton G. Rubinstein, seit 1852 Hofpianist, und Graf Matwej J. Wielgorskij, der Cellist, eintrafen, begann noch einmal eine schöne musikalische Periode in Alexandras Leben, denn diese Namen zogen Künstler von europäischem Ruf an. Ein Konzert folgte dem anderen. Manchmal sang Antonio Tamburini, der berühmte Bariton, der nun in Nizza lebte, auf ihren Soireen, und ihr zuliebe gab er im Theater noch einmal den Figaro aus dem »Barbier von Sevilla«.

Am 10. Dezember wurde in der Rue Longchamp der Grundstein für eine kleine russisch-orthodoxe Kirche gelegt, für die sie das Grundstück gekauft und die Ikonostase gestiftet hatte.[41] Denn ihr Aufenthalt in Nizza war eine Einladung an den russischen Adel, ebenfalls in dieser Gegend zu überwintern, und der Adel kam, sodass die Hauskirche in der Villa nicht mehr ausreichte. Alexandra Fjodorowna muss also als Begründerin des russischen Tourismus an der Côte d'Azur angesehen werden.

Im April 1857 bat der Magistrat sie, die neue Kunststraße nach Villafranca zu eröffnen, die sie mitfinanziert hatte. Die Straße wurde »Boulevard de l'Impératrice« genannt, später fügten die Stadtväter »de Russie« hinzu, um Verwechslungen auszuschließen.

Nach dem Osterfest verfügte sich die hohe Gesellschaft auf der »Olaf« nach Civitavecchia und von dort in Equipagen nach Rom. Die Kaiserin fuhr in einem offenen sechsspännigen Wagen, neben sich ihre Tochter Olga und ihren Bruder Carl, der im März noch nach Nizza gekommen war. Endlich konnte sie nachholen, was ihr 1846 verwehrt worden war: einen Besuch der Ewigen Stadt, der natürlich ein Weltereignis war.[42] Sie stieß einen Freudenschrei aus, als sie Rom endlich vor sich liegen sah. Gleich am Tag nach der Ankunft besuchte sie Papst Pius IX., der nach einer dreiviertelstündigen Unterredung von ihr sagte, sie sei eine »wahre Christin«, und ihren Besuch am anderen Morgen im Gebäude der russischen Botschaft in der Via del Corso erwiderte.[43] Nach dem offiziellen Teil der Visite wurde die Kaiserin zur Touristin, besuchte Kirchen und Museen und erstaunte die Römer durch ihren Kunstsinn und ihre historischen Kenntnisse. Sie bestieg die Peterskuppel, besichtigte mehrfach das Innere des Doms, das Antikenmuseum des Vatikans und bei Fackelschein auch die kleine Gemäldegalerie.

Der Höhepunkt ihres Besuchs aber war das berühmte Feuerwerk »Girandola« am Castel del' Angelo, das normalerweise Ostern stattfindet und ihr zu Ehren im Mai wiederholt wurde.[44] Auch ein Anblick, von dem sie noch lange zehrte.

Am 23. Mai langte sie wieder in Turin an, traf Viktor Emanuel noch einmal und fuhr über den Mont Cenis in die »Spießbürger-Republik« Genf (Grimm), deren Einwohner zum ersten Mal eine leibhaftige Kaiserin erblickten und sich an den goldbestickten Uniformen, Orden und Bändern der Herren ihres Gefolges gar nicht sattsehen konnten. Sie fuhr über den See nach Lausanne, genoss den Anblick der spiegelglatten Wasserfläche und reiste weiter nach Bern. Dort besuchte sie das Grab der lieben Margarethe von Wildermeth, ihrer unvergessenen Erzieherin. Dann ging es über Basel und Stuttgart wieder nach Wildbad, wo Mischas Verlobung mit Cäcilie von Baden gefeiert wurde. Die Hochzeit sollte im August in Peterhof stattfinden.

Noch nie hatte der Ort einen solchen Auftrieb adliger Häupter erlebt wie in diesem Sommer. Vertreter aller deutschen Höfe wünschten, der Kaiserinwitwe vorgestellt zu werden, und nach dem Eintreffen des jungen Kaiserpaares aus Kissingen wiederholte sich das Ganze in noch größerem Umfang. Natürlich wollten Sascha und Marie an ihrem 59. Geburtstag bei ihr sein, und da auch Kosty und Nisi noch kamen, bescherte Wildbad ihr noch einmal glückliche Tage. Dann ging es über Weimar nach Berlin. Am 18. Juli kam sie in Sanssouci an.

Doch für Fritz und Elis war ihr Besuch nun schon eine Last. »Es ging so weit, daß der König mit der Königin, während die Kaiserin in Sanssouci war, einen Nachmittag nach Charlottenburg fuhr, dort unter irgend einem Vorwande zu übernachten, in der Tat aber, um einmal wieder ihre eigenen Herren zu sein und ruhig ausschlafen zu können«, notierte Flügeladjutant Hohenlohe-Ingelfingen. »Im Vertrauen sagte der König dabei. ›Wir können's beide nicht mehr aushalten, die Königin auch nicht.‹«[45]

Ein »Unwohlsein« des Königs, das ihn kurz zuvor in Dresden befallen hatte, aber auch alte Anhänglichkeit hatten Alexandra bewogen, Dr. Mandt aus Frankfurt an der Oder herüberzubitten. Der erfahrene Arzt machte sich keine Illusionen über den Zustand des Königs, der am 31. Juli in der Oper noch einen Schlaganfall erlitt. Alexandra reiste bedrückt ab.

Noch während ihres Aufenthalts in Deutschland hatte der Publizist Alexander Herzen, der Ende der 1840er-Jahre mit ihrer Hilfe einen Auslandspass erhalten hatte und nun in London lebte, gleich in der ersten Nummer seiner Zeitschrift *Kolokol* (Die Glocke) die »Erhabenen Reisenden« angegriffen, die nach Nikolaus' Tod auf Staatskosten in ganz Europa herumfuhren. »Wieder bot die Kaiserinwitwe Europa das Schauspiel eines wahrhaft asiatischen Geldrauswerfens und eines wahrhaft barbarischen Luxus«, schrieb Herzen.[46] »Voller Stolz konnten die treuen Untertanen sehen, dass jeder Ortswechsel der erlauchten Kranken und jede Erholung für Russland einer Missernte, einer Flussüberschwemmung und zwei, drei Feuersbrünsten gleichkommt.« Dazu lasse sie sich auf russische Kosten auch noch von allen möglichen deutschen Fürsten »samt Weib und Kind« besuchen. Am bissigsten kommentierte Herzen aber ihren Aufenthalt in Rom, wo »unsere orthodoxe Protestantin« herumgeflattert war »wie ein Schmetterling«. Wie konnte so jemand ernsthaft sein? Die rastlose Aktivität, die sie in Rom entfaltet hatte, sprach jedenfalls dagegen. »Wessen Gesundheit hält eine solche Fron aus!« Der Artikel »Die Kaiserinwitwe« erschien auch in französischer Übersetzung und erregte in ganz Europa enormes Aufsehen.[47]

Länger als ein Jahr war Alexandra nun unterwegs gewesen, und vieles hatte sich in St. Petersburg geändert. Sie aber übernahm nun doch noch die Rolle, die Nikolaus ihr zugedacht hatte. »Mama – sie war jung noch mit sechzig Jahren – immer verstand sie die Jugend, und mühelos blieb sie Mittelpunkt der Familie, auch dann noch, als die Schwäche ihres Körpers ihr nichts anderes erlaubte, als eben nur da zu sein«, schreibt Olga Nikolajewna.[48] Zu ihrer Freude kam am 22. August 1858 in Strelna Kostjas zweiter Sohn Konstantin zur Welt, der als K. R. eine bemerkenswerte Karriere als Schriftsteller, Übersetzer und Schauspieler machen sollte. Doch sie machte sich Sorgen um Olly und Karl, die in diesem Jahr vier Monate zu Besuch waren. Olly glaubte sich schuld an ihrer Kinderlosigkeit und litt unter ihrer Ehe.[49]

Alexandra lebte nun überwiegend in Zarskoje Selo, fern von Bällen, Empfängen und protokollarischen Pflichten, besuchte die ihr unterstehenden Stifte und hielt sich nur noch selten im Cottage auf. In den preußischen Quellen war sie nun häufiger schon die »immer leidende Kaiserinmutter« oder die »arme alte Kaiserin«, die sich nicht rühren durfte und »möglicherweise sterben wird«[50]. Aber sie starb nicht. Sie hielt sich, verbrachte ihre Abende im Kreise alter Bekannter, ließ sich viel vorlesen, strickte unermüdlich mit geschlossenen Augen und empfing am Geburtstag des Königs und der Königin wie immer ihre Preußen. Ihrem Bruder Wilhelm, der am 7. Oktober 1858 die Regentschaft übernommen hatte und nun mit der Zeit gehen wollte, gab sie den Rat, mit Änderungen nicht zu eilen.

17
»Ich komme, Niks«
Lebensende

»Familiengesandter« Bismarck – Veränderungen in St. Petersburg – Preußisch-russische Dissonanzen – Kaiserin Mutsch – Einweihung des Nikolaus-Denkmals – Nizza – Pflege des Königs – Letzte Ausfahrt – Tod in Zarskoje Selo – Peter Kropotkin – Letzter Wille – Alexander II., der Zar-Befreier 1859–1860

Am 29. März 1859 um 5 Uhr morgens kam der neue preußische Gesandte in St. Petersburg an. Otto von Bismarck-Schönhausen hatte im Hotel »Demidow«, Newskij 54, reserviert, musste sich jedoch bald nach einer anderen Unterkunft umsehen, weil es im »Demidow« ungemütlich und schmutzig war. Die Wahl fiel auf das Haus Steenbock am Englischen Ufer 50 unweit der Nikolaus-Brücke (heute: Blagoweschtschenskij most), ein schlichtes einstöckiges Gebäude, teilmöbliert und teuer, in dem auch die Gesandtschaft untergebracht wurde. Anfang Juni zog Bismarck ein und genoss fortan täglich den herrlichen Blick auf die Newa, den lebhaften Schiffsverkehr und die Wassilij-Insel, wo so viele Landsleute wohnten.[1]

Schon am dritten Tag nach seiner Ankunft hatte der Gesandte eine »lange Audienz« bei der Kaiserinmutter, die erste bei Hofe, und freute sich »an der graziösen Vornehmheit der alten Dame«[2]. Am 1. April folgte die Antrittsaudienz bei Alexander II., die zwei Stunden dauerte und ihm »durch seine liebenswürdige Weise wirklich zum Geburtstagsgeschenk wurde«[3]. Tags darauf speiste Bismarck bei der Kaiserinmutter, einfach und unzeremoniell, und dann war er häufig bei ihr zu Gast. Stundenlang konnte sie ihm zuhören, während sie strickte. Und so bekam Bismarck manchen Einblick in das kaiserliche Familienleben, von dem andere

Diplomaten nur träumen konnten. Einmal weigerte sich eine von Alexandras Enkelinnen, einem General die gleiche Höflichkeit wie ihm zu erweisen. »Es war mir sehr schmeichelhaft, daß dieses großfürstliche Kind auf die großmütterliche Vorhaltung antwortete, in Bezug auf mich: on milū (er ist lieb), in Bezug auf den General aber hatte sie die Naivität, zu sagen: On wonjaet (er stinkt), worauf das großfürstliche enfant terrible entfernt wurde.«[4]

Immer hatten die preußischen Gesandten und Militärbevollmächtigten auch zur engsten Umgebung Alexandras gezählt, und nun wurde die Beziehung zwischen ihrem Sohn und dem neuen Gesandten ebenfalls herzlich: »Der Kaiser zeichnet mich in einer Weise aus, die mir die Stellung eines Familiengesandten, wie zur Zeit seines Vaters, gewährt; ich bin hier der einzige Diplomat, der intimeren Zutritt zu seiner Person hat.«[5] Doch die Petersburger Gesellschaft war nicht mehr die alte. Der Gesandte unterschied drei Generationen: »Die vornehmste, die europäisch und classisch gebildeten Grands Seigneurs aus der Regierungszeit Alexander's I., war im Aussterben ... Die zweite Generation, die mit dem Kaiser Nicolaus gleichaltrig war oder doch seinen Stempel trug, pflegte sich in der Unterhaltung auf Hofangelegenheiten, Theater, Avancement und militärische Erlebnisse zu beschränken ... Die dritte Generation, die der jungen Herren, zeigte in ihrem gesellschaftlichen Auftreten meist weniger Höflichkeit, mitunter schlechte Manieren und in der Regel stärkere Abneigung gegen deutsche, insbesondere preußische Elemente als die beiden älteren Generationen.« Bismarck hatte es mit der dritten Generation zu tun.[6]

Doch dem guten Einvernehmen zwischen Gesandtem und Herrscher zum Trotz war es schwer, Russlands Unterstützung für den Fall eines Krieges gegen Frankreich zu gewinnen, das zusammen mit Sardinien-Piemont im Begriff war, Österreich aus Oberitalien zu vertreiben, und hernach »siegestrunken sich auf uns werfen« könnte, wie Prinzregent Wilhelm seiner Schwester schrieb. Anders als Russland war Preußen im Interesse des europäischen Gleichgewichts am Erhalt der Traktate von 1815 und der österreichischen Besitzungen in Italien gelegen, sodass in dieser Frage »eine Entente nicht möglich« war. Doch Alexandra wollte sich nicht mehr einmischen. »Der Inhalt tut mir weh, weil Deine Politik und unsere Politik immer weiter auseinandergehen«, antwortete sie dem Bruder und bat, »mir nie von Politik zu sprechen, wenn ich noch die Freude haben sollte, in Sanssouci Euch alle wiederzusehen. Damit will ich nicht sagen, daß ich Deine Art zu denken tadele und Eure Ansichten, die auf Traktate und Recht gegründet sind, nicht theile. Aber deswegen eben will ich schweigen.«[7]

Ob sie auch Bismarck gegenüber geschwiegen hat, wissen wir nicht. Er nannte sie »Kaiserin Mutsch«, und bevor sie wieder nach Ems und Nizza aufbrach, empfing sie ihn noch einmal im Cottage. »Für mich hat sie in ihrer liebenswürdigen Natürlichkeit wirklich etwas Mütterliches, und ich kann mich zu ihr ausreden, als hätte ich sie von Kind auf gekannt«, schrieb er seiner Frau. »Sie sprach heut lange und vielerlei mit mir; auf einem Balkon mit Aussicht ins Grüne, strickend an einem weiß und roten wollenen Shawl mit langen Stäben, lag sie, schwarz angezogen, in einer Chaiselongue, und ich hätte ihrer tiefen Stimme und ihrem ehrlichen Lachen und Schelten noch stundenlang zuhören mögen, so heimathlich war mir's. Ich war nur auf 2 Stunden im Frack gekommen; da sie aber schließlich sagte, sie hätte noch nicht Lust, von mir Abschied zu nehmen, ich aber wahrscheinlich schrecklich viel zu thun, so erklärte ich: ›nicht das Mindeste‹ und sie: ›dann bleiben Sie doch, bis ich morgen fahre.‹ Ich nahm die Einladung mit Vergnügen als Befehl, denn es ist hier reizend und in Petersburg so steinern.«[8]

Tags darauf schiffte Alexandra sich auf der »Olaf« nach Stettin ein, und es bleibt ein Rätsel, warum sie ausgerechnet bei der Einweihung des Reiterdenkmals ihres Mannes auf dem Marienplatz (heute: Isaak-Platz) an Nikolaus' 63. Geburtstag fehlte. Am 7. Juli um 7 Uhr morgens setzten fünf Kanonenschüsse aus der Festung die Petersburger davon in Kenntnis, dass »an diesem Datum die feierliche Enthüllung eines Denkmals des in Gott verschiedenen

Kaisers Nikolaus' I. stattfindet«[9]. Um 11 Uhr begab sich das Herrscherpaar samt Gefolge aus den Gemächern Alexandra Fjodorownas im Winterpalast durch den Konzertsaal und den Nikolaus-Saal die Jordantreppe hinunter und trat aufs Schlossufer hinaus, wo eine Equipagenkolonne wartete. Die goldene Kutsche der Kaiserin wurde von acht Pferden gezogen, der Kaiser ritt neben der Kutsche, Abteilungen der Kaukasischen Schwadron der Garde folgten. Vor der Isaak-Kathedrale waren Truppen aufgezogen, und Palastgrenadiere in ihren schönen Uniformen hielten die Ehrenwache beim Denkmal. Die Newa sah auch feierlich aus. Zwischen Nikolaus-Brücke und Schlossbrücke lagen 42 Schiffe und Kanonenboote in drei Reihen, die auf Kommando des Kaisers zusammen Salut schossen, während alle Kirchenglocken läuteten. Der Gesandte Bismarck war dabei. In seinen Petersburger Jahren hat er erreicht, dass Russland sich dem deutschen Einheitsstreben unter Führung Preußens nicht mehr widersetzte, sondern es wohlwollend hinnahm.

Unterdessen war »Kaiserin Mutsch« auf dem Weg nach Ems, wo sie als »Comtesse Romanowa« im »Vier-Türme-Haus« abstieg. Sie blieb fünf Wochen, hatte Anfang August die Freude, Wilhelm drei Tage zu sehen, und stiftete 3 000 Taler für den Bau einer russischen Kirche. Als Dostojewskij im Sommer 1874 in Ems kurte, machte er auch einen Ausflug nach Stolzenfels. »Die Aussicht ist herrlich«, schrieb er seiner Frau. »Ein Schloss auf der anderen Seite des Rheins, wohin man auch mit dem Boot gelangt. Das ist ein altes Schloss aus dem Mittelalter, aber vor 25 Jahren wurden die Ruinen (die sich übrigens gut erhalten haben) für unsere verstorbene Kaiserin Alexandra Fjodorowna restauriert, die dann hier einige Zeit verbracht hat.«[10] Kurz nach Dostojewskijs Abreise fand endlich die Grundsteinlegung der Kirche statt. Sie wurde ihrer Schutzpatronin, der hl. Märtyrerin Alexandra, geweiht und ihrem Andenken gewidmet.

Von Ems fuhr sie weiter nach Friedrichshafen und Interlaken, wo sie ein paar Wochen mit Olly verbrachte. Bei der Mündigkeitserklärung ihres Enkels Nixa, des Thronfolgers, am 20. September

1859 war sie also auch nicht anwesend.[11] In der Schweiz erreichte sie ein Brief von Wilhelm aus Breslau, wo er sich mit Alexander II. getroffen hatte: »Mitten in der Freude, Sache hier zu sehen, muß ich doch auch Deiner gedenken und einen Kurier benutzen, dessen Abgang Sache mir soeben annoncierte. Schon die Aussicht eines Rendezvous mit Deinem Sohn, wenn es auch leider nicht in Berlin gut sein konnte, erfüllte mich schon seit Wochen mit Freuden, so dass dann die Wirklichkeit desselben jetzt mich ebenso erfreut wie beglückt! Er kam gestern um 8 Uhr in Ohlau an, wo ich ihn empfing, und nach Toilette und Dejeuner waren wir um 9 Uhr hier, natürlich mit allen Ehren empfangen, wobei ich auch des enthusiastischen Empfangs seitens des massierten Publikums Erwähnung tun muß ... Sein Ulanenregiment hatte ich per Dampf kommen lassen ... Leider verläßt er uns schon heute abend.«[12] Alexandra freute sich, dass ihr Bruder und ihr Sohn sich so gut verstanden, aber dass es Fritz immer schlechter ging, wie Wilhelm angedeutet hatte, beunruhigte sie zutiefst.

In Genua traf sie zum dritten Mal mit Viktor Emanuel II. zusammen, der nach dem siegreichen Krieg gegen Österreich die Lombardei erhalten hatte. Wie hatte sich Italien verändert! Die italienischen Fürsten, die sie gekannt hatte, waren tot oder abgesetzt, und der König war im Begriff, Italien zu einigen. Es war nicht mehr ihre Welt. Im Hafen lag die Fregatte »Swetlana«, die Alexandra und ihr Gefolge nach Villafranca brachte. Von dort begab sie sich auf der nach ihr benannten Straße nach Nizza, bezog diesmal aber die Villa »De Orestis« an der Promenade des Anglais. In der kleinen Villa »Bermond« ein paar Straßen weiter lebte Mary mit ihren Kindern, und auch Nisi kam zu Besuch. Also tat Alexandra das, was sie schon immer gerne getan hatte: Sie organisierte Bälle und Ausflüge für die Jugend, nahm selbst aber nicht daran teil. Dafür fehlten ihr die Kräfte. Außerdem unterzog sie sich einer Augenbehandlung. Einmal im Monat wurden ihr künstliche Blutegel an die Schläfen gesetzt, und dann musste sie den Tag in vollkommener Dunkelheit und Untätigkeit verbringen, was sie nur schwer ertrug.[13]

Im Januar 1860 konnte zur Freude der schnell wachsenden russischen Gemeinde Nizzas endlich die Kirche in der Rue Longchamp eingeweiht werden, die rechtzeitig zur Rückkehr der Kaiserinmutter fertig geworden war. Und da sie eigens einen kleinen Hofsängerchor mitgebracht hatte, wurde die Einweihung zu einem Ereignis, von dem Nizza noch lange sprach. Längst waren die Russen hier zahlreicher als die Engländer.

Das wichtigste politische Ereignis dieses Aufenthalts war der bevorstehende Anschluss der Grafschaft Nizza und des Herzogtums Savoyen an Frankreich. Das war der Preis, den Viktor Emanuel II. für die Unterstützung Napoleons III. im Krieg gegen Österreich zahlen musste. Nach seinem Abschiedsbesuch bei Alexandra wurde die piemontesische Wache von der Villa »De Orestis« abgezogen und durch Angehörige der französischen Nationalgarde ersetzt.[14] Am 31. Mai brachte die »Olaf« die Kaiserinmutter nach Marseille.

Denn Dr. Karell, der sie seit Martin Mandts Weggang betreute, hatte dringend von einer Reise über die Alpen abgeraten. Sie musste also – schweren Herzens – den Weg über Frankreich nehmen, und so ließ sich eine Begegnung mit Napoleon III., dem sie den Krimkrieg und Nikolaus' Tod anlastete, nicht vermeiden. Aber wie immer bewahrte sie Haltung. Der Kaiser und seine Frau begrüßten sie auf dem neuen Bahnhof von Lyon, geleiteten sie in einem Galawagen zum Rathaus, wo sie ihr ein glänzendes Frühstück gaben, und brachten sie danach an den Zug nach Genf. »Das ist eine große Dame«, soll Napoleon über seinen Gast gesagt haben.[15] Und sicher hat er im Gespräch erwähnt, dass er im Begriff war, nach Baden-Baden zu reisen, um dort den Prinzregenten zu treffen. Wilhelm aber traute »Nöppel« nach dem Anschluss Nizzas und Savoyens nicht über den Weg und unterstellte ihm »Ländergelüste« auch in Deutschland. »Was es Dir gekostet haben muß, den Mann zu empfangen, der Dir den Kaiser raubte und Dein Land in schweres Leiden versetzte, – kann ich mir denken!«, schrieb er seiner Schwester nach Wildbad, wo sie noch einmal Station gemacht hatte. »Es ist Ähnliches, was Mama in Tilsit erlebte! Nun, Du hast es mit Gott überstanden!«[16]

Während Alexandra auch ihren 62. Geburtstag in Wildbad beging, bereitete sich der Berliner Hof wieder auf ihren Besuch vor. Die Vorstellung versetzte alle in Angst und Schrecken, wie wir vom Prinzen Hohenlohe-Ingelfingen, dem Flügeladjutanten des Königs, wissen. »Hatte doch zu der Zeit, da der König gesund war, ein Besuch durch die verwöhnte, selbst kränkliche Kaiserin alles derart auf den Kopf gestellt, daß der König und die Königin es kaum aushalten konnten. Jetzt, wo der König krank war, schien es geradezu unmöglich, die Kaiserin aufzunehmen.«[17] Doch alle Befürchtungen waren überflüssig, es kam nicht die Kaiserin von Russland, sondern die besorgte Schwester. Das erste Wiedersehen mit »Butt« war erschütternd. »Die Kaiserin ... trat an seinen Rollstuhl, selbst halb blind und begrüßte ihn. Der König hing den Kopf nach links, schloß die Augen, hielt die rechte Hand hin und brachte kein Wort hervor, aber Tränen quollen aus seinen geschlossenen Augen. Die Kaiserin mit ihrem schwachen Gesicht konnte diese Tränen nicht sehen, sondern hatte den Eindruck, als ob der König nur mechanisch die Hand herausstreckte und gar nicht wisse, was vorgehe. Sie redete ihn wiederholt an, fragte ihn: ›Fritz, kennst Du mich?‹, als aber durchaus keine Antwort erfolgte, zerfloß sie in Tränen und entfernte sich. Kaum war sie fort, als der König sich aufrichtete und sagte: ›Wohin? Fort? Teuerste, Beste?‹ Die Kaiserin hatte nicht Fassung genug, um den König noch an demselben Abend wiederzusehen.«[18]

Tags darauf wurde der Kranke im Rollstuhl an den Neuen Kammern vorbeigefahren, in denen Alexandra mit Gefolge logierte. Er wollte sie sehen. »Wir fuhren ihn also dorthin. Die Kaiserin öffnete die Gartentür, die Großherzogin von Mecklenburg [Alexandrine] war bei ihr. Ich meldete der Kaiserin, der König habe verlangt, zu ihr gefahren zu werden. Sie kam sehr bewegt auf ihn zu und begrüßte ihn. Wieder verhinderte die innere Bewegung den König, auch nur eine Silbe hervorzubringen. Die Kaiserin sprach ihn mehrfach an, die Großherzogin auch, endlich verloren beide

Schwestern die Haltung und brachen in Tränen aus... Es war daher Zeit, dieser Szene ein Ende zu machen. Ich verständigte mich mit dem Doktor durch einen Blick und sagte dem Könige, es sei zu warm hier, ob er erlaube, ihn wieder ins Freie zu fahren. Da antwortete der König ganz verständlich: ›Es ist sehr schön hier bei diesen beiden Damen.‹ Soviel hatte er seit einem halben Jahre nicht zusammenhängend gesprochen. Leider hörte die Kaiserin nichts davon über ihrem eigenen Schluchzen.«

Am Nachmittag kam die Schwester wieder, und nun erkannte »Butt« sie. »Als sie ihn ansprach, richtete sich der König auf und sagte laut und deutlich: ›Charlotte‹. Er hatte vierundzwanzig Stunden gebraucht, um ihren Namen zu finden. Da war die Kaiserin glücklich. Sie setzte sich zu ihm, wurde immer vertrauter, sprach ihm und erzählte von der Kinderzeit, und der König nickte und lachte und drückte ihr die Hand. Jetzt ward der Verkehr ein recht ungezwungener, und die Kaiserin war bald so vertraut mit seiner Art und Weise zu sein und sich zu verständigen, daß er sich sehr wohl bei ihr fühlte... Ja, die Kaiserin ging so weit, die Königlichen Prinzen in ihrem Betragen mit dem Kranken zu instruieren, wozu sich die Königin nie dreist genug gefühlt hatte. Sie hatte noch ihr derbes Wesen, wie es im Anfange des Jahrhunderts Sitte war. Und so hörte ich sie einmal zu einem der Königlichen Prinzen sagen, der da meinte, der König erkenne ihn nicht. ›Versteht sich, wenn Du da stehst wie ein Stock! Dann kann Dich der König nicht erkennen. Sprich zu ihm, erzähle ihm etwas Hübsches, lache mit ihm, dann wird er Dich erkennen.‹

Es war wirklich rührend, zu sehen, wie diese Kaiserin, die seit mehr als vierzig Jahren gewöhnt war, wie eine Gottheit behandelt zu werden, alle ihre Launen erfüllt zu sehen, mit einem Male, weil sie es für nötig hielt, ihre ganze Eigentümlichkeit aufgab und in der Pflege des Bruders aufging; wie sie sich ganz der Königin fügte und sie unterstützte, und auch auf deren Gesundheit Rücksicht nahm, weil sie tief ergriffen war von der Aufopferung der Königin für den Gemahl, obgleich sie selbst krank, schwach und hilfsbedürftig war.«[19]

Womöglich hat Alexandra gespürt, dass dies ihr letzter Besuch in Berlin war. Jedenfalls lässt sich so erklären, dass ihr plötzlich ihre alten Lehrer einfielen. Am Leben war nur noch Wilhelm Harnisch, Superintendent in einer Kleinstadt bei Berlin, der sie als junger Dozent 1813 in Breslau in Bibelkunde unterrichtet hatte. Die Kaiserin lud ihn ein und unterhielt sich lange mit ihm. Beide waren zutiefst gerührt. »Wir haben uns an die Zeit erinnert, als wir beide jung waren und von Deutschlands Freiheit träumten.«[20] Ihre Hofdame sollte sie nach der Ankunft in St. Petersburg an »ihren alten Harnisch« erinnern, weil sie ihm zum Andenken an ihre Begegnung einen vergoldeten Kelch mit zwei Ansichten des Kreml schicken wollte, was auch geschah. Der Bote sollte sich beeilen, da Harnisch schon sehr alt sei. Am Ende hat dieser seine Schülerin jedoch um Jahre überlebt.

Zu ihrer Freude hatte Alexandra bei ihrer Rückkehr noch zwei Enkel vorgefunden, Dmitrij, den dritten Sohn Konstantins, und Anastasia, die erste Tochter Michaels. Der Kaiser war, unterstützt von seinem Bruder Konstantin und seiner Tante Jelena Pawlowna, intensiv mit der Aufhebung der Leibeigenschaft beschäftigt und hatte kaum Zeit für seine Mutter. Sie verbrachte den Rest des Sommers im Cottage und ging Ende August wie immer nach Zarskoje Selo.

Doch der Besuch in Berlin hatte sie stärker mitgenommen, als sie sich eingestehen wollte. Sie fühlte sich schnell wieder schwach, wollte aber um keinen Preis ein weiteres Mal zur Kur ins Ausland reisen, höchstens noch einmal Orianda besuchen, wo die Villa auf sie wartete, die Stakenschneider an Schinkels Stelle gebaut hatte und die Kosty im Sommer bewohnte.[21] Dazu ist es nicht mehr gekommen. In ihrem letzten Brief an Wilhelm, den »lieben besten« Bruder, datiert vom 1. September, bedankt sie sich, »daß wir uns so viel gesehen haben diesen Sommer«. Geschrieben hat ihn jedoch Gräfin Fersen, ihre Hofdame und Vertraute, weil sie kaum noch sah. Eigenhändig hat sie nur »Adio, Deine Lotte« hinzugefügt.[22]

Ende September fuhr sie noch einmal zum Marienplatz, wo

Niks so präsent war. Er hatte die Isaak-Kathedrale fertig bauen lassen, die größte der Stadt, und bei der Einweihung im Juni 1858 hatte Lwow doch wahrhaftig einen Chor aus 1 100 Sängern dirigiert! In Russland war eben alles groß, auch die Chöre. Und dann dieser schöne, elegante Palast gegenüber, den ihr Mann Mary zur Hochzeit geschenkt und nach ihr benannt hatte: Marienpalast. Hier hatte er die Tochter fast täglich besucht, und nun ritt er selbst hoch zu Ross auf die Kathedrale zu, stolz und majestätisch, wie es seine Art war. Etwas mager kam er ihr vor. Aber sie und die drei Töchter saßen ruhig um ihn herum, wie er es immer so gern gehabt hatte. Ob der Bildhauer Robert Johann Salemann sich wohl nach Christian Daniel Rauch gerichtet hatte? Aber so genau konnte sie das nicht erkennen. Die Statue links vorne, mit Schwert und Waage in den Händen, das war sie, das wusste sie, und sie verkörperte die »Rechtsprechung«. Rechts neben ihr symbolisierte Mary, mit Eichenkranz, Speer und Schild, die »Kraft«, und auf der anderen Seite, dem Marienpalast zugewandt, saßen die kluge Olly und die liebe Adini, die »Weisheit« und der »Glauben«[23].

Sie erinnerte sich nicht mehr, warum sie bei der Einweihung nicht dabei gewesen war, und ließ den Kutscher um die Kathedrale auf den Senatsplatz fahren, um noch einen Blick auf den anderen ehernen Reiter zu werfen, dem Puschkin ein so großartiges Poem gewidmet hatte. Peter der Große war Nikolaus' Vorbild gewesen, von ihm hatte er immer geredet. Alexandra konnte nicht ahnen, dass der Petersburger Volksmund später einmal über die beiden Reiter sagen würde: »Der Dumme jagt dem Klugen hinterher, aber der Isaak, der stört ihn gar sehr.« Natürlich war Nikolaus nicht dumm, aber an Peter reichte er nicht heran. Seine Stärke, die in seiner Willenskraft und in seiner Konsequenz lag, war zugleich seine Schwäche, weil sie ihn uneinsichtig und hart gemacht hatte. Natürlich hätte er vieles anders machen müssen. Doch er war kein Revolutionär, er war nicht einmal ein Reformer. Er war ein Bewahrer, und er bewahrte um jeden Preis, auch um den Preis der Unterdrückung, des Stillstands und der geistigen Verarmung. Die Hindernisse, die er hätte beseitigen müssen, um sein Land zu modernisieren, waren so riesig wie die Kathedrale vor dem Denkmal. Sie waren unüberwindlich, jedenfalls für ihn. Und sie? Sie kannte seine Schwächen und hatte ihn dennoch geliebt.

Fast 35 Jahre war es nun her, dass die meuternden Garderegimenter auf diesem Platz aufmarschiert waren und Nikolaus den Eid verweigert hatten, und als sie sich an die maßlose Angst erinnerte, die sie an diesem fernen dunklen Dezembertag ausgestanden hatte, fing sie wieder an zu zittern. »Dekabristen« hießen die Meuterer jetzt, dreißig Jahre war bei Hofe nicht über sie gesprochen worden, und sie selbst hatte Alexandre Dumas' Dekabristen-Roman *Erinnerungen eines Fechtmeisters* (1840/41), den Nikolaus verboten hatte, heimlich lesen müssen![24] Ihr Sohn aber hatte die Aufrührer begnadigt, und sie waren aus Sibirien zurückgekommen. Hat er nicht schon als Kind seinem Vater gesagt, dass er ihnen verzeihen würde? Der Besuch war ein Abschied, Alexandra fuhr zurück nach Zarskoje, legte sich hin und stand nicht mehr auf. Auf die Frage, was sie brauche, sagte Dr. Karell: »Licht, Luft, Wärme.« Sonst werde sie »gleich einer Pflanze dahinwelken«[25]. Der Petersburger Winter, der dem warmen September gefolgt war, gab ihr weder das eine noch das andere.

Ihre letzten Tage sind genau dokumentiert. Ohne zu ahnen, wie es um seine Mutter stand, war der Kaiser am 20. Oktober nach Warschau gereist, um dort mit seinem Onkel, dem Prinzregenten, und dem Kaiser von Österreich zu konferieren. Alexandra aber wurde von Tag zu Tag schwächer. Doch als die Ärzte und ihre Kinder ihr am 25. Oktober vorschlugen, das Abendmahl zu nehmen, lehnte sie ab. Selbst als der Hofgeistliche ihr dazu riet, wollte sie nicht und fragte noch: »Bin ich denn so ernstlich und lebensgefährlich krank?«[26] Schließlich gab sie nach. »Sie vollendete den ganzen Akt friedlich und andächtig, und danach war sie ruhig und zufrieden«, notierte Anna Tjuttschewa.[27] Am Abend des 28. Oktober fand der Kaiser seine Mutter in einem schläfrigen Zustand vor.

Tags darauf – ihr Zustand war unverändert – beschloss

Alexander, seinen fünf Wochen alten Sohn Paul umgehend und ohne jedes Zeremoniell taufen zu lassen, damit die sterbende Großmutter noch seine Taufpatin sein konnte. Dann schlug jemand vor, ihr die Letzte Ölung zu geben. Das lehnte Alexandra ab. Mit keinem Wort gab sie zu erkennen, dass sie den Tod nahen fühlte. Im Gegenteil, sie fragte sogar, warum Dumas' *Le Page du Duc de Savoie*, mit dessen Lektüre sie vor ihrer Krankheit begonnen hatte, ihr nicht weiter vorgelesen werde.[28] Am Morgen des 30. Oktober nahm sie zum zweiten Mal das Abendmahl.[29]

»Nun steht wieder der Tod der Kaiserin von Russland bevor«, notierte Leopold von Gerlach in Berlin. »Die letzten telegraphischen Depeschen sagten schon, dass die Aerzte sie aufgegeben hätten… Ihre Todeskrankheit unterbrach die Warschauer Zusammenkunft, dieser matte Schatten der heiligen Allianz, ihr Tod wird vielleicht auch den letzten Resten der in der heiligen Allianz gipfelnden Zeit ein Ende machen.«[30] Das geht auch aus Wilhelms letztem Brief hervor, den er ihr aus Warschau schrieb. Darin beklagt er sich erneut über ihren Sohn, der ihm jede Unterstützung verweigere, »wenn wir malgré nous* in einen Krieg mit Frankreich verwickelt werden«. Er hoffe aber, »daß wir in Rußland doch noch die frühere Reserve dereinst finden werden«. Der Brief endet mit den Worten: »Daß die Nachrichten von Dir sich nicht gut lautend darstellen, bekümmert uns sehr! Gott wird Dir aber beistehen und Kräfte verleihen! Ewig Dein treuer Bruder W.«[31]

Als der Brief ankam, war die Schwester bereits so schwach, dass er ihr nicht mehr vorgelesen werden konnte. »Dienstag abend traf Kronprinzessin Olga ein, die Sonntag morgen 10 Uhr in Berlin abgedampft war, also in 55 Stunden«, notierte Kurd von Schlözer. »Bald darauf folgte Michael, von London kommend. Als die kaiserliche Familie beisammen war, tauchte noch einmal die Hoffnung der Besserung auf. Es war eine Täuschung. Mittwoch abend hieß es in Zarskoje: ›Sie stirbt!‹ Alles strömte ins Schloß. Krankenstube und anstoßende Gemächer waren voll von

---

* Gegen unseren Willen.

weinenden, betenden, knienden Großfürsten, Großfürstinnen, Adjutanten, Kammerherren, Generalen, Hofdamen, Kammerfrauen usw. Die Sterbende hat Abschied von allen genommen. Der Kaiser saß am Bett. Aber sie starb doch nicht. Erst am heutigen Morgen trat die Krisis ein. Abermals stürmten alle ins Schloß. Um halb neun gab die Dulderin ihren Geist auf.«[32]

Alexandra starb am 1. November 1860. Sie war sanft eingeschlafen, und niemand hatte den Augenblick wahrgenommen, in dem sie den letzten Atemzug tat, sodass Peter von Meyendorff vom »schrecklichen Spektakel eines schönen Todes« sprach.[33] Als die Trauernachricht in Sanssouci eintraf, wagte die Königin zunächst nicht, dem König den Verlust mitzuteilen. Während sie noch überlegte, erlitt Friedrich Wilhelm erneut einen Schlaganfall. Den Tod seiner Schwester hat er nicht mehr erfasst. Wie sie gestorben war, erfuhr Wilhelm aus einem vom 15. November datierten Schreiben der Gräfin Elise Fersen, geb. von Rauch: »In der letzten Todesnacht rief die Kaiserin ganz deutlich die Namen Fritz, Wilhelm. Sie war beständig mit den teuren Ihrigen beschäftigt, auch die Namen Papa, ma mère*, Sanssouci wurden ganz deutlich verstanden. Den seligen Kaiser rief die Kaiserin oft und sagte zuletzt. ›Niki, Niki, je viens, veux tu de moi?‹** Das waren ungefähr ihre letzten Worte, die morgens 4 Uhr gesagt wurden.«[34]

Was die Gräfin dem Prinzen nicht mitteilte: Am Ende ihres Lebens hat seine Schwester – genau wie Friedrich Wilhelm III., ihr Vater – in Infinitiven gesprochen, ihre Hofdame z. B. mit den Worten »Elise Rauch – hierbleiben« herbeigerufen oder einfach »schlafen!« gesagt.[35] Bei der Obduktion, die sie selbst »für die Wissenschaft« erbeten hatte, stellte sich heraus, dass Herz und Lungen völlig in Ordnung waren, obwohl sie doch immer gegen Herzbeschwerden und Schwindsucht behandelt worden war. Tatsächlich war sie magen- und darmkrank, und ihre auffällige Magerkeit war auf chronische Magen- und Darmgeschwüre

---

* Meine Mutter.
** … ich komme, willst du mich?

zurückzuführen, während ihr häufiges »Herzklopfen« nervlich bedingt war. Nach dieser Erkenntnis nahm Dr. Karell seinen Abschied.

Natürlich war die Beisetzung der Kaiserinwitwe ein Staatsakt. Die eindrucksvollste Beschreibung der gesamten Zeremonie verdanken wir ausgerechnet einem Mann, der als Vater des russischen Anarchismus in die Geschichte eingegangen ist: Fürst Pjotr A. Kropotkin, Geograf und Schriftsteller, war im Pagenkorps erzogen worden. Er wusste, dass mit pompösen Begräbnissen gekrönter Häupter die Absicht verfolgt wird, »einen tiefen Eindruck auf die Menge hervorzubringen, und man muss gestehen, daß dieses Ziel auch erreicht wird«. Auch die Zeremonienmeister des Kaiserlichen Hofes, die Alexandras Beisetzung inszenierten, verstanden ihr Handwerk. Sie lag noch ein paar Tage aufgebahrt im Betsaal des Alexander-Palastes, und viele Petersburger pilgerten nach Zarskoje, um sich von ihr zu verabschieden. Am 9. November wurde der Leichnam auf dem gleichen Weg nach Petersburg überführt, auf dem Charlotte von Preußen vor 43 Jahren als junge Braut Einzug in die Hauptstadt gehalten hatte.

»Hier brachte man ihn unter dem Geleite der kaiserlichen Familie, aller hohen Staatswürdenträger, Zehntausender von Beamten und Vertretern von Körperschaften und unter dem Vortritt von Hunderten von Priestern und Chören von der Eisenbahnstation in langem Zuge durch die Hauptstraßen der Stadt zur Festung, wo er mehrere Wochen prunkvoll aufgebahrt blieb. Ein Heer von hunderttausend Gardesoldaten bildete dabei auf den Straßen Spalier, und Tausende von Menschen, angetan mit den kostbarsten Uniformen, schritten in feierlichem Zuge vor, neben und hinter dem Sarg einher. An jeder bedeutenderen Straßenkreuzung ertönten Litaneien, und dann einten sich der Klang der Glocken von den Kirchtürmen, die Stimmen der gewaltigen Chöre und die Musik der Militärkapellen in der eindrucksvollsten Weise, so daß bei den Leuten der Glaube erweckt werden konnte, die ungeheure Menge traure wirklich um das Hinscheiden der Kaiserin.«[36]

Drei Kammerpagen und drei Ehrenfräulein standen Tag und Nacht dicht bei dem Sarg, weitere zwanzig Pagen bezogen in der Nähe Stellung. Alle zwei Stunden war Ablösung. Zweimal täglich wurden in Gegenwart des Kaisers und seiner Familie Litaneien gesungen, und Kropotkin musste an die vielen politischen Gefangenen denken, die schon in den Kasematten der Festung gesessen hatten. Natürlich war er auch schnell dahintergekommen, dass das ganze Spektakel eine Potjomkinsche Inszenierung war: »Über dem Sarge erhob sich unter der Kuppel des Domes ein mächtiger Baldachin, und über demselben prangte eine vergoldete Riesenkrone, von der ein kolossaler mit Hermelin gefütterter Purpurmantel nach den vier starken, die Kuppel tragenden Säulen zu herunterhing. Der Eindruck war gewaltig, aber wir Knaben hatten bald heraus, daß die Krone aus vergoldeter Pappe und Holz bestand, dass der Mantel nur unten von Samt und weiter oben von rotem Tuche, und daß das Hermelinfutter nichts als Baumwolle oder Barchent war, woran man schwarze Eichhornschwänzchen genäht hatte, während das mit Krepp umflorte russische Wappen bloß aus Pappe gemacht war. Doch die Menge, die zu gewissen Stunden abends beim Sarge vorübergehen und in aller Hast den darüber gebreiteten Goldbrokat küssen durfte, hatte sicher keine Zeit, den baumwollenen Hermelin oder das Wappen aus Pappe einer genauen Prüfung zu unterziehen, und der gewünschte Bühneneffekt war mit den billigsten Mitteln erreicht.«

So kam es aber zu einem gefährlichen Zwischenfall. Als einer von Alexandras Enkeln seine Kerze durch Umdrehen nach unten löschen wollte, wie er es bei den Erwachsenen gesehen hatte, fing die schwarze Gaze, die hinter ihm herunterhing, Feuer, und eine riesige Flamme züngelte an den Falten des »Hermelinmantels« empor. »Der Gottesdienst wurde unterbrochen, und erschreckt wandten sich alle Blicke nach der Feuerzunge, die sich immer höher hinaufschlängelte der Pappkrone und dem Holzwerk zu, das dem ganzen Aufbau als Stütze diente. Schon fielen hier und da brennende Stückchen Stoff herunter und drohten die schwarzen Gazeschleier der Damen in Brand zu setzten. Alexander II. verlor seine Geistesgegenwart nur ein paar Sekunden, dann sammelte er sich sofort und sagte mit gelassener Stimme: ›Der Sarg muß weg!‹ Die Kammerpagen bedeckten ihn sofort mit dem dicken Goldbrokat, und wir traten alle herzu, den schweren Sarg aufzuheben. Doch inzwischen hatte sich die große Feuerzunge in mehrere kleine geteilt, die nun langsam nur die haarige Außenfläche des Stoffes verzehrten und nach und nach unter der Einwirkung des Staubes und Rußes, der oben schwebte, in den Falten erstarben.«[37]

Etwas anders schildert Prinz Carl, der den König und den Prinzregenten vertrat, seiner Schwester Luise der Niederlande die Beisetzung: »Der letzte Akt ist soeben vorbei, die Schließung des Sarges, nachdem die Kaiserin und die Großfürstinnen die Kirche verließen, und darauf der Kaiser und wir den Sarg zur Gruft trugen, um ihn für immer in die Gruft zu versenken, für All' die Ihrigen und für die Tausende, die sie auf Händen trugen, ein herzzerrreißender übermenschlich schwer zu ertragender Augenblick!!!

5 Kinder von ihr und 10 Enkel in der Kirche!!

(Ich hatte einen) fatalen Hexenschuss, von dem ich bei den unvermeidlichen Paklon's* mit der Stirn bis zur Erde, nichts merkte. Ich besuchte (nachher) die teuren Gemächer mutterseelenallein, wo Charlotte hier im Winterpalais 34 Jahre wohnte und kam vor Schmerz beinah um!!!«[38]

Hingegen hat das nichtoffizielle Russland den Tod der Kaiserinmutter mit Gleichmut hingenommen. In der *Nördlichen Biene* erschien ein Reim auf die Verstorbene, der zu Lebzeiten ihres Gatten nie hätte erscheinen können und auch eines der vielen Zeichen dafür war, dass die Zeiten sich geändert hatten.

Gestorben ist die Imperatriza,
Und was geschah?
Bitterlich weinen wird Nizza,
aber Russland – nichts da!

---
* Verbeugungen.

Alexandra war vergessen, als sie starb, eine Gestalt aus einer anderen Zeit. Sie hinterließ kein Testament, sondern nur eine Loseblattsammlung mit letzten Wünschen und Verfügungen, die sich in dem kleinen Schreibpult befand, das Olly ihr zum 48. Geburtstag geschenkt hatte.[39] Von ihrer Familie wünschte sie sich, dass sie ein Jahr nach ihrem Tod ihre Räume in den Palästen in der Stadt und auf dem Lande wieder bewohnte und »daß da, wo ich die glücklichste Gattin und Mutter war, auch der Schauplatz ihres und ihrer Kinder Glückes sein wird«[40]. Doch ihre Kinder haben das seltene Familienglück, in dem sie groß geworden waren, nicht erlebt, und vier ihrer Enkel wurden 1919 von den Bolschewiki erschossen.

Alexander, dessen Ehe mehr als zwanzig Jahre glücklich gewesen war, hatte seit Ende der 1860er-Jahre eine Geliebte, die später mit ihren Kindern zum Entsetzen der kaiserlichen Familie sogar im Winterpalast lebte und die er gleich nach Maries Tod im Juli 1880 heiratete.

Mary hatte 1854 in der Hauskapelle des Taurischen Palais heimlich, aber mit Wissen des Thronfolgers, den Grafen Grigorij A. Stroganow geheiratet, einen Kunstsammler und Mäzen, den sie 1856 noch einmal offiziell heiraten musste. Eine Mesalliance, die Nikolaus niemals geduldet hätte. Alexandra war schockiert, als sie von der Skandalheirat erfuhr.

Ollys Ehe war ein Martyrium. Nachdem sich im September 1859 im Laufe einer in Interlaken durchgeführten Operation herausgestellt hatte, dass Karl zeugungsunfähig war, adoptierte sie ihre Nichte Vera, die zweite Tochter Konstantins, und widmete sich im Übrigen ihrem sozialen Engagement, für das die Württemberger sie noch heute verehren.

Kosty, der Admiral und liberale Helfer seines Bruders, hatte lange Jahre ein Verhältnis mit einer Balletttänzerin, trennte sich von Sanny, kehrte in den späten 1880er-Jahren aber zu ihr zurück.

Nisi, der Kavallerist, war auch ein Filou, hatte von seiner Geliebten mehr Kinder als von seiner Frau, die Nonne wurde, und starb hoch verschuldet.

Nur Mischa, der zwanzig Jahre Generalgouverneur von Transkaukasien war und dann Vorsitzender des Staatsrates wurde, führte eine glückliche Ehe.

Dreieinhalb Monate nach dem Tod seiner Mutter, am 2. März 1861, unterzeichnete Alexander II. im Sitzungsraum des Staatsrates in der Alten Ermitage das Manifest über die Leibeigenenbefreiung. »Zwei Brüder, der Kaiser Alexander und der Kaiser Nikolaus, haben dieses Werk ein halbes Jahrhundert lang vorbereitet, möge Gott meinen Söhnen helfen, es zu verwirklichen«, hat Alexandra einmal geäußert.[41] Tatsächlich hat weder der eine noch der andere ernsthaft versucht, die Leibeigenschaft aufzuheben, aber wir wollen Alexandra die Idealisierung ihres Mannes und ihres Schwagers nachsehen und noch ihre Tochter Olga zitieren, die ihren Vater in dieser Frage klarer beurteilte als ihre Mutter: »Papa jedenfalls, trotz seiner Macht und seiner Furchtlosigkeit, scheute sich vor den Erschütterungen, die hieraus erwachsen konnten.«[42]

Nun aber ging Russland in ein Reformjahrzehnt, das zu den schönsten Hoffnungen berechtigte. Doch Alexander II. hatte nicht die Kraft, die beabsichtigten Reformen so durchzusetzen, wie sie gemeint waren, und nach dem polnischen Aufstand von 1863/64 drehte er das Rad zurück. Terroranschläge radikaler Gruppen waren die Folge. Der Zar selbst überlebte acht Attentate. Am frühen Nachmittag des 13. März 1881, dem Tag, an dem er das Manifest über die Beteiligung von gewählten Volksvertretern an der Beratung von Gesetzen im Staatsrat paraphiert, also den ersten Schritt auf dem Weg zu einer konstitutionellen Monarchie getan hatte, fiel er am Katharinenkanal (heute: Gribojedow-Kanal) einem Bombenanschlag der Untergrundorganisation »Volkswille« zum Opfer. Deshalb hat Russland ihm, dem Märtyrer, seine Schwächen verziehen und dem Sohn des »Gendarmen Europas« und der »Weißen Rose« Preußens den Beinamen »Zar-Befreier« gegeben.

Postskriptum: Im Todesjahr Alexandra Fjodorownas starben auch der Dichter Ernst Moritz Arndt, der Märchensammler Ludwig Bechstein, der Philosoph Arthur Schopenhauer und Königin Desideria von Schweden und Norwegen, geb. Désirée Clary, die Napoleons erste Liebe gewesen war. Geboren wurden in diesem Jahr u. a. Anton Tschechow, der russische Dichter, Hermann Hollerith, der Erfinder des nach ihm benannten Lochkartenverfahrens, Theodor Herzl, der Vater des politischen Zionismus, Gustav Mahler, der österreichische Komponist, Raymond Poincaré, Ministerpräsident und Präsident der Französischen Republik, Simon Dubnow, der jüdische Historiker, Marianne von Werefkin, die russische Malerin, Hugo Preuß, der Schöpfer der Weimarer Verfassung, und Jigorō Kanō, der Begründer der Kampfkunst Judo.

An der russischen Pazifikküste wurde die Stadt Wladiwostok (»Beherrsche den Osten«) gegründet, und in St. Petersburg erschienen Dostojewskijs *Aufzeichnungen aus einem toten Haus*. Am 8. April 1860 gelang Édourd-Léon de Martinville, dem Erfinder des Phonautografen, mit der Aufzeichnung des Volksliedes »Au clair de la lune« die erste Tonaufnahme. Im Juni fand das erste deutsche Turnfest in Coburg statt. Ende Oktober erkannte Giuseppe Garibaldi, einer der Vorkämpfer des Risorgimento, den sardischen König Viktor Emanuel II. als König von Italien an, und am 6. November wurde Abraham Lincoln zum 16. Präsidenten der Vereinigten Staaten gewählt. Anderthalb Jahre, nachdem Alexander II. die Leibeigenschaft in Russland aufgehoben hatte, leitete Lincoln die Sklavenemanzipation in den USA ein.

Weiße Rosen

St. Petersburg, Peterhof, Helsinki, Berlin, Nizza

Die Geschichte hat es so gewollt, dass Russland zwei Kaiser namens Nikolaus und zwei Kaiserinnen namens Alexandra hatte. Das tragische Schicksal der jüngeren Alexandra überschattet das erfüllte Leben der älteren bis heute. Alle kennen die letzte Kaiserin von Russland, die im Juli 1918 in Jekaterinburg mit ihrer Familie erschossen wurde, kaum jemand kennt die Geschichte der Blancheflour, die in Russland glücklich wurde. Charlotte von Preußen hat diese Art »Vernachlässigung« nicht verdient, zumal sie – anders als Alice von Hessen-Darmstadt – kein Unheil angerichtet hat. »Alix« hat Nikolaus II. zu falschen Entscheidungen veranlasst, »Muffi« hat mildernd und besänftigend auf Nikolaus I. eingewirkt. Während die eine mitverantwortlich für den Untergang des Hauses Romanow war, hat die andere zu seinem Glanz beigetragen. Am Ende ihres Lebens war Alexandra Fjodorowna die Jüngere bei ihren Untertanen verhasst, Alexandra Fjodorowna die Ältere hatte ihr Leben lang mehr Verehrer als Kritiker, und Feinde hatte sie überhaupt nicht.

Die Preußin auf dem Zarenthron war – bei aller Sentimentalität, Verwöhntheit und Abgehobenheit – die Vernünftigere und Klügere. In diesem Sinn hat jedenfalls die Erinnerungsarbeit in Russland begonnen. »Charlotte von Preußen – Alexandra von Russland« hieß die erste Ausstellung, die das Staatliche Museumsreservat »Peterhof« bereits 1996 veranstaltete. Mit der Ausstellung »Der Zauber der Weißen Rose«, die dem letzten großen höfischen Fest in Berlin vom 13. Juli 1829 gewidmet war, hat die Staatliche Ermitage im Jahre 2000 erstmals in größerem Rahmen das Augenmerk der Russen auf die preußische Prinzessin gelenkt, die 38 Jahre die Gefährtin Nikolaus' I. war. Ein Jahr später zog das Staatsarchiv der Russländischen Föderation (GARF) mit der Ausstellung »Die Welt einer russischen Kaiserin« nach. Der schön illustrierte Bildband *Alexandra Fjodorowna*, den das Staatliche Museumsreservat »Peterhof« 2008 zu ihrem 210. Geburtstag herausgegeben hat, war ein weiterer Schritt auf dem Weg zur Wiederentdeckung dieser Frau, der Russland mehr verdankt, als es ahnt.

Petersburg-Besucher erfahren in der Regel nicht allzu viel über Alexandra. Im öffentlichen Raum der Nördlichen Hauptstadt erinnert nur das Alexandra-Theater am Ostrowskijplatz an die Kaiserin, die so gerne ins Theater ging. Das nach ihrer Schwiegertochter benannte Marientheater oder »Mariinskij« ist viel berühmter. Und nur Eingeweihte erkennen sie in der älteren Frauenfigur am Podest des Nikolaus-Denkmals auf dem Isaak-Platz, das den Bildersturm der Sowjetzeit seltsamerweise unversehrt überstanden hat. Der Grund könnten die großen Namen der Schöpfer der Reiterstatue sein, der Architekt Auguste Montferrand und die Bildhauer Peter K. Klodt von Jürgensburg und Robert K. Salemann, und so sitzt Alexandra Fjodorowna mit ihren Töchtern immer noch zu Nikolaus Pawlowitschs Füßen.

Das Bild ändert sich, wenn der Besucher nach Peterhof kommt, wo das Schlossparkensemble »Alexandria« eine wahre Erinnerungs- und Kultstätte der »Weißen Rose« geworden ist. Das Cottage, bis 1917 geschlossene Residenz der kaiserlichen Familie, wurde schon nach dem Oktoberumsturz zum Museum umgerüstet. Nach dem deutschen Überfall auf die Sowjetunion am 22. Juni 1941 konnten die ehemaligen Zarenresidenzen rund um Leningrad gerade noch evakuiert werden, bevor der Blockadering um die Stadt sich schloss und die gut informierten Kunsträuber des Dritten Reiches und Soldaten der Wehrmacht aus den Palästen abtransportierten und mitnahmen, was nicht mehr rechtzeitig in Sicherheit gebracht werden konnte. Das Cottage hatte insofern Glück, als rund 1980 seiner 2500 Exponate gerettet werden konnten und sein Äußeres nahezu unbeschädigt blieb. Hingegen trug sein Inneres erhebliche Schäden davon. Nach aufwendigen Restaurierungsarbeiten konnte das Museum erst 1978 wiedereröffnet werden.

Alexandras Räume lagen im Erdgeschoss – das Kleine Kabinett, der Salon, die Bibliothek, das Große Empfangszimmer, das Speisezimmer und das Kleine Empfangszimmer –, und die Museumsführerinnen verstehen es großartig, den Besuchern das Gefühl zu vermitteln, als erscheine gleich die Kaiserin, um sie alle persönlich zu begrüßen.

Im Kleinen Kabinett hat Alexandra ihre Korrespondenz erledigt, ihr Tagebuch geführt und sich über all die Stifte, Krankenhäuser und Heime berichten lassen, die sie beaufsichtigte. Viele persönliche Gegenstände werden hier gezeigt: Geschenke, Souvenirs und Familienreliquien, darunter eine vergoldete Porzellantasse, aus der Königin Luise kurz vor Charlottes Geburt angeblich Milch getrunken hat. Auf der Fensterbank gleich neben dem Schreibtisch steht eine bronzene Miniaturnachbildung der ruhenden Luise aus dem Mausoleum in Charlottenburg. Ein Gemälde von Franz Krüger zeigt Olga Nikolajewna in mittelalterlichem Kostüm, gegenüber dem Schreibtisch hängt das bekannte Porträt Luises von Angelika Kauffmann.

Im Salon, dem größten Raum im Erdgeschoss, fallen die beiden Uhren im Stil der Kathedralen von Reims und Rouen auf. Über der Tür hing zu Alexandras Zeiten Caspar David Friedrichs »Auf dem Segler« (1818/19), und auch die »Drei Schwestern im Hafen« (1820) und den »Morgen im Gebirge« (1822/23) hatte sie im Cottage aufhängen lassen. Heute sind die Bilder im Besitz der Staatlichen Ermitage.

Auch die Bibliothek ist »mittelalterlich« geprägt. Auf einem Wandschirm sind Ritter und Burgfräulein abgebildet. Der große Bücherschrank ist dem Chor einer gotischen Kathedrale nachempfunden. Er enthielt etwa 1000 Bände, überwiegend Werke der Romantik in deutscher, französischer, englischer und italienischer

Sprache. Der größere Teil der Sammlung ist während des Zweiten Weltkriegs verloren gegangen, und man kann annehmen, dass sich noch so manches Buch mit dem Exlibris der Kaiserin als »Mitbringsel« aus Russland in einer privaten deutschen Bibliothek befindet. In den verbliebenen Büchern der Cottage-Bibliothek finden die Mitarbeiterinnen des Museums gelegentlich noch Blumen, die »Ihre Majestät«, wie sie gerne sagen, eigenhändig getrocknet hat. Und auch hier Heimisches: Eine Kopie von Schadows berühmter »Prinzessinnengruppe« auf dem Bücherschrank und ein Elfenbeinmodell des Lustschlösschens auf der Pfaueninsel auf dem kleinen Tisch vor der Fensterbank.

Im Großen Empfangszimmer hängt der silberne Lüster mit 25 Rosen, den Johann Georg Hossauer nach dem Entwurf Friedrich Wilhelms IV. gefertigt hat, das Geschenk der preußischen Geschwister zur Silberhochzeit 1842.

Der große Tisch im Esszimmer ist mit dem Eigenen Paradeservice für 24 Personen gedeckt, das extra für das Cottage hergestellt wurde und ursprünglich aus 530 Teilen bestand.

Und schließlich das Kleine Empfangszimmer, in dem die diensttuenden Hofdamen auf Anordnungen der Kaiserin warteten. In der Ecke steht eine Bronzebüste der Prinzessin Charlotte, die Klodt von Jürgensburg nach der bekannten Darstellung von Christian Daniel Rauch aus dem Jahre 1816 gegossen hat. Im Unteren Vestibül scheint eine spätere Marmorbüste Alexandras die Besucher zu begrüßen und zu verabschieden. Diese Arbeit eines unbekannten Künstlers stand einmal auf einem Sockel mit der Inschrift »Das Glück meines Lebens«, einem Bekenntnis des kaiserlichen Gemahls. Kein Wunder daher, dass namentlich das Cottage als »ewiges Denkmal dieser Liebe« bezeichnet worden ist.

Seit den 1990er-Jahren wird der Geburtstag der »Weißen Rose« wieder gefeiert. Die Museumsleitung erneuert damit eine Tradition, die auf Alexandras Wunsch zurückgeht, dass der 13. Juli »durch Wohltaten an die Armen und durch jugendliche Erheiterungen in allen ihren Anstalten als ein Fest fortbestehe, ja, dass eins der Stifte diesen Tag in ihrer eigenen Wohnung zu Peterhof verbringe«. Stifte gibt es in Russland schon lange nicht mehr. Doch zum Schuljahr 2002/03 erhielt das Gymnasium Nr. 268, das kurioserweise in der Straße der Kommune 42 im Rotgardistenbezirk der Nördlichen Hauptstadt liegt, die Erlaubnis, sich Alexandra-Gymnasium zu nennen.

Für die Schüler ist der 13. Juli ein besonderer Tag. Morgens legen sie einen Kranz aus weißen Rosen am Sarkophag der Kaiserin in der Peter-und-Paul-Kathedrale nieder. Dann fahren sie nach Peterhof, um den Geburts- und Hochzeitstag Alexandra Fjodorownas »in ihrer eignen Wohnung« zu feiern, die an diesem Tag im Glanze weißer Rosen und besonders blauer Kornblumen erstrahlt. Zum Tee steht eine Torte mit weißen Rosen aus Zuckerguss auf dem Tisch. Manchmal sind Nachfahren von Blancheflour zu Besuch, Romanows und Hohenzollern, aber auch Angehörige anderer europäischer Fürstenhäuser, deren Vorfahrin sie war.

Der Landsitz Ropscha, etwa 50 Kilometer südwestlich von St. Petersburg im Leningrader Gebiet gelegen, ist aus der russischen Geschichte als »Tatort« bekannt. Peter III. wurde hier im Juli 1762 ermordet. Am Neujahrstag 1826 machte Nikolaus I. das Anwesen samt umliegenden Dörfern und Ländereien seiner »liebenswürdigsten Gemahlin, der Herrscherin und Kaiserin Alexandra Fjodorowna«, zum Geschenk. Sie ist dann im Sommer häufig in Ropscha gewesen und hat Ende 1851 bei der Verkündigungskirche eine Schule für die Bauernkinder der Umgebung gegründet, deren Bau durch »Einnahmen aus der Besitzung Ihrer Majestät« finanziert wurde. Heute liegt der Landsitz in Ruinen, und die angekündigte Restaurierung lässt auf sich warten. Doch aus der Schule ist eine Allgemeinbildende Mittelschule geworden, die inoffiziell bereits seit geraumer Zeit nach ihrer Gründerin heißt und demnächst auch offiziell ihren Namen tragen soll. Eine neue Fahne ist schon da. Sie zeigt, wie könnte es anders sein, auf blau-grünem Grund – eine weiße Rose. Im Schulmuseum ist ein Raum der »Jolka« gewidmet, unter der selbst gebastelte Geschenke liegen, und so erfahren die Schüler früh, dass es die

Gründerin ihrer Schule war, die vor langer, langer Zeit zum ersten Mal in Russland zu Weihnachten einen Tannenbaum schmücken und ihren Kindern bescheren ließ.

Der »Stein der Kaiserin« auf dem Marktplatz von Helsinki ist das erste öffentliche Denkmal Finnlands. Der Obelisk mit Globus und Doppeladler an der Spitze, ein Werk von Carl Ludwig Engel, erinnert an den ersten Besuch des Zarenpaares in Helsinki im Frühsommer 1833. Es wurde zum Namenstag Nikolaus' I. am 18. Dezember 1835 genau an der Stelle eingeweiht, an der Nikolaus Pawlowitsch und Alexandra Fjodorowna von Bord der »Ischora« gegangen waren. Revolutionäre Soldaten haben den Adler im April 1917 abmontiert, doch der kaiserliche Vogel überlebte den Zeitenbruch in einem Museumsdepot. Als er am 17. Dezember 1971 seinen Platz auf dem Obelisken wieder einnahm, schickte die Sowjetregierung eine Protestnote, weil sie ein Symbol der Selbstherrschaft wiederaufgestellt sah. Die Finnen haben nicht darauf reagiert.

Die ersten, die das Andenken an Charlotte verewigt haben, waren jedoch die Potsdamer. Schon am 25. Oktober 1820 nannten sie, kaum dass die 22-jährige Großfürstin zu ihrem ersten Heimatbesuch in der Residenzstadt eingetroffen war, die Pflugstraße in »Charlottenstraße« um. Dann erschien sie als Juno des Friedens (Belle Alliance, 18. Juni 1815) am Nationaldenkmal für die Gefallenen der Befreiungskriege auf dem Tempelhofer Berg in Berlin, der nun »Kreuzberg« genannt wurde.

Die Kolonie Alexandrowka, die Friedrich Wilhelm III. seit Mitte der 1820er-Jahre in Potsdam anlegen ließ, ist jedoch nicht nach Alexandra benannt, sondern nach ihrem Schwager. Die zwölf russischen Holzhäuser waren für die Sänger-Soldaten des 1. Garderegiments zu Fuß bestimmt, die auf Befehl Alexanders I. in preußische Dienste getreten waren und für den König sangen. Und da die Männer auch eine Kirche brauchten, ließ Friedrich Wilhelm ihnen auf dem angrenzenden Minenberg (heute:

Kapellenberg) die Alexander-Newskij-Gedächtniskirche bauen. Sie sollte »ein bleibendes Denkmal der Erinnerung an die Bande der innigen Anhänglichkeit und Freundschaft für den am 1ten December 1825 höchstselig verstorbenen Kaiser aller Reussen Alexander Pawlowitsch« sein. Der erste Gottesdienst fand am 10. Juni 1829 in Alexandras und Nikolaus' Anwesenheit statt. Die Kirche ist der älteste russisch-orthodoxe Sakralbau in Westeuropa.

»Nikolskoe war ursprünglich nichts als ein russisches Blockhaus, das Friedrich Wilhelm III. auf einer Havelhöhe gegenüber der Pfaueninsel errichten ließ«, schreibt Theodor Fontane in seinen *Wanderungen durch die Mark Brandenburg*. Es war die »getreue Kopie« eines Hauses, in dem der König bei seinem Besuch in Pawlowsk im Sommer 1818 frohe Stunden mit seiner Tochter verbracht hatte, die ihrerseits fand, man könne in einem solchen Haus »ebenso vergnügt sein, als in einem kaiserlichen Palast«. Das »russische Haus« war im Oktober 1820 fertig und wurde nach dem Schwiegersohn »Nikolskoe« genannt. Im ersten Stock war eine Teestube eingerichtet, und wenn der König drinnen Tee trank, sang »sein« Chor draußen russische Lieder.

Fontane zufolge war Alexandra auch »die Veranlassung zum Bau der Kirche von Nikolskoe«. Bei einem weiteren Heimatbesuch habe sie ihrem Vater bei einem Spaziergang auf der Pfaueninsel gesagt, »wie schön und erbaulich es sein müsse, wenn diese Abendstille vom Glockengeläut einer am andern Havelufer errichteten Kapelle durchtönt würde«. Der König fand das auch und ordnete den Bau einer Kirche beim Blockhaus Nikolskoe an, die er den Aposteln Petrus und Paulus stiften wollte. Eine erste Skizze lieferte der Kronprinz, Friedrich August Stüler erhielt den Auftrag, sie im »russischen Baustil« auszuarbeiten. Zum 38. Geburtstag der Zarin am 13. Juli 1836 wurde die Aufrichtung des Kuppelkreuzes auf dem Turm gefeiert, am 13. August 1837 erfolgte die Einweihung. Die Aussicht aus den Loggien neben dem Turm zählte Fontane zu den schönsten dieser Gegend. »Die Peter-Paulskirche zu Nikolskoe verfolgt also neben ihrer gottesdienstlichen Aufgabe vor allem zweierlei: sie soll als Bild in der Landschaft wirken und soll zweitens mit ihren Glocken die Stille romantisch-feierlichen Klanges unterbrechen. Und beides ist erreicht worden.«

Die kleine Loggia Alexandra auf dem Glienicker Böttcherberg, ein Belvedere im Stil einer antiken römischen Gartenhalle, verdankt Berlin dem Prinzen Carl, der sie 1869/70 anstelle einer früheren »Kaiserinnenbank« als Aussichtsplatz und Teesalon zur Erinnerung an seine Schwester und an den »Zauber der weißen Rose« von 1829 errichten ließ.

An Alexandra erinnert auch das Milchmädchen mit dem zerbrochenen Krug auf dem Findling gegenüber der Kleinen Neugierde, ein Geschenk der Kaiserin für ihren Bruder zum 26. Geburtstag. Denn Carl hatte Gefallen an der bronzenen »Laitière« (Milchmädchen) von Pawel P. Sokolow in Zarskoje Selo gefunden, worauf Alexandra ihm einen Abguss machen ließ. »Den Felsen kann ich nun freilich nicht mitsenden«, schrieb sie ihm, »den muss sich Charles in Potsdams sandigen Hügeln entdecken.« Die Laitière ist nach dem Zweiten Weltkrieg verschwunden, das Milchmädchen, das heute im Park sitzt, ist ein von der Stadt Berlin bestellter Abguss aus dem Jahre 1989.

Und dann ist da noch – Nizza. Die kleine Kirche in der Rue Longchamp 6, heute »St-Nicolas-et-Ste-Alexandra« oder auch »Alte Kirche« genannt, weil später noch die Kathedrale St. Nicolas an der Avenue Nicolas II (Bd. du Tzarévitch) gebaut wurde, war die erste russische Kirche an der Côte d'Azur. Sie soll an »Nicolas Ier« und »Alexandra Féodorovna«, die Stifterin des Grundstücks und der Ikonostase, erinnern. Die Straße von Nizza nach Villefranche-sur-Mer, die sie eingeweiht hatte, hieß bis 1945 Boulevard de l'Impératrice de Russie, wurde aber in der kurzen Amtszeit (1944/45) des kommunistischen Bürgermeisters Virgile Barel in Boulevard de Stalingrad umbenannt. Nach dem Fall der Berliner Mauer scheiterte ein Versuch, ihn in »Boulevard Lech Walesa« umzubenennen, am Widerstand von Kriegsveteranen. Am Ende einigte man sich auf einen Kompromiss: Eine Hälfte der Straße heißt weiter nach Stalingrad, die andere nach dem ehemaligen polnischen Arbeiterführer und Präsidenten. Honi soit qui mal y pense!*

Immerhin hat Villefranche-sur-Mer ein Stück des Boulevards, der vom Seehafen nach Nizza führt, Bd. de l'Impératrice Alexandra Féodorovna genannt. Im Jardin de la Roseraie der Zitadelle wurde 1996 die Büste einer etwa vierzigjährigen schönen Frau mit Kokoschnik aufgestellt. Viele Touristen und Gäste der Cocktailpartys, die im Rosengarten veranstaltet werden, mögen sich fragen, wer die Frau mit der seltsamen Haube wohl sein mag. Eh bien, es ist Blancheflour, die Kaiserin von Russland, die so gerne an die Côte d'Azur kam.

Mit ihrer Mutter, der sie so ähnlich war, hätte Charlotte nicht konkurrieren wollen. Die Verehrung und Verherrlichung, die Königin Luise in Preußen erfuhr, hat sie gerne gesehen und bewusst auch in der eigenen Familie gefördert. Auf der anderen Seite ließ der »staatlich sanktionierte Mythos Luise« (Günter de Bruyn), wie er insbesondere nach der Reichsgründung 1871 in Deutschland gepflegt wurde, keinen Raum für die Tochter, die Kaiserin von Russland gewesen war. Und auch die »preußische Madonna« hatte – wie alle Madonnen – nur einen Sohn, Wilhelm, den künftigen Kaiser, der anscheinend ohne Geschwister aufgewachsen war. Und so ist es nicht verwunderlich, dass der »Zauber der weißen Rose«, der Preußen doch auch lange in Bann geschlagen hatte, neben dem immer stärker werdenden Luisenkult der Kaiserzeit seine Wirkung verlor. Es sollte 172 Jahre dauern, bis die Bibliothek der Freien Universität Berlin aus Anlass ihres 50. Gründungstages Anfang 2002 den Tafelband *Der Zauber der weißen Rose,* Berlin 1829, aus ihrer Rarasammlung ausstellte und eine Neuausgabe veranstaltete. Und es sollten 180 Jahre vergehen, bis Potsdam mit einer Neuinszenierung zur XI. Schlössernacht 2009 an das phantastische Fest vor dem Neuen Palais erinnerte, dessen Mittelpunkt die »Kaiserin Charlotte« war.

---

* Ein Schelm, wer Schlechtes dabei denkt!

Anhang

Zeittafel

1770	Geburt Friedrich Wilhelms III. (3. Aug.)
1776	Geburt Luises (10. März)
1795	Geburt Friedrich Wilhelms IV. (15. Okt.)
1796	Geburt Nikolaus' I. (25. Juni/6. Juli; im 19. Jahrhundert fiel der Geburtstag auf den 7. Juli)
1797	Geburt Wilhelms von Preußen (22. März)
1798	Geburt Charlottes (1./13. Juli)
1801	Ermordung Pauls I. (24. März)
1802	Freundschaftstreffen Alexanders I. und Friedrich Wilhelms III. in Memel (Juni)
1806	Flucht der preußischen Königsfamilie nach Ostpreußen; Aufenthalt in Memel (Jan. 1807–Jan. 1808)
1807	Friede von Tilsit (7.–9. Juli)
1809	Petersburg-Reise des preußischen Königspaares; erstes Gespräch über eine russische Heirat für Charlotte (Jan.)
1810	Tod Luises (19. Juli)
1811	Eröffnung des Lyzeums in Zarskoje Selo (31. Okt.)
1812	Russlandfeldzug Napoleons / Vaterländischer Krieg (Sept.–Dez.)
1813	Völkerschlacht bei Leipzig (16.–19. Okt.)
1814	Nikolaus in Berlin: Liebe auf den ersten Blick (6. März); Einzug der Alliierten in Paris (31. März)
1815	Schlacht bei Waterloo (18. Juni); Gründung der »Heiligen Allianz« in Paris (26. Sept.); Verlobung im Berliner Stadtschloss (4. Nov.)
1816	Gründung des »Rettungsbundes«, der ersten Geheimgesellschaft, durch junge Gardeoffiziere in St. Petersburg (Febr.)
1816	Nikolaus reist nach England (Okt.–April 1817)
1817	Charlotte verlässt Berlin (12. Juni); Einzug in St. Petersburg (2. Juli); Myronsalbung der Prinzessin; aus Charlotte wird Alexandra Fjodorowna (6. Juli); Trauung in der Großen Palastkirche (13. Juli)
1818	Geburt Alexanders in Moskau (29. April); Friedrich Wilhelm III. und Fritz in Russland (Juni–Juli)

1819	Geburt Marias (12. Aug.)
1820	Totgeburt (22. Juli); erste Reise des Großfürstenpaares nach Berlin (Okt.)
1821	»Lalla Rookh« in Berlin (27. Jan.); Besuch bei Goethe in Weimar (3. Juni); erster Aufenthalt Alexandras in Ems (ab 10. Juni)
1821	Gründung des »Nördlichen Bundes« in St. Petersburg
1822	Geburt Olgas (12. Sept.)
1823/24	eine, womöglich zwei Fehlgeburten
1824	zweite Reise des Großfürstenpaares nach Berlin (Aug.); Überschwemmung der Newa (19. Nov.)
1825	Rückkehr nach St. Petersburg (Febr.); Geburt Alexandras (24. Juni); Einweihung des Michael-Palastes, heute: Russisches Museum (11. Sept.); Tod Alexanders I. (1. Dez.); Manifest Nikolaus' I. (14./26. Dez.); Dekabristenaufstand auf dem Senatsplatz (14./26. Dez.)
1826	Gründung der Dritten Abteilung der Eigenen Kanzlei Seiner Majestät (3. Juli); Hinrichtung der führenden Dekabristen in der Peter-und-Paul-Festung (25. Juli)
1827	Geburt Konstantins (21. Sept.)
1828	Tod der Kaiserinmutter Maria Fjodorowna (24. Okt.)
1828/29	Türkenkrieg
1829	Ermordung Gribojedows in Teheran (11. Febr.); dritte Reise nach Berlin (Mai–Juli); Fest »Zauber der weißen Rose« in Berlin (13. Juli); Fertigstellung des Cottage in Peterhof (Juli/Aug.)
1830	Julirevolution in Frankreich; Novemberaufstand in Polen
1831	Cholera in St. Petersburg (Juni); Nikolaus I. auf dem Heuplatz (22. Juni); Tod des Großfürsten-Zarewitsch Konstantin Pawlowitsch in Witebsk (27. Juni); Alexander wird Zarewitsch; Geburt Nikolaus' (8. Aug.)
1832	Gründung eines Außenministeriums (10. April); Montage der Alexander-Säule; Eröffnung des Alexandra-Theaters (1. Sept.); Geburt Michaels (25. Okt.)
1833	erste vollständige Ausgabe des *Eugen Onegin* (4. April); Gesetzessammlung des Russischen Reiches (1833); Besuch des Kaiserpaares in Finnland (29. Mai–10. Juni); Konventionen von Münchengrätz (18./19. Sept.); Berliner Konvention (15. Okt.); Ankunft des Elsässers d'Anthès und des niederländischen Gesandten van Heeckeren in St. Petersburg (Okt.); Puschkin vollendet den *Ehernen Reiter* (12. Nov.); Eröffnung des Michael-Theaters (8. Nov.); Uraufführung der Zarenhymne (Dez.)
1834	D'Anthès in Alexandras Regiment aufgenommen (Jan.); Besuch

	des preußischen Kronprinzenpaares (Juni/Juli); Einweihung der Alexander-Säule auf dem Schlossplatz in Anwesenheit Wilhelms von Preußen (11. Sept.); vierte Reise nach Berlin (Okt./Nov.)
1835	Revue von Kalisch; Uraufführung des Präsentiermarsches König Friedrich Wilhelm III. (Aug./Sept.); Monarchentreffen in Teplitz (Sept.)
1836	Fehlgeburt; Premiere des »Revisors« im Alexandra-Theater (19. April)
1837	Puschkin stirbt nach einem Duell mit d'Anthès (10. Febr.); Verhaftung Lermontows (2. März); Russlandreise des Thronfolgers (Mai–Dez.); Manöver in Wosnessensk (Aug.); Reise auf die Krim, Orianda (Sept.); Brand des Winterpalastes (29. Dez.)
1838	Westeuropareise des Thronfolgers in Begleitung Schukowskijs; Begegnung mit Marie von Hessen (April); Freikauf des Malers und Dichters T. H. Schewtschenko unter Beteiligung der Kaiserin; fünfte Reise nach Berlin (Mai); 40. Geburtstag in Fürstenstein, Schlesien; Weiterfahrt nach Bayern; Kur in Kreuth
1839	Ernennung Warwara A. Nelidowas zur Hofdame; Wiedereinzug in den Winterpalast (Ostern); Marquis de Custine in St. Petersburg (Juni/Juli); Maria heiratet Maximilian von Leuchtenberg (13. Juli)
1840	Alexandra wird Großmutter (9. April); sechste Reise nach Berlin (Mai); Tod Friedrich Wilhelms III. (7. Juni); Begegnung mit Liszt und Meyerbeer in Ems
1841	Alexander heiratet Marie von Hessen (28. April)
1842	Silberhochzeit (13. Juli); Friedrich Wilhelm IV. in Petersburg (Juli); Nikolaus I. befiehlt den Bau der ersten ständigen Newabrücke (6. Nov.)
1843	Baubeginn der Eisenbahnlinie St. Petersburg–Moskau; Pauline Viardot singt die »Rosina« in St. Petersburg (Nov.)
1844	Tod Adinis (10. Aug.)
1845	Nikolaus nennt den Palast an der Blauen Brücke nach seiner Tochter »Marienpalast« (Ukas vom 8. Jan.); Reise nach Palermo über Königsberg und Berlin (Sept.–März 1846)
1846	Karl von Württemberg bittet in Palermo um Olgas Hand (18. Jan.); (Rück-)Fahrt durch Oberitalien; Olga heiratet Karl von Württemberg (13. Juli); Konstantin lernt Alexandra (Sanny) von Sachsen-Altenburg kennen (Sept.)
1847	Hector Berlioz in St. Petersburg (März)
1848	Friedrich Wilhelm IV. beruft Vereinigten Landtag ein (3. Febr.); Revolutionen in Europa; Charlotte ermahnt ihre Brüder

1849	Einweihung des Großen Kremlpalastes (Ostern); militärische Intervention in Ungarn (Mai–Aug.); Tod des Großfürsten Michael Pawlowitsch in Warschau (9. Sept.)
1850	Scheinhinrichtung der Petraschewzen, darunter Dostojewskij (3. Jan.); Monarchentreffen in Warschau (13.–16. Okt.); Alexandra hört Johann Strauß Sohn
1851	Wiedersehen mit Friedrich Wilhelm in Warschau (Mai); 25-jähriges Krönungsjubiläum in Moskau (22. Aug.); Eröffnung der Eisenbahnlinie St. Petersburg–Moskau für den Passagierverkehr (13. Nov.); Louis Napoléon erklärt sich zum Kaiser der Franzosen (2. Dez.)
1852	Eröffnung der Neuen Ermitage als öffentliches Museum (17. Febr.); siebter Besuch in Berlin (Mai)
1853	Beginn des Krimkrieges (Okt.); Vernichtung der türkischen Flotte bei Sinope (30. Nov.)
1854	Kriegseintritt Englands und Frankreichs (28. März); alliierte Landung auf der Krim (Sept.); schwere Erkrankung Alexandras (Dez.)
1855	Erkältung des Kaisers (Jan.); Nikolaus stirbt an einer Lungenentzündung (2. März)
1856	Dritter Pariser Friede (20. März); erstes Konzert von Johann Strauß in Pawlowsk (18. Mai); achter Besuch in Berlin (Mai); erster Aufenthalt der Kaiserinmutter in Wildbad (Juni/Juli); Krönung Alexanders II. in Moskau (7. Sept.); erste Reise der Kaiserinmutter nach Nizza; Grundsteinlegung für die Russisch-orthodoxe Kirche in der 6, rue Longchamp
1857	Ausflug nach Rom (Mai); Rückfahrt über Genf, Wildbad und Berlin; erste Ausgabe des *Kokokol* (Die Glocke) in London (1. Juli)
1858	Einweihung der Isaak-Kathedrale (11. Juni); 60. Geburtstag in Zarskoje Selo (13. Juli)
1859	Ankunft Otto von Bismarcks in St. Petersburg (29. März); neunter Besuch Alexandras in Berlin; zweite Reise über Ems, Stuttgart, Turin nach Nizza (bis Mai 1860)
1860	zweiter Aufenthalt in Wildbad (Juni/Juli); Pflege des kranken Königs in Berlin (Juli); Eröffnung des Marientheaters (»Mariinskij«) mit der Oper »Ein Leben für den Zaren« (14. Okt.); Alexandra stirbt in Zarskoje Selo (1. Nov.)
1861	Tod Friedrich Wilhelms IV. (2. Jan.); Manifest über die Leibeigenenbefreiung (2. März)

Glossar

Aus Gründen der Verständlichkeit werden die russischen Namen phonetisch transkribiert

Alexander-Palast (1792–1796), Puschkin/Zarskoje Selo, von Giacomo Quarenghi erbaut; Nikolaus I. und Alexandra Fjodorowna verbrachten den Frühling und den Herbst im rechten Palastflügel; aus ihrer Zeit ist nichts erhalten. Der linke Flügel wurde in den 1890er-Jahren umgestaltet, ab 1904 lebten Nikolaus II. und Alexandra Fjodorowna (die Jüngere) ständig hier. Aus ihrer Zeit sind zwei Interieurs erhalten. Der linke Flügel ist seit 1997 Museum, der rechte Flügel wird seit 2010 restauriert.

Alexanderplatz, ursprünglich Ochsenplatz, nach dem Besuch Alexanders I. in Berlin 1805 umbenannt.

Alexandersträuße, bestanden aus Anemonen, Lilien, Eicheln, Xeranthemen, Akazien, Nelken, Dreifaltigkeitsblumen, Efeu und Rosen.

Alexander-Newskij-Kapelle (1831–1833), von Karl Friedrich Schinkel entworfen, von Adam Menalaws gebaut; Hauskapelle der kaiserlichen Familie im Landschaftspark Alexandria.

Alexandra-Theater (1832), Ostrowskij-Platz, von Carlo Rossi errichtet und nach Alexandra benannt; erlebte 1836 die Premiere der Komödie »Der Revisor« von Nikolaj W. Gogol und der Oper »Ein Leben für den Zaren« von Michail I. Glinka.

Alexandria, »Alexandrie«, »Alexandrien« (1826–1829), Landschaftspark in Peterhof, mit Cottage und Nebengebäuden, Pavillons, Farmerpalais und Türmen, von Adam Menalaws angelegt; nach Alexandra benannt.

Anitschkow-Palast, »Anitschkow«, Newskij Prospekt 39, Mitte des 18. Jahrhunderts errichtet; Lieblingspalast des Großfürsten- und Kaiserpaares in St. Petersburg.

Auslandspass, laut Ukas (Dekret) über die Ausstellung von Auslandspässen vom 15. März 1844 konnte eine Person, die jünger als 25 Jahre alt war, überhaupt nicht ins Ausland reisen, und eine Frau durfte ohne ihren Mann Russland nicht verlassen; die Pässe wurden nur in St. Petersburg und seit 1848 nur selten ausgestellt. Der Ukas blieb bis 1855 in Kraft.

Autokratie (Selbstherrschaft), Herrschaftsform des Moskauer Staates und Russischen Reiches, die auf der göttlich legitimierten, unbeschränkten Macht des Zaren bzw. Kaisers beruhte.

Baise-main, Handkuss, Hofzeremonie.
Bergvölker, »Gorzy«, Kollektivbezeichnung für die Völker des Kaukasus (Awaren, Lesgier, Tschetschenen, Inguschen u. a.), die Russland seit Ende des 18. Jahrhunderts zu unterwerfen versucht; 1832 einigte der Aware Schamil die Völker des östlichen Kaukasus und führte 25 Jahre lang einen Guerilakrieg gegen die Russen; Strafversetzungen in den Kaukasus waren daher immer ein tödliches Risiko; erst nach der Gefangennahme Schamils (1859) flauten die Kämpfe ab.
Berliner Ehrenbürgerwürde, wird seit 1813 verliehen; Nikolaus I., Ehrenbürger Nr. 13, erhielt sie am 18. Okt. 1837, nachdem er das Palais Kurland gekauft hatte. Zum Dank stiftete er 5 000 Dukaten, die durch Kommunalbeschluss als Grundkapital für das Nikolaus-Bürger-Hospital bestimmt wurden. Es wurde am 2. Nov. 1839 in der Großen Frankfurter Straße (heute: Karl-Marx-Allee) eröffnet und im Zweiten Weltkrieg zerstört. Berlin hat 116 Ehrenbürger (Stand: 2010).
Berliner Konvention (15. Okt. 1833), geheimer Beistandspakt der Ostmächte Russland, Preußen und Österreich; bestätigte das Recht der Intervention; erneuerte die Heilige Allianz.
Bohnenfest, stammt aus Frankreich; wurde in verschiedenen Ausprägungen am Dreikönigstag von Kindern und Erwachsenen gefeiert, für die in einem Kuchen, dem »Königskuchen«, eine Kaffeebohne versteckt wurde. Der Finder wurde Bohnenkönig (oder Bohnenkönigin) und konnte sich einen Hofstaat wählen, der dem »Monarchen« für die Dauer des Festes jeden Wunsch erfüllte. In Preußen wurde das Fest auch als Kostümfest gefeiert, Prinzeß Charlotte, die Bohnenkönigin von 1814, hat es mit nach St. Petersburg genommen. In Deutschland ist der Brauch weitgehend erloschen, in Frankreich und in der Schweiz aber noch lebendig.
Bruderschaft der Hl. Kyrill und Method (1845–1847), Geheimgesellschaft an der Kiewer Universität; nannte sich nach den Schöpfern des kyrillischen Alphabets; hatte 90 Mitglieder und Sympathisanten, die sich nach dem Platz der Ukraine in der Welt der Slawen fragten und die Abschaffung der Leibeigenschaft forderten; erste politische Vereinigung der Ukraine.
Butterwoche (russ.: Maslenizia, von »maslo«, Butter), russisch-orthodoxes Fest vor Beginn der Fastenzeit, mit dem der Winter verabschiedet wird; Fleisch darf nicht mehr gegessen werden, wohl aber Fisch, Milch, Milchprodukte und – Bliny; das Fest beginnt am Montag mit der Fertigung der Maslenizia-Puppe und endet am Sonntag mit ihrer Verbrennung.
Chevaliers gardes, »Chevalier-Garde-Regiment«, »Chevalier-Garde«, »Chevaliersgarde«, um 1800 gebildetes, aus der berittenen Schutztruppe Katharinas I. hervorgegangenes Kavalleriegarderegiment, dem nur Adlige angehörten; Alexandra war von 1826 bis 1860 Regimentschefin.

Eherner Reiter (1768–1782), Reiterstandbild Peters I. auf dem Senatsplatz, von Étienne-Maurice Falconet im Auftrag Katharinas II. geschaffen; von Alexander Puschkin in seinem Poem »Der eherne Reiter« verewigt; eines der Symbole der Stadt St. Petersburg.
Elisabethtag, 17. September, Namenstag der Kaiserin Elisabeth.
Ems, Kurort, seit 1914 Bad.
Erdmannsdorf, poln.: Mysłakowicze, Schloss im Hirschberger Tal; 1832 von Friedrich Wilhelm III. erworben und renoviert; Sommerresidenz der Hohenzollern.
Ermitage, Eremitage, Schlossufer 34, größtes Museum Russlands; 1764 von Katharina II. gegründet; besteht aus der Kleinen Ermitage (1764–1775), der Alten (Großen) Ermitage (1771–1787), der Neuen Ermitage (1840–1852) und dem Ermitage-Theater (1783–1787), das zu Katharinas Zeiten die glanzvollste Bühne Russlands war, aber seine Bedeutung nach dem Bau des Alexandra-Theaters verlor; Bauherr der am 17. Februar 1852 eröffneten Neuen Ermitage war Nikolaus I.; nach 1917 dehnte sich das Museum in den Winterpalast aus; seit Ende des 20. Jahrhunderts gehört auch der Ostflügel des Generalstabs dazu; das Ermitage-Theater, Schlossufer 34, ist wieder eines der wichtigsten Petersburger Theater.
Facettenpalast, Granitowa palata (1487–1491), Moskau, einer der ersten Steinbauten auf dem Kremlgelände; diente als Festraum für Krönungsfeiern, Empfänge, Festmähler und Staatsakte; auf der »Roten Treppe«, dem Außenaufgang an der Südfassade, pflegten die Zaren bei Feierlichkeiten vor ihrem Volk zu erscheinen und sich vor ihm zu verneigen.
Firmung, Myronsalbung, erfolgt in der Regel nach der Taufe; in preußischen Quellen auch »Konfirmation«.
Fischbach, poln.: Karpniki, Wasserschloss, 11 km östlich von Hirschberg, poln.: Jelenia Góra, am Fuße der Falkenberge gelegen; seit 1822 im Besitz des Prinzen Wilhelm Bruder, bevorzugter Sommersitz des Prinzen und seiner Frau Marianne; 1844 im Stil der Neugotik von Friedrich August Stüler umgebaut.
Fürstenstein, poln.: Książ, größtes Schloss Schlesiens, nördlich von Waldenburg, poln.: Wałbrzych, gelegen.
Georg-Saal, St.-Georg-Saal, auch Großer Thronsaal, größter Saal des Winterpalastes.
Gossudar, Gossudarynja, Herrscher/Gebieter, Herrscherin/Gebieterin.
Großfürst/in: Titel der jüngeren Zarensöhne und Zarentöchter in Verbindung mit der Anrede Kaiserliche Hoheit.
Grünberg in Schlesien, poln.: Zielona Góra, Stadt im heutigen Niederschlesien.
Heilige Allianz, monarchisch-konservatives Bündnis Russlands, Preußens

und Österreichs, dem später fast alle europäischen Staaten beitraten; von Alexander I. initiiert und am 26. September 1815 in Paris unterzeichnet; Ziel war die Aufrechterhaltung des nach der Niederlage Napoleons 1815 geschaffenen Staatensystems in Europa; in den 1830er-Jahren von Russland, Österreich-Ungarn und Preußen noch einmal wiederbelebt; zerbrach zu Beginn des Krimkrieges (1853–1856).

Hirschberger Tal, poln.: Kotlina Jeleniogórska, gelegen auf der Nordseite der Westsudeten; im 19. Jahrhundert ließen sich die Hohenzollern und der preußische Hochadel hier Schlösser und Herrensitze bauen.

Hofdame, russ.: »Frejlina« (von »Fräulein«), Rang bzw. Titel bei Hofe, der jüngeren ledigen Frauen aus angesehenen Familien verliehen wurde; stand im 19. Jahrhundert unter der Staatsdame und der Kammer-Hofdame; hatte meistens das Smolnyj Institut absolviert, tat rund um die Uhr Dienst bei der Kaiserin oder den Großfürstinnen; verlor mit der Heirat ihre Stellung, erhielt von der Kaiserin aber eine Mitgift; 1826 legte Nikolaus I. die Zahl der Hofdamen auf 36 fest; ab 1834 trugen sie stilisierte russische Kleidung (Sarafan und Kokoschnik).

Hofmeisterin/Oberhofmeisterin, Vorgesetzte der Hofdamen, leitete die Kanzleien der Kaiserin und der Großfürstinnen; stellte der Kaiserin bei Audienzen die Damen vor.

Inful, Mitra, Bischofsmütze.

Isaak-Kathedrale (1818–1858), Isaak-Platz 1, drittes Gotteshaus dieses Namens, im Auftrag Alexanders I. nach einem unter Nikolaus I. überarbeiteten Projekt von Auguste Montferrand erbaut.

Isba, russisches Bauernhaus.

Ismailow-Regiment (Ismailow'sche Garde), drittältestes Regiment der Garde nach dem Preobraschenker und dem Semjonow-Regiment.

Istoritscheskij Westnik *(Historischer Bote),* historisch-literarische Monatszeitschrift, erschien von 1880 bis 1917 in St. Petersburg.

Jelagin, Palast auf der gleichnamigen Insel; in den 1780er-Jahren von Giacomo Quarenghi für den Oberhofmeister I. P. Jelagin gebaut; Sommerresidenz der kaiserlichen Familie, aber auch für Wintervergnügungen des Hofes genutzt.

Julianischer Kalender, galt bis März 1918 in Russland, war im 19. Jahrhundert zwölf Tage und im 20. Jahrhundert dreizehn Tage hinter dem Gregorianischen Kalender zurück.

Kalisch, poln.: Kalisz, eine der ältesten Städte Polens, in der Alexander I. und Friedrich Wilhelm III. am 28. Februar 1813 das Bündnis schlossen, das die Befreiungskriege gegen Napoleon einleitete. Beim großen preußisch-russischen Manöver (1835), an dem 60 000 Soldaten teilnahmen, wurde der Preußische Präsentiermarsch »uraufgeführt«.

Karaim (Karäer), Turkvolk, ursprünglich eine Religionsgemeinschaft, deren Glaube auf dem Alten Testament ohne die späteren Ergänzungen beruht. Karaim leben in mehreren Ländern der Welt (Ukraine, Litauen, Polen u. a.).

Kasaner Kathedrale (1801–1811), Newskij Prospekt; im Auftrag Pauls I. von Andrej N. Woronichin erbaut; wurde von den Zeitgenossen als Denkmal der Siege über Napoleon aufgefasst, weil hier 115 Fahnen der Grande Armée und die Schlüssel der französischen Städte und Festungen ausgestellt waren, die Alexanders I. Truppen erbeutet bzw. erobert hatten; vor Auslandsreisen kamen die Mitglieder der kaiserlichen Familie zum Gebet hierher.

Kathedralenplatz, Platz im Kreml, auf dem drei Kathedralen stehen, die Mariä-Entschlafens-Kathedrale (Uspenskij) an der Nordseite, die Erzengel-Michael-Kathedrale (Archangelskij) an der Südseite und die Mariä-Verkündigungs-Kathedrale (Blagoweschtschenskij) im Südwesten; die Uspenskij-Kathedrale diente den Zaren als Krönungskirche (1457–1896), die Erzengel-Michael-Kathedrale als Grabkirche (bis Peter I.) und die Blagoweschtschenskij-Kathedrale als Hauskirche.

Katharinenorden, Orden der heiligen Katharina, zweiklassiger Damenorden, 1711 von Peter I. gestiftet; Ordensmeisterin war die Kaiserin.

Katorga, Zwangsarbeit.

Kirche, griechische, bis Anfang des 20. Jahrhunderts Sammelbezeichnung für alle orthodoxen Kirchen zur Abgrenzung gegenüber der lateinischen Kirche.

Konventionen von Münchengrätz (18./19. Sept. 1833), Abkommen Russlands und Österreichs über ein einvernehmliches Vorgehen dem Osmanischen Reich gegenüber (18. Sept.); Abkommen über Polen (19. Sept.), in dem die beiden Teilungsmächte sich gegenseitig ihre polnischen Territorien garantieren und Unterstützung im Falle von Aufständen zusichern; Preußen schloss sich den Konventionen später an.

Kokoschnik, haubenartiger Kopfschmuck russischer Frauen.

Krimkrieg, auch »Orientkrieg« (1853–1855), Krieg zwischen Russland auf der einen, dem Osmanischen Reich, Frankreich, England und Sardinien-Piemont auf der anderen Seite, der sich hauptsächlich auf der Krim abspielte; vordergründig ging es um den Schutz der Christen im Orient, tatsächlich um das Erbe des »kranken Mannes am Bosporus« und Russlands Zukunft in der Region; erster Stellungskrieg der Geschichte.

Lalla Rookh, Poem von Thomas Moore (deutsch: »Lalla Rukh«, »Lalla Rûkh« und »Lala Rukh«); als »Festspiel mit Gesang und Tanz« am 27. Januar 1821 im Berliner Stadtschloss aufgeführt und mehrfach übersetzt; Friedrich de la Motte Fouqué hat seine »in den Sylbenmaßen des Originals« übersetzte Fassung »Lalla Rukh die mongolische Prinzessin« (Berlin 1822)

»Ihrer Kaiserlichen Hoheit Alexandra, Großfürstin aller Reussen, Gemahlin Sr. Kaiserlichen Hoheit, des Großfürsten Nikolas, geborne Prinzessin von Preußen«, zugeeignet.

Łazienki, Warschau, Park mit Schloss Belvedere (1770); Privatsitz des Großfürsten Konstantin Pawlowitsch und Residenz der Zaren in Polen; später Sitz der polnischen Präsidenten.

Macao-Spiel, Kartenspiel.

Madonna, Preußische, Beiname einer Statue von Fritz Schaper, die Königin Luise mit dem Prinzen Wilhelm zeigt (1897).

Manifest, hier: einseitige öffentliche Erklärung des Kaisers von Russland von höchster Verbindlichkeit.

Marienpalast (1839–1844), Isaak-Platz 6, im Auftrag Nikolaus' I. von Andrej I. Stakenschneider für die Großfürstin Maria Nikolajewna, Herzogin von Leuchtenberg, gebaut; 1884 an die Staatskasse verkauft, seit 1884 Sitz des Staatsrats, des Ministerkomitees und der Staatskanzlei; heute: Sitz der Gesetzgebenden Versammlung der Stadt St. Petersburg.

Marientheater, »Mariinskij« (1859–1860), Theaterplatz 1–2, erbaut von Alberto Cavos, nach der Kaiserin Maria Alexandrowna (»Marie«) benannt; am 14. Oktober 1860 mit der Oper »Ein Leben für den Zaren« eröffnet.

Memel (litauisch: Klaipėda), Hafenstadt an der Ostsee.

Metropolit, zweithöchster Titel der Russisch-orthodoxen Patriarchatskirche; nach der Abschaffung des Patriarchats (1721) durch Peter I. waren die Metropoliten von St. Petersburg, Moskau und Kiew bis ins 20. Jahrhundert die höchsten Würdenträger der Russisch-orthodoxen Kirche; Oberhaupt war der Zar.

Michael-Palais (1825–1831), Inschenernaja 4, von Carlo Rossi für den Großfürsten Michael Pawlowitsch erbaut; beherbergt seit 1898 das Russische Museum.

Ministerkomitee: (erste) Regierung Russlands mit beratender Funktion; 1802 von Alexander I. geschaffen; hatte während der Abwesenheit des Herrschers außerordentliche Vollmachten; Nikolaus I. ernannte den Thronfolger erstmals zum Mitglied des Ministerkomitees; ab 1906: Ministerrat.

Miss Muffet, erstmalig in den »Songs for a Nursery«, London 1805, erschienen:
Little Miss Muffet sat on a tuffet,
Eating her curds and whey;
Along came a spider, who sat down beside her
And frightened Miss Muffet away.

Mohrenzimmer, Arabischer Saal, Ermitage-Saal 155.

Monplaisir (1714–1723), Peterhof, ebenerdiges Palais im Unteren Park; direkt am Finnischen Meerbusen gelegen; von Johann Braunstein für Peter den Großen errichtet.

Musikbahnhof, »Vauxhall«, Pawlowsk, hier wurde zunächst nur zum Essen musiziert, später konzertiert; Mitte der 1850er-Jahre wurde Pawlowsk zur »Strauß-Filiale«; aus dem Wort »Vauxhall« entstand das russische Wort »woksal« für Bahnhof.

Myronsalbung, das zweite von sieben Sakramenten der orthodoxen Kirche; wird normalerweise gleich nach der Taufe gespendet; im Falle der konvertierenden Prinzessinnen wurde aus Rücksicht auf die deutschen Dynastien auf die Taufe verzichtet; durch die Myronsalbung wurde der Übertritt zur Russisch-orthodoxen Kirche vollzogen.

Newskij Prospekt, ursprünglich: Große Perspektive, 5 km lange Hauptstraße von St. Petersburg; vgl. Gogols gleichnamige Erzählung.

Nikolaus-Bahn, älteste Eisenbahnstrecke Russlands, verband St. Petersburg zunächst mit Zarskoje Selo (1837), dann mit Pawlowsk (1838), dann mit Moskau (1851); in der Sowjetzeit: »Oktoberbahn«.

Nimmersatt, »wo das deutsche Reich ein Ende hat«, bis 1945 die nordöstlichste Siedlung Preußens, heute Nimerseta, Vorort von Palanga, Litauen.

Oberbartau (lettisch: Barta), Ort in Kurland, Lettland.

Orianda (heute: Oreanda), ursprünglich Park, von Nikolaus I. im September 1837 Alexandra geschenkt; dann Name der von Andrej I. Stakenschneider im griechischen Stil erbauten Villa (1842–1852); bis zum Brand von 1881 von Großfürst Konstantin bewohnt.

Palais Kurland, historisches Barockgebäude, Unter den Linden 7 (alte Zählung); bis 1837 im Besitz des Herzogtums Kurland; von Nikolaus I. erworben und 1840/41 zum Gesandtschaftsgebäude umgebaut; im Zweiten Weltkrieg zerstört. Auf dem Gelände (heute: Unter den Linden 63–65) befindet sich die Botschaft der Russländischen Föderation.

Palastgrenadiere, von Nikolaus I. in den 1820er-Jahren geschaffene Veteraneneinheit, deren Angehörige Wachdienst in den Palästen und bei den Denkmälern taten.

Pariser Frieden (30. März 1856), die Unterzeichner garantierten die Unabhängigkeit und territoriale Integrität des Osmanischen Reiches, neutralisierten und entmilitarisierten das Schwarze Meer und gaben die Schifffahrt auf der Donau frei.

Pariser Marsch / Einzugsmarsch, von Johann Heinrich Walch komponiert; am 31. März 1814 beim Einzug der Alliierten in Paris gespielt.

Peterhof, Stadt und Schlossparkensemble am Finnischen Meerbusen westlich von Petersburg; 1705 von Peter dem Großen als »Piterhof« gegründet; seit 1723 Sommerresidenz der Petersburger Kaiser; umfasst(e) neben dem Großen Palast mit der Großen Kaskade, mehreren Palais und zahlreichen Fontänen aus Peters Zeit etwa 30 sogenannte Pavillons, die Nikolaus I. bauen ließ, darunter eine holländische Mühle, ein Schweizer Chalet, ein chinesischer

Kiosk, eine russische Isba usw., die nur z. T. erhalten sind; seit 1990 auf der Liste des Weltkultur- und Naturerbes.

Peter-Palast (1776–1796), »Reisepalast« der Zaren; nördlich von Moskau am Petersburger Trakt (heute: Leningrader Chaussee) gelegen.

Peter-und-Paul-Kathedrale, »Festungskirche« (1712–1733), älteste Kirche der Stadt auf der Haseninsel, Grabkirche der Romanows seit Peter I.

Petrograd, Name der Stadt St. Petersburg von 1914 bis 1924.

Polangen (litauisch: Palanga), 20 km nördlich von Memel/Klaipėda gelegen; bis 1918 preußisch-russischer Grenzort im Gouvernement Kurland, heute beliebtes Ostseebad.

Präsentiermarsch, Preußischer, »Präsentiermarsch König Friedrich Wilhelm III.«, von Friedrich Wilhelm III. als Kronprinz komponiert; verloren gegangen; 1835 bei der Revue von Kalisch auf Initiative Nikolaus' I. von 1 800 Spielleuten uraufgeführt, 1841 in die Königlich Preußische Armeemarschsammlung aufgenommen.

Preobraschensker (Preobrajensky-) Regiment, erstes Garderegiment; 1691 von Peter dem Großen gegründet; Regimentschef war immer der jeweilige Kaiser; Regimentstag war der 18. September.

Purpurgeboren, geboren als Kind eines regierenden Herrschers.

Pyrmont, Kurort, seit 1914 Bad.

Rangtabelle, Stufenleiter aller Dienstgrade (»tschin«) in Armee, Marine, Zivil- und Hofdienst; 1722 von Peter I. eingeführt.

Romanow, Name der Dynastie, die von 1613 bis 1917 über Russland herrschte. Seit Peter III., der als Herzog Karl Peter Ulrich von Holstein-Gottorp geboren und 1742 von Elisabeth Petrowna als Thronfolger nach Russland geholt wurde, lautet der vollständige Name: Romanow-Holstein-Gottorp.

Ropscha, Landsitz/Lustschloss, ca. 50 km südwestlich von St. Petersburg gelegen, gehörte Alexandra, heute eine Ruine.

Roter Adlerorden, von Georg Wilhelm von Brandenburg-Bayreuth 1705 gestiftet, von Preußen 1792 übernommen und von Friedrich Wilhelm II. zum zweithöchsten Orden des Königreichs erhoben.

Rotunde, runder Saal mit zehn Ausgangstüren im Nordwestflügel des Winterpalastes; eine davon führt in die Kleine Kirche, die der kaiserlichen Familie als Hauskapelle diente.

Russkaja Starina *(Das Russische Altertum),* historische Monatszeitschrift, erschien von 1870 bis 1918 in St. Petersburg.

Russkij Archiw *(Das Russische Archiv),* historisch-literarische Monatszeitschrift, erschien von 1863 bis 1917 in Moskau.

Salzbrunn (polnisch: Szczawno Zdrój), Kurort, nordwestlich von Waldenburg (polnisch: Wałbrzych) gelegen, z. T. eingemeindet.

St.-Petri-Kirche (1833–1838), Newskij Prospekt 22–24, Hauptkirche der Lutheraner im Zarenreich; von Alexander P. Brjullow errichtet.

Sarafan, langes ärmelloses Gewand; unter der Brust gegürtet.

Schwarzer Adlerorden, von Kurfürst Friedrich III. vor seiner Krönung zum König in Preußen am 18. Januar 1701 in Königsberg gestiftet; Devise: »Suum cuique« (»Jedem das Seine«).

Sejm, polnischer Reichstag, bestand aus der Kammer der Landboten (Nuntien) und dem Senat.

Senat, Regierender, Oberstes Gesetzgebungs- und Verwaltungsorgan des Russischen Imperiums; 1711 von Peter I. eingerichtet; verlor im Laufe des 18. Jahrhunderts an Bedeutung; beaufsichtigte seit Beginn des 19. Jahrhunderts die Tätigkeit der Behörden und staatlichen Einrichtungen.

Siam, »Land der Freien«, Name, den Friedrich Wilhelm IV. seinem Sommersitz Charlottenhof gab.

Sibyllenort, Sybillenort, poln.: Szczodre, Schloss nordöstlich von Breslau.

Skernewitze (polnisch: Skierniewice), Stadt südwestlich von Warschau.

Smolnyj Institut (1764), »Smolnyj«, höhere Bildungsanstalt für adlige Mädchen, von Katharina II. auf dem Gelände des Smolnyj Klosters gegründet; unter Alexander I. von Quarenghi um ein Gebäude erweitert, in dem 1917 der Arbeiter- und Bauernsowjet tagte und die Bolschewiki ihre Machtergreifung planten; heute Sitz der Petersburger Gouverneurin.

Staatsdame, Rang bei Hofe, der den Frauen hoher Würdenträger verliehen wurde; die Staatsdame stand über der Hofdame, hatte aber keine festgelegten Pflichten.

Staatsrat (Reichsrat): Oberstes Gesetzgebendes Organ des Russischen Reiches seit 1810; von Alexander I. geschaffen; zweite Parlamentskammer neben der Staatsduma (1906–1917); hatte auch kontrollierende Funktion.

Stolzenfels, Burg am Rhein, von Friedrich Wilhelm IV. restauriert (1836–1842) und von ihm auch bewohnt.

Synod, Heiliger, oberstes Führungsorgan der Russisch-orthodoxen Kirche, von Peter I. nach Abschaffung des Patriarchats 1721 eingerichtet.

Tadecken/Tadaiken (lettisch: Tadaiki), Gut, Ort in Kurland, 24 km östlich von Libau (lettisch: Liepāja) gelegen.

Tauerlaken/Tauerlaucken, Ausflugsort nördlich von Memel, den die preußische Königsfamilie 1807 besuchte.

Tilbury, leichter zweirädriger Gabelwagen für ein Pferd.

Tilsit, Friede von (7.–9. Juli 1807), reduzierte Preußen auf die Hälfte seines Bestandes und zwang Russland, den Rheinbund und das Herzogtum Warschau als französische Vasallen zu akzeptieren sowie der Kontinentalsperre gegen England beizutreten; die Verhandlungen zwischen Napoleon und

Alexander I. fanden auf einem Floß auf der Memel statt; Friedrich Wilhelm III. wurde zunächst nicht hinzugezogen.

Teplitz (tschechisch: Teplice), Prominentenkurort in Nordböhmen; Hauptquartier der Alliierten im Krieg gegen Napoleon (1813), Schauplatz mehrerer Monarchentreffen.

Towarczys (Korps Towarcys), 1800 aus dem niederen Adel der ehemals polnischen Provinzen Preußens hervorgegangen und später in Ulanenregimenter überführt.

Tscherwonez, russische Goldmünze, ursprünglich Bezeichnung für ausländische Goldmünzen.

Twerskaja, Hauptstraße Moskaus.

Überschwemmungen, Geißel St. Petersburgs, bedingt durch die Lage der Stadt; Puschkin hat die Katastrophe von 1824 in seinem Poem »Der eherne Reiter« verewigt.

Vaterländischer Krieg, Name des Krieges, den Russland 1812 gegen Napoleon führte; der Krieg gegen die deutschen Eindringlinge 1941–1945 heißt »Großer Vaterländischer Krieg«.

Vatersname, wird dem Vornamen hinzugefügt; ist bei der Anrede wichtiger als der Familienname, z. B. Nikolaus Pawlowitsch = Nikolaus, Sohn des Pawel (Paul), Alexander Nikolajewitsch = Alexander, Sohn des Nikolaj (Nikolaus).

Waldenburg, poln.: Wałbrzych, Stadt in Niederschlesien, 65 km südwestlich von Breslau gelegen; Zentrum des schlesischen Steinkohlebaus.

Waldenburger Bergland, bildet mit Eulen- und Falkengebirge den westlichen Teil der Mittelsudeten.

Wasserweihe (18. Januar), religiöse Feier zur Erinnerung an Christi Taufe im Jordan; fand in Anwesenheit der kaiserlichen Familie in einer eigens errichteten Holzkirche auf der zugefrorenen Newa vor dem Winterpalast statt; beim Herablassen des Kreuzes in ein Eisloch, der Weihe, ertönten 101 Kanonenschüsse aus der Peter-und-Paul-Festung; sobald Hof, Geistlichkeit und Kaiserfamilie gegen 13 Uhr wieder im Palast waren, durfte das Volk dem Fluss geweihtes Wasser entnehmen, während auf dem Schlossplatz eine Truppenparade stattfand.

Werst, altes russisches Längenmaß, entsprach 1066,78 Meter.

Winterpalast (1754–1762), erbaut von Francesco Bartolomeo Rastrelli (1700–1771) für Elisabeth Petrowna; Residenz der Petersburger Kaiser; bot Platz für 3 000 Menschen; auf dem Dachboden wurden im Winter Kühe gehalten, damit die Zarenfamilie immer frische Milch hatte.

Wosnessensk, Ort nordöstlich von Odessa in der südlichen Ukraine, in dem 1837 große Kavalleriemanöver stattfanden.

Zar, Titel der Moskauer Großfürsten seit Iwan IV. (1547); Peter der Große nahm 1721 den Titel »Imperator« bzw. »Kaiser« an, behielt den Titel Zar von Kasan, Astrachan und Sibirien jedoch in der vollen Herrschertitulatur.

Zarenhymne, »Gott schütze den Zaren«; Text von Wassilij A. Schukowskij, Melodie von Alexej F. Lwow; als »Vorläuferin« der Zarenhymne gilt das »Gebet der Russen« (1816–1833), das Schukowskij 1815 geschrieben hatte; es begann auch mit den Worten »Gott schütze den Zaren«, wurde aber nach der Melodie von »God save the King« gesungen.

Zarewitsch, Kurzform von Cäsarewitsch, Titel des Thronfolgers.

Zarskoje Selo, 1710 gegründet, Sommerresidenz der Petersburger Kaiser, seit 1938: Puschkin.

Zirkassierinnen, gemeint sind Kaukasierinnen.

Anmerkungen

Kapitel 1
1 Voß, 11. Juni 1798, S. 229.
2 Ebd., S. 232.
3 Ebd., 23. Juni 1798, S. 234.
4 Ebd., 13. Juli 1798, S. 238.
5 Ebd., 3. Aug. 1798, S. 240.
6 Zit. nach Sandt und Schlegel, 9. Sept. 1801, S. 75.
7 Ebd., 19. Mai 1803, S. 76.
8 Zit. nach Griewank, Briefe, 7. Okt. 1807, S. 310.
9 Zit. nach Sandt und Schlegel, S. 77.
10 Rochow, S. 74f.
11 Zit. nach Rothkirch, Luise, S. 249.
12 Zit. nach Griewank, Briefwechsel, 12. Juli 1806, S. 249.
13 Ebd., S. 250f.
14 Friedrich Wilhelm IV., 18. Okt. 1806, S. 46.
15 Ebd., 26. Okt. 1806, S. 56.
16 Voß, 31. Okt. 1806, S. 255.
17 Ebd., S. 259.
18 Zit. nach Sandt und Schlegel, 21. Nov. 1806, S. 77.
19 Voß, 16., 24., 25. Dez. 1806, S. 264f.
20 Ebd., 3. Jan. 1807, S. 268.
21 Delbrück I, S. 334, 401f., 423; Delbrück II, S. 56, 63, 73, 100, 271, 292.
22 Zit. nach Sandt und Schlegel, 1809, S. 79f.
23 Voß, 15. Juni 1802, S. 245.
24 Ebd., 23. Jan. 1802, S. 274.
25 Delbrück II, S. 109.
26 Voß, 23. Jan. 1807, S. 274.
27 Ebd., 2. April 1807, S. 294.
28 Ebd., 3. April 1807, S. 294.
29 Zit. nach Sandt und Schlegel, S. 157; Adami, S. 374.
30 Bailleu, Briefwechsel, 2. Juni 1807, S. 466; 12. Juni 1807, S. 468.
31 Voß, 13. Juli 1807, S. 311f.
32 Ebd., 3. Aug. 1807, S. 318.
33 Delbrück II, S. 395.
34 Voß, 1. April 1808, S. 335.
35 Ebd., 21. Okt. 1808, S. 340.
36 Zit. nach Rothkirch, Luise, 31. Jan. 1809, S. 472.
37 Voß, 30. Jan. 1809, S. 354.
38 Rothkirch, Luise, S. 472.
39 Delbrück III, S. 155.
40 Zit. nach Barkovec, 15. Febr. 1809, S. 21.
41 Zit. nach Sandt und Schlegel, S. 80; der Brief wird auch auf den April 1808 datiert.
42 Voß, 24. März 1809, S. 356.
43 Zit. nach Griewank, Briefe, S. 420.
44 Voß, 7. Nov. 1809, S. 364.
45 Zit. nach Rothkirch, Carl, S. 15.
46 Zit. nach Žukovskij XIII, 2. Dez.

1817, S. 128; die Zitate hat Schukowskij vermutlich dem Tagebuch der Frau von Wildermeth entnommen.
47 Hohenzollern-Jahrbuch 1914, 23. Aug. 1813, S. 189.
48 Voß, 5. Nov. 1813, S. 405.
49 Hohenzollernbriefe, 10. Nov. 1813, S. 149.
50 Nikolaj I., S. 97.
51 Hohenzollern-Jahrbuch 1914, 9. Dez. 1813, S. 192.
52 Voß, 6. Jan. 1814, S. 406.
53 Ebd., 23. Jan., S. 407.
54 Ebd., 24. Jan.
55 Hohenzollernbriefe, 24. Jan. 1814, S. 185.

Kapitel 2
1 Nikolaj I., S. 96.
2 Schiemann I, S. 182.
3 Aleksandra, Erinnerungen, S. 55.
4 Hohenzollernbriefe, 24. Febr. 1814, S. 207.
5 Voß, S. 409.
6 Hohenzollernbriefe, 8. März 1814, S. 216.
7 Voß, 6. März 1814, S. 409.
8 Nikolaj I., S. 98.
9 Smirnova-Rosset, S. 104f.
10 Hohenzollernbriefe, 18. März 1814, S. 223.
11 Hohenzollern-Jahrbuch 1914, 30. März 1814, S. 193.
12 Hohenzollernbriefe, 5. Mai 1814, S. 251.
13 Ebd., 12. Mai 1814, S. 254.
14 Ebd., 19. Mai 1814, S. 257.
15 Schiemann I, S. 190.
16 Voß, 24. Juni 1814, S. 414.
17 Ebd., S. 415.
18 Voß, 15., 16. Aug. 1814, S. 417f.
19 Ebd., S. 419.
20 Zit. nach Schiemann I, 10. Sept. 1815, S. 192.
21 Voß, 6. Okt., 29. Nov. 1814, S. 421f.
22 Hohenzollern-Jahrbuch 1914, 16. Jan. 1815, S. 195.
23 Hohenzollernbriefe, 19. Juni 1815, S. 291.
24 Hohenzollern-Jahrbuch 1914, 26. Juli 1815, S. 196.
25 Hohenzollernbriefe, 14. Juli 1815, S. 303.
26 Zit. nach Schiemann I, 17. Juli 1815, S. 192f.
27 Hohenzollernbriefe, 9. Aug. 1815, S. 313.
28 Smirnova-Rosset, S. 30; Schiemann I, S. 202.
29 Hohenzollernbriefe, 24. Juli 1815, S. 310.
30 Ebd., 2. Aug. 1815, S. 314.
31 Ebd., 12., 20. Aug. 1815, S. 311f.
32 Hohenzollernbriefe, 18. Sept. 1815, S. 329.
33 Zit. nach Schiemann I, 10. Sept. 1815, S. 192
34 Zit. nach Schiemann I, 22. Sept. 1815, S. 193.
35 Zit nach Bailleu, 10. Nov./ 29. Okt. 1815, 3./15. April 1816, S. 267, 270.
36 Zit. nach Barkovec, 5./17. Nov. 1815, S. 30.
37 Ebd., 11. Nov. 1815, S. 368.
38 Ebd., 14. Jan. 1816, S. 369.
39 Ebd., 3./15. April 1816, S. 270.
40 Rochow, S. 83.
41 Zit. nach Vyskočkov, S. 41.
42 Smirnova-Rosset, S. 105; Byron

hatte England im April 1816 verlassen, die Begegnung muss also während eines Heimatbesuchs des Dichters 1817 stattgefunden haben.
43 Stockmar, S. 98f.
44 Rochow, S. 68f.
45 Ebd., S. 67.
46 Zit. nach Bailleu, 19. April/ 1. Mai 1817, S. 278.
47 Bernstorff I, S. 219.
48 Rauch, Familienbriefe, S. 130.
49 Rochow, S. 92.
50 Ebd.
51 Zit. nach Bailleu, 12. Juni 1817, S. 280.
52 Ebd., 15./27. Juni 1817, S. 519.

Kapitel 3
1 Natzmer, S. 228
2 Aleksandra, Erinnerungen, S. 17.
3 Natzmer, 18. Juni 1817, S. 232.
4 Ebd., 20. Juni 1817, S. 234.
5 Zit. nach Schiemann I, 22. Juni 1817, S. 216.
6 Šil'der, S. 35.
7 Ebd.
8 Ebd.
9 Zit. nach Bailleu, 10./22. Juni 1817, S. 440f.
10 Zit. nach Schiemann I, 22. Juni 1817, S. 216.
11 Natzmer, 22. Juni 1817, S. 236.
12 Aleksandra, Erinnerungen, S. 14; alle folgenden Zitate von ihr stammen, falls nicht anders ausgewiesen, ebenfalls aus den »Erinnerungen«.
13 Frederiks I, S. 58f.
14 Zit. nach Bailleu, 20. Juni/ 2. Juli 1817, S. 441.
15 Ebd., S. 441.
16 Zit. nach Bailleu, 20. Juni/ 2. Juli 1817, S. 373.
17 Ebd., 21. Juni/3. Juli 1817, S. 281.
18 Natzmer, 3. Juli 1817, S. 242.
19 Hofführerjournal, 24. Juni 1817, S. 406.
20 Daragan XII, S. 788; dort auch das Manifest vom 25. Juni 1817.
21 Hofführerjournal, 25. Juni 1817, S. 422.
22 Zit. nach Bailleu, 25. Juni/ 7. Juli 1817, S. 281f.
23 Natzmer, 10. Juli 1817, S. 248.
24 Zit. nach Schiemann I, 31. Okt. 1818, S. 622.
25 Hofführerjournal, 1. Juli 1817, S. 5.
26 Ebd., 1. Juli, S. 9f.
27 Zit. nach Bailleu, 1./13. Juli 1817, S. 442.
28 Ebd., S. 282f.
29 Hofführerjournal, 1. Juli 1817, S. 21f., 522.
30 Zit nach Schiemann I, 5./17. Juli 1817, S. 218, Fn. 1.
31 Hohenzollern-Jahrbuch 1914, 27., 29. Juli 1817, S. 200f.

Kapitel 4
1 Aleksandra, Erinnerungen, S. 30; alle folgenden Zitate stammen, soweit nicht anders ausgewiesen, ebenfalls aus den »Erinnerungen«.
2 Natzmer, S. 270.
3 Später wurde es Nikolaus-Palais genannt. Kloster und Palais wurden 1929 abgerissen.
4 Natzmer, 12. Okt. 1817, S. 275.
5 Daragan XIII, S. 2f.

6 Ebd., S. 4.
7 Božerjanov, S. 91.
8 Žukovskij XIV, S. 352.
9 Žukovskij XIII, 3. Nov. 1817, S. 125.
10 Ebd., S. 32f.
11 Žukovskij XIII, 6. Nov. 1817, S. 126; XIV, 5. Aug. 1839, S. 181.
12 Unter Nikolaus eingeweiht, unter Stalin gesprengt, unter Boris Jelzin wieder aufgebaut.
13 Zit. nach Schiemann I, 31. Okt. 1817, S. 622.
14 Ebd.
15 Zit. nach Bailleu, 30. Dez./11. Jan. 1818, S. 522.
16 Frederiks I, S. 64; Božerjanov I, S. 81.
17 Zit. nach Bailleu, 17. April 1817, S. 443.
18 Hohenzollern-Jahrbuch 1914, 27. April/9. Mai 1818, S. 202.
19 Žukovskij XIII, 17. April 1818, S. 129.
20 Žukovskij I,2, S. 55; die »Botschaft« wurde als Einzelausgabe in Moskau gedruckt; für den preußischen Kronprinzen fertigte Schukowskij eine Übersetzung an.
21 Zit. nach Bailleu, Fritz an Alexander, 27. März 1818, S. 523.
22 Daragan XIII, S. 12.
23 Rochow, S. 93f.
24 Ebd., S. 94.
25 Vgl. Luigi Premazzi, »Kabinett der Kaiserin Alexandra Fjodorowna im Anitschkow-Palast«, Aquarell, 1853.
26 Olga, S. 118f.
27 Lebzeltern, S. 42.
28 Zit. nach Schiemann I, 15./27. Jan. 1816, S. 204.
29 Lorer, S. 191.
30 Zit. nach Bailleu, 5. Sept. 1819, S. 304.
31 Hohenzollern-Jahrbuch 1914, 31. Aug. 1819, S. 204.
32 Zit. nach Rothkirch, Carl, S. 34.
33 Ebd., S. 35.

Kapitel 5
1 Bernstorff I, S. 286.
2 Zit. nach Bailleu, 21. Okt./2. Nov. 1820, S. 387.
3 Bernstorff II, S. 53f.
4 Zit. nach Schiemann I, 19. Juli 1823, S. 623.
5 Ebd., S. 235.
6 Bernstorff I, S. 292f.
7 Ebd., S. 286f.
8 Žukovskij XIII, 24. Nov./5. Dez. 1820, S. 146.
9 Žukovskij XIII, 11. Nov. 1820, S. 150.
10 Ebd., 15./27. Jan. 1821, S. 155; das Fest wurde am 11. Februar wiederholt.
11 Žukovskij, I,2, S. 325f.
12 Zit. nach Bailleu, 28. Febr. 1821, S. 389.
13 Žukovskij XIII, 4./16. April 1821, S. 161.
14 Ebd., S. 162; gemeint ist Kunzendorf an der Biele in Niederschlesien.
15 Ebd., 6./18. April 1821, S. 163.
16 Ebd., 11./23. April 1821, S. 165.
17 Goethe 8, 3. Juni 1821, S. 63.
18 Žukovskij XIII, 2./14. Juni 1821, S. 169.

19 Zit. nach Aswarischtsch, S. 32–34.
20 Nach dem Schlaganfall von 1835 hat der russische Hof auch Friedrichs sechswöchigen Kuraufenthalt in Teplitz finanziert; kurz vor seinem Tod hat Schukowskij weitere Ankäufe veranlasst, und nach seinem Tod 1841 kam aus St. Petersburg eine kleine Unterstützung für die Witwe. Neun Gemälde und sechs Zeichnungen befinden sich in der Staatlichen Ermitage, ein Gemälde hängt im Puschkin-Museum in Moskau.
21 Žukovskij XIII, S. 425, 516; Briefe vom 29. Juni, 10. und 25. Juli 1821, deutsch in: Shukowski, S. 320f.
22 Goethe 35, 16. Nov. 1821, S. 172f.
23 Bernstorff I, S. 298.
24 Božerjanov II, S. 201.
25 Kampmann, S. 88f.
26 Zit. nach Schiemann II, 7. Sept. 1821, S. 620.
27 Ebd.
28 Zit. nach Schiemann I, 26. Nov./8. Dez. 1821, Fn. 1, S. 219.
29 Ebd.
30 Zit. nach Schiemann I, 14./26. Jan. 1822, S. 240.
31 Hohenzollern-Jahrbuch 1914, 14. Juli 1822, S. 208.
32 Zit. nach Olga, S. 13.
33 Die Schwangerschaft endete mit einer Fehlgeburt, ebenso eine weitere vermutlich in der ersten Jahreshälfte 1824; vgl. Schiemann I, S. 244.
34 Zit. nach Schiemann I, 19. Juli 1823, S. 623.
35 Puškin 9, 1. Dez. 1823, S. 80.
36 Smirnova-Rosset, S. 68.
37 Zit. nach Schiemann I, 28. Mai/9. Juni 1824, S. 246, Fn. 1.
38 Hennig, Elisas Briefe, 30. Juli 1824, S. 77.
39 Hohenzollern-Jahrbuch 1914, 3./15. Juni 1824, S. 210.
40 Zit. nach Schiemann II, 10./22. Dez. 1824, S. 627.
41 Ebd., 15./27. Dez., S. 249.
42 Hohenzollern-Jahrbuch 1916, Briefe vom 6. Mai 1830, 6. Sept. 1833, 26. Dez. 1836 usw.
43 Hohenzollern-Jahrbuch 1915, Wilhelm an Charlotte, 5. Nov. 1822, S. 136.
44 Zit. nach Schiemann I, 24. April 1825, S. 630.
45 Olga, S. 15.
46 Zit. nach Schiemann I, 7./19. Nov. 1825, S. 633.

Kapitel 6
1 Schiemann, Materialien, S. VIIIf.; Gordin I, S. 99f.; Gluškin, S. 64f.
2 Gluškin, S. 73.
3 Hohenzollern-Jahrbuch 1914, Brief Friedrich Wilhelms vom 6./18. Dez. 1825, S. 229.
4 Aleksandra, Tagebücher, S. 215f.; auch alle folgenden Zitate stammen aus dem großen Tagebuch.
5 Grimm I, S. 210.
6 Ebd., S. 208.
7 Nikolaj I., S. 129.

8 Olga, S. 16.
9 Žukovskij XIII, 16./28. Dez. 1825, S. 244f.
10 Ebd.
11 Grunwald, S. 81.
12 Bernstorff II, S. 53.
13 Hohenzollern-Jahrbuch 1914, Am Sylvester Abend 1825, S. 230; 24. Dez./5. Jan. 1826, S. 231f.
14 Ebd., 3./15.Jan. 1826, S. 233.
15 Gerlach, I, 20. Jan. 1826, S. 8.
16 Zit. nach Bernstorff II, S. 54.
17 Gerlach I, 21. März 1826, S. 21.
18 Ebd., 24. Jan. 1826, S. 10f.
19 Ebd.
20 Grimm II, S. 56.
21 Gerlach I, 16. Febr. 1826, S. 16.
22 Zit. nach Rothkirch, Carl, 11. Mai 1826, S. 47.
23 Ebd., 9. Juni 1826, S. 48.
24 Smirnova-Rosset, S. 430; Vyskočkov, S. 131.
25 Grunwald, S. 74; Troyat, S. 85f.

Kapitel 7
1 Sollogub, S. 419.
2 Grimm I, S. 234.
3 Russkaja Starina 1903, Bd. CXIII, März, 11./23. Mai 1826, S. 497.
4 Olga, S. 18.
5 Grunwald, S. 77.
6 Zit. nach Schiemann II, S. 149f.
7 Maréchal Marmont, S. 115, 119f.
8 Passek I, S. 233.
9 Grimm I, S. 238.
10 Passek I, S. 234.
11 Sollogub, S. 420.
12 Zit. nach Rothkirch, Carl, S. 50.
13 Olga, S. 18.
14 Grimm I, S. 239.
15 Tyrkova-Williams, S. 146.
16 Vgl. Barkovec, S. 94.
17 Maréchal Marmont, S. 136.
18 Passek I, S. 235.
19 Russkij Archiv 1873. I, 2./14. Okt. 1826, S. II.
20 Ebd., S. III.
21 Ebd., S. IV.
22 Ebd., S. VI.
23 Olga, S. 25f.
24 Russkij Archiv 1873. I, 2./14. Okt. 1826, S. VIII.
25 Ebd., S. IX.
26 Ebd., S. IXf.
27 Ebd., S. XIf.; vgl. Aswarischtsch, S. 34.
28 Schukowskij hatte die Absicht, Pestalozzi in der Schweiz zu besuchen, doch der Pädagoge starb im Februar 1827, die Reise kam nicht zustande.
29 In seiner Dienstwohnung im dritten Stock hatte Schukowskij fast ein Dutzend Bilder von C. D. Friedrich aufgehängt, die später verloren gingen.
30 Zit. nach Rothkirch, Carl, S. 57.
31 Olga, S. 18f.
32 Zit. nach Bailleu, 21. Dez. 1827, S. 399.
33 Gerlach I, 4. Jan. 1828, S. 26.
34 Ebd., 8. Mai 1828, S. 42.
35 Ebd.
36 Olga, S. 20.
37 Ebd., S. 22.
38 Maréchal Marmont, S. 117.
39 Zit. nach Schenkel, 26. Okt./7. Nov. 1828, S. 71.
40 Olga, S. 23.

41 Zit. nach Schenkel, 7./19. Jan. 1829, S. 72.
42 Smirnova-Rosset, S. 172.
43 Schiemann II, S. 287; die Vierte Abteilung wurde später umbenannt und umfasste 1917 etwa 500 Einrichtungen.
44 Božerjanov I, S. XI.
45 Ebd., S. XII.
46 2. Korintherbrief. 9,7; vgl. Olga, S. 51.

Kapitel 8
1 Gluškin, S. 5.
2 Humboldt, Briefe, 3. Mai 1829, S. 173.
3 Ebd.
4 Ebd., 10. Mai 1829, S. 175.
5 Schiemann I, S. 181.
6 Ebd., S. 305.
7 Benkendorf II, S. 10.
8 Angeblich ist Paganini aus Angst vor einer Erkältung nie in St. Petersburg gewesen.
9 Žukovskij I,5, S. 482f.
10 Ebd., S. 483.
11 Benkendorf II, S. 13.
12 Žukovskij I,5, S. 483f.
13 Benkendorf II, S. 14.
14 Natzmer I, 10. Juni 1829, S. 163.
15 Bernstorff II, S. 136f.
16 Rochow, S. 207.
17 Zit. nach Šil'der, Polen, 7. Juni 1829, S. 52f., Fn. 2.
18 Bernstorff II, S. 137.
19 Benkendorf II, S. 15.
20 Bernstorff II, S. 137.
21 Rochow, 11. Juni 1829, S. 209.
22 Bernstorff II, S. 139.
23 Natzmer I, 10. Juni 1829, S. 163.
24 Ebd., S. 137f.
25 Ebd., S. 140f.
26 Pachomova-Göres, S. 4.
27 Ebd., S. 12f., 111; Grimm I, S. 274f.
28 Rochow, S. 89; Grimm I, S. 274.
29 Rochow, S. 208.
30 Bernstorff II, S. 144.
31 Ebd., S. 145.
32 Pachomova-Göres, S. 30f.
33 Custine, S. 69.
34 Olga, S. 26f.
35 Fikel'mon, 22. Juli 1829.
36 Zit. nach Schiemann II, 23. Sept. 1829, S. 506.
37 Humboldt, Briefe, 21. Nov. 1829, S. 206f.; Humboldt war vom 13. Nov. bis 15. Dez. 1829 wieder in St. Petersburg.
38 Ebd., 28. Nov. 1829, S. 209.
39 Smirnova-Rosset, S. 68f.
40 Zit. nach Maaz, S. 44.

Kapitel 9
1 Gerlach I, 14. Jan. 1828, S. 28.
2 Grunwald, S. 161.
3 Fikel'mon, 1. Jan. 1830.
4 Zit. nach Schiemann III, 13./25. Febr. 1830, S. 2.
5 Zit. nach Schiemann III, 18. Febr./2. März 1830, S. 2.
6 Schiemann, S. 475.
7 Olga, S. 39.
8 Smirnova-Rosset, S. 129; Sollogub, S. 418.
9 Lotman, S. 250f.
10 Zit. nach Schiemann III, S. 40, Fn. 2.
11 Olga, S. 27.
12 Benkendorf III, S. 69.
13 Fikel'mon, 29. Febr. 1831.
14 Olga, S. 29.

15 Žukovskij I, 5, 5./17. Juli 1831. S. 485.
16 Zit. nach Schiemann III, 26. Juni/8. Juli 1831, S. 147, Fn. 1.
17 Olga, S. 36.
18 Zit. nach Rothkirch, Carl, S. 82.
19 Tyrkova-Williams, S. 145.
20 Smirnova-Rosset, S. 26, 104.
21 Zit. nach Schiemann III, 10. Sept. 1831, S. 141, Fn. 3.
22 Zit. nach Schiemann III, 2./14. Mai 1832, S. 198f., Fn.1.
23 Fikel'mon, 18. Febr. 1832.
24 Fikel'mon, 19. Febr. 1832.
25 Fikel'mon, 13. Juli 1832.
26 Olga, S. 64.
27 Ebd., S. 43.
28 Gerlach I, 1. Juli 1832, S. 61.
29 Ebd. S. 64.
30 Vyskočkov, S. 439.
31 Zit nach Schiemann III, 12./24. Dez. 1832, S. 480.
32 Olga, S. 55f.
33 Divov III, 1. Jan. 1833, S. 128.
34 Zit. nach Schiemann III, 1. Juli 1833, S. 132.
35 Vyskočkov, S. 369f.
36 Zit. nach Schiemann III, 2./14. Dez. 1833, S. 482.
37 Divov III, 2., 6. Dez. 1833, S. 136f.
38 Ebd.
39 L'vov 10.
40 Bers, S. 148.
41 L'vov 10.
42 Puškin 7, 8./20. April 1834, S. 281f.
43 Vitale, S. 21, 25f.
44 Zit. nach Vitale, S. 31.
45 Ebd., S. 225.

Kapitel 10
1 Fikel'mon, 28. April 1834; vgl. Grimm II, S. 75f.
2 Fikel'mon, 16. Mai 1834.
3 Fikel'mon, 1. Juli 1834.
4 Olga, S. 63.
5 Žukovskij, I,5, S. 503f.
6 Zit. nach Baer, S. 292.
7 Rochow, Brief an Klara von Pfuel, 1. Okt. 1834, S. 147.
8 Hohenzollern-Jahrbuch 1916, 27. Nov./9. Dez. 1834, S. 166.
9 Zit. nach Schiemann III, S. 256.
10 Olga, S. 60f.
11 Puškin 7, 18. Dez. 1834, S. 292.
12 Ebd., S. 293.
13 Natzmer II, S. 191.
14 L'vov 10; Bers, S. 148.
15 Natzmer II, S. 192.
16 Grimm II, S. 99.
17 Natzmer II, 20. Juli 1835, S. 188.
18 Olga, S. 67f.
19 Ebd., S. 67.
20 Tatiščev, S. 84.
21 Zit. nach Schiemann III, S. 271, Fn. 1.
22 Olga, S. 77.
23 Mandt, S. 100f.
24 Ebd., S. 107.
25 Zit. nach Vitale, S. 38.
26 Zit. nach Schiemann III, 29. Juli/10. Aug. S. 489f.
27 Gerštejn, Puškin, S. 213.
28 Zit. nach Schiemann III, S. 475f.
29 Grimm II, S. 103f.
30 Zit. nach Schiemann III, Aug./Sept. 1836, S. 317f.
31 Schiemann III, S. 318.
32 Zit. nach Tyrkova-Williams, S. 468.
33 Lotman, S. 319.

34 Olga, S. 84.
35 Zit. nach Gerštejn, Puškin, S. 214.
36 Ebd.
37 Ebd.
38 Ebd.; vgl. Vitale, S. 70.
39 Olga, S. 83f.
40 Wilhelm an Charlotte, Brief Nr. 163, 13. Juli 1837, S. 193.
41 Zit. nach Schiemann III, 20. Juli 1837, S. 323f.
42 Smirnova-Rosset, S. 517.

Kapitel 11
1 Ljašenko, S. 53.
2 Žukovskij XIV, 10. Mai 1837, S. 430.
3 Zit. nach Schiemann III, 6./18. Aug. 1837, S. 326.
4 Zit. nach Schiemann III, 20. Aug./1. Sept. 1837, S. 328.
5 Schiemann III, S. 327.
6 Natzmer II, 7. Sept. 1837, S. 210.
7 Ebd., 9. Sept., S. 213.
8 Zit. nach Grimm II, S. 127.
9 Ebd., S. 131.
10 Zit. nach Johannsen, 29. Sept./11. Okt. 1837, S. 173f.; die Schenkungsurkunde datiert vom 17. Okt. 1837.
11 Grimm II, S. 134f.
12 Olga, S. 113.
13 Grimm II, S. 136.
14 Zit. nach Merder, S. 439f.
15 Božerjanov I, S. 37.
16 Mandt, S. 155.
17 Olga, S. 114.
18 Ebd.
19 Žukovskij II, S. 63.
20 Frederiks I, S. 69.
21 Zit. nach Schliemann III, 7./15. Jan. 1838, S. 482f.
22 Olga, S. 115.
23 Grimm II, S. 147.
24 Zit. nach Schiemann III, 22. März 1838, S. 483f.
25 Zit. nach Johannsen, 28., 29. März 1838, S.175f.
26 Ebd., S. 182.
27 Olga, S. 127.
28 Johannsen, S. 179.
29 Motte-Fouqué, S. 259.
30 Vgl. Wilhelm an Charlotte, Brief Nr. 169, Aug. 1838, S. 197f.
31 Zit. nach Schiemann III, 4./16. Juni 1838, S. 478f.
32 Ebd., 11./23. Juni 1838, S. 479.
33 L'vov, 10; der »Bergmannsgruß« ist unauffindbar.
34 Motte-Fouqué, Okt. 1838, S. 262.
35 Wilhelm an Charlotte, Brief Nr. 169, 22. Nov. 1838, S. 199f.
36 Olga, S. 133.
37 Zit. nach Schiemann III, 29. Okt./10. Nov. 1838, S. 491.
38 Zit. nach Johannsen, 12./24. April 1839, S. 179.
39 Merder, S. 440f.
40 Zit. nach Johannsen, 12./24. April 1839, S. 35.
41 Žukovskij XIV, 28. Mai/9. Juni 1839, S. 178.
42 Custine, 11. Brief, 14. Juli 1839, S. 228.
43 Ebd., S. 22.
44 Ebd., 15. Brief, 23. Juli 1839, S. 61.
45 Grimm II, S. 160f.
46 Vgl. Eduard Hau, »Rotunde«, Aquarell, 1862.

Kapitel 12

1. Smirnova-Rosset, S. 496; Soboleva, S. 265; vgl. Olga, S. 48.
2. Aleksandra, Erinnerungen, S. 52.
3. Custine, 13. Brief, 21. Juli 1839, S. 299.
4. Grimm II, S. 222.
5. Mandt, S. 322.
6. Lotman, S. 288f.
7. Sollogub, S. 490, vgl. Frederiks I, S. 76.
8. Smirnova-Rosset, S. 265; Olga, S. 83, 123.
9. Sollogub, S. 434.
10. L'vov 10.
11. Vittgenštejn, S. 736f.; vgl. Frederiks I, S. 52.
12. Gerlach I, 23. März 1828, S. 36.
13. Mandt, S. 165.
14. Ebd., S. 166.
15. Frederiks I, S. 78.
16. Zit. nach Bruce Lincoln, S. 157.
17. Smirnova-Rosset, S. 71.
18. Vyskočkov, S. 508f., Frederiks I, S. 74, Olga, S. 51.
19. Ebd., S. 47.
20. Olga, S. 127.
21. Ebd., S. 45.
22. Zit. nach L'vov 10.
23. L'vov 10.
24. Olga, S. 37.
25. L'vov 11, Smirnova-Rosset, S. 450f.; Grimm II, S. 165f.
26. Olga, S. 46.
27. Gerlach I, 21. Jan. 1826, S. 8.
28. Ebd., 3. Juli 1832, S. 63.
29. Fikel'mon, 1. Juli 1834.
30. Sollogub, S. 489.
31. Olga, S. 34.
32. Ebd., S. 181.
33. Ebd., S. 169.
34. Tjutčeva, S. 160, 243.
35. Custine, 15. Brief, 23. Juli 1839, S. 60; 16. Brief, 27. Juli 1839, S. 69.
36. Frederiks II, S. 461; Vernova, S. 171.
37. Frederiks I, S. 78; Bojcova u. a., S. 3; Vernova, S. 177.
38. Gerlach I, 10. Jan. 1828, S. 27.
39. Barkovec, S. 104; Frederiks I, S. 64, Fn. 1.
40. Ebd., S. 65; vgl. Olga, S. 200f.
41. Olga, S. 51.
42. Gerlach II, 13. Juli 1852, S. 781.
43. Zit. nach Vyskočkov, S. 545.
44. Vyskočkov, S. 570.
45. Vittgenštejn, S. 739.
46. Olga, S. 124.
47. Grimm II, S. 216.
48. Mandt, S. 347f.
49. Grunwald, S. 233.
50. Frederiks I, S. 74.
51. Ebd., S. 73.
52. Olga, S. 123f.

Kapitel 13

1. Custine, 11. Brief, 14. Juli 1839, S. 228.
2. Hohenzollern-Jahrbuch 1916, 27. Febr./10. März 1840, S. 172.
3. Zit. nach Schiemann III, 25. Mai/6. Juni 1840, S. 514.
4. Motte-Fouqué, S. 315f.
5. Zit. nach Schiemann III, S. 514.
6. Ebd., S. 515.
7. Motte-Fouqué, S. 320.
8. Zit. nach Schiemann III, S. 515f.
9. Olga, S. 156.
10. Zit. nach Schiemann III, S. 516.
11. Motte-Fouqué, S. 325f.
12. Divov IV, 10. Juni 1840, S. 393f.

13 Olga, S. 158.
14 Olga, S. 160; Clara Wieck hat nicht schon in Ems, sondern erst im August in Weimar vor der Kaiserin gespielt.
15 Liszt, Briefe, S. 76.
16 Olga, S. 161.
17 Gerštejn, Lermontov, S. 66.
18 Ebd., S. 63.
19 Zit. nach dem französischen Original, bei Gerštejn, Lermontov, 12./24. Juni 1840, S. 331f.
20 Divov IV, 16./28. Juni 1840, S. 394.
21 Familienbriefe, 9. Juli 1840, S. 392, 13. Juli 1840, S. 397f.
22 Olga, S. 163f.
23 Divov IV, 3. Sept. 1840, S. 394.
24 Žukovskij XIV, 5./17. Aug. 1839, S. 181.
25 Ebd., 21. Okt. 1839, S. 179, 180, 188.
26 Leo von Klenze war im Sommer 1839 in Petersburg gewesen und hatte Nikolaus seine Pläne vorgelegt.
27 Olga, S. 165f.
28 Wilhelm an Charlotte, Brief Nr. 182, 1. Jan. 1840, S. 212.
29 Olga, S. 169f.
30 Divov IV, Febr. 1841, S. 399.
31 Ebd., 13. März 1841.
32 Olga, S. 170f.
33 Vgl. Gerštejn, Lermontov, S. 69.
34 Zit. nach Vjazemskij, 5. Febr. 1849, S. 254f.
35 Olga, S. 172.
36 Grimm II, S. 177.
37 Zit. nach Gerštejn, Lermontov, S. 72.
38 Ebd., S. 72f.
39 Olga, S. 181f.
40 Grimm II, S. 178f.
41 Ramann, Bd. 2,1, S. 189.
42 Vgl. Pachomova-Göres, S. 51; Barkovec, S. 84.
43 Olga, S. 184.
44 Ebd., S. 185f.
45 Žukovskij, I,3, S. 364.
46 Zit. nach Schiemann IV, undatiert, S. 19.
47 Olga, S. 186.
48 Ebd., S. 196.
49 Ebd., S. 198.
50 Ebd., S. 130; Mandt, S. 231.
51 Grimm II, S. 187.
52 Ebd., S. 195f.; Mandt, S. 238f.
53 Ehetagebücher, S. 210f.
54 Ebd., S. 211f.
55 Mandt, S. 253ff.
56 Tutčeva, S. 472.

Kapitel 14
1 Mandt, S. 302.
2 Ebd., S. 303.
3 Olga, S. 217.
4 Grimm II, S. 207.
5 Mandt, S. 334.
6 Ebd., S. 338.
7 Ebd., S. 339.
8 Ebd., S. 344.
9 Grimm II, S. 207, 229.
10 Zit. nach Schiemann IV, 19. Aug. 1845, S. 65.
11 Olga, S. 218f.
12 Ebd., S. 219.
13 Ebd., S. 221.
14 Ebd., S. 223.
15 Grimm II, S. 217.
16 Ebd., S. 216.
17 Meyendorff I, S. XLIII; Olga, S. 225.

18 Zit. nach Schiemann IV, 9. Dez., S. 67.
19 Jena, S. 114.
20 Zit. nach Schiemann IV, 12./24. Dez. 1845, S. 70, Fn. 1.
21 Meyendorff I, 7./19. Jan. 1846; S. 324; Olga, S. 230.
22 Jena, S. 230.
23 Ebd., S. 325.
24 Ebd., S. 147f.
25 Olga, S. 235.
26 Grimm II, S. 243.
27 Jena, S. 121.
28 Grimm II, S. 251.
29 Ebd., S. 250.
30 Den Pavillon Renella gibt es nur noch auf einem Aquarell von Maxim N. Worobjow. Er ist nach 1917 zerfallen.
31 Olga, S. 249.
32 Zit. nach Schiemann IV, undatiert, S. 74.
33 Grimm II, S. 254.
34 Olga, S. 100.
35 Frederiks I, S. 60.
36 Olga, S. 100.
37 Ebd., S. 98f.
38 Zit. nach The New York Times, 4. Febr. 1883.
39 Grimm II, S. 257.
40 Meyendorff II, Privat-Korrespondenz, 3./15. Sept. 1846, S. 287.
41 Berlioz, S. 238.
42 Alexander von Humboldt und Hector Berlioz, in: HiN (Alexander von Humboldt im Netz), IV,7 (2003).
43 Berlioz, S. 241.
44 Ebd., S. 264.
45 Ebd., S. 266f.
46 Zit. nach Schiemann IV, 5./17. Febr. 1847, S. 101f.
47 Ebd., S. 104, Fn. 1.
48 Meyendorff III, 2./14. April 1847, S. 307.
49 Zaitsev, S. 255.
50 http://saperny.narod.ru/s10-shevchenko.html
51 Schiemann IV, S. 125.
52 Grimm II, S. 259.
53 Schiemann IV, Nikolaus an Friedrich Wilhelm, 3./15. Okt. 1847, S. 104.
54 Meyendorff III, 18./30. Nov. 1847, S. 314.

Kapitel 15
1 Grimm II, S. 260f.
2 Ebd., S. 260.
3 Zit. nach Schiemann IV, 24. Febr./7. März 1848, S. 139.
4 Ebd., S. 140.
5 Meyendorff III, 28. Febr./11. März 1848, S. 330.
6 Zit. nach Schiemann IV, 29. Febr./12. März 1848, S. 392.
7 Ebd., S. 392f.
8 Grimm II, S. 262.
9 Schiemann IV, S. 143; Text bei Tarasov, S. 142f.
10 Grimm II, S. 263.
11 Revolutionsbriefe, Mai 1848, S. 94f.
12 Ebd., 22. Juni 1848, S. 113f.
13 Meyendorff I, S. LXXI.
14 Meyendorff III, S. 347.
15 Zit. nach Wilhelm an Charlotte, Brief Nr. 267, S. 307, Fn. 2.
16 Revolutionsbriefe, 12. Juli 1848, S. 127.

17 Zit. nach Schiemann IV, 31. Juli/12. Aug. 1848, S. 393f.
18 Revolutionsbriefe, 1. Sept. 1848, S. 165f.
19 Zit. nach Schiemann IV, 14./26. Aug. 1848, S. 394.
20 Ebd., 3./15. Sept. 1848, S. 394f.
21 Revolutionsbriefe, 15. Okt. 1848, S. 204f.
22 Zit. nach Schiemann IV, 28. Okt. 1848, S. 396.
23 Zit. nach Schiemann IV, S. 182.
24 Schiemann IV, S. 182.
25 Ebd., 29. Nov./11. Dez. 1848, S. 182f.
26 Zit. nach Andreas, 3. Mai 1849, S. 139.
27 Grimm II, S. 289.
28 Olga, S. 107.
29 Revolutionsbriefe, 14./16. März 1849, S. 415.
30 Depeši, S. 583–596.
31 Zit. nach Grimm II, S. 275.
32 Zit. nach Schiemann IV, 29. Aug. 1849, S. 215, Fn. 1.
33 Grimm II, S. 274, 286.
34 Gerlach I, 18. Juli 1832.
35 Dostojewski, S. 76f.
36 Grimm II, S. 281.
37 Zit. nach Andreas, 13./25. Mai 1850, S. 152.
38 Meyendorff III, 13./25. Mai 1850, S. 391.
39 Ebd., 26. Mai/7. Juni 1850.
40 Zit. nach Schiemann IV, S. 232f., Fn. 2.
41 Gerlach I, 18. Mai 1851, S. 626.
42 Ebd., S. 630.
43 Ebd.
44 Ebd., S. 631.
45 Zit. nach Rothkirch, Romantiker, 6. Juli 1851, S. 225.
46 Zit. nach Rothkirch, Carl, S. 145.
47 Ebd.
48 Zit. nach Rothkirch, 8. Aug. 1851, S. 145f.; »Mary-Dasi« war Marie, die Thronfolgerin, »Nisi« der Neffe Nikolaus.
49 Ebd., S. 146.
50 Ebd., Sept. 1851, S. 147.
51 Schiemann IV, S. 243.

Kapitel 16
1 Vyskočkov, S. 476; die Sowjetregierung hat die »Madonna Alba« 1930/31 zusammen mit weiteren zwanzig alten Meistern aus der Ermitage an US-Finanzminister Andrew W. Mellon verkauft. Sie hängen heute in der National Gallery of Art in Washington. Vgl. Butenschön, S. 151f.
2 Gerlach I, 8. Mai 1852, S. 760.
3 Ebd., 17. Mai 1852, S. 764.
4 Rothkirch, Carl, S. 149.
5 Gerlach I, 13. Juli 1852, S. 781.
6 Mandt, S. 374.
7 Tjutčeva, 15. Jan. 1853, S. 121.
8 Gerlach II, 7. Okt. 1853, S. 78f.
9 Wilhelm an Charlotte, Brief Nr. 318, 31. Dez. 1853, S. 378.
10 Tutčeva, 26. Mai 1854, S. 160.
11 Zit. nach Johannsen, 6. Juli 1854, S. 122.
12 Ebd., S. 282, Fn. 670.
13 Tjutčeva, 24. Nov./4. Dez. 1854, S. 188f.
14 Frederiks II, S. 474.
15 Mandt, S. 379f.; Tjutčeva, S. 194f., Bludow, S. 6f.

16 Bludow, S. 7.
17 Ebd.
18 Zit. nach ebd., S. 24.
19 Tjutčeva, 19. Febr. 1855, S. 200; Mandt, S. 391.
20 Die Nelidowa stiftete die 200 000 Goldrubel, die Nikolaus ihr vermacht hatte, dem »Invalidenkapital«, einer 1813 gegründeten Einrichtung, die Kriegsinvaliden sowie Soldatenwitwen und -waisen half. Sie lebte weiter im Winterpalast und starb 1897 ebenso diskret, wie sie gelebt hatte.
21 Zit. nach Bludow, S. 15.
22 Gerlach II, 2. März 1855, S. 288f.
23 Mann, S. 265.
24 Tutčeva, 27. Febr./10. März, S. 217.
25 Volckhausen, S. 305f.
26 Frederiks II, S. 481.
27 Frederiks III, S. 50.
28 Ebd., S. 51.
29 Tjutčeva, S. 316.
30 Grimm II, S. 317; Frederiks III, S. 52.
31 Hohenlohe-Ingelfingen, S. 36.
32 Ebd., S. 37.
33 Zit. nach Jena, S. 195.
34 Zit. nach Bazarov, S. 58f.
35 Frederiks III, S. 55.
36 Bazarov, S. 67.
37 Grimm II, S. 321.
38 Zit. nach Rothkirch, Carl, S. 171.
39 Frederiks III, S. 63.
40 Grimm II, S. 324.
41 Frederiks III, S. 75f.; Gille, S. 49.
42 Grimm II, S. 327.
43 Ebd., S. 328; Frederiks IV, S. 397.
44 Frederiks IV, S. 398.
45 Hohenlohe-Ingelfingen, S. 82.
46 Alexandra hatte Nikolaus auf Ersuchen des Grafen Sollogub mehrfach vergeblich gebeten, Herzen den Pass zu genehmigen. Erst 1847 gab er mit den Worten nach: »Gut, aber für die Folgen bin ich nicht verantwortlich.« Herzen wurde Nikolaus' schärfster Kritiker. Sollogub, S. 439.
47 Gercen, Reisende, S. 13f.
48 Olga, S. 167; vgl. Grimm II, S. 335.
49 Jena, S. 218.
50 Schlözer, 25./13. Aug. 1858, 14./26. Dez. 1858, S. 107, 117.

Kapitel 17
1 Seit den 1990er-Jahren erinnert eine zweisprachige Gedenktafel mit Konterfei des Eisernen Kanzlers an den illustren Mieter.
2 Bismarckbriefe, 1. April, S. 79.
3 Zit. nach Meyer, S. 125.
4 Bismarck, Gedanken I, S. 251.
5 Bismarcks Briefe, 1. Juli 1859, S. 180.
6 Bismarck, Gedanken I, S. 244f.
7 Wilhelm an Charlotte, Briefe Nr. 350 und 351, 20. Mai und 2. Juni 1859, S. 416–418, Charlottes Antwort, 29. Mai/ 10. Juni 1859, S. 418, Fn. 1.
8 Bismarckbriefe, 28. Juni 1859, S. 92f.
9 Vyskočkov, S. 5.
10 Dostojewski, 24. Juni /6. Juli 1874, S. 430.
11 Grimm II, S. 338.

12 Wilhelm an Charlotte, Brief Nr. 353, 24. Okt. 1859, S. 419.
13 Frederiks IV, S. 403f.
14 Frederiks IV, S. 405; Napoleon III. bestätigte das russisch-sardische Abkommen über die Flottenbasis in Villafranca, das nun Villefranche hieß; sie blieb bis 1878 bestehen.
15 Zit. nach Meyendorff III, Brief an den Sohn Ernst, 20. Okt./ 1. Nov. 1860, S. 425.
16 Wilhelm an Charlotte, Brief Nr. 356, 15./16. Juni, S. 422f.
17 Hohenlohe-Ingelfingen, S. 218.
18 Ebd., S. 219.
19 Ebd., S. 220.
20 Zit. nach Gille, S. 53f.
21 Frederiks IV, S. 407.
22 Wilhelm an Charlotte, Brief Nr. 358, 26. Okt. 1860, Fn. 1, S. 426.
23 Krivdina, S. 110f.
24 Dumas, S. 10.
25 Grimm II, S. 341.
26 Ebd., S. 342.
27 Tjutčeva, 13./25. Okt. 1860, S. 467.
28 Ebd., 16./28. Okt. abends, S. 468.
29 Ebd.
30 Gerlach II, 1. Nov. 1860, S. 751.
31 Wilhelm an Charlotte, Brief Nr. 358, 26. Okt. 1860, S. 425f.
32 Schlözer, 3. Nov. 1860, nachmittags, S. 161.
33 Meyendorff III, Brief an den Sohn Ernst, 20. Okt./1. Nov. 1860, S. 425.
34 Ebd., S. 426, Fn. 5.
35 Meyendorff III, Brief an seinen Sohn Ernst, 20. Okt./1. Nov. 1860, S. 426; Tjutčeva, 19. Okt. 1860, S. 470.
36 Kropotkin, S. 130f.
37 Ebd., S. 132f.
38 Zit. nach Rothkirch, Carl, 17. Nov. 1860, S. 187.
39 Tjutčeva, S. 472; Olga, S. 249.
40 Gille, S. 58; Grimm II, S. 347.
41 Božerjanov I, S. XXIII.
42 Olga, S. 59.

Bibliografie

Die Schreibweise russischer Namen folgt hier der wissenschaftlichen Transliteration, soweit sie bei übersetzten Titeln nicht phonetisch transkribiert sind.

Abkürzungen: M = Moskau; SPb = St. Petersburg.
Zeitschriften: *Russkaja Starina, Russkij Archiv, Istoričeskij Vestnik.*
Eingesehen wurden die Bestände des Geheimen Staatsarchivs – Preußischer Kulturbesitz Berlin (Repositur 49).

Adami, Friedrich, *Luise, Königin von Preußen*, Berlin [10]1882

Aleksandra Feodorovna[*] »Imperatrica Aleksandra Feodorovna v svoich vospominanijach« (Kaiserin Alexandra Fjodorowna in ihren Erinnerungen); das mit abgedruckte französische Original der Erinnerungen hat keinen Titel, in: *Russkaja Starina* 1896, Bd. LXXXVIII, Okt.; zit. als Aleksandra, Erinnerungen

Dies.: »Iz dnevnikov Aleksandry Fëdorovny« (Aus den Tagebüchern Alexandra Fjodorownas), in: Boris N. Tarasov (Hg.), *Nikolaj Pervyj. Rycar' samoderžavija* (Nikolaus I. Ritter der Autokratie), M 2007, S. 210–229; zit. als Aleksandra, Tagebücher

Alekseev, D. A. (Hg.), *Lermontov v vospominanijach sovremennikov* (Lermontow in den Erinnerungen der Zeitgenossen), M 2005

Andreas, Willy, »Der Briefwechsel König Friedrich Wilhelms IV. von Preußen und des Zaren Nikolaus I. von Rußland in den Jahren 1848 bis 1850. Ein Beitrag zur Geschichte der russisch-preußischen Beziehungen«, in: *Forschungen zur brandenburgischen und preußischen Geschichte*, Bd. 43 (1930)1, S. 130–166

Arsen'eva, Elena, *Zolotaja kletka dlja malenkoj ptički (Šarlotta-Aleksandra Fëdorovna i Nikolaj)*, [Goldener Käfig für ein kleines Vögelchen (Charlotte-Alexandra Fjodorowna und Nikolaus I.)], M 2003

Aswarischtsch, Boris I., »Friedrichs russische Auftraggeber«, in: Sabine Rewald (Hg.), *Caspar David Friedrich. Gemälde und Zeichnungen aus russischen Sammlungen*, München 1991

Baer, Oswald (Hg.), *Prinzeß Elisa Radziwill: ein Lebensbild*, Berlin 1908

Bailleu, Paul (Hg.), *Briefwechsel König Wilhelm's und der Königin Luise mit Kaiser Alexander I. Nebst ergänzenden fürstlichen Korrespondenzen*, Leipzig 1900

---

[*] Statt der veralteten Version des Vatersnamens »Feodorovna« wird die moderne Version Fëdorovna (phonetisch: »Fjódorowna«) verwendet.

Ders. (Hg.), »Aus den Briefen Friedrich Wilhelms III. an seine Tochter Prinzessin Charlotte«, in: *Hohenzollern-Jahrbuch* 1914, S.188–236

Ders. (Hg.), »Aus dem letzten Jahrzehnt Friedrich Wilhelms III. Briefe des Königs an seine Tochter Charlotte, Kaiserin von Rußland«, in: *Hohenzollern-Jahrbuch* 1916, S. 147–174

Bazarov, Ioann I., »Vospominanija« (Erinnerungen des Erzpriesters I. I. Basarow), in: *Russkaja Starina* 1901, Bd. CVI, April

Beck, Hanno (Hg.), *Alexander von Humboldts Reise durchs Baltikum nach Rußland und Sibirien 1829*, Stuttgart 1983; zit. als Humboldt, Reise

Becker, Heinz und Gudrun (Hg.), *Giacomo Meyerbeer. Ein Leben in Briefen*, Wilhelmshaven 1983; zit. als Meyerbeer, Briefe

Dies. (Hg.), *Giacomo Meyerbeer, Briefwechsel und Tagebücher*, Berlin 1959; zit. als Meyerbeer, Briefwechsel

Berlioz, Hector, *Literarische Werke. Memoiren mit der Beschreibung seiner Reisen in Italien, Deutschland, Russland und England. 1803–1865*, II, Leipzig 1905

Bernstorff, Gräfin Elise von, *Ein Bild aus der Zeit von 1789 bis 1835. Aus ihren Aufzeichnungen*, Erster Band. 1789–1822. Zweiter Band. 1823–1835, Berlin 1896; zit. als Bernstoff I und II

Bers, A. A., »Aleksej Fëdorovič L'vov. Kak muzykant i kompozitor« (Alexej Fjodorowitsch Lwow als Musiker und Komponist), in: *Russkaja Starina* 1900, Bd. CII, April

Biermann, Kurt-R. (Hg.), *Alexander von Humboldt, Aus meinem Leben. Autobiographische Bekenntnisse*, München 1987; zit. als Humboldt, Bekenntnisse

Bismarck, Otto von, Fürst, *Gedanken und Erinnerungen*, Erster Band, Stuttgart und Berlin 1905; zit. als Bismarck I, Gedanken

Bismarckbriefe. *1844–1870. Originalbriefe Bismarcks an seine Gemahlin, seine Schwester und Andere*, Bielefeld und Leipzig 1891; zit. als Bismarckbriefe

Bismarcks Briefe. Für die Deutsche Bibliothek, bearbeitet von Eugen Kalkschmidt, ca. 1935; zit. als Bismarcks Briefe

Bloomfield, Georgiana L., *Reminiscenses of court and diplomatic life*, New York 1883

Bludov, Dmitrij N., *Les dernières heures de la vie de l'Empereur Nicolas I*, Wien 1855

Börner, Karl-Heinz (Hg.), *Prinz Wilhelm von Preußen an Charlotte: Briefe 1817–1860*, Berlin 1993; zit. als Wilhelm an Charlotte

Božerjanov, Ivan N., *Žizneopisanie imperatricy Aleksandry Feodorovny, suprugi Nikolaja I* (Lebensbeschreibung der Kaiserin Alexandra Fjodorowna, der Frau Nikolaus' I.), M 1898–1899; zit als Božerjanov I und II

Bruce Lincoln, W., *Nicholas I. Emperor and Autocrat of All the Russias*, London 1978

Bruyn, Günter de, *Preußens Luise. Vom Entstehen und Vergehen einer Legende*, Berlin 2003

Butenschön, Marianna, *Ein Zaubertempel für die Musen. Die Ermitage in St. Petersburg*, Köln 2008

Butjanin, G. G., **Čarnaja**, M. G., *Literaturnyje mesta Peterburga. Putevoditel'* (Literarische Orte in Petersburg. Ein Führer), SPb 2005

Custine, Marquis Astolphe de, *La Russie en 1839*, Paris ⁵1844

Daragan, P. M., »Vospominanija Pervago Kamer-Paža Velikoj Knjaginy Aleksandry Feodorovny« (Erinnerungen des Ersten Kammerpagen der Großfürstin Alexandra Fjodorowna) (1817–1819), in: *Russkaja Starina* 1875, Bd. XII, XIII; zit. als Daragan XII, XIII

»**Depeši** imperatora Nikolaja I imperatrice Aleksandre Feodorovne i nasledniku cezareviču v 1849 godu« (Depeschen des Kaisers Nikolaus I. an Kaiserin Alexandra Fjodorowna und den Thronfolger-Zarewitsch im Jahre 1849), in: *Russkaja Starina* 1896, Bd. LXXXVI, Juni; zit. als Depeši

Divov, M. P., »Iz dnevnika« (Aus dem Tagebuch), 1831, 1832, 1833, 1840/41, in: *Russkaja Starina* 1899, Bd. C, Dez., 1900, Bd. CI, Jan., 1900, CII, April, CXII, Nov.; zit. als Divov I, II, III und IV

Dostojewski, Fjodor M., *Gesammelte Briefe, 1833–1881*, München 1986

Fontane, Theodor, *Wanderungen durch die Mark Brandenburg*, in: *Werke*, Dritter Band, Berlin/Darmstadt/Wien 1964

Fouqué, Friedrich de la Motte, *Der Zauberring*, Halle 1841

Frederiks (Fredericks), Baronin Maria P., »Vospominanija«, in: *Istoričeskij Vestnik*, Bd. LXXI, Jan.–Feb. 1898, S. 52–87 und S. 454–494; Bd. LXII, April–Mai 1898, S. 49–97 und S. 396–413; zit. als Frederiks I und II, III und IV

Gercen (Herzen), Aleksandr I., *Byloe i dumy* (Gedachtes und Erlebtes), M 1967

Ders., »Avgustejšie putešestvenniki. V dovstjujuščaja imperatrica« (Erhabene Reisende. Die Kaiserinwitwe), in: *Sobranie sočinenij v tridcati tomach* (Gesammelte Werke in dreißig Bänden), M 1958, Bd. 13, *Stat'i iz »Kolokola« i drugie proizvedenija* (Artikel aus dem »Kolokol« und andere Werke), S. 13–18; zit. als Reisende

[Gerlach, Leopold von,] *Denkwürdigkeiten aus dem Leben Leopold von Gerlachs, Generals der Infanterie und General-Adjutanten König Friedrich Wilhelms IV. Nach seinen Aufzeichnungen herausgegeben von seiner Tochter*. Erster Band, Berlin 1891; Zweiter Band, Berlin 1892; zit. als Gerlach I und II

Geršenson, Michail O., *Nikolaj I. i ego epocha* (Nikolaus I. und seine Epoche), M 2001

Gerštejn, Ėmma G., »Vokrug gibeli Puškina. Po novym materialam« (Zu Puschkins Tod. Nach neuen Materialien), in: *Novyj mir*, 2/1962, S. 211–226; zit. als Gerštejn, Puškin

Dies., *Sud'ba Lermontova* (Das Schicksal Lermontows), M ²1986; zit. als Gerštejn, Lermontov

Gille, Florent A., *A la mémoire de l'Impératrice Alexandra Féodorovna*, Paris 1861; der Erlös aus dem Verkauf des Buches floss in den Bau der ersten russischen Kirche in Nizza; digitalisiert

Gitermann, Valentin, *Geschichte Russlands*, III, Frankfurt am Main 1965; zit. als Gitermann III

Gladkova, L. V. (Hg.), *Anna F. Tjutčeva, Vospominanija (pri dvore dvuch imperatorov)* (Erinnerungen. Am Hofe zweier Kaiser), M 2008; zit. als Tjutčeva

Gluškin, Oleg B., *Graf Miloradovič. V bitvach i sredi poetov* (Graf Miloradowitsch. In Schlachten und unter Poeten), Kaliningrad 2004

Goethes Werke, hg. im Auftrag der Großherzogin Sophie von Sachsen. III. Abtheilung, 8. Band, Weimar 1896; IV. Abtheilung, 35. Band, Juli 1821– März 1822, Weimar 1906; zit. als Goethe 8 und 35

Gordin, Ja. A., *Mjatež reformatorov: Drama mežducarstvija: 19 nojabrja– 13 dekabrja 1825 goda, Kniga 1* (Der Aufstand der Reformer. Das Drama des Interregnums: 19. November–13. Dezember 1825. 1. Buch); zit. als Gordin I; *Mjatež reformatorov: Tragedija mateža. 14 dekabrja 1825 goda. Kniga 2* (Der Aufstand der Reformer: Die Tragödie des Aufstandes, 14. Dezember 1825. 2. Buch), SPb ²2006; zit. als Gordin II

Gordin, M. A., **Lapin**, V. V., **Murav'eva**, I. A. (Hg.), *Nikolaj Pervyj. Molodye gody. Vospominanija. Dnevniki. Pis'ma* (Nikolaus der Erste. Die jungen Jahre. Erinnerungen, Tagebücher, Briefe), SPb 2008; zit. als Gordin u. a.

Granier, Hermann (Hg.), *Hohenzollernbriefe aus den Freiheitskriegen 1813– 1815*, Leipzig 1913; zit. als Hohenzollernbriefe

Griewank, Karl (Hg.), *Briefwechsel der Königin Luise mit ihrem Gemahl Friedrich Wilhelm III. 1793–1810*, Leipzig 1929; zit. als Griewank, Briefwechsel

Ders., *Königin Luise. Ein Leben in Briefen*, Leipzig 1943; zit. als Griewank, Briefe

Grimm, August Theodor von, *Alexandra Feodorowna. Kaiserin von Russland. Seiner Majestät dem König Wilhelm I. von Preussen in tiefster Ehrfurcht und dankbarster Erinnerung gewidmet*, Leipzig ²1866; Edinburgh 1870, BiblioLife ²2009/2010; sehr schmeichelhafte Darstellung, zit. als Grimm I und II; digitalisiert

Grunwald, Constantin de, *La vie de Nicolas Ier*, Paris 1946; der Autor hatte Zugang zu den Archiven des Winterpalastes

Ders., *An den Wurzeln der Revolution. Alexander II. und seine Zeit*, Wien/Berlin/Stuttgart 1965

Haenchen, Karl (Hg.), *Revolutionsbriefe 1848. Ungedrucktes aus dem Nachlaß König Friedrich Wilhelms IV. von Preußen*, Leipzig 1930; zit. als Revolutionsbriefe

Hennig, Bruno (Hg.), *Elisa Radziwill. Ein Leben in Liebe und Leid. Unveröffentlichte Briefe der Jahre 1820–1834*, Berlin 1912; zit. als Henning, Elisas Briefe

Hoetzsch, Otto (Hg.), *Peter von Meyendorff. Ein russischer Diplomat an den Höfen von Berlin und Wien. Politischer und privater Briefwechsel. 1826– 1863*. Bd. I–III, Berlin und Leipzig 1923; zit. als Meyendorff I, II und III

Hohenlohe-Ingelfingen, Prinz Kraft zu, *Aus meinem Leben. Aufzeichnungen. Zweiter Band. Flügeladjutant unter Friedrich Wilhelm IV. und König Wilhelm. 1856–1863*, Berlin [8]1909

[**Humboldt**, Alexander von,] *Briefe Alexander's von Humboldt an seinen Bruder Wilhelm*, herausgegeben von der Familie von Humboldt in Ottmachau, Stuttgart 1880; zit. als Humboldt, Briefe

Jena, Detlef, *Königin Olga von Württemberg. Glück und Leid einer russischen Großfürstin*, Regensburg 2009

Johannsen, Rolf H., *Friedrich Wilhelm IV. von Preußen. Von Borneo nach Rom. Sanssouci und die Residenzprojekte 1814–1838*, Kiel 2007

Jung, Franz Rudolf (Hg.), *Franz Liszt in seinen Briefen*, Frankfurt am Main 1988; zit. als Liszt, Briefe

Kamer-fur'erskij žurnal (Hofführerjournal), Jg. 1817, Petrograd 1916; letzter veröffentlichter Jahrgang

Kolesnikova, Valentina S., *Nikolaj Pervyj. Liki masok gosudarja* (Nikolaus der Erste. Die Masken des Herrschers), M 2008

Krivdina, Ol'ga A., *Skul'ptor Pëtr Karlovič Klodt. Novyje materialy* (Der Bildhauer Peter Karlowitsch Klodt. Neue Materialien), SPb 2005

Kroll, Frank-Lothar (Hg.), *Friedrich Wilhelm IV. Die Königin von Borneo. Ein Roman*, Berlin 1994

Kropotkin, Peter, *Memoiren eines Revolutionärs*. Mit einem Nachwort von George Woodcock und zeitgenössischen Illustrationen, Frankfurt am Main 1969

[**Lebzeltern**, Ludwig von,] *Donesenija avstrijskago poslannika pri russkom dvore Lebcel'terna za 1816–1826 gody = Les rapports diplomatiques de Lebzeltern, Ministre d'Autriche à la cour de Russie (1816–1826)*, SPb 1913

Ljašenko, Leonid M., *Aleksandr II ili istorija trech odinočestv* (Alexander II. oder die Geschichte dreier Einsamkeiten), M 2002

Lorer, N. I., »Zapiski Dekabrista« (Aufzeichnungen eines Dekabristen), in: Gordin u. a., S. 190–202

Lotman, Juri, *Alexander Puschkin*, Leipzig 1989

L'vov, Aleksej F., »Zapiski« (Aufzeichnungen), in: *Duchovno-mysikalnyj žurnal »Regentskoe delo«* (www.regentskoedelo.org) 2006, Nr. 9 (33), 10 (34), 11 (35); zit. als Lvov 9, 10 und 11

L'vova, Elizaveta N., »Razskazy, Zametki i anekdoty« (Erzählungen, Bemerkungen und Anekdoten), in: *Russkaja Starina* 1880, Bd. XXVII, März, Bd. XXVIII, Juni, Bd. XXIX, Aug.

Maaz, Bernhard (Hg.), *Weltmann und Hofkünstler. Alexander von Humboldts Briefe an Christian Daniel Rauch*. Kommentierte Edition, München/Berlin 2007

Mandt, Martin, *Ein deutscher Arzt am Hofe Kaiser Nikolaus' I. von Russland. Lebenserinnerungen*, Leipzig 1923; bemerkenswert objektive Darstellung

Mann, Golo, *Deutsche Geschichte des 19. und 20. Jahrhunderts*, Frankfurt am Main 1958

Maréchal Marmont, Duc de Raguse, *Mémoires de 1792 à 1841*, Bd. 8, Paris 1857

Marwitz, Luise v. d. (Hg.), *Vom Leben am preußischen Hofe. 1815–1852. Aufzeichnungen von Caroline v. Rochow geb. v. d. Marwitz und Marie de la Motte-Fouqué*, Berlin 1908; zit. als Rochow bzw. Motte-Fouqué

Merder (Mörder), Aleksej (Hg.), »Listki iz dnevnika Marii Karlovny Merder« (Seiten aus dem Tagebuch Maria Karlowna Mörders), in: *Russkaja Starina* 1900, Bd. CI, Februar

Mročkovskaja-Balašova, Svetlana (Hg.), »Dolli Fikel'mon. Dnevnik. 1829–1837. Ves' Puškinskij Peterburg« (Das Tagebuch der Dolli Ficquelmont. 1829–1837. Puškins Petersburg), in: http://www.pushkin-book.ru/?i=31; zit. als Fikel'mon

Natzmer, Gneomar Ernst von (Hg.), *Aus dem Leben des Generals Oldwig von Natzmer. Ein Beitrag zur preußischen Geschichte*, Berlin 1876

Natzmer, Gneomar Ernst v. (Hg.), *Unter den Hohenzollern. Denkwürdigkeiten aus dem Leben des Generals Oldwig v. Natzmer. Allen deutschen Patrioten gewidmet von Gneomar Ernst v. Natzmer*, Band I–IV, Gotha 1887–1889; zit. als Natzmer I, II

Nauhaus, Gerd und Bodsch, Ingrid (Hg.), *Robert und Clara Schumann, Ehetagebücher. 1840–1844*, Bonn 2007; zit. als Ehetagebücher

Nikolaj I (Nikolaus I.), »Zapiski« (Aufzeichnungen), in: Boris N. Tarasov (Hg.), *Nikolaj Pervyj. Rycar' samoderžavija* (Nikolaus I. Ritter der Autokratie), M 2007

Nikolaev, Vsevolod, *Aleksandr II* (Alexander II.), M 2005

Nikitenko, Aleksandr V., *Dnevnik (Tagebuch)*, M 2005 (elektr. Ausg.: »The diary of a Russian censor«)

Nolde, Baron Boris, *Die Petersburger Mission Bismarcks 1859–1862. Russland und Europa zu Beginn der Regierung Alexander II.*, Leipzig 1936

Pachomova-Göres, V. A. »Volšebstvo beloj rosy. Istorija odnogo prazdnika« (Der Zauber der weißen Rose. Geschichte eines Festes), in: Ilatovskaja, T. A., Pachomova-Göres, V. A., *Volšebstvo beloj rosy. Istorija odnogo prazdnika* (Der Zauber der weißen Rose. Geschichte eines Festes), SPb 2000 (Ausstellungskatalog)

Passek, Tatjana P., *Iz dal'nych let. Vospominanija* (Aus fernen Jahren. Erinnerungen), M 1963

Poliektov, Michail A., *Nikolaj I. Biografija i obzor carstvovanija* (Nikolai I. Biografie und Überblick seiner Herrschaft), M 2007

Okudschawa, Bulat, *Die Reise der Dilettanten. »Petersburg«*. München 1978

Ders., *Die Flucht. Die Reise der Dilettanten II*, München 1979; zit. als Okudschawa, Flucht

Peschken-Eilsberger, Monika (Hg.), *Christian Daniel Rauch, Familienbriefe 1797–1857*, München 1989; zit. als Familienbriefe

Podewils, Gräfin Sophie Dorothee (Hg.), *Traum der Jugend goldner Stern. Aus den Aufzeichnungen der Königin Olga von Württemberg*, Pfullingen 1955; idealisierende Darstellung des zarischen Familienlebens; leider sehr fehlerhaft aus dem Französischen übersetzt und ediert; zit. als Olga

Prokof'eva, Elena, *Žizn', stavšaja romanom* (Ein Leben, das zum Roman wurde), M 2008

Puškin, Aleksandr S., *Sobranie sočinenij* (Gesammelte Werke), *Tom sedmoj. Vospominanija i devniki* (Band 7, Erinnerungen und Tagebücher), M 1976; *Tom djevatyj. Pis'ma 1815–1830 godov* (Band 9, Briefe der Jahre 1815–1830), M 1977; zit. als Puškin 7 und 9

Ramann, L., *Franz Liszt. Als Künstler und Mensch, Zweiter Band. I. Abtheilung. Virtuosen-Periode. Die Jahre 1839/40–1847*, Leipzig 1887

Rothkirch, Gräfin Malve (Hg.), *Königin Luise von Preußen. Briefe und Aufzeichnungen, 1786–1810*, München 1985; zit. als Rothkirch, Luise

Dies., *Der »Romantiker« auf dem Preußenthron. Porträt König Friedrich Wilhelms IV.*, Düsseldorf 1990; zit. als Rothkirch, Romantiker

Dies., *Prinz Carl von Preußen. Kenner und Beschützer des Schönen. 1801–1883*, Melle ²2006; zit. als Rothkirch, Carl

Sandt, H., **Schlegel**, W. (Hg.), *Königin Luise*, Charlottenburg 1910

Schenkel, Sabine, *Die weiße Rose Preußens. Das Leben der Charlotte von Preußen, Kaiserin von Russland 1798–1860*, Norderstedt 2008; sehr fehlerhafte, nur auf deutschen Quellen beruhende Darstellung

Schiemann, Theodor, *Geschichte Russlands unter Kaiser Nikolaus I.*, Bd. I–IV, Berlin 1904–1913; der Autor hatte Zugang zu den Archiven des Winterpalastes und konnte als Erster die Korrespondenz und die Tagebücher Alexandras einsehen; zit. als Schiemann I, II, III und IV

Ders. (Hg.), *Zur Geschichte der Regierung Paul I. und Nikolaus I. Neue Materialien*, Berlin ²1906; zit. als Schiemann, Materialien

Schlözer, Leopold von (Hg.), *Kurd von Schlözer, Petersburger Briefe 1857–1862*, Stuttgart 1921

Schumann Forschungen. Hg. von der Robert-Schumann-Gesellschaft Düssel-

dorf durch Akio Mayeda und Klaus Wolfgang Niemöller, Band 8: *Die Russlandreise Clara und Robert Schumanns (1844)*, Mainz 2004
Schuster, Georg (Hg.), »Die Flucht der königlichen Kinder nach Danzig im Oktober 1806. Eine eigenhändige Ausarbeitung des Kronprinzen Friedrich Wilhelm (IV.)«, in: *Hohenzollern-Jahrbuch* 1905; zit. als Friedrich Wilhelm IV.
Ders. (Hg.), *Die Jugend des Königs Friedrich Wilhelms IV. von Preußen und des Kaisers und Königs Wilhelm I. Tagebuchblätter ihres Erziehers Friedrich Delbrück (1800–1809)*, I–III, Berlin 1907; zit. als Delbrück I, II und III
Seidel, Paul (Hg.), *Hohenzollern-Jahrbuch: Forschungen und Abbildungen zur Geschichte der Hohenzollern in Brandenburg-Preußen*, Leipzig 1902, 1903, 1905, 1914, 1916; zit. als Hohenzollern-Jahrbuch
Šerich, Dmitrij Ju., *Peterburg, 300 let. Den' za dnem* (Petersburg, 300 Jahre, Tag für Tag), M/SPb 2003
Shukowski, Wassili, *Traumsegel*, Leipzig 1988
Šil'der, Nikolaj K., *Nikolaj Pervyj: Ego žisn' i carstvovanie* (Nikolaus der Erste. Sein Leben und seine Herrschaft), M 1903, ²1997, ³2008
Ders. (Hg.), »Imperator Nikolaj v 1828–1829 g.g. Iz zapisok grafa A. Ch. Benkendorfa« (Kaiser Nikolaus I. in den Jahren 1828–1829. Aus den Aufzeichnungen des Grafen A. Benckendorff), in: *Russkaja Starina* 1896, Bd. LXXXVI, Juni; Bd. LXXXVII, Juli; Bd. LXXXVIII, Okt.; zit. als Benkendorf I, II und III
Ders., »Imperator Nikolaj I i Pol'ša« (Kaiser Nikolaus I. und Polen), in: *Russkaja Starina* 1900, Bd. CII, April; zit. als Šil'der, Polen
Smirnova-Rosset, Aleksandra O., *Zapiski* (Aufzeichnungen), M 2003; die »Aufzeichnungen« sind schriftliche Wiedergaben der Erinnerungen Smirnowa-Rossets durch ihre Tochter **Šerich**, Dmitrij Ju., *Peterburg, 300 let. Den' za dnem* (Petersburg, 300 Jahre, Tag für Tag), M-SPb 2003
Soboleva, Inna A., *Princessy nemeckie, sud'by russkie* (Deutsche Prinzessinnen, russische Schicksale), SPb 2008
Sollogub, Vladimir A., *Povesti. Vospominanija* (Erzählungen. Erinnerungen), Leningrad 1988
Staatliches Museumsreservat Peterhof (Hg.), Bojcova, E. V., Tenichina, V. M., Jumangulova, V. Ja., *Aleksandrija* (Alexandria), SPb 1996; zit. als Bojcova u. a.
Dass. (Hg.), Barkovec, Olga I., Vernova, Nina V., *Imperatrica Aleksandra Fëdorovna* (Kaiserin Alexandra Fjodorowna), SPb 2008; zit. als Barkovec
Stockmar, Freiherr Ernst von (Hg.), *Denkwürdigkeiten aus den Papieren des Freiherrn Christian Friedrich von Stockmar*, Braunschweig 1872
Tarasov, Boris N. (Hg.), *Nikolaj Pervyj. Rycar' samoderžavija* (Nikolaus der Erste. Ritter der Selbstherrschaft), M 2007
Tatiščev, Sergej S., *Imperator Nikolaj i inostrannye dvory: istoričeskie očerki*

(Kaiser Nikolaus und die ausländischen Höfe: historische Skizzen), SPb 1889
Treitschke, Heinrich von, *Deutsche Geschichte des Neunzehnten Jahrhunderts. Dritter Teil. Bis zur Juli-Revolution*, Leipzig [4]1896
Tret'jakov, N. S. (Red.), *Michail Pavlovič. Velikij Knjaz'* (Michael Pawlowitsch. Großfürst), SPb 2006
Troyat, Henri, *Nicolas Ier*, Paris 2003
Tyrkova-Williams, Ariadna, *Žizn' Puškina. Tom vtoroj. 1824–1837* (Das Leben Puschkins. 2. Band. 1824–1837), M 2004
Vitale, Serena, *Puschkins Knopf*, Frankfurt am Main 1997
Vjazemskij, Pëtr A., *Zapisnye knižki* (Notizbücher), M 1992
Volckhausen, C., *Nikolaus I. Von der Intervention in Ungarn bis zum Tode des Zaren*, Hamburg 1860
Voß, Gräfin Sophie Marie von, *Neunundsechzig Jahre am Preußischen Hofe*, Leipzig 1876
Vyskočkov, Leonid V., *Nikolaj I* (Nikolaus I.), M 2003
Walsh, Gerta, »Zarin Alexandra von Russland, eine preußische Prinzessin«, in: *Mitteilungen des Vereins für Geschichte und Landeskunde Bad Homburg v. d. Höhe*, Bd. 50, 2001, S. 35–56
[Wittgenstein, Fürstin,] »Iz vospominanij knjagini Vittgenštejn« (Aus den Erinnerungen der Fürstin Sayn-Wittgenstein-Berleburg), in: *Russkaja Starina* 1908, Bd. LXXXVI
Zaitsev, Pavlo, *Taras Shevchenko. A Life*, Toronto 1988
Žukovskij, V. A., »Gosudaryne Velikoj Knjagine Aleksandre Feodorovne, na roždenie B. K. Aleksandra Nikolaeviča. Poslanie« (Der Gebieterin Großfürstin Alexandra Fjodorowna, zur Geburt des Großfürsten Alexander Nikolajewitsch. Botschaft), in: *Sočinenija* (Werke), *Tom vtoroj. Stichotvorenija 1816–1829 godov* (Zweiter Band. Gedichte der Jahre 1816–1829), SPb [7]1878; zit. als Žukovskij I,2
Ders., »1 julja 1842« (1. Juli 1842), in: *Sočinenija* (Werke), *Tom Tretij. Stichotvorenija 1831–1846* (Dritter Band. Gedichte der Jahre 1831–1846), SPb [7]1878; zit. als Žukovskij I,3
Ders., »O koronovanij Gosudarja Imperatora Nikolaja Pavloviča v Varšave« (Über die Krönung des Gebieters und Kaisers Nikolaus Pawlowitsch in Warschau), in: *Sočinenija* (Werke), *Tom pjatyj, Stichotvorenija [1847–1852] i proza [1797–1834]*, (Fünfter Band. Gedichte [1847–1851] und Prosa [1797–1834], SPb [7]1878; zit. als Žukovskij I,5
Ders., »Vospominanie o toržestve 30-go avgusta 1834 goda« (Erinnerungen an die Feier vom 30. August 1834), in: *Sočinenija* (Werke), *Tom pjatyj, Stichotvorenija [1847–1852] i proza [1797–1834]* (Fünfter Band. Gedichte [1847–1851] und Prosa [1797–1834], SPb [7]1878; zit. als Žukovskij I,5

Ders., *Polnoe sobranie sočinenij v 12-i tomach* (Gesammelte Werke in 12 Bänden), Bd. IX, SPb 1902, zit. als Žukovskij II

Ders., »Gete. Peterburg, 25. februalja (9 marta) 1822« (Goethe. Petersburg, 25. Februar / 9. März 1822), in: *Sobranie sočinenij v četyrex tomach. Tom četvertyj. Odisseja. Chudožestvennaja proza. Kritičeskie stat'i. Pi'sma* (Gesammelte Werke in vier Bänden. Vierter Band. Odyssee, Belletristik, Kritische Artikel, Briefe), M 1960

Ders., *Sobranie soc᾿inenij, Dnevniki. Pis'ma-dnevniki. Zapisnyje knižki* (Tagebücher, Briefe-Tagebücher, Notizbücher), Bd. XIII (1804–1833) und Bd. XIV (1834–1847), M 2004; zit. als Žukovskij XIII und Žukovskij XIV

Personenregister

Aus Gründen der Verständlichkeit werden die russischen Namen hier phonetisch transkribiert.

Albrecht von Preußen (1809–1872), Kavalleriegeneral; verließ Berlin wegen seiner zweiten (morganatischen) Ehe mit Rosalie von Rauch (1853) und ließ sich in Dresden nieder 27, 90, 162, 276, 309, 326f.

Alexander von Hessen (1823–1888), Bruder der Kaiserin Maria Alexandrowna, Stammvater des Hauses Battenberg 258

Alexander I. Pawlowitsch, »Engel« (1777–1825), Kaiser von Russland (1801–1825), Bruder Nikolaus' I., »Retter Europas« 19, 30, 33f., 42f., 45, 52, 58–60, 65, 74f., 78, 81, 86, 95f., 108, 110f., 113, 115f., 118–120, 123f., 134, 142, 159, 170, 176, 183, 192, 197, 201, 217, 333

Alexander II. Nikolajewitsch, »Sach«, »Sascha«, »Sache« (1818–1881), Kaiser von Russland (1855–1881), »Zar-Befreier«, »Märtyrer-Zar«; fiel einem Bombenattentat zum Opfer 17, 87, 133, 214, 224, 231f., 244, 246f., 253, 257f., 262, 284, 308, 315, 323, 325f., 330, 332, 336, 346, 348f.

Alexandra Fjodorowna, »Blancheflour«, »Schefert«, »Lotte«, »Mouffy«, »Muffi«, geb. Charlotte von Preußen (1798–1860), Kaiserin von Russland (1825–1855) *passim*

Alexandra Fjodorowna, geb. Alice von Hessen-Darmstadt (1872–1918), (letzte) Kaiserin von Russland (1894–1917) 22, 351

Alexandra Nikolajewna, »Adini« (1825–1844), jüngste Tochter Alexandras; heiratete 1843 Herzog Friedrich Wilhelm von Hessen-Kassel 62, 115, 220, 226, 268f., 271–273, 282, 341

Alexandrine von Preußen (1803–1892), Schwester Alexandras, heiratete 1822 den Großherzog Paul Friedrich von Mecklenburg (1800–1842) 107, 201, 276, 309, 322, 338

Alopeus, David, russ.: Dawid Maximowitsch (1769–1831), Finne, russischer Gesandter in Berlin (1814–1817) 44

Amwrosij, bürgerlich: Andrej I. Podobedow (1742–1818) Metropolit von Nowgorod und St. Petersburg (1810) 69

Anna Pawlowna (1795–1865), Tochter des Zaren Paul I., Schwester Alexanders I. und Nikolaus' I., Königin der Niederlande (1840–1849) 41, 43, 53, 76, 107

Personenregister 401

Apraxin, Stepan F. (1792–1866), Generaladjutant, Kommandeur der Chevaliers gardes (1830–1833); spielte mit Nikolaus Karten; trat im »Familienorchester« auf 243

Auguste von Sachsen-Weimar-Eisenach (1811–1890), jüngere Tochter der Großfürstin Maria Pawlowna, Königin von Preußen (1861), Deutsche Kaiserin (1871–1888) 114, 151, 162, 164, 199, 225

August von Württemberg, (1813–1885), Bruder der Großfürstin Jelena Pawlowna, seit 1830 in preußischen Diensten 191

Barclay de Tolly, Michael Andreas (1761–1818), Livländer mit schottischen Wurzeln, russischer Feldmarschall 10

Barel, Virgile (1889–1979), geschäftsführender Bürgermeister von Nizza (1944/45), KPF-Abgeordneter der französischen Nationalversammlung 358

Basarow (Bazarov), Ioann I. (1819–1895), Erzpriester, seit 1851 Beichtvater der Großfürstin Olga Nikolajewna, Kronprinzessin von Württemberg; in Wiesbaden begraben 325f.

Beauharnais, Joséphine de (1763–1814), erste Frau Napoléon Bonapartes (1796), Kaiserin der Franzosen (1804–1810) 216

Beauharnais, Maximilian de (1817–1852), 3. Herzog von Leuchtenberg, Sohn des Eugène de Beauharnais und der Prinzessin Auguste von Bayern; heiratete Maria Nikolajewna (1839), Mineraloge, Präsident der Akademie der Künste (1842–1852) 216, 227–229, 260, 306, 316

Benckendorff (Benkendorf), Alexander von (1783–1844), Chef der Dritten Abteilung der Eigenen Kanzlei seiner Kaiserlichen Majestät und des Gendarmenkorps sowie Kommandant des Kaiserlichen Hauptquartiers (1826) 137, 162, 192

Berlioz, Hector (1803–1869), französischer Komponist, Dirigent und Musikkritiker 22, 286f.

Bernstorff, Elise von (1789–1867), Frau des preußischen Außenministers Christian Günther von Bernstorff (1769–1835) 58, 98f., 162–166, 169

Bestuschew-Rjumin, Michail P. (1801–1826), Dekabrist, einer der Führer des Südlichen Bundes 135

Bismarck-Schönhausen, Otto von (1815–1898), preußischer Gesandter in St. Petersburg (1859), Preußischer Ministerpräsident (1862–1890), erster deutscher Reichskanzler (1871–1890) 332–335

Blücher, Gerhard Leberecht von, »Marschall Vorwärts« (1742–1819), Generalfeldmarschall, einer der Sieger der Schlacht von Belle Alliance/Waterloo 10, 49

Bobrinskaja, Sofija A. (1799–1868), Hofdame Maria Fjodorownas, Freundin Alexandras, Gegnerin Puschkins 206, 209–211, 264

Boieldieu, François Adrien (1775–1834), Komponist (»La Dame blanche«, Komische Oper in drei Akten, Paris 1825) 145, 248

Bonaparte, Jerôme (1784–1890), König von Westfalen (1807–1813); heiratete in zweiter Ehe Katharina von Württemberg (1783–1835), eine Cousine der Großfürstin Jelena Pawlowna 281

Borowikowskij, Wladimir L. (1757–1825), Sohn eines ukrainischen Kosaken, zunächst Ikonenmaler, dann angesehener Porträtmaler Abb.

Bottmann, Georg russ. Jegor Iwanowitsch Botman (1810–1891), Porträtmaler; stammte aus Lübeck; in Russland erfolgreich Abb.

Brandenburg, Friedrich Wilhelm von (1792–1850), preußischer Ministerpräsident (1848–1850); vollzog die reaktionäre Wende der preußischen Politik 299f., 309

Brjullow (Brüllow), Alexander P. (1798–1877), Architekt (Michael-Theater, St.-Petri-Kirche; gestaltete die Inneren Gemächer des Winterpalastes nach dem Brand neu) 230

Brjullow (Brüllow), Karl P. (1799–1852), Maler (»Der letzte Tag von Pompeji«); Bruder des Architekten 288

Butera di Radoli, Warwara P., geb. Fürstin Schachowskaja, verw. Gräfin Schuwalowa, verw. Gräfin Polier (1796–1871), heiratete 1834 Georg Wilding Principe di Butera Radoli, den späteren Gesandten des Königs beider Sizilien in Petersburg 277

Carl (Karl) von Preußen (1803–1883), Chef der preußischen Artillerie, Herrenmeister des Johanniterordens (1852), künstlerisch interessiert; reiste häufig nach St. Petersburg 18, 38, 62, 90, 97, 114, 134, 139, 143, 150, 162, 181, 209, 212f., 309, 311f., 314, 322, 326, 329, 331, 347

Catalani, Angelica (1780–1849), italienische Opernsängerin, Sopran, trat am 7. Juni 1820 zum ersten Mal in St. Petersburg auf; verließ die Bühne 1827 282

Chambeau, Johann Samuel, russ.: Iwan Pawlowitsch (1783–1848), Hugenotte, seit 1814 Sekretär der Prinzessin Charlotte, Leiter der Privatkanzlei der Kaiserin Alexandra 61, 173, 225

Clausewitz, Marie Sophie von (1779–1851), Frau des Heeresreformers Carl von Clausewitz (1780–1831), Oberhofmeisterin der Prinzessin Marianne 132

Custine, Astolphe de (1790–1851), Marquis, französischer Reiseschriftsteller *(La Russie en 1839)* 231, 235, 247, 263

Daragan, Peter M. (1800–1875), Erster Kammerpage der Großfürstin Alexandra Fjodorowna (1817–1819), Generalleutnant, Gouverneur des Gouvernements Tula (1850–1865) 82, 88

Dawe, George (1781–1829), englischer Porträtmaler; ging 1819 nach St. Petersburg,

Hofmaler Alexanders I. und
Nikolaus' I. Abb.
Delbrück, Friedrich (1768–1830),
Theologe und Pädagoge, Erzieher
des Kronprinzen Friedrich
Wilhelm von 1800 bis 1809, ab
1801 auch der Prinzen Wilhelm
und Carl 32f.
Diebitsch, Hans Karl von, russ.:
Iwan Iwanowitsch (1785–1831),
Schlesier, Generalfeldmarschall,
Oberbefehlshaber der russischen
Armee im Türkischen Krieg
(1828/29); schlug den polnischen
Aufstand 1831 nieder; starb an
der Cholera 163, 165
Diwow (Divov), **Pawel G.** (1763–
1841), Wirklicher Geheimrat,
Senator, Diplomat, gut informier-
ter Autor eines Tagebuchs 189,
191, 257, 259f., 262
Dostojewskij, Fjodor M. (1821–
1881), einer der bedeutendsten
russischen Dichter des 19. Jahr-
hunderts, Meister des psychologi-
schen Romans 16, 72, 302f., 308,
335, 350
Elisabeth Alexejewna, geb. Luise
Maria Auguste von Baden
(1779–1826), Kaiserin von
Russland (1801–1825) 41, 66, 74,
107, 115, 134
Elisabeth Ludovica von Bayern,
»Elise«, »Elis« (1801–1873),
Kronprinzessin (1823), Königin
von Preußen (1840–1861) 111f.,
114, 150, 197, 330
Elisabeth Petrowna (1709–1762),
Tochter Peters I. und Katharinas
I., Kaiserin von Russland
(1741–1762) 73, 75, 91, 154, 175

Engel, Karl Ludwig (1778–1840),
Architekt, neben Alvar Aalto der
bedeutendste Architekt Finn-
lands 355
Falconet, Étienne-Maurice
(1716–1791), französischer
Bildhauer, Schöpfer der
Reiterstatue Peters des Großen
auf dem Senatsplatz 72
Ferdinand I. (1793–1875), Kaiser von
Österreich und König von
Böhmen (1835–1848), als
Ferdinand V. König von Ungarn
und Kroatien (1830–1848); galt
als geistesschwach 203f.
Ferdinand von Preußen (1730–
1813), erster Herrenmeister der
Johanniter; verheiratet mit Anna
Elisabeth Luise von Brandenburg-
Schwedt (1738–1820), der
»Prinzessin Ferdinand« 44
Fersen, Gräfin, Elise, geb. von Rauch
(1820–?), Vertraute der Kaiserin,
Hofdame (1855), Schwester der
Rosalie Gräfin Hohenau
(1820–1879), der zweiten Frau
Albrechts von Preußen 340, 344
Ficquelmont (Fikel'mon), **Dorothea**
(Darja), »Dolli«, geb. Gräfin
Tiesenhausen (1804–1863), Frau
des österreichischen Diplomaten
Karl-Ludwig Ficquelmont 171f.,
179, 184f., 187, 193, 195, 197, 245
Filaret, bürgerlich: Wassilij M.
Drosdow (1782–1867), Erzbischof
von Moskau (1821–1826),
Metropolit von Moskau und
Kolomenskoje (1826) 110, 142,
195, 234
Fouqué, Friedrich de la Motte
(1777–1843), Dichter der

Romantik (*Der Zauberring*, Nürnberg 1813); zu seiner Zeit so populär wie Walter Scott 11, 169, 226

Fouqué, Marie de la Motte (1804–1864), Tochter Friedrich de la Motte Fouqués und seiner zweiten Frau, der Schriftstellerin Karoline von Rochow, geb. von Briest 164, 226, 228, 254, 256

Franz Joseph I. (1830–1916), Kaiser von Österreich, König von Ungarn und Kroatien (1848–1916); sah seine Hauptaufgabe in der Bekämpfung der Revolution 301, 303

Frederiks (Fredericks), **Cäcilie W.**, »Cécile«, geb. Gräfin Gurowska (1794–1851); heiratete 1814 nach Petersburg; beste Freundin Alexandras 67, 94, 180

Frederiks, Maria P. (1832–1885), Tochter Cäcilies, Hofdame Alexandras (1849), Freundin ihrer jüngeren Söhne, Mitgründerin des Russischen Roten Kreuzes (1866) 323

Friedrich, Caspar David (1774–1840), Maler und Zeichner, wurde von der Zarenfamilie gefördert, die zahlreiche Bilder und Zeichnungen kaufte 20, 25, 100, 104f., 149

Friedrich Wilhelm von Hessen-Kassel, »Fritz«, »Fritz Hessen« (1820–1884), heiratete 1843 die Großfürstin Alexandra Nikolajewna und 1853 Maria Anna von Preußen (1836–1918)

Friedrich Wilhelm von Preußen, Friedrich III., »Fritz Wilhelm« (1831–1888), König von Preußen und Deutscher Kaiser (1888) 296, 300

Friedrich Wilhelm III. (1770–1840), König von Preußen (1797–1840) 10, 23, 33–35, 45, 56, 58, 87–89, 108, 131, 170, 201–203, 206, 244, 255, 261, 344

Friedrich Wilhelm IV., »Fritz«, »Butt« (1795–1861), König von Preußen (1840–1861) 9, 18–21, 27, 31, 40f., 47–53, 64, 71, 77, 84, 88, 91, 95, 101, 106, 109f., 112–114, 197, 218, 225, 227f., 230f.,

Galuppi, Baldassare (1706–1785), italienischer Komponist 155

Gélieu, Salomé von (1742–1820), Schweizer Pädagogin, Erzieherin der Königin Luise und ihrer Schwestern (1785–1793) 37

Gérard, François (1770–1837), Hofmaler Napoleons und Ludwigs XVIII. Abb.

Gerlach, Leopold von (1790–1861), Adjutant des Prinzen Wilhelm (1826); Generaladjutant Friedrich Wilhelms IV. (1849); Mitglied der Konservativen Partei 132f., 151f., 175, 186, 239, 245, 248, 310, 315, 343

Giachery, Carlo (1812–1865), italienischer Architekt; baute das Festungsgefängnis und die Villa »Quatro Pizzi« in Palermo 283

Glinka, Michail I. (1804–1855), Komponist (»Ein Leben für den Zaren«) 22

Goethe, Johann Wolfgang von (1749–1832), Dichter, Geheimrat, bekleidete ab 1776 verschiedene

Ämter am Weimarer Hof 12, 21, 25, 45, 83, 103, 105, 150, 182, 257, 285

Gogol, Nikolaj W. (1809–1852), russischer Schriftsteller ukrainischer Herkunft, Meister der Groteske und Satire 72

Grimm, August Theodor von (1804–1878), Pädagoge, Schriftsteller; verbrachte fast zwanzig Jahre in St. Petersburg; Lehrer des Großfürsten Konstantin Nikolajewitsch; war 1845/46 auch in Palermo, Autor der ersten Alexandra-Biografie (1866) 173, 202, 235, 251, 277, 291, 329

Harnisch, Wilhelm (1787–1864), Theologe, Pädagoge, Lehrer, »Vater der Heimatkunde« 340

Hau, Eduard, russ.: Gau, Eduard Iwanowitsch (1807–1887), Maler, Estländer, Sohn des Landschaftsmalers Johann Hau 231

Heeckeren, Georges Charles de (Georges Charles d'Anthès) (1812–1895), Elsässer; Anfang 1834 ins Chevaliers-gardes-Regiment aufgenommen; im Mai 1836 von Heeckeren adoptiert; tötete Puschkin im Duell; aus Russland ausgewiesen; machte später in Frankreich Karriere als Politiker 20, 193f., 205f., 208–213

Heeckeren-Bewerweerd, Jacob Derk Anne Borchard van (1791–1884), niederländischer Gesandter in St. Petersburg (1826–1837); spielte eine undurchsichtige Rolle in der Vorgeschichte des Duells, dem Puschkin zum Opfer fiel 193, 205, 209–213

Helene Pawlowna (1784–1803) Tochter des Zaren Paul I., Erbprinzessin von Mecklenburg-Schwerin (1799–1803) 30, 44, 59

Hensel, Wilhelm (1794–1861), Berliner Maler, Porträtist, gestaltete die »lebenden Bilder« zu »Lalla Rûkh« Abb.

Herzen (Gercen), **Alexander I.** (1812–1870), Publizist, einer der Väter des russischen Agrarsozialismus; verließ Russland 1847; gründete in London die kritisch-demokratische Zeitschrift *Kolokol* (Die Glocke) 330f.

Hoffmann, E.T.A. (1776–1822), Komponist, Kapellmeister, Zeichner, Dichter der Romantik 307

Hohenlohe-Ingelfingen, Kraft A. E. F. zu (1827–1892), General der Artillerie, Flügeladjutant Friedrich Wilhelms IV., Militärschriftsteller 338

Hufeland, Christoph Wilhelm (1762–1836), Arzt, »Vater der Naturheilkunde«, Leibarzt der königlichen Familie (1801) 50

Humboldt, Alexander von (1769–1859), Naturforscher, Weltreisender, Mitbegründer der Geografie, Mitglied zahlreicher Akademien, Kammerherr Friedrich Wilhelms IV. 11, 57f., 172f., 276, 286

Jelena Pawlowna, geb. Friederike Charlotte Marie von Württemberg (1807–1873), Frau des Großfürsten Michail Pawlowitsch (1824), Mäzenin; verlor früh vier ihrer fünf Töchter 155, 173, 204, 272, 284, 328, 340

Johann von Österreich (1782–1859), Erzherzog, Palatin von Ungarn, Feldmarschall, deutscher Reichsverweser (1848–1849) 297

Kachowskij, Pjotr G. (1797–1826), Dekabrist, Oberleutnant; im Nördlichen Bund aktiv; verletzte den Grafen Miloradowitsch tödlich; in der Peter-und-Paul-Festung gehängt 135

Kankrin, Jegor F., geb. Georg Cankrin (1774–1845), Hesse; folgte seinem Vater 1796 nach Russland; Finanzminister (1823–1844); brachte Ordnung in das russische Finanzwesen 262

Karell, Philip Jakob, russ.: Filip Jakowlewitsch (1806–1886), Este, Schüler Martin Mandts, Reise- und Leibarzt Nikolaus' I., Alexandras und Alexanders II. 337, 342, 345

Karl I. (1823–1891), König von Württemberg (1864–1891); heiratete 1846 die Großfürstin Olga Nikolajewna 279f.

Karl von Mecklenburg-Strelitz (1785–1837), Onkel Alexandras, preußischer General, Präsident des preußischen Staatsrats, Schriftsteller und Regisseur (»Der Zauber der weißen Rose«) 167

Katharina I. Alexejewna, geb. Martha Skawronska (1683–1727), Kaiserin von Russland (1725–1727), Mutter der Herzogin Anna von Holstein-Gottorp (1808–1728) und der Kaiserin Elisabeth Petrowna 231

Katharina II. Alexejewna, geb. Sophie Auguste Friederike von Anhalt-Zerbst (1729–1796); heiratete 1744 den Großfürsten-Thronfolger Peter Fjodorowitsch (Peter III.); Kaiserin von Russland (1762–1796) 22, 24, 65

Katharina Pawlowna (1788–1819), Großfürstin, Tochter Pauls I., Königin von Württemberg (1816–1819) 59, 76, 94

Klenze, Leo von (1784–1864), Architekt, Maler und Schriftsteller, Hofarchitekt Ludwigs I. von Bayern, Schöpfer der Neuen Ermitage in St. Petersburg 14, 228, 313

Konstantin Konstantinowitsch, »K. R.« (1858–1915), Enkel Alexandras, Schriftsteller, Übersetzer, Schauspieler 331

Konstantin Nikolajewitsch, »Kosty«, »Kostja« (1827–1892), zweiter Sohn Alexandras, Generaladmiral, Vorsitzender des Staatsrates (1865–1881); Urgroßvater Philipp Mountbattens (von Battenberg), des Herzogs von Edinburgh 151, 226, 245, 276, 283f., 289, 303, 308, 312, 320, 331, 340, 348

Konstantin Pawlowitsch (1779–1831), Zarewitsch (1801–1831), Militärgouverneur, dann Statthalter von Polen (1817–1831), verzichtete wegen seiner Heirat mit einer Polin auf seine Thronrechte 42, 59, 65, 76, 94–96, 98, 106, 108, 110, 114, 116, 119, 121–124, 126f., 133, 140, 142, 158f., 178f.

Kotschubej, Wiktor P. (1768–1834), Fürst, Diplomat, Innenminister

(1819–1828), Vorsitzender des
Ministerkomitees (1827–1834),
Kanzler (1834) 137
Krinizkij, Pawel W. (1751–1835),
Beichtvater Alexanders I. und
Nikolaus' I. (1808–1835) 74
Kropotkin, Pjotr A. (1842–1921),
Geograf, Schriftsteller, »Vater«
des russischen Anarchismus 345f.
Krüger, Franz (1797–1857), Berliner
Hofmaler (»Parade auf dem
Opernplatz in Berlin«, 1824/30);
reiste 1836 zum ersten Mal nach
St. Petersburg; schuf das offizielle
Porträt Nikolaus', I.; malte auch
Alexandra Fjodorowna mehr-
fach 20, 113
Krukowskij, Matwej W.
(1781–1811), Dramatiker; seine
Tragödie »Poscharskij« wurde am
22. Mai 1807 uraufgeführt 187
Kügelgen, Gerhard von (1772–1822),
Maler, Lehrer und Freund Caspar
David Friedrichs; seine »Charlotte
von Preußen« (1817) wird heute
in Gattschina gezeigt Abb.
Lanner, Josef (1801–1843),
Komponist und Violinist 209
Lermontow, Michail J. (1814–1841),
Schriftsteller; begründete mit
seinem einzigen Roman *Ein Held
unserer Zeit* den russischen
realistischen und psychologischen
Roman 211–213, 236, 258f., 263f.
Leuchtenberg, Maximilian von, *siehe*
Beauharnais
Liegnitz, Auguste, geb. Gräfin
Harrach, »Erlaucht« (1800–
1873), Fürstin, zweite (morgana-
tische) Frau Friedrich Wilhelms
III. (1824) 254f.

Lopuchin, Pjotr W. (1753–1827),
Fürst, Vorsitzender des Staatsrates
und des Ministerkomitees
(1816) 123
Lotman, Jurij M. (1922–1993),
russischer Literatur- und
Kulturwissenschafter, Professor
der Universität Tartu/Dorpat 15
Louis Philippe (1773–1850), König
der Franzosen (1830–1848);
wurde durch die »Februarrevo-
lution« 1848 gestürzt und
flüchtete nach England 177,
186, 291
Łowicz, Joanna A., »Jeanette«, geb.
Gräfin Joanna Grudzińska
(1795–1831), zweite (morganati-
sche) Frau des Großfürsten
Konstantin Pawlowitsch 141, 158
Luise von Preußen, geb. von
Mecklenburg-Strelitz (1776–
1810), Königin von Preußen
(1797–1810), »Preußens
Madonna« 9f., 12, 22, 32f., 37f.,
40, 52, 58, 66, 83, 92, 163, 200,
242, 254f., 269
Luise von Preußen, »Luischen«,
»Tante Luise« (1808–1870);
heiratete 1825 Prinz Friedrich der
Niederlande 201, 347
Lwow, Alexej F. (1798–1870),
Militäringenieur, Violonist,
Komponist und Dirigent,
Schöpfer der »Zarenhymne«
(1833), Direktor der Hofsänger-
kapelle (1837–1861) 25, 192, 227,
243f., 341
Lyon, Jane (1771–nach 1836),
Schottin, Kindermädchen des
Großfürsten Nikolaus
Pawlowitsch (1796) 12, 159

Mandt, Dr. Martin (1800–1858), Professor der Universität Greifswald (1830), kam 1835 als Leibarzt der Großfürstin Jelena Pawlowna nach St. Petersburg; Leibarzt Nikolaus' I. (1840–1855) 204f., 221, 235, 239, 242, 251, 262, 271–274, 279f., 282, 309, 320, 330, 337

Mann, Golo (1909–1994), Historiker, Publizist 13

Maria Luise Albertine von Hessen-Darmstadt, »Prinzessin George« (1729–1818), Großmutter der Königin Luise 39

Maria Alexandrowna, geb. Maximiliane Friederike Auguste Sophie Marie von Hessen bei Rhein, »Marie« (1824–1880), Kaiserin von Russland (1855–1880) 246f., 257f., 260–262, 269, 271, 273, 308, 330, 348

Maria Fjodorowna, geb. Sophia Dorothea Auguste Luise von Württemberg (1759–1828), zweite Frau Pauls I., Kaiserin von Russland (1796–1801) 10, 25, 43, 53f., 65, 68, 76–78, 88f., 98, 102, 116, 119–121, 125, 127, 137, 142, 150–153, 156, 239, 244

Maria Nikolajewna, »Mary« (1819–1876), älteste Tochter Alexandras, Herzogin von Leuchtenberg, Präsidentin der Akademie der Künste (1852) 97, 133, 199, 201, 209f., 215f., 226–229, 232, 244, 259–261, 264, 268–270, 273, 282, 306, 308, 316, 336, 348

Marianne von Preußen, geb. Marie Anne von Hessen-Homburg, »Tante Minnetrost« (1785–1846), Frau des Prinzen Wilhelm Bruder (1783–1851) 39, 54, 204, 224, 231f.

Maria Pawlowna (1786–1859), drittälteste Tochter Pauls I., Großherzogin von Sachsen-Weimar-Eisenach (1828–1853), Mutter der Prinzessin Marie von Preußen und der Kaiserin Auguste 29, 45, 59, 76, 105, 114, 257, 264

Marie von Baden (1834–1899), Prinzessin 325

Marie von Sachsen-Weimar-Eisenach (1808–1877), ältere Tochter der Großfürstin Maria Pawlowna, Patentochter Goethes, heiratete 1827 Carl von Preußen 150

Menelaws, Adam, russ.: Adam Adamowitsch Menelas (1753–1831), Petersburger Architekt schottischer Herkunft; baute das Cottage (1826–1829) im Park Alexandria 170, 246

Menschikow, Alexander S. (1789–1869), General, Admiral (1834), Generalgouverneur von Finnland (1834) 180

Menzel, Adolph von (1815–1905), Maler, Zeichner und Grafiker; gestaltete das Festalbum zum 25. Jahrestag des »Zaubers der Weißen Rose« (1854) Abb.

Meyendorff, Peter von, russ.: Pjotr Kasimirowitsch (1796–1864), Livländer, russischer Diplomat, Gesandter in Stuttgart (1832), Berlin (1839) und Wien (1850), Hofmeister 17, 277–279, 285, 288, 290, 292, 296, 300, 309, 344

Meyerbeer, Giacomo (1791–1864), Komponist (»Robert der Teufel«, »Die Hugenotten«, »Der Prophet«), Generalmusikdirektor in Berlin (1842) 22, 199, 287

Michael Nikolajewitsch, »Mischa« (1832–1909), jüngster Sohn Alexandras, Generalgouverneur von Transkaukasien (1862–1882); Vorsitzender des Staatsrates (1882–1909) 226, 249, 319, 324, 329, 349

Michael Pawlowitsch (1798–1849), einziges »purpurgeborenes« Kind Pauls I., Artillerist, Kommandeur der Kaiserlichen Garde und des Pagenkorps (1831–1849) 19, 25, 42f., 48, 50, 65, 74, 76, 91, 94, 106, 112, 118–120, 122f., 127f., 139, 142, 159, 173, 187f., 190, 210, 245, 272, 284, 307

Miloradowitsch, Michail A. (1771–1825), General der Infanterie, Kommandeur der Kaiserlichen Garde, Militärgouverneur von St. Petersburg (1818) 118f., 121f., 126

Montferrand, Auguste Ricard de (1786–1858), französischer Architekt; baute u. a. die Isaak-Kathedrale (1818–1858) und das Reiterstandbild Nikolaus' I. (1858) 198

Moore, Thomas (1779–1852), irischer Dichter (*Lalla Rookh. An Oriental romance*, 1817) 101

Mörder (Merder), **Karl K.** (1788–1834), Generalmajor, Generaladjutant, Erzieher des Zarewitsch Alexander Nikolajewitsch; von Puschkin als »guter und ehrenwerter, nicht ersetzbarer Mensch« bezeichnet 196

Mörder (Merder), **Maria K.** (1815–1870), Tochter Karl K. Mörders, Hofdame Alexandra Fjodorownas 230

Murawjow-Apostol, Sergej I. (1795–1826), Dekabrist, Führer des Nördlichen Bundes; in der Peter-und-Paul-Festung gehängt 135

Musowskij, Nikolaj W. (1772–1848), Obergeistlicher der Kaiserlichen Garde und des Hofes, Beichtvater Nikolaus' I. (1835–1848), Charlottes erster Religions- und Russischlehrer 53, 68

Naryschkin, Dmitrij L. (1758–1838), Ober-Jägermeister, Besitzer eines Palastes an der Fontanka 21, der später in den Besitz der Schuwalows überging und heute ihren Namen trägt 196

Natzmer, Oldwig von (1781–1862), General, Duzfreund des Prinzen Wilhelm Bruder; war mehrfach in Russland 61f., 64, 68, 81, 164, 202, 216

Nelidowa, Warwara A., »Warenka«, »Warinka« (1814–1897), Hofdame, langjährige Geliebte Nikolaus' I., Vorleserin der Kaiserinwitwe Alexandra Fjodorowna 250–252, 274, 277, 320f.

Nesselrode, Karl Robert von, russ.: Karl Wassiljewitsch (1780–1862), Außenminister (1816), Vizekanzler (1829), Kanzler (1845–1855) 184, 221, 279, 294

Nikolaus Alexandrowitsch, »Nixa«

(1842–1865), ältester Sohn
Alexanders II.; starb in Nizza an
Tuberkulose 268f.
Nikolaus Nikolajewitsch, »Nisi«,
(1831–1891), dritter Sohn
Alexandras, Ingenieurgeneral
(1860), Generalinspekteur der
Kavallerie (1864), Kommandeur
des Petersburger Wehrkreises
(1864) 319, 323, 330, 336,
348
Nikolaus I. Pawlowitsch, Nikolai,
»Nikoscha«, »Nicoche«, »Niks«,
»Nix«, »Niki« (1798–1855),
Kaiser von Russland (1825–1855),
Großfürst von Finnland
(1825–1855), König von Polen
(1825–1831) *passim*
Nikolaus II. Alexandrowitsch
(1868–1918), Sohn Alexanders
III., letzter Kaiser von Russland
(1894–1917) 9, 22
Olga Fjodorowna, geb. Cäcilie von
Baden (1839–1891), Frau des
Großfürsten Michael Nikolajewitsch 325
Olga Konstantinowna (1851–1926),
Enkelin Alexandras, Königin
von Griechenland (1868–1913),
Großmutter Philip Mount-
battens, des Herzogs von
Edinburgh 312
Olga Nikolajewna, »Olly« (1822–
1892), zweite Tochter Alexandras,
Königin von Württemberg
(1864–1892) 13, 91, 109f., 129,
133, 137, 148, 151, 153, 170, 178f.,
181, 185, 188, 198, 200, 203f.,
209f., 212, 219, 221, 224, 227, 229,
242, 244–246, 251f., 254, 257f.,
260–264, 267–269, 274, 276–284,
301f., 309, 325, 328f., 331, 335,
341, 343, 348f.
Paganini, Niccolò (1782–1840),
»Teufelsgeiger«; gastierte vom
22. Mai bis 10. Juli 1829 in
Warschau 160
Passek, Tatjana P. (1816–1889),
Schriftstellerin, Journalistin; ihre
Erinnerungen *Aus fernen Jahren*
waren schon zum Zeitpunkt ihres
Erscheinens (1878–1889) ein
großer Erfolg 141
Paul Alexandrowitsch (1860–1919),
jüngster Sohn Alexanders II.,
zusammen mit drei Vettern in der
Peter-Pauls-Festung von den
Bolschewiki erschossen 343
Pestalozzi, Johann Heinrich
(1746–1827), Schweizer
Pädagoge 32
**Petraschewskij-Butaschewitsch,
Michail W.** (1821–1866),
Publizist, Gründer eines
Diskussionszirkels, dessen
Teilnehmer »Petraschewzen«
hießen 302
Pestel, Pawel I. (1793–1825),
Generalmajor, Dekabrist, Führer
des Südlichen Bundes; in der
Peter-und-Paul-Festung
gehängt 135
**Philipp August von Hessen-Hom-
burg** (1779–1846), Bruder
Mariannes von Preußen,
Landgraf (1839); war 1818 bei der
Taufe Saschas, 1826 bei der
Krönung Nikolaus' I. in Moskau
und 1829 bei der Krönung in
Warschau
Premazzi, Luigi (1814–1891),
italienischer Maler, arbeitete seit

1848 als Zeichenlehrer in St. Petersburg; Mitglied der Akademie der Künste (1854) 231

Puschkin, Alexander S. (1799–1837), größter russischer Dichter; Schöpfer der modernen russischen Literatursprache; begründete mit seinem Poem »Der eherne Reiter« den »Petersburger Text« der russischen Literatur; fiel im Duell 16, 20, 43, 72, 83, 111, 145f., 178, 181f., 201, 208–213, 217, 235, 258, 264, 341

Rachel, bürgerl.: Élisa Rachel Félix (1821–1858), französische Schauspielerin; feierte in ganz Europa Bühnenerfolge 315

Ragusa, Auguste-Frédéric-Louis-Viesse de Marmont, Herzog von (1774–1852), Außerordentlicher Botschafter Karls XII. bei der Krönung Nikolaus' I. 141, 146, 153

Rauch, Christian Daniel (1777–1857), Bildhauer; reiste 1840 nach St. Petersburg 58f., 92, 173f., 259f., 341

Robertson, Christina, geb. Sanders (1796–1854), schottische Porträtmalerin; hielt sich 1839/41 und 1847–1854 in St. Petersburg auf; wurde auf dem Wolkowo-Friedhof begraben 11, 233, 269

Rochow, Karoline von, geb. von der Marwitz (1792–1857), Hofdame der Prinzessin Marianne, Memoirenschriftstellerin 22, 28, 54, 57, 59, 90, 163f., 169, 200

Rossi, Carlo, russ.: Karl Iwanowitsch (1785–1849), Petersburger Architekt italienischer Herkunft (Generalstab, Michael-Palast, Alexandra-Theater) 73, 187

Rossini, Gioachino (1792–1868), Komponist; wurde in Florenz und Wildbad von Alexandra empfangen 268, 282, 325, 328

Rubinstein, Anton G. (1829–1894), (Hof-)Pianist, Komponist, Dirigent, Mitbegründer und erster Direktor des Petersburger Konservatoriums 328

Rylejew, Kondratij F. (1795–1826), Dekabrist, Dichter, Herausgeber des Almanachs *Nordstern* (1823–1825); in der Peter-und-Paul-Festung gehängt 135f.

Sack, Friedrich Samuel (1738–1817), Oberhofprediger, Bischof von Berlin (1816) 40

Salemann, Robert Johann, russ.: Robert Karlowitsch (1813–1874), Bildhauer, Estländer, Mitglied der Akademie der Künste 341

Sayn-Wittgenstein-Berleburg, Leonilla A., geb. Barjatinskaja (1816–1918); verfasste *Souvenirs (1825–1917)*, Paris [2]1908 249

Schadow, Johann Gottfried (1764–1850), Grafiker und Bildhauer (»Prinzessinnengruppe«) 354

Schewtschenko (Ševčenko), **Taras H.** (1814–1861), ukrainischer Nationaldichter (*Kobzar*, 1840), Maler; wurde 1838 von Alexandra u. a. aus der Leibeigenschaft freigekauft 21, 288f.

Schinkel, Karl Friedrich (1781–1841), preußischer Architekt, Maler, Grafiker und Bild-

hauer 101, 166, 171, 218, 225f., 230, 340
Schlözer, Kurd von (1822–1894), Historiker, Diplomat, 2. Legationssekretär an der preußischen Gesandtschaft in St. Petersburg (1857–1863) 19, 343
Schukowskij (Žukovskij, Shukowski), **Wassilij A.** (1782–1852), Dichter und Übersetzer, Russischlehrer Alexandras, Erzieher des Zarewitsch Alexander Nikolajewitsch, Freund Caspar David Friedrichs 20f., 83, 87f., 100–105, 111, 130f., 139f., 146–150, 158, 160f., 169f., 173, 182, 191f., 199, 204, 213f., 222, 231, 245, 260, 263, 267, 276, 288, 315
Serafim, bürgerlich: Stefan W. Glagolewskij (1763–1843), Metropolit von Nowgorod, St. Petersburg, Estland und Finnland (1821); krönte Nikolaus und Alexandra 127, 142
Smirnowa-Rosset, Alexandra O. (1809–1882), Hofdame Alexandras (1826–1832), Memoirenschriftstellerin; unterhielt einen Salon an der Moika 78 146, 155, 173
Sollogub, Wladimir A. (1813–1882), Diplomat, Schriftsteller (*Tarantas*, 1845), Wegbereiter des russischen Realismus 14, 139, 143, 237
Sontag, Henriette (1805–1854), bedeutendste Sopranistin ihrer Zeit; gab die Bühne 1828 zugunsten der Ehe mit dem sardischen Diplomaten Carlo Graf Rossi auf; von Friedrich Wilhelm III. zur Gräfin von Lauenstein erhoben 22, 244, 269
Sophie von Baden (1801–1865), Großherzogin, Schwiegermutter des Großfürsten Michail Nikolajewitsch 325
Speranskij, Michail M. (1772–1839), Mathematiker, Berater und Minister Alexanders I., Reformer; erstellte im Auftrag Nikolaus' I. eine Gesetzessammlung (1833) 124
Stakenschneider, Andrej I. (1802–1869), Petersburger Deutscher, Lieblingsarchitekt Nikolaus' I. (Marienpalast) 283, 340
Stockmar, Christian Friedrich von (1787–1863), Arzt, Diplomat; begleitete Leopold von Coburg nach England und verbrachte dort 17 Jahre 55f.
Strauß, Johann, Sohn (1825–1899), Walzerkönig; konzertierte von 1856 bis 1865 in Pawlowsk (»Strauß-Filiale«) 22, 209, 309
Stroganow, Grigorij A. (1824–1878), Stallmeister und Generaladjutant, Mäzen und Kunstsammler; seit 1854 in morganatischer Ehe mit der Großfürstin Maria Nikolajewna verheiratet 348
Stüler, Friedrich August (1800–1865), preußischer Architekt 357
Suworow, Alexander A. (1804–1882), Diplomat, General, Militärgouverneur von St. Petersburg (1861–1866) 183
Taglioni, Marie (1804–1884), italienische Tänzerin, Star des romantischen Balletts; ging 1837 zusammen mit ihrem Vater

Filippo (1777–1871) nach
St. Petersburg 219
Tamburini, Antonio (1800–1876),
italienischer Bariton; zog sich
1855 von der Bühne zurück; ließ
sich in Nizza nieder 328
Thalberg, Sigismund (1812–1871),
österreichischer Komponist und
Pianist, schärfster Konkurrent
Franz Liszts 258
Thon, Konstantin A. (1794–1881),
Architekt, Petersburger Deutscher
(Großer Kremlpalast, Rüstkammer, Moskau) 301
Tieck, Johann Ludwig (1773–1853),
Dichter der Romantik, Übersetzer 276, 307
Tjuttschew, Fjodor I. (1803–1873),
Diplomat, Dichter, Übersetzer,
Zensor, Autor des Bonmots:
»Verstehen kann man Russland
nicht, und auch nicht messen mit
Verstand. Es hat sein eigenes
Gesicht. Nur glauben kann man
an das Land« (1866) 316
Tjuttschewa, Anna F. (1829–1889),
Tochter des Dichters Fjodor I.
Tjuttschew, Hofdame der
Thronfolgerin Maria Alexandrowna (1852), Memoirenschriftstellerin 16f., 247, 316, 318f., 342
Tolstoj, Iwan M. (1806–1867),
Außenminister (1856–1858),
Postminister (1865–1867) 245
Treitschke, Heinrich von (1834–1896), Historiker, Publizist,
Reichstagsabgeordneter, Historiograf des preußischen Staates
(1886) 13, 169
Tschechow, Anton P. (1860–1904),
Schriftsteller 350

Turgenjew, Iwan S. (1818–1883),
Schriftsteller; lebte lange in
Baden-Baden und in Bougival
westlich von Paris bei den
Viardots 236, 268
Uchtomskij, Konstantin A.
(1818–1881), Architekt und Maler,
bekannt für seine Aquarellansichten der Neuen Ermitage und des
Winkerpalastes 231, Abb.
Urussowa, Sofija A. (1804–1889),
Fürstin, wurde 1832 mit dem
Fürsten Leon Radziwill
(1804–1884) verheiratet 184f.,
188
Vernet, Horace (1789–1863),
französischer Historienmaler;
war zweimal in Russland; malte
Nikolaus sowie das *Carousel in
Zarskoje Selo* zur Silberhochzeit
des Zarenpaares 265
Viardot, Pauline (1821–1910),
Mezzosopran, Pianistin,
Komponistin; trat mehrfach in
St. Petersburg auf; Freundin Iwan
S. Turgenjews 22, 267f., 273
Vigée-Lebrun, Élisabeth (1755–1837), französische Porträtmalerin, malte vor allem Mitglieder
der europäischen Aristokratie
Abb.
Voß, Marie Sophie von, geb. von
Pannewitz (1729–1814),
Oberhofmeisterin der Königin
Luise 26, 31–33, 35f., 39–41, 44,
46f.
Wielgorskij, Matwej J. (1794–1866),
Violoncellist, »genialer Dilettant«
(Robert Schumann), Mitgründer
der Sinfonischen Gesellschaft
(1840) und der Russischen

Musikalischen Gesellschaft (1859); spielte bei Alexandra in Nizza (1859) 243, 328

Wielgorskij, Michail J. (1788–1856), Komponist, Pianist, Sänger, »Hausfreund« der kaiserlichen Familie; der Salon der Brüder Wielgorskij, Ecke Michael-Platz 3 / Italienische Straße war in den 1840er-Jahren das Zentrum des musikalischen Lebens in St. Petersburg 243

Wildermeth, Maria Margarethe von (1777–1839), Schweizerin, Gouvernante Charlottes; besuchte sie oft in St. Petersburg 28, 37, 39, 61, 74, 157, 329

Wilhelm II. von Oranien-Nassau (1792–1849), König der Niederlande und Großherzog von Luxemburg (1840–1849) 53, 111

Wilhelm von Preußen, »Wilhelm Bruder« (1783–1851), jüngster Bruder Friedrich Wilhelms III.; erwarb 1822 die Herrschaft Fischbach im Riesengebirge; ließ das Schloss umbauen 31, 39, 50, 62–64, 166

Wilhelm I. von Preußen, »Wims«, »Wimps«, »Wimpus« (1797–1888), Prinzregent (1858–1861), König von Preußen (1861), Deutscher Kaiser (1871) 9, 18, 27, 44, 46, 60, 75, 80, 85, 96, 105f., 111, 113, 131f., 151, 154, 159, 161f., 164, 175, 186f., 190, 193, 198f., 212, 222, 224, 228f., 244, 255, 257, 261, 266f., 274, 283, 293, 296, 298, 310, 323, 331, 333, 336f., 340, 343

Winterhalter, Franz Xaver (1806–1873), Prominentenmaler 325

Wolkonskaja, Alexandra N. (1756–1834), Staatsdame, Oberhofmeisterin des Kaiserlichen Hofes 137

Wolkonskij, Grigorij P. (1808–1882), Diplomat, Kammerherr; sang im »Hausorchester« 243

Wolkonskij, Sergej G. (1788–1865), Generalmajor, Dekabrist; 1826 zum Tode verurteilt, zu Zwangsarbeit in Sibirien begnadigt; von Alexander II. begnadigt 137

Woronzow, Michail S. (1782–1856), Generalgouverneur Neurusslands und Bessarabiens mit Sitz in Odessa (1823–1844), Statthalter im Kaukasus (1844–1854) 152, 217

Woronzow-Daschkow, Iwan I. (1790–1864), Diplomat, Gesandter in München (1822–1827) und Turin (1827–1831) 237f.

Wrangel, Friedrich von (1774–1877), preußischer Feldmarschall; verhängte im November 1848 das Kriegsrecht über Berlin und schlug die Revolution nieder 300

Bildnachweis

akg-images: Tafel 2 oben links, oben rechts, unten links; Tafel 3 unten rechts; Tafel 5; Tafel 6 oben, Tafel 6 unten; Tafel 7 unten; Tafel 10 oben; Tafel 11 oben; Tafel 12 unten; Tafel 14

Bridgeman Art Library, Berlin: Tafel 3 unten links

Geheimes Staatsarchiv Preußischer Kulturbesitz, Berlin: Tafel 15

Museum Schloss Fasanerie, Fulda: Tafel 9 oben

Nationales Taras-Schewtschenko-Museum, Kiew: Tafel 9 unten

Staatliche Ermitage, St. Petersburg (Fotos von Wladimir Terebenin, Leonard Chejfez, Jurij Molodkowez)**:** Tafel 1; Tafel 3 oben links und oben rechts; Tafel 4; Tafel 7 oben; Tafel 10 unten; Tafel 11 unten rechts und unten links; Tafel 12 oben; Tafel 13 oben und unten; Tafel 16

Staatliches Russisches Museum, St. Petersburg (© 2010–2011)**:** Tafel 8 unten

Stiftung Preußische Schlösser und Gärten Berlin-Brandenburg: Tafel 2 unten rechts; Tafel 8 oben (Lindner 2007)

Die Romanows

Paul I. ∞ Sophia Dorothea von Württemberg
1754–1801   (Maria Fjodorowna)
                    1759–1828

Alexander I. ∞
1777–1825

Konstantin ∞
1779–1831

Alexandra ∞ Jos
1783–1801

Jelena (Helene) ∞
1784–1803

Maria ∞
1786–1859   von

Nikolaus I. ∞
1796–1855

Olga
1792–1795

Anna ∞ Wil
1795–1865

Katharina ∞
1788–1819
          ∞ 2. V

Michael ∞
1798–1849